Eine Arbeitsgemeinschaft der Verlage

Böhlau Verlag · Wien · Köln · Weimar
Verlag Barbara Budrich · Opladen · Farmington Hills
facultas.wuv · Wien
Wilhelm Fink · München
A. Francke Verlag · Tübingen und Basel
Haupt Verlag · Bern · Stuttgart · Wien
Julius Klinkhardt Verlagsbuchhandlung · Bad Heilbrunn
Mohr Siebeck · Tübingen
Nomos Verlagsgesellschaft · Baden-Baden
Orell Füssli Verlag · Zürich
Ernst Reinhardt Verlag · München · Basel
Ferdinand Schöningh · Paderborn · München · Wien · Zürich
Eugen Ulmer Verlag · Stuttgart
UVK Verlagsgesellschaft · Konstanz, mit UVK/Lucius · München
Vandenhoeck & Ruprecht · Göttingen
vdf Hochschulverlag AG an der ETH Zürich

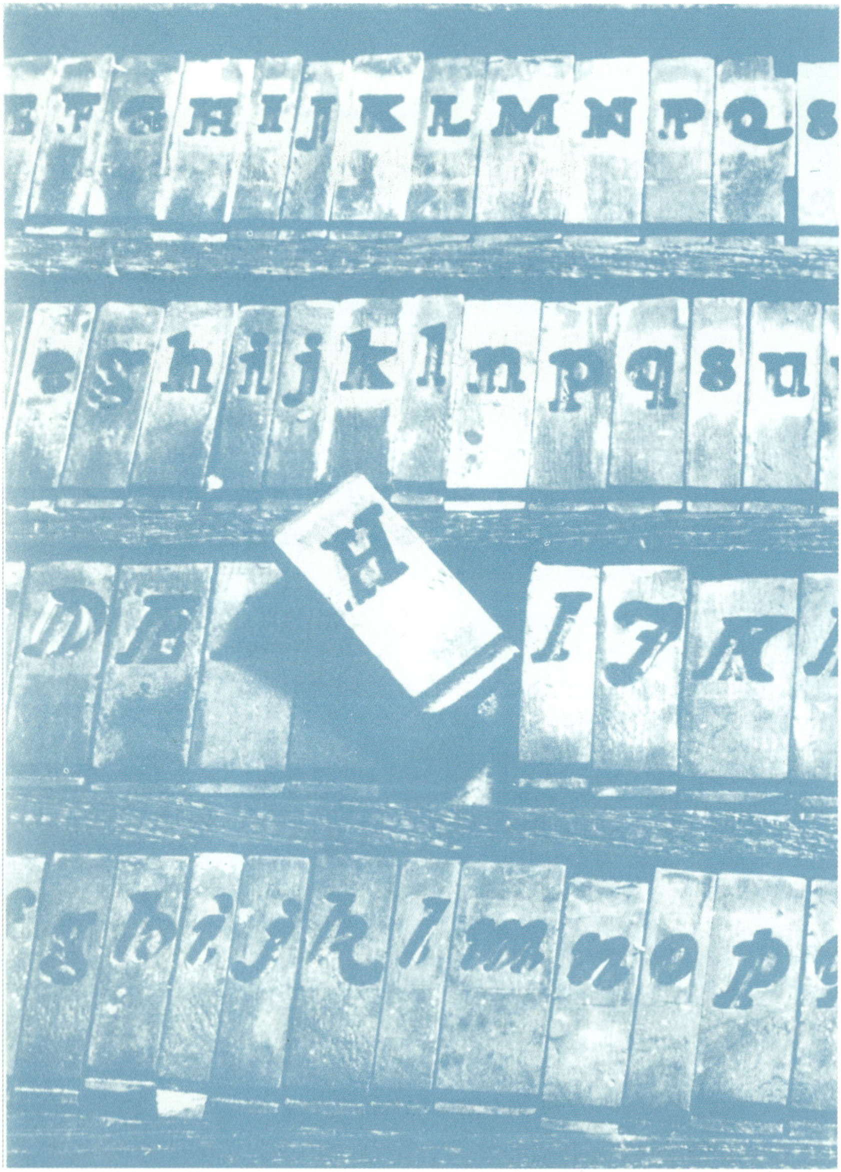

ALO ALLKEMPER | NORBERT OTTO EKE

Literatur-
wissenschaft

3., überarbeitete und
erweiterte Auflage

Wilhelm Fink

Online-Angebote oder elektronische Ausgaben sind erhältlich unter
www.utb-shop.de

Bibliografische Information der Deutschen Nationalbibliothek

Die Deutsche Nationalbibliothek verzeichnet diese Publikation in der Deutschen Nationalbibliografie; detaillierte bibliografische Daten sind im Internet über http://dnb.d-nb.de abrufbar.

3., überarbeitete und erweiterte Auflage 2010

© 2004 Wilhelm Fink GmbH & Co. Verlags-KG
Jühenplatz 1-3, 33098 Paderborn

Printed in Germany.
Einbandgestaltung: Atelier Reichert, Stuttgart
Herstellung: Ferdinand Schöningh, Paderborn

UTB-Band-Nr: 2590
ISBN 978-3-8252-2590-2

Inhalt

Vorbemerkung

Einführungen versuchen sich an der Quadratur des Kreises: sie wollen wissenschaftlich fundiert, zugleich aber auch allgemein verständlich, wenn möglich unterhaltend, auf jeden Fall aber überschaubar und griffig sein und unter keinen Umständen zu ausladend im Umfang in ein Fach einführen. Offensichtlich gibt es angesichts dieses Erwartungsprofils nur unterschiedliche Grade des Scheiterns – wie anders sollte man sich die Vielzahl konkurrierender Publikationen sonst erklären.

Auch diese Einführung übt sich am Unmöglichen. Sie soll einerseits möglichst voraussetzungslos in das komplexe Feld der deutschen Literaturwissenschaft einführen, Orientierung geben und damit den Einstieg ins Studium erleichtern. Die didaktische Struktur und die alles in allem noch überschaubare Länge des Bandes ist diesem Anspruch ebenso geschuldet wie der Umstand, dass Vieles nicht dargestellt werden konnte, Manches vereinfacht werden musste. Andererseits will diese Einführung aber auch mehr: sie möchte zugleich ein Basiswissen vermitteln, auf das im Laufe des Studiums immer wieder zurückgegriffen werden kann. Aus diesem Grund ist ein längeres Modul zur Literaturgeschichte eingefügt.

Jedes Kapitel wird durch eine knappe Inhaltsübersicht eingeleitet und durch eine Zusammenfassung abgeschlossen. Randmarginalien erleichtern die Orientierung und ermöglichen den auch punktuellen Zugriff auf einzelne Abschnitte der Darstellung. Gelegentlich eingestreute Merksätze und Definitionen sollen die Vertiefung des Stoffs erleichtern. Testfragen am Schluss jedes Moduls dienen daneben der Selbstkontrolle des Lesenden. Der entsprechende Lösungsteil findet sich am Ende des Bandes.

Das Aufbaumodul 4 endet mit einer Einschränkung und einer Erläuterung der mit diesem Modul verbundenen Intention. „Was auf rund einhundert Seiten in komprimierter Form dargestellt wurde", heißt es hier, „kann an dieser Stelle nicht noch einmal auf einer halben Seite zusammengefasst werden. Zu facettenreich ist die Entwicklung, zu komplex sind die Erscheinungen. So versteht sich das Modul in erster Linie auch als Einladung und Aufforderung an die Studierenden der Literaturwissenschaft, selbst lesend Erkundigungen einzuziehen." Letzteres könnte als Motto auch über dem ganzen Band stehen. Wenn er am Ende das Interesse für

das Fach geweckt hätte, wäre ein Gutteil seiner Absicht schon erfüllt.

Dennoch eine Warnung zum Schluss: All diese Hilfen vermögen
nichts, wenn die Voraussetzungen, um ein literaturwissenschaftliches Studium erfolgreich bewältigen zu können, nicht stimmen.
Wer sich nicht für Kultur und Kunst allgemein und im Besonderen
für Literatur interessiert, wen philosophische, geschichtliche und
gesellschaftliche Fragen und Probleme nicht berühren, wer wenig
oder kaum liest, der sollte sich auf ein literaturwissenschaftliches
Studium gar nicht erst einlassen.

Helfen jedoch wollen wir mit diesem Band denjenigen, die mit
Neugier und Interesse das Studium der Literaturwissenschaft beginnen.

Alo Allkemper
Norbert Otto Eke

Basismodul 1: Einführung in die Literaturwissenschaft

Inhalt

Das Basismodul 1 gibt einen allgemeinen Überblick über das Fach, seine Geschichte, seine Gegenstände, seine Fragestellungen und Perspektiven. Es beschreibt, wie sich Germanistik und Literaturwissenschaft aus bescheidenen Anfängen heraus zu festen Größen innerhalb der universitären Ausbildung entwickelt haben, wie sie sich dabei schrittweise immer weitere Arbeitsfelder erobert und wie neue Fragestellungen die alten ersetzt oder ergänzt haben. Zugleich werden bereits hier Fragen angeschnitten, die von grundsätzlicher Bedeutung sind: Was ist ein Text? Was ein Autor? Was versteht man unter Literatur? Was ist ein ‚Kanon‘? Und auf welchem Weg nähert sich die Literaturwissenschaft ihren Gegenständen an?

Blütenträume   1

„MEPHISTO: Grau, theurer Freund, ist alle Theorie, / Und grün des Lebens goldner Baum."[1] – Der Teufel wusste es ja immer schon besser (zumindest behauptet er seit jeher genau dies immer wieder aufs Neue: nämlich es besser zu wissen). Das fleißige Studieren verheiße wenig Glück; das suche – und finde – man besser außerhalb der Wissenschaft, im wirklichen Leben. Damit ist in diesen Versen aus Goethes *Faust* ein gleich doppelter Gegensatz konstruiert: zwischen Wissenschaft und Leben einerseits, zwischen Wissenschaft und Glück andererseits. Aber man weiß ja, wohin es führt, wenn man dem Rat des Teufels folgt und vielleicht nicht gerade ‚Faust‘ heißt: geradewegs in die Hölle.

Vielleicht nicht eben dort, aber auch nicht gerade im Paradies angekommen, glaubt sich sehr bald mancher Studierende, der die ‚Wissenschaft‘ im Namen des gewählten Studienfaches überlesen und mit der Vorstellung das Studium der Literaturwissenschaft aufgenommen hat, dieses bestehe in einem mehr oder weniger manierlichen Austausch über Gelesenes. Vielleicht so wie im „Literarischen Quartett" seligen Angedenkens, in Formaten wie „Die Vorleser" oder

Literaturwissenschaft ist eine Wissenschaft

Bach Rauch Steffens Eichendorff Kopisch Franz Kugler Holtei
Humboldt Fr. Paalzow Fr. Crelinger Bettina v. Arnim Varnhagen Friedrich Tieck
Schelling J. Grimm Cornelius Gräfin Finkenstein Ludwig Tieck
Meyerbeer Mendelssohn Fanny Hensel Charlotte von Hagn

598. Leseabend bei Tieck in Dresden. Xylographie nach einer Zeichnung von Ludwig Pietsch

▶ **Abb. 1**

Als Ludwig Tieck 1825 Dramaturg des Dresdener Hoftheaters wurde, hielt er in seiner Wohnung am Altmarkt weitberühmte „Leseabende". Holzstich nach einer Zeichnung von Ludwig Pietsch.

wie sie alle heißen, die kleinen Nischen-Programme im Fernsehen für den kulturell interessierten Zuschauer. Früher oder später, mal mehr mal weniger sanft, findet sich noch jeder Studienanfänger auf den Boden der Tatsachen zurückversetzt: dass es sich nämlich bei der Literaturwissenschaft keineswegs um ein ‚musisches' Fach handelt, das in erster Linie Gelegenheiten zum ästhetischen Genießen – hier nun von Dichtung – bietet, sondern um eine *Wissenschaft* mit eigenen Fragestellungen und Methoden. Auf vielfältige Weise und von ganz verschiedenen Fragestellungen aus versucht diese Wissenschaft Zugänge zu schaffen zu komplexen Zeichensystemen, wie die Literatur sie darstellt. Das ist das eine. Sie erklärt damit die Literatur nicht zum Objekt des bloß passiven ästhetischen Genusses, sondern allererst einmal – und das ist das andere – zu einem der aktiven wissenschaftlichen Neugier (worunter die ästhetische Faszination freilich nicht zwangsläufig leiden muss).

Was ist nun Wissenschaft an der Literatur*wissenschaft*? Welches sind ihre Arbeitsfelder, ihre Gegenstände, ihre Fragestellungen und Perspektiven? – Beginnen wir mit dem ersten.

Zum Wissenschaftsbegriff des Faches und seinen Gegenständen | 2

Gewiss: „das Wissen macht uns weder besser, noch glücklicher" (Kleist an Adolfine von Werdeck, 29.7.1801)[2]; Wissen ist aber auch Macht: „Scientia potestas est". Die letztere Erkenntnis ist als geflügeltes Wort in den Sprichwörterschatz eingegangen. Dabei dürften heute nur wenige noch ihren Urheber kennen, den englischen Gelehrten und Staatsmann Francis Bacon (1561-1626). Bacons Schriften markieren neben den Werken René Descartes', Thomas Hobbes' und John Lockes (um nur die wichtigsten zu nennen) den Beginn eines Denkens, das wir heute mit den Begriffen ‚Rationalismus' und ‚Erfahrungswissenschaft' verbinden. Descartes' 1637 entstandener *Discours de la méthode pour bien conduire sa raison, et chercher la vérité dans les sciences* gilt geradezu als Manifest dieses neuzeitlichen Rationalismus und wissenschaftlichen Methodenbewusstseins, mit dem sich hier an der Schwelle zur Neuzeit die Wissenschaft zunächst von der Theologie zu lösen begann und sich in der logisch-mathematischen Beweisführung, im Schließen, Ableiten und Berechnen ein neues Handwerkszeug schuf. Damit war der erste Schritt hin zu dem im Grundsatz noch heute gültigen modernen Wissenschaftsverständnis getan, das unter Wissenschaft zunächst ganz allgemein eine Tätigkeit (oder auch ein Aussagesystem) fasst, die – in einem jeweils genau umrissenen Bereich – ein geordnetes, begründetes und als gesichert angesehenes Wissen hervorbringt. Als Kennzeichen dieses Wissens wiederum gelten **Systematik, Methodik, Objektivität** und **intersubjektive Nachprüfbarkeit.**

Scientia potestas est

Merksatz

Systematik, Methodik, Objektivität und intersubjektive Nachprüfbarkeit bilden als Grundsätze die Basis des modernen Wissenschaftsverständnisses.

Dieser Wissenschaftsbegriff freilich ist das Ergebnis erst eines über die Anfänge der neuzeitlichen Wissenschaft im 17. Jahrhundert hinausreichenden weiteren Ablösungsprozesses der Wissenschaft nun auch von der Philosophie, zu der sie über die Jahrtausende hinweg eine enge Beziehung unterhalten hatte. Begründet durch die antike Tradition (Sokrates, Platon, Aristoteles) bestand bis weit in das 18. Jahrhundert hinein im Gebiet des Denkens keine wesentliche Trennung zwischen Wissenschaft und Philosophie, wobei letztere allerdings als Vollendung aller Wissenschaften eine übergeordnete Bedeutung beanspruchte. Dieser Anspruch wurde damit begründet, dass die Philosophie nicht nach dem *Gegebenen*, sondern nach dem tieferliegenden *Wesen* der Dinge (der Geschichte, der Sprache, der Kunst, des Raumes etc.) zu fragen beanspruchte.

Vor dem Hintergrund dieser ‚Verwissenschaftlichung' der Wissenschaft – nichts anderes bedeutet ja ihre Orientierung an der empirischen Wirklichkeit einerseits und an methodischen Grundsätzen wie Neutralität, Wahrhaftigkeit und jederzeitiger Überprüfbarkeit der Aussagen andererseits – vollzieht sich im 19. Jahrhundert der Aufstieg zunächst der Germanistik, dann der Literaturwissenschaft, zu universitären Disziplinen.

3 | Kurzgefasste Geschichte des Faches

Die Zugehörigkeit der Neueren deutschen Literaturwissenschaft zum Fächerspektrum der heutigen Universitäten ist wissenschaftsgeschichtlich das Ergebnis der Ausdifferenzierung des Faches Germanistik. Als Wissenschaft von deutscher Sprache und Literatur handelt es sich bei der Germanistik selbst um ein im Vergleich etwa zur Theologie, zur Philosophie oder zur Rechtskunde relativ junges Fachgebiet der universitären Forschung und Ausbildung. Die ersten Ansätze germanistischer Forschung finden sich im Humanismus des 16. Jahrhunderts. Das Bemühen darum, die kulturelle Vorherrschaft der Franzosen und Italiener mit dem Nachweis der Eigenständigkeit und vor allem auch der Bedeutung der *deutschen* Nationalkultur zumindest ein Stück weit zurückzudrängen, fördert die Reflexion über die deutsche Sprache und den Sammeleifer für alles Deutsche: deutsche Poesie, deutsche Rechtstexte, deutsche Namen etc. Die ersten deutschen *Grammatiken* entstehen in dieser Zeit; die ersten altgermanischen *Sprachdenkmäler* werden he-

Germanistik ein junges Fach

rausgegeben, deutsche Rechtsaltertümer werden aus dem Dunkel der Geschichte zurückgeholt mit dem einzigen Ziel, die Leistungen der deutschen Kultur im Wettstreit der Völker zu beweisen. Sammeln und Ordnen (und nicht etwa kritische Reflexion oder gar eine systematisierende Geschichtsschreibung) war das Ziel dieser Frühform germanistischer Forschung, die in den Händen einer Gelehrtengemeinschaft lag, die das gesamte Gebiet des Wissens zu überschauen suchte.

Die Gegenwartsliteratur spielte in diesem Rahmen naturgemäß noch keine Rolle, und das sollte für lange Zeit zunächst so bleiben, auch wenn mit dem Aufstieg der Ästhetik als ‚Wissenschaft der sinnlichen Erkenntnis' (Baumgarten) in der zweiten Hälfte des 18. Jahrhunderts im Grunde genommen bereits wichtige erkenntnistheoretische Grundlagen für die Auseinandersetzung auch mit der neueren Poesie geschaffen worden waren (1750/58 erschien Alexander Gottlieb Baumgartens *Aesthetica*, von der sich der Name der Ästhetik als selbständiger Disziplin der Philosophie ableitet). Anregungen, sich *wissenschaftlich* auch mit ihr zu beschäftigen, gehen zwar schon auf Gotthold Ephraim Lessing (1729-1781) und Johann Gottfried Herder (1744-1803) zurück – das aber hat noch nichts mit der universitären Fachdisziplin „Germanistik" zu tun. Immerhin: bei Lessing finden sich bereits Überlegungen zur Text- und Literaturkritik, zur Übersetzung und zu Fragen der literarischen Wirkung und Wertung; bei Herder daneben ein ausgeprägtes Interesse an der sogenannten Volkspoesie – alles Aspekte, die das Fach entscheidend prägen sollten, nachdem es anfangs des 19. Jahrhunderts aus bescheidenen Anfängen heraus den Weg in die Universitäten fand.

Zwar war bereits 1731 mit Johann Ernst Philippi in Halle erstmals ein sogenannter Extraordinarius, also ein außerordentlicher Professor, auf einen Lehrstuhl für *deutsche* „Beredsamkeit" (Rhetorik) berufen worden. Die ersten germanistischen Lehrstühle im eigentlichen Sinn aber, die von ihren Aufgabengebieten her die überkommenen Disziplinen der Rhetorik (Beredsamkeit), Poetik bzw. Ästhetik (als Theorie der schönen Wissenschaften) und der Philosophie hinter sich ließen, wurden erst 1805 und 1810 in Göttingen und Berlin – zunächst noch als außerplanmäßige Lehrstühle – eingerichtet. Die ersten Lehrstuhlinhaber waren der Bibliothekar Georg Friedrich Benecke (1762-1844) und (zunächst ohne Gehalt) der Privatgelehrte und Jurist Friedrich Heinrich von der Hagen (1780-1856), der sich als Herausgeber von Ausgaben des Nibelungenlieds und der Minne-

Die Bedeutung der Gegenwartsliteratur

Erste germanistische Lehrstühle 1805 und 1810

sänger einen Namen gemacht hatte. Beide wurden wenige Jahre nach ihrer Erstberufung zu ordentlichen Professoren ernannt, das Fach damit gleichzeitig aufgewertet: Benecke 1814 in Göttingen, von der Hagen 1818 in Breslau. Und von da aus dauerte es noch einmal bis in die zweite Hälfte des 19. Jahrhunderts, bis sich die Germanistik als Wissenschaft von deutscher Sprache und Literatur in Wissenschaftsorganisation, Studium und Prüfung fest etablieren konnte.

Deutsche Philologie
und Altertumswissen-
schaften

Die allmähliche Durchsetzung der ***deutschen*** Philologie (von griech.: ‚philos' {Freund} und ‚logos' {Wort}) war einerseits die unmittelbare Folge einer wissenschaftspolitischen Entscheidung für die Spezialisierung der Philologien auf einige wenige fest umrissene Gegenstandsbereiche. Die Gründung der Germanistik als Hochschuldisziplin erfolgte andererseits aber auch weitgehend nach dem Vorbild der Altertumswissenschaften. D.h.: Die Germanistik verstand sich von Anfang an damit als **historische Disziplin**. Wichtige Impulse empfing die Germanistik dabei aus den sprach- und literaturwissenschaftlichen Forschungen der Romantik (Aufarbeitung älterer Texte, Beschäftigung mit der eigenen nationalen Vergangenheit); vor allem lehnte sie sich methodisch eng an die Grundprinzipien der sogenannten Historischen Rechtsschule (Friedrich Carl Savigny) und insbesondere der Klassischen Philologie an, die für sich in Anspruch nahm, der wissenschaftlichen Beschäftigung mit deutscher Sprache und Literatur das methodische Rüstzeug an die Hand gegeben zu haben.

In der Tradition dieser Impulsgeber war die Germanistik in ihren Anfängen ‚*deutsche*' (oder auch: *germanische*) Philologie, das Studium der Germanistik selbst bis weit in das 19. Jahrhundert hinein beschränkt auf die Beschäftigung mit älterer deutscher Sprache und Literatur. Das hieß zunächst einmal in erster Linie **Sprachgeschichtsforschung** (Grammatik, Metrik) sowie vor allem **Erschließung (Edition)** der überlieferten Texte der „germanischen" und wesentlich dann auch der deutschen Kultur, und zwar unter spezieller Berücksichtigung des Mittelalters – unter Verzicht im übrigen auf Erläuterung und Interpretation. *Präsentation*, und zwar möglichst genaue, nicht *Interpretation* lautete das Programm der Philologie, das die Germanistik für sich übernahm. Die Werke sollten ganz durch sich selbst sprechen, d.h. in ihrer (rekonstruierten) ‚authentischen' Gestalt. Darin ganz dem positivistischen Wissenschaftsmodell der modernen Naturwissenschaften verpflichtet, hieß Germanistik so zunächst einmal, und dies mit zunehmender

Professionalisierung (Verwissenschaftlichung): Sammeln, Sichten und Klassifizieren von sogenannten „Sprachdenkmahlen". Zeugnisse deutscher Geschichte und des Rechtswesens, das war der Stoff, aus dem die ersten germanistischen Träume an den deutschen Universitäten gemacht waren. Erst allmählich sollte sich dies ändern.

Dieser Selbstbeschränkung des Faches steuerte die entstehende Literaturgeschichtsschreibung entgegen, die das alte Projekt der nationalen Selbstvergewisserung wieder aufnahm und die Beschäftigung mit Poesie auf die gesellschaftliche Situation anzuwenden sich bemühte. Hier nun kommt – neben der Aufgabe des Sammelns und Bereitstellens von Kulturzeugnissen des ‚Deutschen' – ein zweiter Anspruch zum Tragen, der die Geschichte des Faches entscheidend prägen sollte: die Forderung an die Germanistik, angesichts der fehlenden nationalen Einheit (und nicht zuletzt auch begründet wohl durch die traumatische Erfahrung der napoleonischen Besetzung) den Prozess der Nationbildung zu unterstützen. *Literatur*geschichte verstand sich so allererst einmal als *National*geschichte, die das Bedürfnis nach nationaler Identität zu fördern und zu befriedigen hatte.

Literaturgeschichte als Nationalgeschichte

Georg Gottfried Gervinus' *Geschichte der poetischen National-Literatur der Deutschen* (1835-1842) ist das Musterbeispiel dieser zunächst nicht von den Universitätsprofessoren, sondern vor allem von Gymnasialprofessoren getragenen neuen Literaturgeschichtsschreibung, deren Bedeutung sich an der Vielzahl der literaturgeschichtlichen Veröffentlichungen der Zeit ablesen lässt: allein zwischen 1830 und 1855 erschienen sechsundvierzig Literaturgeschichten. Diese Ankoppelung der Literaturgeschichte und die nationalistische Gesinnung, die der Germanistik in den Zeiten ihrer Begründung eigen war, sollte eine Hypothek werden, an der das Fach lange zu tragen hatte!

| Abb. 2

Georg Gottfried Gervinus (1805–1871).

Die skizzierte Selbstbeschränkung des Faches auf einen gesicherten Bereich der Wissenschaftlichkeit verhinderte anfangs die institutionelle Verbindung der universitären *deutschen Philologie* mit dem gymnasialen *Deutschunterricht*. Sie ist das Ergebnis erst der Konsolidierungsphase der deutschen Philologie in den 1840er Jahren, in denen mit der *Zeitschrift für deutsches Altertum* die erste und bis heute bestehende fachwissenschaftliche Zeitschrift zu er-

Brückenschlag zwischen Wissenschaft und Schule

scheinen begann (was auch nach außen die Eigenständigkeit des Faches signalisierte) und auch die ersten Professuren für deutsche Literaturgeschichte eingerichtet wurden. Erst mit der Umorientierung des Faches zur Literaturgeschichte hin stellte sich die deutsche Philologie einem dritten Anspruch: der Bereitstellung eines vermittelbaren und anwendbaren Wissens. Von hier aus erklärt sich die große Bedeutung der Deutschkunde, der Volkskunde und der Sprachforschung insbesondere der Sprachgeschichte, die für mehrere Jahrzehnte den Mittelpunkt der Germanistik bilden sollte. Die Gründung der bis heute bestehenden *Zeitschrift für deutsche Philologie* (1869), die ein Forum bot nun auch für die Diskussion der von der traditionellen Germanistik als Forschungsgegenstand abgelehnten neueren deutschen Literatur (mit Wilhelm Scherer wurde 1877 der erste Ordinarius für dieses Fach berufen) sowie für die Auseinandersetzung mit pädagogischen Problemen, kann als institutioneller Ausdruck dieses Brückenschlags zwischen Wissenschaft und Schule gelten, die der Germanistik bis heute ihren Platz im universitären Fächerkanon sichert.

Ausdifferenzierung
des Fachs

Etwa zeitgleich mit der Erweiterung des Forschungsprofils der als reine Formalphilologie mit den Schwerpunkten Altertumskunde, Textkritik und historische Grammatik gestarteten Germanistik setzte um die Mitte des 19. Jahrhunderts eine Ausdifferenzierung des Fachs in die Teilgebiete „Sprachwissenschaft", „Literaturwissenschaft und Literaturgeschichte" und „Volkskunde" ein, die gegen Ende des Jahrhunderts mit den Schwerpunktbildungen *Altgermanistik* (= ältere deutsche Literatur und Sprachgeschichte) und *Neugermanistik* (= Literaturwissenschaft und Linguistik) in eine Binnenstruktur mündet, die der bis heute üblichen Dreiteilung in **Germanistik/Linguistik**, **Germanistik/Literaturwissenschaft** und **Germanistik/Mediävistik** (von lat.: ‚medium aevum' {Mittelalter}) vergleichbar ist.

Die kulturelle und gesellschaftliche Entwicklung der Wissenschaften hat in der jüngeren Geschichte weitere Differenzierungen, Erweiterungen und Spezialisierungen hervorgebracht. An vielen Universitäten ist die Germanistik so eine enge Verbindung mit den Medienwissenschaften eingegangen, an anderen Universitäten mit der kulturwissenschaftlichen Anthropologie. An die Seite getreten ist der Germanistik vor allem das Fach „Allgemeine und vergleichende Literaturwissenschaft". Es beschäftigt sich zum einen unter starker theoretischer Ausrichtung mit Fragen, welche die Literatur insgesamt betreffen, besonders mit Theorie und Methodologie; es dehnt zum anderen die Perspektive auf andere Literaturen aus (Komparatistik) und verweist damit auf die internationalen und interkulturellen Aspekte von Literatur. Gleichzeitig lenkt die Allgemeine und vergleichende Literaturwissenschaft den Blick auch auf die anderen Künste und Medien und findet so Berührungspunkte mit der Kunstgeschichte, mit Philosophie, Soziologie und verwandten Disziplinen.

Literaturwissenschaft als Forschungsdisziplin | 4

Die Entstehung der Neugermanistik im Zuge der skizzierten Binnendifferenzierung des Faches Germanistik ist die für die Geschichte der Literaturwissenschaft folgenreichste wissenschaftsgeschichtliche Weichenstellung. Der Begriff *Literaturwissenschaft* selbst begegnet im übrigen erstmals 1842 in der Einleitung von Theodor Mundts *Geschichte der Literatur der Gegenwart*. Das Profil dieser neuen Wissenschaft blieb lange unscharf und ist überdies einem anhaltenden Wandel unterworfen, letzteres als Antwort und in Reaktion auf die Veränderung der gesellschaftlichen Rahmenbedingungen, Frageweisen und Methoden von Wissenschaft durch die nicht allein technologische Weiterentwicklung der Gesellschaft. Ein Blick in zwei beliebige Literaturlexika macht dies schlagend sichtbar.

Definition

In der 5. Auflage von Gero von Wilperts Sachwörterbuch der Literatur (Stuttgart 1969) findet sich unter dem Stichwort „Literaturwissenschaft" einleitend die folgende Definition: Literaturwissenschaft [...] [ist] die gesamte systematische Wissenschaft von der Lit., ihren möglichen Betrachtungsarten und Methoden zur Erschließung der Sprachkunstwerke entweder in ihrem Wesen als Dichtung (– Dichtungswissenschaft) oder ihrer historischen Entwicklung und ihrem Lebenszusammenhang (– Literaturgeschichte), neben der Sprachwissenschaft Unterabteilung der Philologie im weiteren Sinne, doch über die mehr sprachlich und volkskundlich ausgerichtete Germanistik hinausragend.[3]

Definition

In dem von Claus Träger 1986 in der damals noch bestehenden DDR herausgegebenen Wörterbuch der Literaturwissenschaft findet sich unter demselben Stichwort ein die Akzente auf den ersten Blick bereits deutlich anders setzender Erklärungsversuch: Literaturwissenschaft: in den 40er Jahren des 19. Jh. geprägter Ausdruck, der, heute allg. üblich, eine Disziplin bezeichnet, die sich die Erforschung der Literatur (der literar. Gattungen, Genres und Werke), ihrer Geschichte (in regional-, national- und weltliterar. Zusammenhängen), ihrer Struktur-, Funktions- und Wirkungseigentümlichkeiten sowie die Anwendung ihrer Erkenntnisse im literar.-geistigen Leben der Gesellschaft zum Ziel setzt. Die Bestimmung ihres Gegenstands, ihrer Erkenntnisziele und -methoden, ihrer Wertungssysteme, ihres funktionalen und wissenschaftsgeschichtl. Selbstverständnisses bildet einen Bestandteil des literaturwissenschaftl. Erkenntnisprozesses, der auf diese Weise selbst zum Gegenstand der L. wird.[4]

Die augenfälligen Unterschiede zwischen beiden Definitionen verweisen auf zweierlei: zum einen ist die Bestimmung des Begriffs *Literaturwissenschaft* offensichtlich abhängig von kulturellen, politischen oder ideologischen Voreinstellungen des Verfassers und damit weder überhistorisch noch wertfrei; zum anderen scheinen die Begriffe „Literatur" und „Dichtung" selbst in ihrer Bedeutung einem historischen Wandel unterworfen.

5 | Literaturwissenschaft und Literatur

Literaturwissenschaft als Dichtungswissenschaft

Der erste Definitionsversuch folgt einem Verständnis von Literaturwissenschaft als unpolitischer, ideologieferner und selbst ideologiefreier Wissenschaft, wie es bestimmend war für den Neuanfang des Faches nach den Jahren der politischen Indienstnahme durch die Nationalsozialisten. Wilpert definiert zwar Literaturwissenschaft als „die gesamte systematische Wissenschaft von der Lit[eratur]", begrenzt „Literatur" allerdings sofort wieder auf „Sprachkunstwerke". Diese wiederum können unter zwei Gesichtspunkten zum Gegenstand der Literaturwissenschaft werden: „in ihrem Wesen als Dichtung" *oder* (nicht etwa *und*) in „ihrer historischen Entwicklung". Entsprechend unterscheidet Wilpert zwischen „Dichtungswissenschaft" auf der einen und „Literaturgeschichte" auf der anderen Seite.

Diese Unterscheidung ist in ihren Konsequenzen weitreichender als es auf den ersten Blick scheinen mag. ‚Dichtung' (= Sprachkunstwerke) nämlich erscheint damit als über alle Zeiten hinweg identische Bezugsgröße (das *Wesen* der Dichtung), zu deren Erforschung *als*

Dichtung die Literaturgeschichte nichts wesentliches beitragen kann. „Dichtungswissenschaft", so erklärt der gleichnamige Artikel denn auch kategorisch, forsche „in unmittelbarer Nähe zum Werk und geschriebenen Wort" ausschließlich „nach der Seinsweise von Dichtung" und meide „alle außerästhetischen (biographischen, philologischen) Fragen"; ihre wesentliche „Arbeitsmethode" sei die Interpretation.[5] Unterstellt wird damit, historische Forschung (Literaturgeschichtsschreibung) könne die „Seinsweise" von Dichtung, worunter das vollendete Kunstwerk zu verstehen ist, nicht erreichen. Diese würde vielmehr aus sich selbst heraus sprechen und durch sich selbst erklärbar sein. Voraussetzung dieser Minderwertung der historischen Forschung wiederum ist ein Verständnis von vollendeter Kunst/Dichtung als überhistorischer Größe: ihre Bedeutung steht ein für allemal fest und erschließt sich – bei entsprechender ästhetischer Kompetenz – einem unmittelbaren Verstehen. Damit werden hier Vorstellungen weitergetragen, die in der deutschen Ästhetiktradition eine lange Geschichte haben, von Karl Philipp Moritz über Schiller und Goethe bis weit ins 19. Jahrhundert hinein, in dem sich bereits die Unterscheidung findet zwischen **Dichtungen** im engeren Sinn (das sind wie der Brockhaus von 1827 formuliert „ideale Bildungen der Phantasie"[6]) und **Literatur** im weiteren Sinn, worunter dann „der gesamte Umfang menschlicher Geisteserzeugnisse, die durch Schrift oder Sprache mitgetheilt oder fortgepflanzt werden"[7], verstanden wird.

Die Unterschiede zu unserem zweiten Ausgangspunkt, dem von M. Naumann verfassten Artikel „Literaturwissenschaft" aus Trägers *Wörterbuch der Literaturwissenschaft*, könnten größer nicht sein, wird hier doch nun mit der Bestimmung des Forschungsprofils der Literaturwissenschaft im Hinblick auf „regional-, national- und weltliterar[ische] Zusammenhänge[ ]" sowie „Struktur-, Funktions- und Wirkungseigentümlichkeiten" und anwendungsbezogene Fragestellungen umgekehrt die Abhängigkeit der Literatur von geistes- und ideologiegeschichtlichen, kulturellen und allgemein geschichtlichen Kontexten behauptet. Damit fällt auch die wesentliche Grundannahme des dem ersten Artikel und seinen historischen Vorläufern zugrundeliegenden Literaturverständnisses: dass nämlich ein *literarischer Text* auf andere Weise Bedeutung aufbaut als ein anderer Text, etwa **Gebrauchsliteratur** (Essays, Reisebericht, Brief, Trivialliteratur etc.).

Die Unterschiede zwischen beiden Artikeln machen die von einer **Erweiterung des Literaturbegriffs** begleitete Ausweitung der

Erweiterter
Literaturbegriff

Gegenstandsbereiche von Literaturwissenschaft anschaulich, die das Profil des Faches in den vergangenen vier Jahrzehnten entscheidend verändert hat. Wilpert ging bei der Konzeption seines Lexikons in den fünfziger Jahren des 20. Jahrhunderts (die erste Auflage des *Sachwörterbuchs der Literatur* erschien 1955) noch von einem engen Literaturbegriff aus, wenn er die „schöne" Literatur zum Gegenstand der Literaturwissenschaft erklärt, d.h. diejenige Literatur, „die nicht zweckgebundene und vom Gegenstand ausgehende Mitteilung von Gedanken, Erkenntnissen, Wissen und Problemen ist, sondern aus sich heraus besteht und e[ine] eigene Gegenständlichkeit hervorruft, durch bes[ondere] gemüthafte und ästhetische Gestaltung des Rohstoffs Sprache zum Sprachkunstwerk wird und in der Dichtung ihre höchste Form erreicht"[8] (Artikel Literatur).

Dieser von ästhetischen Wertungskriterien geleitete enge Literaturbegriff spielt in der Literaturwissenschaft heute keine Rolle mehr. Auch der etwas jüngere Versuch, zunächst einmal alles dasjenige als Literatur zu betrachten, was in einer historischen Situation mehrheitlich auch als Literatur angesehen worden ist (*pragmatischer Literaturbegriff*), gilt als überholt. In dem Maße, in dem sich die Literaturwissenschaft gegenüber unter anderem kommunikationstheoretischen, kulturwissenschaftlichen oder medienkundlichen Fragestellungen geöffnet hat, hat sie demgegenüber auch ihr Untersuchungsfeld erweitert. Prinzipiell kommt heute jede Form der sprachlichen Äußerung in schriftlicher und mündlicher Form (und darüber hinaus) als Gegenstand der Literaturwissenschaft in Betracht – fiktionale, also erfundene Literatur bzw. mit erfundenen Aussagen operierende Literatur (Romane, Gedichte, Dramen, Lieder etc.) ebenso wie nicht-fiktionale Literatur, die einen Wahrheits- oder Gebrauchswert beansprucht (Gebrauchstexte, Anleitungen, Reportagen, Wissenschaftstexte etc.); gedruckt oder handschriftlich Überliefertes (in diesem Fall spricht man von Literalität) ebenso wie mündlich (in diesem Fall spricht man von Oralität) oder digital Überliefertes. Literaturwissenschaft heute also lässt sich in der Bestimmung ihrer Forschungsfelder prinzipiell von einem erweiterten Literaturbegriff leiten, der nicht mehr nach dem Status der Fiktionalität unterscheidet, sondern vielmehr auf einem weitgefassten Textbegriff basiert, der seinerseits in seiner weitestmöglichen Auslegung alle Hervorbringungen einer Kultur, nicht allein sprachliche Gebilde, umfasst.

Ohne auf die damit verbundenen Konzepte hier näher eingehen zu wollen, zeigt dies vor allem eins: Nicht nur die Literaturwissenschaft/Germanistik antwortet durch ihre beständige Weiterentwicklung auf neue gesellschaftliche Anforderungen und technologische Veränderungen; auch der Literaturbegriff selbst ist einem beständigen Wandel in Abhängigkeit von kulturellen Entwicklungen unterworfen.

> **Merksatz**
>
> Der Literaturbegriff ist kulturrelational, d.h.: er ist in Abhängigkeit von kulturellen Entwicklungen einem beständigen Wandel unterworfen. Gegenstand heutiger Literaturwissenschaft ist prinzipiell jede Form der sprachlichen Äußerung in schriftlicher oder mündlicher Gestalt.

Literatur und Autorschaft | 6

Mit der Ausdifferenzierung des Textbegriffs stellt sich auch die bei der Gründung des Faches noch völlig unproblematische Frage nach dem Autor neu. Dem traditionellen Verständnis zufolge ist der *Autor* (bzw. die Autorin) das schreibende Subjekt und als gleichsam Wort schöpfende Instanz unterschieden von den Instanzen des Erzählens innerhalb der literarischen Texte. Der Name des Autors steht nicht allein für den individuell greifbaren Dichter, den ,poeta'; er verbürgt gleichzeitig auch die Identität und Authentizität des von ihm geschaffenen Werks. Mit den Vorstellungskonzepten des Subjekts und der Geschichte ist in den neueren philosophischen Diskussionen auch diese Vorstellung ins Rutschen geraten und die Frage, was man einen Autor nennt, zum wissenschaftstheoretischen Problem geworden. Der französische Philosoph Michel Foucault kommt in seinem 1969 erschienenen Aufsatz *Qu'est-ce qu'un auteur?* (dt. *Was ist ein Autor?*, 1974) zu dem Schluss, dass nicht nur das ,Werk' eine höchst unsichere Kategorie ist, insofern es Geschlossenheit und Homogenität suggeriert, sondern auch die Kategorie des Autors. Auch Foucault weiß letztlich keine abschließende Antwort auf die seinen Aufsatz leitende Frage; im übrigen stellt er gar nicht in Abrede, dass Texte einen ,Hervorbringer' haben. Was er in Frage stellt und was seitdem in Frage steht, ist das Konzept des Autors als desjenigen, der seine Botschaften an den Leser adressiert und ihm so ein Mehrwissen voraus hat. Erledigt hat sich damit vor allem eines: das Konzept einer biographischen Rückspiegelung der Literatur, von der ganze Forschergenerationen gezehrt haben. In der nur

Der problematisch gewordene Autor

noch ironisch zitierten Frage „Was will uns der Autor damit sagen?"
findet dieses Konzept ein belächeltes Nachleben nach seinem kaum
beklagenswerten Dahinscheiden.

7 | Was ist Literaturwissenschaft? – Vorsichtige Gegenstandsbestimmung

Kommen wir von hier aus zu einer ersten vorsichtigen Gegenstands-
bestimmung der Literaturwissenschaft: Literaturwissenschaft beschäftigt sich mit *Texten* im weitesten Sinn, unabhängig von ihrer
Ausdrucks-, Überlieferungs- und Vermittlungsform, unabhängig vor
allem auch vom Grad ihrer Fiktionalität. Literaturwissenschaft bezeichnet hieran anknüpfend eine Wissenschaftsdisziplin, deren Gegenstand der gesamte *Prozess der textlichen Ausformung* (Verbreitung, Rezeption, Wirkung und Bewertung von Literatur) ist, und sie
setzt die Literatur dabei in ein Verhältnis zu Wirklichkeit und Gesellschaft, also zu den Wert-, Wissens- und Überlieferungssystemen
in Geschichte, Religion, Philosophie, Kunst usw., in denen eine Zeit
ihr Selbstverständnis ausbildet und zum Ausdruck bringt. Als Textwissenschaft beschäftigt sich die Literaturwissenschaft von hier aus
mit der *Interpretation* von Texten, mit *Literaturgeschichtsschreibung* und *Edition, Kultur- und Mentalitätengeschichte* (letzteres
zielt auf die Anschauungs- und Auffassungsweisen einer Zeit, wie
sie sich im Denken und Fühlen der Zeitgenossen niederschlagen) sowie mit *theoretischen und systematischen Fragen* des Faches (Literaturtheorie). Literatur im engeren Sinn bestimmt sich den jeweiligen Wertungssystemen einer Gesellschaft entsprechend durch:
1. *Schriftlichkeit* (Literatur als abgeschlossene, zusammenhängen-
   de sprachliche Äußerungen in Schriftform),
2. *Fiktionalität* (Literatur als erdachte Welt),
3. *Literarizität* (Formung, Gestaltung, Arbeit mit und an der Sprache),
4. *Polysemie/Bedeutungsoffenheit* (Kunst lässt sich nicht auf einen
   ein für allemal gültigen Sinn fixieren, dieser ist vielmehr als Ergebnis eines kommunikativen Prozesses prinzipiell offen).
Schriftlichkeit, Fiktionalität, Literarizität und Polysemie/Bedeu-
tungsoffenheit stellen für sich genommen aber keine Kriterien dar,
die über die Behandlung oder Nichtbehandlung durch die Literaturwissenschaft entscheiden!

Literatur und Kanon

Dass zumindest der letzte Teil dieser Definition nicht unumstritten ist, zeigen die neuerdings in Reaktion auf die verschiedentlich behauptete „Verwahrlosung des Literaturverständnisses durch einen ‚allgegenwärtigen Textualismus'" (Klaus Laermann) wieder verstärkt geführten Debatten um Leselisten und die Erstellung eines eindeutigen Kanons an ‚guter' und damit überliefernswerter Literatur, mit der – womöglich allein – sich zu beschäftigen lohnt. Im *Kanon* definiert sich das Selbstverständnis einer Kultur nach dem Modell: gut – schlecht, hoch – niedrig, Kunst – Trivialität. Der Kanon (Leselisten sind nichts anderes als Ausdrucksformen des Kanons!) fixiert also nicht die Geschmacksurteile einzelner, sondern die Gesamtheit der literarischen Urteile innerhalb des Literaturbetriebs. Da auch diese dem historischen Wandel unterliegen, sind Kanonbildungen immer strittig gewesen; vor allem ist der Kanon selbst ständigen Revisionen unterworfen; jede Generation definiert ihren Kanon neu – wenn sie denn die Notwendigkeit einer Kanonbildung nicht überhaupt bestreitet oder auf seine Problematiken und Risiken hinweist.

Zu unterscheiden ist dabei zu allererst einmal zwischen einem *normativen* Kanon, einem Kanon also, der unter Ausblendung weiter Teile des literarischen Lebens einer Kulturformation dasjenige vorschreiben will, was zu lesen ist (und dabei meistens kulturkonservativ verfährt), und einem *empirischen* Kanon, der das Tatsächliche zu einer Zeit Gelesene enthält. Gerade diese tatsächlich gelesene Literatur spiegelt oft viel unvermittelter das Fühlen und Denken einer Zeit als die Werke der sogenannten Hochliteratur. Die Trivialliteraturforschung, die sich in den sechziger Jahren des 20. Jahrhunderts entwickelte, setzt bei diesen Überlegungen ebenso an wie die Mentalitätenforschung (s.o.), die sich auch im Bereich der Literaturwissenschaft etabliert hat. Gegen Leseempfehlungen, wie sie an vielen germanistischen Seminaren neuerdings wieder ausgegeben werden, ist im Grunde genommen nichts einzuwenden. Sie sind Handreichungen, die im Wissen um ihre innere Problematik der Notwendigkeit einer gewissen Orientierung im Studium Rechnung tragen. Vorsicht ist immer aber dann geboten, wenn die Urheber solcher Listen oder *Kanones* ihre Kriterien nicht offenlegen und so der Tendenz nachgeben, unhistorisch und unkritisch Geschmacks- und Werturteile mit Verbindlichkeit auszustatten – eine Gefahr, die um so größer wird, je weiter man sich der eigenen Gegenwart annähert und den vermeintlich gesicherten Boden des Konsenses verlässt.

Verwahrlosung des Literaturverständnisses?

normativer Kanon – empirischer Kanon

Ein besonders kurioses Beispiel in dieser Hinsicht stellt der 2002 in der Wochenzeitschrift *Die Zeit* veröffentlichte Versuch dar, den Kanon in der Form einer „ZEIT-Schülerbibliothek" neu zu definieren. Erschrocken wohl vor der eigenen Courage haben die Autoren dieser Handreichung zumindest ein Problem zu umgehen sich bemüht, indem sie in einem ersten Schritt gleich erst einmal die Literatur von noch lebenden Autoren ausgeklammert haben. Nicht nur dass durch die unselige Konzentration auf Tote (Dichter) etwa der Nobelpreisträger Günter Grass fehlt (dafür hat es dann Jurek Becker dank seines frühen Todes mit *Jakob der Lügner* auf diese Liste geschafft), auch eine Vielzahl der aufgelisteten Autoren ist lediglich mit Nebenwerken in dieser ‚Bibliothek' des Lesenswerten vertreten. Schmerzlicher noch sind die Lücken: das *Nibelungenlied, Parzival*: Fehlanzeige, Gryphius: möglicherweise in einer der Lyrikreihen versteckt, Goethe mit dem ersten Teil des *Faust,* sonst keine weiteren Dramen, Schiller gar nur mit *Kabale und Liebe*, aber keinem seiner ‚klassischen' Dramen; dafür aber Kleist gleich mit Novellen und der *Penthesilea* (was nicht gegen Kleist spricht!!); Heine: Fehlanzeige, Hauptmann: Fehlanzeige, Hofmannsthal, Beer-Hofmann: Fehlanzeige, ganze Epochen der Literaturgeschichte (Sturm und Drang, Junges Deutschland, Naturalismus, die Avantgarden des frühen 20. Jahrhunderts) offensichtlich nicht der Überlieferung wert, das Nachkriegsdrama besteht aus Dürrenmatts *Besuch der alten Dame* und Frischs *Biedermann und die Brandstifter*, kein Heiner Müller, kein Peter Weiss, kein Thomas Bernhard, kein Botho Strauß (aber halt, der ist ja noch nicht tot und damit noch nicht reif fürs Museum und Literaturmausoleum!).

Exkurs

Beispiele für Leselisten

- Was sollen Germanisten lesen? Ein Vorschlag. Hg. v. Wulf Segebrecht. Berlin: Erich Schmidt 1994.
- Die Leseliste. Kommentierte Empfehlungen. Hg. v. Sabine Griese u.a. Stuttgart 1994.

Material: Die „Zeit"-Liste der 50 Titel:

1. Bettina von Arnim: Die Günderode
2. Jurek Becker: Jakob der Lügner
3. Heinrich Böll: Erzählungen

 4. Wolfgang Borchert: Draußen vor der Tür
 5. Hermann Bote: Till Eulenspiegel
 6. Bertolt Brecht: Leben des Galilei
 7. Jacob und Wilhelm Grimm: Kinder- und Hausmärchen
 8. Georg Büchner: Lenz, Leonce und Lena, Dantons Tod
 9. Wilhelm Busch: Ausgewählte Geschichten
10. Friedrich Dürrenmatt: Der Besuch der alten Dame
11. Marie von Ebner-Eschenbach: Das Gemeindekind
12. Joseph von Eichendorff: Aus dem Leben eines Taugenichts
13. Michael Ende: Jim Knopf und Lukas der Lokomotivführer
14. Hans Fallada: Kleiner Mann – was nun?
15. Theodor Fontane: Effi Briest
16. Max Frisch: Biedermann und die Brandstifter
17. Johann Wolfgang von Goethe: Faust I
18. Johann Wolfgang von Goethe: Die Leiden des jungen Werthers
19. Hans J. Christoffel von Grimmelshausen: Der Abenteuerliche Simplicissimus
20. Sebastian Haffner: Geschichte eines Deutschen
21. Wilhelm Hauff: Märchen
22. E.T.A. Hoffmann: Das Fräulein von Scuderi, Der Sandmann
23. Friedrich Hölderlin: Hyperion
24. Hans Henny Jahnn: Das Holzschiff
25. Anna Maria Jokl: Die Perlmutterfarbe
26. Franz Kafka: Der Prozess
27. Franz Kafka: Erzählungen
28. Marie Luise Kaschnitz: Erzählungen
29. Erich Kästner: Das fliegende Klassenzimmer
30. Gottfried Keller: Die drei gerechten Kammacher, Romeo und Julia auf dem Dorfe, Kleider machen Leute
31. Heinrich von Kleist: Michael Kohlhaas, Die Marquise von O., Das Erdbeben in Chili
32. Heinrich von Kleist: Penthesilea
33. Gotthold Ephraim Lessing: Nathan der Weise
34. Georg Christoph Lichtenberg: Aphorismen
35. Martin Luther: Das Matthäus-Evangelium
36. Lyrik I: Von Walther bis Hölderlin
37. Lyrik II: Von Novalis bis Hoffmann von Fallersleben
38. Lyrik III: Von Droste-Hülshoff bis Nietzsche
39. Lyrik IV: Von Morgenstern bis Bachmann
40. Lyrik V: Balladen
41. Heinrich Mann: Der Untertan
42. Thomas Mann: Mario und der Zauberer, Der Tod in Venedig
43. Robert Musil: Die Verwirrungen des Zöglings Törleß
44. Joseph Roth: Hiob
45. Friedrich Schiller: Kabale und Liebe
46. Arno Schmidt: Brand's Haide
47. Arthur Schnitzler: Fräulein Else, Traumnovelle
48. Anna Seghers: Das siebte Kreuz, Der Ausflug der toten Mädchen
49. Theodor Storm: Die Regentrude, Der Schimmelreiter
50. Frank Wedekind: Frühlings Erwachen
(Die Zeit, Nr. 42 vom 10.10.2002, S. 45)

9 | Literaturwissenschaft als „Wissenschaft": Sprache und Methoden

Grundsätze wissen-
schaftlichen Arbeitens

Wissenschaft ist „das aus der gesellschaftlichen Praxis erwachsen-de, sich ständig entwickelnde System der Erkenntnisse über die we-sentlichen Eigenschaften, kausalen Zusammenhänge und Gesetz-mäßigkeiten der Natur, der Gesellschaft und des Denkens, das in Form von Begriffen, Kategorien, Maßbestimmungen, Gesetzen, Theorien und Hypothesen fixiert wird"[9]. Zwar sind Definitionen wie diese – ganz offensichtlich am Modell der exakten Wissenschaften orientierte – Begriffserklärung aus dem von Georg Klaus und Man-fred Buhr herausgegebenen *Philosophischen Wörterbuch* auf die Li-teraturwissenschaft nicht unbedingt eins zu eins zu übertragen; aber auch für die Literaturwissenschaft *als Wissenschaft* gelten ei-ne Reihe von Regeln und Konventionen, die für wissenschaftliche

Nachprüfbarkeit
der Aussagen

Arbeiten insgesamt Gültigkeit haben. Zu diesen Regeln gehört der Grundsatz, dass alle wissenschaftlichen Aussagen *intersubjektiv nachprüfbar* sein sollen. Die Forderung nach intersubjektiver Nach-prüfbarkeit meint, dass der Leser in den Stand versetzt wird, aus der Kenntnis seines Faches heraus begleitend zur Lektüre den Erkennt-nisgang des Autors rekonstruieren und überprüfen zu können. Selbstverständlich stößt auch dies an seine Grenzen; grundsätzlich aber muss gelten, dass jeder hinlänglich intelligente und im Fach ausgebildete Leser die Argumentation und den Sinn der Ausführun-gen nachvollziehen kann. Dazu bedarf es einer möglichst eindeu-tigen und präzisen Sprache. Es gilt also Argumentationsweisen zu entwickeln, die eine solche Überprüfbarkeit ermöglichen. Das wie-derum hat eine eher technisch-pragmatische und eine eher theore-tisch-methodologische Seite.

Ausbildung einer
wissenschaftlichen
Beschreibungssprache

Voraussetzung für die Überprüfbarkeit des Geschriebenen ist so allererst einmal die systematische Ausbildung einer möglichst ex-akt definierten **Begriffssprache**, man kann auch sagen einer „Meta-sprache" (Begriffssprache der Literaturwissenschaft), die sich von der sogenannten Objektsprache (also der Sprache des zu untersu-chenden Gegenstands) abhebt. Zwar gibt es eine genau definierte, allgemeinverbindliche Metasprache der Literaturwissenschaft nicht. Literaturwissenschaftlich über einen literarischen Gegenstand zu reden, setzt aber voraus, dass dieser Gegenstand im Hinblick auf be-stimmte Untersuchungsziele in eine Beschreibungssprache „über-setzt" wird, die nicht (wie häufig in Paraphrasen, sinngemäßen Umschreibungen also) mit der Objektsprache zusammenfällt und deren zentrale Termini genau definiert sein müssen. Angemessenheit, Systematik, Schlüssigkeit, Eindeutigkeit sind Grundbedingungen einer solchen Metasprache.

Der Literaturwissenschaftler muss sich des weiteren nicht nur notwendig des prinzipiellen Unterschieds zwischen seiner Sprache und der Sprache des zu untersuchenden Objekts bewusst sein, sondern auch seiner Untersuchungsziele und seiner **Methoden**. Methoden selbst sind Wege zum Ziel (von gr. ‚methodos‘ aus ‚meta‘: {nach, hin} und ‚odos‘ {Weg}). Eine Methode/Theorie rechtfertigt sich durch ihre beständige Reflexion auf sich selbst; sie überprüft mit anderen Worten beständig ihr Instrumentarium, vergewissert sich ihrer Ausgangspunkte und Fragestellungen.

Längst gehören die Methoden, die in der (Literatur-)Wissenschaft zur Anwendung gelangen, nicht allein zu den Forschungsgegenständen dieser Wissenschaft; literaturwissenschaftliches Denken selbst ist ein methodisch reflektiertes Denken. Nicht nur die Methoden, auch der Wissenschaftsbegriff selbst sind im Laufe der Fachgeschichte dabei einem beständigen Wechsel unterworfen gewesen und nach wie vor unterworfen. Das Gebot einer strengen Grenzziehung zwischen den Wissenschaften, wie es noch in den sechziger Jahren von Wissenschaftstheoretikern verfochten wurde, ist beispielsweise längst der Forderung nach *Interdisziplinarität* (als Betrachtung eines Gegenstands aus verschiedenen fachwissenschaftlichen Blickrichtungen) und *Transdisziplinarität* (als Crossover und Verschmelzung verschiedener Fächer) der Ansätze, Fragestellungen und Methoden gewichen.

Die zweihundert Jahre Fachgeschichte sind eine Geschichte wechselnder Methoden. Jede dieser Methoden (manchmal sind es auch bloß Moden) hebt bestimmte Aspekte ihres Gegenstandes heraus, die sie für wichtig hält; wichtiger zumindest als das, was andere Methoden für wichtig erachten. Sie alle aber leben mehr oder weniger davon, dass sie Texte zum Sprechen bringen, deren Bedeutungspotential zur Entfaltung bringen, wobei dieses Bedeutungspotential nicht mit der sogenannten ‚Autorintention‘ verwechselt werden darf.

Zwar lässt sich ein Text mit gutem Grund als eine „Maschine zur Erzeugung von Interpretationen"[10] bestimmen – so zumindest hat es Umberto Eco in

Methoden

Merksatz

Methoden bringen Texte zum Sprechen; sie entfalten das Bedeutungspotential von Texten nach Regeln und Grundsätzen, über die sie sich selbst Rechenschaft ablegen.

der *Nachschrift zum Namen der Rose* formuliert; die Entfaltung dieser Bedeutungen allerdings erfolgt nicht anarchisch, sondern nach Regeln, die diese Methoden jeweils setzen, und damit in gewissen Grenzen. Solche sind vor allem: Logik, Vermittelbarkeit, Belegbarkeit etc.

Zwar dreht sich in den letzten rund vierzig Jahren das Methodenkarussell in immer schnellerer Folge, stehen verschiedene Methoden und Verfahren auch nebeneinander; für alle diese Ansätze und Methoden, deren wichtigste im Modul „Methoden der Literaturwissenschaft" vorgestellt werden, aber gilt: Breite Materialkenntnis ist Voraussetzung der wissenschaftlichen Erkenntnis.

Wege zum Glück

Natürlich ist es so, dass die in ihren Methoden und Zugangsweisen stark ausdifferenzierte Literaturwissenschaft mit ihren nicht eben geringen Selbstansprüchen als Wissenschaft anstrengend ist (sein kann); andererseits ließ schon Lessing seinen ,Jungen Gelehrten' Damis dem Vater, als der ihn auf die Freuden des Lebens verweist, entgegenhalten: „Wer neben den Wissenschaften noch andere Ergötzungen sucht, muß die wahre Süßigkeit derselben noch nicht geschmeckt haben."[11] Dass dieser junge Gelehrte aber ein weltfremder Tropf und ein in seiner Borniertheit obendrein lächerlicher Narr ist, verweist zurück auf das eingangs mit Hilfe von Goethes Teufel angesprochene Dilemma des rechten Wegs (zum Glück), den jeder angehende Wissenschaftler für sich immer wieder aufs Neue suchen muss.

Zusammenfassung

Die Durchsetzung der Literaturwissenschaft als universitäre Forschungs- und Lehrdisziplin mit eigenen Fragestellungen und Methoden ist das Ergebnis der allmählichen Ausdifferenzierung der Germanistik in die Teilgebiete ,Sprachwissenschaft', ,Literaturwissenschaft' und ,Mediävistik', die um die Mitte des 19. Jahrhunderts einsetzt. Erstmals begegnet der Begriff ,Literaturwissenschaft' selbst im Jahr 1842. Dennoch blieb das Profil des Faches lange Zeit unscharf. Literaturwissenschaft heute versteht sich als Textwissenschaft. Ausgehend von einem weitgefassten Text- und Literaturbegriff, der längst mehr als ,Dichtungen' im engeren Sinn umfasst, nähert sich die Literaturwissenschaft ihren Gegenständen von ganz verschiedenen Fragestellungen her an. Ästhetische, kommunikationstheoretische oder kulturwissenschaftliche Aspekte spielen dabei ebenso eine Rolle wie medientheoretische Fragen.

Als Textwissenschaft beschäftigt sich Literaturwissenschaft unter anderem mit Interpretation, mit Literaturgeschichtsschreibung und Edition, aber eben auch mit Kultur- und Mentalitätengeschichte. Dabei hat die Literaturwissenschaft im Wandel und in der Erweiterung ihrer zentralen Fragestellungen immer neue Methoden entwickelt, die sie in ihrer Arbeit leiten. Methoden sind Wege zum Ziel, sie stellen Regeln auf und sie disziplinieren die anarchische „Lust am Text". Und sie machen die allein ästhetische Lektüre erst zu einer wissenschaftlichen Lektüre. Einige dieser Methoden sind längst historisch geworden; andere bestehen nebeneinander. Was sie bei allen Unterschieden eint, ist, dass sie Texte zum Sprechen bringen, d.h.: dass sie das Bedeutungspotential der Texte entfalten.

Literatur

– Diemer, Alwin: Was heißt Wissenschaft? Meisenheim am Glan: Hain 1964.
– Weimar, Klaus: Geschichte der deutschen Literaturwissenschaft bis zum Ende des 19. Jahrhunderts. München: Fink 1989.
– Wissenschaftsgeschichte der Germanistik im 19. Jahrhundert. Hg. v. Jürgen Fohrmann und Wilhelm Voßkamp. Stuttgart, Weimar: Metzler 1994.
– Wohlgenannt, Rudolf: Was ist Wissenschaft?. Braunschweig: Vieweg 1969.
– Kanon Macht Kultur. Theoretische, historische und soziale Aspekte ästhetischer Kanonbildungen. Hg. v. Renate von Heydebrand. Stuttgart, Weimar: Metzler 1998 (= Germanistische Symposien. Berichtsbände XIX).
– Autorschaft. Positionen und Revisionen. Hg. v. Heinrich Detering. Stuttgart, Weimar: Metzler 2002.

Testfragen

1. *Welche Forderungen und Erwartungen an das Fach begleiten den Aufstieg der Germanistik/Literaturwissenschaft zur universitären Disziplin?*
2. *Was versteht man unter Literatur?*
3. *Was ist ein Kanon?*
4. *Welche allgemeinen Grundsätze gelten für das wissenschaftliche Arbeiten innerhalb der Literaturwissenschaft?*
5. *Mit welchen Gegenständen beschäftigt sich Literaturwissenschaft?*

Basismodul 2: Arbeitstechniken der Literaturwissenschaft

Inhalt

Das Basismodul 2 stellt die wichtigsten Arbeitsformen (Seminar- und Vorlesungsmitschriften, Protokolle, Referat, Hausarbeit) im Literaturstudium vor, erläutert die wichtigsten Arbeitstechniken und führt in das Gebiet der Quellenkunde ein (Welche unterschiedlichen Arten von Textausgaben gibt es? Welche sollen verwendet werden? Wie ermittle ich Literatur?). Zugleich bietet das Modul einen ersten Überblick über wichtige Nachschlagewerke zur Literaturrecherche und gibt Hilfestellungen zur ersten Orientierung in der Fachliteratur.

Arbeitstechniken im Literaturstudium | 1

Das Studium der Literaturwissenschaften erfordert zum einen das Lesen- und Zuhörenkönnen, wobei mit ‚Lesenkönnen‘ selbstverständlich nicht das bloße Alphabetisiertsein gemeint ist, sondern vielmehr die Fähigkeit, auch komplexe Textstrukturen kognitiv aufnehmen zu können (von der Bereitschaft dazu ganz zu schweigen). Es erfordert daneben vor allem auch die Fähigkeit, Informationsmaterial, Erlesenes, Erarbeitetes und Erdachtes in strukturierter Weise zusammenfassen, ausformulieren, gegebenenfalls auch vortragen zu können – und dies sowohl mündlich wie schriftlich. Diese Fähigkeiten werden gefordert bei den zwei Hauptformen des Arbeitens im Studium: dem **Referat** und der **Hausarbeit** sowie bei der Anfertigung von **Seminar- und Vorlesungsprotokollen**, die in den modularisierten Studiengängen häufig die Aufgabe haben, die geistig aktive Teilnahme an einer Lehrveranstaltung zu dokumentieren. Diese Arbeitsformen sind durch ihren jeweiligen Situations- und Adressatenbezug grundsätzlich voneinander unterschieden: während es sich beim Referat (von lat. ‚referat‘ = er möge berichten) um eine in der Seminarsituation geforderte mündliche Vortragsform handelt, die ein Informationen *hörend* aufnehmendes Publikum voraussetzt, handelt es sich bei einer Hausarbeit um die schriftliche

Lesen und Zuhören

Ausarbeitung eines Sachverhalts oder einer Fragestellung, die ganz auf den *lesenden* Nachvollzug zugeschnitten ist. Letzteres gilt auch für das Protokoll, das im Unterschied zur Hausarbeit allerdings einen allein reproduktiven Charakter hat, also etwas Gesagtes festhalten, einen Diskussionsverlauf abbilden oder die Ergebnisse einer Lehrveranstaltung vergegenwärtigen soll – zum eigenen Nachvollzug, als Ausgangspunkt für weitere Diskussionen oder zur Information Abwesender (beispielsweise erkrankter Kommilitonen). Aus dieser grundsätzlichen Differenz ergeben sich eine Reihe von Unterschieden im Hinblick auf den Aufbau und die Gestaltung der jeweiligen Arbeitsformen.

2 | Seminar- und Vorlesungsmitschriften, Protokolle

Seminar- und Vorlesungsmitschriften

Seminar- und Vorlesungsmitschriften – sei es mit Block und Stift, sei es mit dem Laptop – haben im Rahmen des Studiums eine mehrfache Funktion: Sie unterstützen zum einen das konzentrierte Zuhören und das Mitdenken, denn anders als beim Stenogramm, der *wörtlichen* Mitschrift des Gesagten, besteht die Leistung bei der Seminar- und der Vorlesungsmitschrift in der Verdichtung des Gehörten zu Kernaussagen. Sie erlauben zum anderen, das Gehörte oder gemeinsam Erarbeitete zu einem späteren Zeitpunkt noch einmal nachvollziehen und gegebenenfalls auch weiterdenken zu können. Hören, Mitdenken und Weiterdenken bilden solcherart einen idealtypischen Dreischritt im Rahmen universitärer Lehre, den es zu bedenken gilt, wenn über Sinn und Zweck von Seminar- oder Vorlesungsmitschriften gesprochen werden soll. Dabei kommt es gar nicht darauf an, möglichst viel und möglichst wörtlich mit- oder gar Präsentationsfolien auf Punkt und Komma genau abzuschreiben, sondern vielmehr darauf, dem eigenen Denken Anschlussmöglichkeiten zu schaffen. Zusammenfassungen eines Diskussionsverlaufs oder des Vortrags durch die Lehrenden sind wünschenswert und erleichtern die Arbeit des Mitschreibens. Werden diese nicht gegeben, sollten zumindest die eigenen Notizen so übersichtlich strukturiert sein (etwa durch Absätze, Überschriften, Unterstreichungen, graphische Verweiszeichen wie Pfeile usw.), dass sie der Erinnerung aufhelfen können, auch ohne dass die Mitschrift auf- und nachbereitet worden ist.

Beim Mitschreiben selbst empfiehlt es sich, zwischen den einzelnen Absätzen größere Zwischenräume zu setzen. Das erlaubt im

Unterschied zu einer absatzlosen chronologischen Mitschrift eine nachträgliche logische Zuordnung von Argumenten, Überlegungen und Gedanken, auch von eigenen Kommentaren und Ideen. Das erleichtert es in Seminaren, aber auch in an Vorlesungen üblicherweise anschließenden Fragerunden selbst aktiv in die Diskussionen einzugreifen. Auf jeden Fall sollten in einer Mitschrift Lektürehinweise notiert werden.

Im Unterschied zu der für den Eigenbedarf angefertigten Seminar- oder Vorlesungsmitschrift ist das Protokoll vom Grundsatz her situations- und adressatenbezogen, auch wenn es in den modularisierten Studiengängen häufig nur als sogenannte Leistungserbringungsform zum Einsatz kommt. Eine sinnvollere Verwendung findet das Protokoll in offenen Lernsituationen, in denen Wissen gesprächsweise erarbeitet wird (was in der Vorlesung als einer Form kompakter Wissensvermittlung naturgemäß nicht der Fall ist). Solche Lernsituationen findet man in der Regel in Seminaren, die sich über einen längeren Zeitraum hinweg mit einem Stoff beschäftigen. In einem solchen Rahmen kommt dem Protokoll eine Bedeutung in zweierlei Hinsicht zu. Auf der einen, eher rekonstruierenden Ebene hält es das Wesentliche einer Sitzung für die weitere Diskussion fest, dokumentiert also und erlaubt Rückschau und Nachbereitung. Auf der anderen, eher konstruierenden Ebene ermöglicht es die Vorbereitung der nächsten Sitzung, indem es durch offene Fragen Einstiegs- und Anschlussmöglichkeiten schafft und die Kontinuität zwischen den einzelnen Seminarsitzungen herstellt. Als Handreichung für alle Seminarteilnehmer entlastet es zugleich von der Notwendigkeit der eigenen Mitschrift.

Das Protokoll

Zwar lassen sich zwei Grundformen des Protokolls voneinander unterscheiden, das Verlaufs- und das Ergebnisprotokoll. Für beide Formen aber gilt das Gebot der Angemessenheit hinsichtlich ihres Umfangs. Protokolle sind keine wortgetreuen Mitschriften, sondern Verdichtungen, die einen Überblick verschaffen sollen und darum auch nicht ausfernd sein dürfen. Das Verlaufsprotokoll zeichnet den genauen Verlauf einer Diskussion nach, ist von hier aus auch umfangreicher als das Ergebnisprotokoll, das nur die Resultate einer Diskussion festhält. Das Verlaufsprotokoll hat eine chronologische Struktur, insofern es Argumente und Gegenargumente in der Reihenfolge der Äußerungen dokumentiert. Das Ergebnisprotokoll hat im Unterschied dazu eine logisch-raffende Struktur, insofern es die Diskussionen im Ergebnis und thesenhaft zusammenfasst, oh-

Verlaufsprotokoll und Ergebnisprotokoll

ne dem mäandernden Gesprächverlauf im einzelnen zu folgen; es benennt Arbeitsschritte, Teil- und Gesamtergebnisse sowie gegebenenfalls offen gebliebene Fragen. Im Bereich der universitären Lehre ist zumeist diese zweite Form des Protokolls verlangt, die – zu Beginn der folgenden Sitzung verlesen – einen guten Einstieg in die Diskussion bietet und so eine Kontinuität zwischen den in der Regel im Wochenabstand stattfindenden Lehrveranstaltungen schafft.

Unverzichtbarer Bestandteil jeder Form des Protokolls ist ein Protokollkopf mit den Grunddaten der Veranstaltung:

- Semester
- Seminartitel
- Sitzungsdatum
- Ort
- Thema der Vorlesung/des Seminars
- Name der Protokollantin bzw. des Protokollanten.

Protokolle sind sachbezogen zu formulieren; persönliche Wertungen sind zu unterlassen. Protokolle werden grundsätzlich im Präsens verfasst, Sachbeiträge werden im Konjunktiv zitiert. Tafelbilder, (kurze) Textauszüge oder Thesenpapiere werden in einem Anhang zum Protokoll dokumentiert.

3 | Referat und Hausarbeit als Formen wissenschaftlichen Arbeitens

Das Referat

Aufgabe des Referats ist es, Wissen zu vermitteln, einer Diskussion Impulse zu geben und Interesse zu wecken für einen Gegenstand, nicht aber diesen erschöpfend zu behandeln. Ein gelungenes Referat bietet offene Fragen zur Stellungnahme an, zeigt mögliche Lösungswege auf, über die eine Verständigung in der Seminardiskussion erreicht werden soll, und zwingt dem Zuhörer nicht die Rolle des passiven Konsumenten auf.

Die beste Form des Referats ist der freie Vortrag, bei dem das Auditorium, also das Seminar (nicht etwa der Seminarleiter), unmittelbar angesprochen wird und das einen Dialog eröffnet. Der Referent muss seinen Vortragsstil nicht nur der Redesituation anpassen (kurze Sätze, prägnante Formulierungen, stimmliche und gestische Akzentuierungen, Einbeziehung von Medien wie Overheadprojektor, Tafel, Beamer, Video etc.); er muss stets auch offen sein für Rückfragen, möglichst noch während seines Vortrags, und darf diese nicht als Kritik verstehen. Sogenannte *Thesenpapiere* erleichtern die weitere Arbeit im Seminar entscheidend. Auf solchen Thesenpapieren, die am besten gleich zu Beginn eines Referats verteilt werden, sollten die wichtigsten Aussagen des jeweiligen Wortbeitrags prägnant zusammengefasst werden. Quellen- und Literaturangaben gehören unbedingt auf ein Thesenpapier (Titel, auf die man sich bezieht, und solche, die zur Nachbereitung wichtig werden könnten). Referate nehmen dem Zuhörer im übrigen niemals die Verpflichtung des Selbststudiums und der eigenen Lektüre ab. Wissenschaftliches Arbeiten vollzieht sich zu guten Teilen außerhalb des Seminars: am Schreibtisch, in der Bibliothek, im Archiv.

Von einer Hausarbeit wird im Vergleich zum Referat die systematische Entwicklung eines Sachverhalts erwartet, seine sachgerechte Darstellung sowie die Diskussion und Lösung eines Problems. Anders als das Referat, das sich an die Mitstudierenden eines Seminars wendet, richtet sich die Hausarbeit an einen unbekannten, aber als vorinformiert gedachten Leser, der (in Gestalt des Seminarleiters) sozusagen ein wissenschaftliches Publikum repräsentiert. *Die Hausarbeit*

Die Anforderungen an eine schriftliche Arbeit selbst sind dem jeweiligen Studienabschnitt angepasst (zumindest sollten sie dies sein). So ist das Ziel einer *Proseminararbeit* (Bachelor: *Basismodul*) erst einmal das Einüben wissenschaftlichen Denkens, Arbeitens und Formulierens an einem begrenzten Gegenstand; in einer *Hauptseminararbeit* (Bachelor: *Aufbaumodul*) wird bereits ein gewisses Maß an Selbständigkeit erwartet, was die Auseinandersetzung mit einer erweiterten Fragestellung angeht. In der *Staatsexamensarbeit* oder *Bachelor-Abschlussarbeit* (soweit diese in den jeweiligen Studienordnungen vorgesehen ist) wird von dem Aspiranten eine eigene Zuwendung zu den Quellen erwartet, vor allem auch bereits ein selbständiger Umgang mit der Forschungsdiskussion, die in neue Forschungserkenntnisse einmünden sollte. In der *Magister-* und der *Masterarbeit* ist ein durchaus eigenständiger Beitrag zur Forschung verlangt – in der Dissertation ist er dann zwingend erforderlich.

Für den **Aufbau** eines Referats und einer Hausarbeit gelten im Grunde genommen dieselben Regeln. Allerdings unterliegt die Hausarbeit in stärkerem Maß als das mündliche Referat, dessen Anspruch bescheidener ist, den Anforderungen wissenschaftlichen Arbeitens und der wissenschaftlichen Darstellung. Der Aufbau eines Referats bzw. einer Hausarbeit sollte induktiv sein, d.h.: vom Detail *Aufbau von Referaten und Hausarbeiten*

Beispiel eines induktiven Aufbaus

Aufbau von Referaten und Hausarbeiten:
1. Benennen der Thematik bzw. Fragestellung und der Vorgehensweise.
2. Entwicklung der Grundproblematik aus einem überschaubaren Detail heraus, das als Aufhänger dienen kann.
3. Vom Detail die Perspektive auf die weiterführende Thematik bzw. Fragestellung öffnen.
4. Schließen mit einem die Ergebnisse summierenden Resümee, einer Definition oder einem Ausblick.

zum Allgemeinen führen. Nebenstehende Schritte bilden ein Grundgerüst, an dem man sich ‚abarbeiten‘ kann.

Verdeutlichen wir dies einmal an einem konkreten Beispiel. Nehmen wir an, Sie besuchen ein Seminar über Georg Büchner, in dem gerade das Drama *Dantons Tod* behandelt wird. Der Seminarleiter nun stellt Ihnen als Thema einer Hausarbeit die Aufgabe, ausgehend von der Seminar-Diskussion über grundsätzliche geschichtsphilosophische Fragen in Büchners Werk (Stichwort: ‚Fatalismus der Geschichte‘) eine Arbeit zum Thema „Zeiterfahrung, Beschleunigung und Revolution in der Restaurationszeit" zu schreiben. Wie geht man dabei nun vor?

Der erste Schritt ist relativ einfach, da er sich aus der Themenstellung ergibt; als Vorgehensweise deuten Sie kurz an, dass Sie ausgehend von Ihrer Seminarlektüre die Perspektive auf sozialhistorische und geistes- bzw. philosophiegeschichtliche Wandlungsprozesse im Rahmen der industriellen Revolution lenken wollen (Schritt 1). Als Ansatzpunkt nehmen Sie z.B. die große Konventsrede des St. Just aus dem 2. Akt oder besser vielleicht noch den folgenden kurzen Dialog zwischen Danton und Camille zu Beginn dieses Akts:

CAMILLE: Rasch Danton wir haben keine Zeit zu verlieren.
DANTON [...]: Aber die Zeit verliert uns.[1]

Was in diesen knappen Dialog eingeschlossen ist, ist die Erfahrung einer Öffnung der „Zeitschere" (Blumenberg), kurz: des Entgleitens von Geschichte, eine Erfahrung, die durch geschichtsphilosophische Bemühungen wieder geschlossen werden muss; und das ist symptomatisch für die Zeit. Von dieser Beobachtung (Schritt 2) aus lenken Sie zunächst den Blick auf die industrielle Revolution und den Anbruch des Maschinenzeitalters zu Beginn des 19. Jahrhunderts, auf die Bedeutung der Eisenbahn, an deren Entwicklung sich sehr schön zeigen lässt, wie die technologischen Innovationen die Gesamtheit der Lebensverhältnisse beschleunigen und die Raum-Zeit-Verhältnisse auf den Kopf stellen, etc. (dazu empfiehlt sich ein Blick in Hans-Ulrich Wehlers *Deutsche Gesellschaftsgeschichte. Bd. 2: Von der Reformation bis*

zur industriellen und politischen ‚Deutschen Doppelrevolution' 1815-
1848/49, München ²1989, und vor allem Wolfgang Schivelbuschs *Geschichte der Eisenbahnreise. Zur Industrialisierung von Raum und Zeit
im 19. Jahrhundert*, Frankfurt/Main 1989) (Schritt 3). Als weiterführende Überlegung zum Schluss böte sich ein Hinweis darauf an, dass ‚Beschleunigung' und ‚Fortschritt' im Zeitalter der industriellen Revolution wahrnehmungslogisch weitestgehend eine Einheit bilden. Von
hier aus wäre die Sonderstellung Büchners zu begründen, in dessen
Drama bereits eine Kluft zwischen beiden Teilparadigmen aufreißt,
die das Subjekt zu verschlingen droht. Das weist voraus auf aktuelle
Diskussionen unserer Zeit, in der die Verklammerung von Fortschritt
und Beschleunigung sich als unhaltbar erwiesen hat, Beschleunigung
zunehmend ins Licht der Katastrophe getreten ist (z.B. beim späten
Heiner Müller) und auch die geschichtsphilosophischen Rettungsver-
suche gegen die Erfahrung der Geschichte als Schädelstätte (Hegels
„List der Geschichte") nicht mehr halten (Schritt 4).

Die Hausarbeit – Wege zum Ziel | 4

Bei der Erstellung einer Hausarbeit selbst sollte man folgenden Weg
einschlagen:
1. Vorläufige Themenabsprache mit dem Seminarleiter.
2. Erste Sichtung der literarischen Texte bzw. der Untersuchungs-
   objekte (Primärliteratur), für die man sich interessiert; zugleich
   erste themenorientierte Sichtung der Forschungsliteratur (Sekundärliteratur).
3. Genaue Themenformulierung in Absprache mit dem Seminarleiter in Abgrenzung der Fragestellung gegen naheliegende Kontexte.
4. Erarbeiten eines vorläufigen Konzepts und einer vorläufigen
   Gliederung. Beides bildet die Grundlage für eine
5. nochmalige Lektüre der Primärliteratur und
6. eine intensive Auseinandersetzung mit der Sekundärliteratur in
   Form von sinngemäßen Zusammenfassungen und sogenannten
   Exzerpten. Darunter versteht man Auszüge aus Texten; exzerpie-   Arbeiten mit Exzerpten
   ren (von lat. excerpere: herausflücken) als wichtige Form der Vor-
   arbeit beim Anfertigen wissenschaftlicher Arbeiten meint also das
   ‚Herausschreiben von wichtigen Textstellen'. Das erfolgt am besten auf Karteikarten, gleich ob in Papierform oder in elektroni-

scher Form; auf ihnen notiert man Zitate aus der Primärliteratur
und aus der Sekundärliteratur bzw. deren sinngemäße Umschreibungen (Quellennachweis nicht vergessen; Seitenumbrüche bei
Zitaten vermerken!), eigene Gedanken, Ideen etc. Versieht man
diese Karteikarten mit Kopfzeilen etwa in Form von Stichworten
zum Thema des Zitats oder der Paraphrase, kann man diese Karteikarten später nach Gliederungspunkten der Hausarbeit ordnen
und als Grundlage der Niederschrift nutzen. Verwendete Literatur (Primärliteratur und Sekundärliteratur) notiert man in einer
sogenannten Titelkartei, die später als Grundlage für die Erstellung eines Literaturverzeichnisses dienen kann.

7. Niederschrift der Arbeit. Sie wiederum sollte:

   a.) in Gedankenführung und Argumentation logisch und jederzeit nachvollziehbar sein, also zwingend einen roten Faden
   erkennen lassen;

   b.) in ihren Urteilen auf objektiv greifbare Fakten gegründet sein,
   z.B. auf grammatikalische Strukturen, stilistische Auffällig-
   keiten, rhetorische Figuren, Bilder; diese wiederum sind ggf.
   auf überindividuelle (Gattungskonventionen, Zeitklischees)
   oder individuelle (Absicht, poetische Grundvorstellungen des
   Autors) Faktoren hin zu untersuchen;

   c.) Wertungen (z. B. Kritik von Positionen der Sekundärliteratur)
   nur unter Berücksichtigung historischer und methodologi-
   scher Kontexte aussprechen und von hier aus begründen;

   d.) sich einer präzisen und eindeutigen Wissenschaftssprache bedienen, die frei ist von unbelegten Vermutungen, Gefühlsbe-
   kundungen bzw. vagen Eindrucksbeschreibungen und Be-
   kenntnissen (was im übrigen keineswegs den in einigen
   Wissenschaftszweigen noch immer verpönten Gebrauch des
   Personalpronomens ‚Ich‘ bedeutet);

   e.) vor allem lesbar sein, wozu überlange Sätze, exzessiver
   Fremdwortgebrauch, Partizipialkonstruktionen, Genitivrei-
   hungen und andere Scheußlichkeiten ebensowenig beitragen wie eine mangelnde Strukturierung des Druckbilds (keine oder zu viele Absätze).

Dass die Hausarbeit einen Anfang, einen Mittelteil und einen
Schluss, und zwar genau in dieser Reihenfolge, haben sollte, dürfte
unmittelbar einleuchten. Unterhalb der Ebene dieser ‚Grobgliede-
rung‘ sollte die Hausarbeit folgende Bestandteile enthalten:

Abb. 3

Titelblatt einer
Hausarbeit

Wintersemester 2004/2005
Universität Paderborn
Proseminar: Die deutsche Romantik
Prof. Dr. Friedmar Klotz

Die Genese des romantischen Kunstmärchens

Undine Hyazinth
Von-Hardenberg-Str. 7
06667 Weißenfels

Tel.:   05251 / 999333
E-mail: undine_hyazinth@goldener-topf.de

2. Semester, MA
Neuere Deutsche Literaturwissenschaft
Matr. Nr. 123456789

Die Hausarbeit – Aufbau/formale Gliederung   5

1. Titelblatt mit dem Thema der Arbeit, ihrem Verfasser (nebst An-
   schrift, Studiengang, Semester), dem Titel und Typ der Lehrver-

anstaltung, in der die Arbeit angefertigt wird, und dem Namen des Lehrenden.

2. Inhaltsverzeichnis in alphanumerischer Gliederung der einzelnen Abschnitte, deren Titel selbstverständlich im laufenden Text als Zwischenüberschriften wieder angeführt werden.

3. Einleitung, darin enthaltend:

   a.) die Erläuterung der Fragestellung oder Zielsetzung (was kann/soll gemacht werden, was nicht) einschließlich eines knappen Forschungsüberblicks;

   b.) methodologische Vorüberlegungen (wie soll vorgegangen werden: textanalytisch, literatursoziologisch etc.);

   c.) ein kurzer Hinweis auf den Aufbau des folgenden Untersuchungsgangs (auf welchem Weg soll vorgegangen werden).

4. Hauptteil mit der systematischen Entwicklung des zur Diskussion stehenden Sachverhalts, untergliedert nach Einzelgesichtspunkten und Unterthemen.

5. Schluss in Form eines die Ergebnisse summierenden Resümees, einer Definition oder einem Ausblick.

6. Anmerkungsapparat (dazu Näheres weiter unten), sofern die Fußnoten nicht am Ende der jeweiligen Seite platziert werden.

7. Literaturverzeichnis (Verzeichnis der verwendeten Literatur), unterteilt nach *Quellen* (oder *Primär*literatur) und *Literatur* (oder *Sekundär*literatur) jeweils in alphabetischer Reihenfolge.

Gestaltung des Seitenaufbaus

Viele Seminarleiter haben eigene Vorstellungen, was die formale Gestaltung des Seitenaufbaus angeht. Grundsätzlich aber gilt:

– Hausarbeiten sind stets in maschinenschriftlicher Form (Schreibmaschine, Computerausdruck) einzureichen.

– Die Blätter sind einseitig zu beschreiben bzw. zu bedrucken, mit ausreichendem Rand nach oben und unten, links und rechts (wir schlagen als Randmaße vor: links 4-5 cm; rechts 1 cm; oben und unten je 3 cm), mit einer leserfreundlichen Schriftgröße (12-14 pt) und einem dieser Schriftgröße angemessenen Zeilenabstand (16-20 pt); für Fußnoten und Blockzitate gelten Sonderregeln; sie werden kleiner (10 pt) und enger (12 pt) gesetzt.

– Mit Ausnahme des Titelblatts und des Inhaltsverzeichnisses sind alle Seiten zu paginieren, also mit einer Seitenzählung zu versehen (Titelblatt und Inhaltsverzeichnis zählen mit, werden aber mit keiner Ziffer beschrieben!); die Seitenzahlen können sowohl oben als auch unten, am Rand oder auch mittelzentriert eingefügt werden.

- Die fertige Hausarbeit wird geheftet, in einem Schnellordner gebunden oder in einer Schutzhülle verpackt wenn möglich persönlich abgegeben, auf jeden Fall aber persönlich wieder abgeholt (das erleichtert den Kontakt und gibt Gelegenheit zu einer detaillierten Nachbesprechung).
- Wurde die Arbeit mit einer Schreibmaschine angefertigt, sollte unbedingt ein Duplikat zurückbehalten, bei Computerausdrucken die Datei gesichert werden, da Hausarbeiten auch schon einmal verlorengehen können und in diesem Fall so jederzeit der Nachweis über die erfolgte Leistung erbracht werden kann.

Wissenschaftliches Anforderungsprofil schriftlicher Arbeiten | 6

Beim Anfertigen schriftlicher Hausarbeiten sind *rezeptive* (Sammeln, Nachlesen und Aufarbeiten wissenschaftlichen Denkens) und *kreative* (Selber-Denken) Tätigkeiten in gleicher Weise gefragt. Das wiederum hat eine für das wissenschaftliche Arbeiten zwingende Konsequenz: das Eigene, Selbergedachtes also, und das Fremde, dasjenige also, was andere bereits vorher zum Gegenstand der Hausarbeit gedacht und geschrieben haben, müssen sorgsam voneinander getrennt werden. Die Benutzung von Quellen (Primärliteratur) und von Sekundärliteratur ist auf Schritt und Tritt nachzuweisen; d.h.: die benutzten Primärtexte und die benutzte/diskutierte Sekundärliteratur müssen in Anmerkungen nachgewiesen und in einem der Arbeit beigegebenen Literaturverzeichnis in eine Übersicht gebracht werden. Gegebenenfalls ist im Text direkt zu zitieren.

Trennung von Eigenem und Fremdem

Durch eine Reihe von Regeln und Vorschriften ist festgelegt, wie dabei im Einzelnen zu verfahren ist.

Zitierweise | 6.1

a.) Unter einem Zitat versteht man eine unter Berufung auf die jeweilige Quelle wörtlich wiedergegebene Passage aus einem in der Regel geschriebenen Text der Primär- oder Sekundärliteratur (auch Anführungen aus gesprochenen Texten sind denkbar). Solche Zitate werden durch Anführungszeichen („...“, »...«) kenntlich gemacht (evtl. auch durch Kursivierung). Zitiert der solcherart wie-

Das Zitat

dergegebene Text seinerseits einen anderen Fremdtext, wird dieser in einfache Anführungsstriche (‚...', ›...‹) gesetzt. Man kann diese einfachen Anführungszeichen auch zur Heraushebung einer verwendeten redensartlichen Wendung oder eines Fachbegriffs verwenden.

Zur Verdeutlichung mag folgender Textauszug dienen (der Zusammenhang tut hier nichts zur Sache):

Zitat

Das Spiel mit dem „Wahrnehmungsvermögen"[39] des Zuschauers, das Greenaway ausgehend von diesem Einfall treibt, erfährt eine entscheidende Zäsur in dem Augenblick, in dem in Prospero die Erkenntnis reift, daß er in seinem Verlangen nach Rache zu weit ging. Die Entgegnung Ariels auf die Frage seines Meisters, wie es dem dank seines Zaubers schiffbrüchigen König und dessen Gefolge ergehe, markiert sowohl auf der dramaturgischen wie auf der medialen Ebene einen entscheidenden Wendepunkt:

> Gebannt zusammen auf dieselbe Weise, / Wie Ihr mir auftrugt, ganz wie Ihr sie ließt: / Gefangen alle, Herr / [...] Eur Zauber greift sie so gewaltig an, / Daß, wenn Ihr jetzt sie sähet, Eur Gemüt / Erweichte sich.[40]

Mit dieser Antwort gewinnt Ariel in Greenaways Film zum ersten Mal eine eigene Stimme; auf der Vorgangsebene ergreift er die Feder Prosperos und macht sich zum ‚Autor' seines Textes. Die Rachegedanken glätten sich von nun an und geben der Idee der Versöhnung Raum; Prospero schlägt das Buch „Der Sturm" zu und zerbricht in Vorwegnahme seines späteren Verzichts auf Zauberei und Magie seine Schreibfeder; zuletzt übergibt er die Bücher seiner Weisheit dem reinigenden Naturelement des Wassers, aus dem lediglich die Werke Shakespeares (ausgerechnet) von Caliban gerettet werden: das Buch der „Fünfunddreißig Dramen" (die Folioausgabe der Werke Shakespeares von 1623, in der Platz gelassen ist für das im – und durch den – Film geschriebene Drama) und das unvollendete Werk „Der Sturm".

Deutlichstes Zeichen dieses Umschlags ist die Restituierung der Figur als mit sich selbst identische dramatis persona; Prospero, der Schreiber, verschmilzt mit Prospero, dem Spieler seiner selbst. „Zum ersten Mal", schreibt Greenaway dazu in den Regiebemerkungen zum ersten Szenentableau des letzten Filmdrittels, „sehen wir Prospero, den Verfasser des ‚Sturms', sein Schreib- und Studiergehäuse verlassen."[41] Mit der Vergebung tritt das Spiel ins Leben; so antwortet der Stimme des schreibend dichtenden Prospero, dem Laut-Sprecher seiner ersonnenen Figuren, der vielstimmige Chor für sich selbst auf der Bühne agierender Menschen; das (bislang) monologische Drama Prosperos wird zum Spiel autonomer – was nicht heißt: souveräner – Subjekte, die statt mit einer nun mit eigener Stimme zu sprechen beginnen. Im Drehbuch hat Greenaway diesen Vorgang folgendermaßen kommentiert: „Prosperos Einbildungskraft hat die Figuren erschaffen, aber erst seine Vergebung hat ihnen Leben eingehaucht – jetzt sind sie wahrhaftig lebendig."[42]

[39] Greenaway, Prosperos Bücher, 15.
[40] Ebd., 191.
[41] Ebd., 193.
[42] Ebd., 201; Hervorhebung N.O.E.

(Eke, Norbert Otto: Intermedialität und Theatralisierung: Peter Greenaways Film-Theater. In: Crossing Media. Theater – Film – Fotografie – Neue Medien. Hg. v. Christopher Balme und Markus Moninger. München: Epodium 2004 (= Intervisionen – Texte zu Theater und anderen Künsten 5). S. 121-146; S. 134f.)

b.) Auslassungen innerhalb eines Zitats werden durch eckige Klammern, darin eingeschlossen 3 Punkte, kenntlich gemacht ([...]); runde Klammern sind *nur* als Teil des zitierten Textes zulässig.

c.) Längere Zitate ab drei Zeilen werden eingerückt, einzeilig und mit einer kleineren Type gesetzt (*Blockzitat*); Anführungszeichen entfallen.

d.) Werden Verse wie im obigen Beispiel nicht mehr in ihrer ursprünglichen druckgraphischen Gestalt wiedergegeben, werden Versumbrüche im Zitat durch eine Virgel („/") kenntlich gemacht, Strophenumbrüche durch eine Doppelvirgel („//").

e.) Das Zitat selbst wird in einer Anmerkung auf eine Quelle zurückgeführt, die in Form eines vollständigen bibliographischen Belegs oder – wie im zitierten Beispiel – in abgekürzter Form erfolgen kann (im Literaturverzeichnis muss der Kurztitel dann eindeutig identifizierbar sein). Dazu setzt man eine in der Fußnote dann wiederholte hochgestellte Zahl hinter das schließende Anführungszeichen; bei erläuternden Fußnoten, die weiterführende Gedanken oder Literaturhinweise enthalten (auch das ist möglich) hinter den Zusammenhang, auf den sich die Fußnote bezieht. Geraten Fußnotenzeichen und Satzzeichen in Kollision wird am Satzende das Fußnotenzeichen hinter den Punkt gesetzt, sonst hinter das schließende Anführungszeichen, aber vor das Satzzeichen. Die Zählung der Fußnoten kann durchgehend oder kapitelweise erfolgen. Der Fußnotentext steht am besten unter dem Text am Fuß der Seite (durch einen Strich getrennt), sonst am Textende. Anmerkungen und Fußnoten beginnen mit einem Großbuchstaben und enden mit einem Punkt.

f.) Die Wiedergabe des zitierten Textes erfolgt getreu seiner Orthographie und Interpunktion; unvermeidliche Eingriffe in den Lautstand, z.B. im Falle von Flexionsendungen, sind in eckigen Klammern kenntlich zu machen. Dazu ein zweites Beispiel. Marx verwendet in der Einleitung zur *Kritik der Hegelschen Rechtsphilosophie* die Wendung, Kants Philosophie sei die *„deutsche Theorie* der französischen Revolution". Soll diese Wendung nun als Zitat in einen anderen syntaktischen Zusammenhang integriert werden und sollte dies einen grammatikalischen Eingriff notwendig machen, darf dies nicht etwa stillschweigend geschehen, sondern muss durch eckige Klammern gekennzeichnet werden, was im Beispielfall dann folgendermaßen aussehen könnte: Marx wird später in der „Einleitung der Hegelschen Rechtsphilosophie" von Kants Philosophie als der *„deutsche[n] Theorie* der französischen Revolution" sprechen.

g.) Sollen wichtige Begriffe im Text druckgraphisch hervorgehoben werden (z.B. durch Kursivierung oder Unterstreichung), ist dies wie im obigen Textauszug in der Fußnote als Eingriff in den Text kenntlich zu machen (z.B. durch Formulierungen wie „Hervorhebung von mir"; „Hervorhebung [plus Namenskürzel]" etc.).

h.) Fremdsprachige Zitate werden nur in Ausnahmefällen in den Fußnoten übersetzt. Wenn dies geschieht muss die Quelle der Übersetzung vermerkt sein oder die Übersetzung als eigene kenntlich gemacht werden.

i.) Zitate dürfen unter keinen Umständen in sinnentstellender Weise aus ihrem Kontext gelöst werden; so ist z.B. die Figurenrede in fiktionalen Erzählungen zu beachten.

6.2 | Bibliographische Angaben

Bestandteile bibliographischer Angaben

Auch für die bibliographischen Angaben, die es erlauben sollen, eine Quelle eindeutig zu identifizieren, gibt es eine Reihe fester und eine Reihe variabler Regeln. Obligatorische Bestandteile einer bibliographischen Angabe sind bibliothekarischen Konventionen folgend:

– Name des Autors
– Titel des Werkes
– Ort und Jahr seines Erscheinens (evtl. mit Verlag; gegebenenfalls „o.O." [= ohne Ortsangabe], „o.J." [= ohne Jahresangabe]), „o.V." [= ohne Verlagsangabe])

- Auflage (gegebenenfalls mit den Zusätzen „verändert", „erweitert")
- Bandzahl
- Reihentitel
- Herausgeber (soweit vorhanden)
- Seitenzahlen bei Veröffentlichungen in Sammelwerken oder Anthologien.

Über Reihenfolge und druckgraphische Gestaltung dieser Basisangaben besteht keine Einigkeit, weder zwischen den Fächern noch innerhalb des Faches selbst. Nahezu jede Einführung entwickelt ein eigenes System, das in den Grundzügen den anderen Systemen ähnelt, in Nuancen aber wieder eigene Regeln setzt. Angesichts dessen ist es ratsam, sich vor der Anfertigung der ersten Hausarbeiten bei den entsprechenden Fachvertretern über die Standards am jeweiligen Institut zu erkundigen, ob also ein bestimmtes Belegsystem zwingend vorausgesetzt wird. Das einmal gewählte System ist in jedem Fall aber konsequent beizubehalten.

Weit davon entfernt, damit einem Normierungsprozess Vorgaben machen zu wollen, haben wir uns im Folgenden an die Regeln angelehnt, die unser früherer Kollege Eckardt Meyer-Krentler in seinem mittlerweile in der 9. Auflage erschienenen Handbuch *Arbeitstechniken Literaturwissenschaft* vorgeschlagen hat. Zu unterscheiden ist demnach zwischen Nachweisen von Monographien (größere wissenschaftliche Einzeldarstellungen), Sammelwerken und Beiträgen aus solchen Sammelwerken, Zeitschriften- und Zeitungsartikeln und Beiträgen aus dem WorldWideWeb; einige Sonderregeln gelten zudem für Dissertationen (Doktorarbeiten) und Reprints.

a.) Nachweis von Monographien:

Monographien (Verfasserschriften) werden nach folgendem Schema zitiert bzw. bibliographisch erfasst:

Name, Vorname: Titel. Untertitel. Auflage. Ort: Verlag Jahr (= Reihentitel).

Beispiel: Meyer-Krentler, Eckardt: Arbeitstechniken Literaturwissenschaft. 5. unveränderte Auflage. München: Fink 1995 (= UTB 1582).
Bei mehreren Verfassern gilt die Reihenfolge „Name, Vorname" nur für den ersten Verfasser; die Angabe weiterer Autoren erfolgt nach dem Schema „Vorname Name" (Meyer-Krentler, Eckhardt;

Burkhard Moennighoff: ...); bei mehr als drei Verfassern kann nach dem zweiten Namen mit „u.a." abgekürzt werden.

b.) Nachweis von Sammelwerken:
Sammelwerke werden nach folgendem Schema zitiert bzw. bibliographisch erfasst:

> Titel. Untertitel. Hg. v. Vorname Name. Auflage. Ort: Verlag Jahr (= Reihentitel).

Beispiel: Wozu noch Germanistik? Wissenschaft – Beruf – Kulturelle Praxis. Hg. v. Jürgen Förster, Eva Neuland u. Gerhard Rupp. Stuttgart: Metzler 1989.

c.) Nachweis von Titeln aus Sammelwerken:
Beiträge aus Sammelwerken werden nach folgendem Schema zitiert bzw. bibliographisch erfasst:

> Name, Vorname: Titel. Untertitel. In: Titel. Untertitel. Hg. v. Vorname Name. Auflage. Ort: Verlag Jahr (= Reihentitel). S. XX-XX.

Beispiel 1: Herrmann, Hans Peter: Abschaffung der Geisteswissenschaften? Standortbestimmung im aktuellen Streit zwischen Politik und Hochschulen. In: Wozu noch Germanistik? Wissenschaft – Beruf – Kulturelle Praxis. Hg. v. Jürgen Förster, Eva Neuland u. Gerhard Rupp. Stuttgart: Metzler 1989. S. 50-65.
Beispiel 2: Brasch, Thomas: Lieber Georg. Ein Eis-Kunst-Läufer-Drama aus dem Vorkrieg. In: Ders.: Lovely Rita, Rotter, Lieber Georg. Drei Stücke. Frankfurt/Main: Suhrkamp 1989 (= es 1562 NF 562). S. 105-125.

d.) Nachweis von Beiträgen in Fachzeitschriften und Periodika:
Beiträge in Fachzeitschriften und Periodika werden nach folgendem Schema zitiert bzw. bibliographisch erfasst:

> Name, Vorname: Titel. Untertitel. In: Zeitschriftentitel Jahrgangsnummer (Jahr). S. XX-XX.

Beispiel: Albrecht, Wolfgang: Aufklärung, Reform, Revolution oder „Bewirkt Aufklärung Revolutionen?". Über ein Zentralproblem der

Aufklärungsdebatte in Deutschland. In: Lessing Yearbook 22 (1990). S. 1-75.

Erfolgt die Paginierung einer Zeitschrift heft- und nicht jahrgangsweise, folgt auf die Jahresangabe ohne Trennung durch ein Satzzeichen zusätzlich die Heftnummer, z.B.: 71 (1997) H. 4. S. 701-723.

e.) Nachweis von Beiträgen aus Tages- oder Wochenzeitungen:

Beiträge aus Tages- oder Wochenzeitungen werden nach folgendem Schema zitiert bzw. bibliographisch erfasst:

> Name, Vorname: Titel. Untertitel. In: Zeitungstitel (Datum). S. XX.

Beispiel: Müller, Lothar: Der Sozialismus gebiert Kentauren. „Golden fließt der Stahl" und „Wolokolamsker Chaussee" I & III von Karl Grünberg und Heiner Müller an der Volksbühne Berlin. In: Frankfurter Allgemeine Zeitung (9.3.1996). S. 33.

f.) Nachweis von Beiträgen aus dem WorldWideWeb:

Zum Nachweis einer Quelle im Internet sollten drei Ebenen auseinandergehalten werden: **Zugang** (Web-Adresse), **Quelle** (Dokumentenname), **Urheber** (Verfasser des Dokuments). Beiträge aus dem WorldWideWeb werden entsprechend nach folgendem Schema zitiert bzw. bibliographisch erfasst:

> Name, Vorname: Titel. Untertitel. Zugang und Dokumentenname.

Beispiel: Blocher, Heinz: Das Sonett. http://www.uni-muenchen.de/lili/Einfuehrung/syllws97/htm.

Hinzugefügt werden dann noch Tag und Uhrzeit des Downloads.

g.) Nachweis von Dissertationen:

Unveröffentlichte Dissertationen erhalten vor der Ortsangabe den Zusatz „Diss. masch." oder – in ganz seltenen Fällen – „Diss. handschriftl."; publizierte Dissertationen, die als Dissertationen ausdrücklich ausgewiesen sind, den Zusatz „Diss." plus Sitz der Universität.

Beispiel: Minor, Rita: Charlotte Corday in der deutschen Dichtung. Diss. handschriftl. Wien 1909.

h.) Nachweis von Reprints u.ä.:

Reprints sind unveränderte, meist reprographische Neudrucke älterer Drucke. Ist das Titelblatt dieses Reprints nicht neu gesetzt, wird der Titel wie gehabt aufgenommen. Dann folgt der Zusatz: „Reprograph. Nachdruck", „Faksimiledruck" oder „Reprint" Ort: Verlag Jahr. Bei neu gesetzter Titelei ist diese maßgeblich.

Beispiel: Klingemann, August: Faust. Ein Trauerspiel in fünf Acten. Leipzig und Altenburg: Brockhaus 1815. Reprograph. Nachdruck der Erstausgabe mit einem Nachwort von Norbert Oellers und Saskia Schottelius. Stuttgart, Zürich: Belser 1991 (= Edition Corvey).

7 | Hilfsmittel der Literaturwissenschaft

Bevor etwas zitiert oder bibliographisch erfasst werden kann, stellt sich die einfache Frage, was überhaupt zitiert werden kann, welche Quellen also überhaupt zitierfähig sind, und wie dasjenige, was zitiert oder nachgewiesen werden soll, überhaupt zu ermitteln ist.

7.1 | Quellenkunde

Während die zweite Frage als diejenige nach dem Woher der nötigen Informationen in ihrer Dringlichkeit unmittelbar einleuchtet, erschließt sich die Frage nach der Zitierfähigkeit der Quellen nicht auf Anhieb. Ein Buch ist ein Buch, ein Roman ein Roman, ein Drama ein Drama – sollte man zumindest meinen. Doch ist es wie immer etwa komplizierter, als es auf den ersten Blick scheinen will. Nicht jede Textausgabe eines Textes ist nämlich auch zitierfähig.

Erstausgaben   Der Fall liegt einigermaßen klar und einfach im Fall der Gegenwartsliteratur, die freilich stets nach der Originalausgabe und keineswegs nach Lizenzausgaben (z.B. von Buchclubs) zitiert werden sollte. Komplizierter ist es dagegen bei älteren Texten, die in verschiedenen Ausgaben vorliegen: Erstausgaben, Nachdrucken, Studienausgaben, Kritischen Ausgaben, Historisch-kritischen Ausgaben. Als Zitiergrundlage eines historischen Textes sollte immer die verlässlichste Ausgabe dienen. Eine verlässliche Ausgabe zeichnet sich dadurch aus, dass sie Rechenschaft ablegt über Herkunft, Vollständigkeit und evtl. Modernisierungen des Textes. Im Studienbetrieb zitiert man in der Regel

Studienausgaben

Heinrich Heine

Historisch-kritische Gesamtausgabe der Werke

In Verbindung mit dem Heinrich-Heine-Institut
herausgegeben von

Manfred Windfuhr

im Auftrag der Landeshauptstadt Düsseldorf

mit Förderung durch
die Deutsche Forschungsgemeinschaft
die Freie und Hansestadt Hamburg
das Kultusministerium des Landes
Nordrhein-Westfalen

Hoffmann und Campe

ÜBERLIEFERUNG · 415

druckt in den »Elf Büchern Deutscher Dichtung« hrsg. von Karl
Gödeke, 2. Abteilung, Leipzig 1849, S. 480 f.

A   Vorrede.) BN, Fonds Allemand 182, 71-136. Druckvorlage für D,
angefertigt von einem nicht ermittelten Schreiber. Die Handschrift setzt sich folgendermaßen zusammen:
Vorrede (71-73) 1 Doppelbl. (jetzt getrennt) und 1 Bl., Papiersorte
19;
Caput I.-XXVII. (74-136) 29 Doppelbl. und 5 Einzelbl. (74, 101,
102, 129, 130, wahrscheinlich waren 101, 102 und 129, 130 früher Doppelbl.), Papier Nr. 10 (74-120) und 20 (121-136).
Die Handschrift wurde bogenweise vom Schreiber paginiert von
2.-32. An verschiedenen Stellen weist sie Setzervermerke auf.
Dem Schreiber von A diente für große Teile seiner Abschrift der
Zeitschriftendruck als Vorlage. Er übernahm dessen Eingriffe in
Heines Schreibweise. Bei der Überarbeitung der Druckvorlage
durch Heine (N^H) restituierte der Autor diese Eingriffe nur in
einigen Fällen.

A^H eigh. Korrekturen und Ergänzungen von Heine in A.

D   Atta Troll. Ein Sommernachtstraum. Von Heinrich Heine. Ham-
burg. Bei Hoffmann und Campe. 1847.
Oktav, 158 S. Auf der Rückseite des Haupttitels die Angabe:
H. G. Voigt's Druckerei in Hamburg; auf dem Schmutztitel: Atta
Troll. Von Heinrich Heine, auf der Rückseite Verlagsanzeigen.
Der Band enthält: Motto; Vorrede. (S. VII-XIV); Caput I.-XXVII.
(S. 1-158).
Von diesem Druck existieren zwei weitere Versionen, die sich
auf der Titelei von der ersten Auflage unterscheiden:
1.) Atta Troll. Ein Sommernachtstraum. Von Heinrich Heine.
Zweite Auflage. Hamburg. Bei Hoffmann und Campe. 1847.
2.) Atta Troll. Ein Sommernachtstraum. Von Heinrich Heine.
Hamburg. Bei Ludwig Giese. 1847. Dieser Version fehlt der
Schmutztitel mit den Verlagsanzeigen, dafür ist ihr eine sechs-
seitige Anzeige des bei Hoffmann und Campe erschienenen
Buches »Hafis. Eine Sammlung persischer Gedichte. <...> Von
G. F. Daumer, 1846.« angebunden.
Alle drei Ausgaben beruhen auf dem gleichen Satz. Das läßt
sich schließen aus kleinen Unsauberkeiten, die ihnen gemeinsam sind und die von den beschädigten oder abgenutzten Lettern
herrühren, z. B. S. VII,15 beschädigtes e in geründet; 12, 16
undeutliches ch in macht; 26,2 beschädigtes Fragezeichen;

LESARTEN · 733

(a¹) Auch
(a²) mein heimischer App'tit
(b¹) der *App'tit* der Heimath
       Hat sich wieder eingestellt
(b²) Affrikanischer *App'tit*
       stellt/ sich wieder (r korr.) ein,
(a²) ich²
(a¹) werde
       Jetzt ein
(b¹) esse
(c¹) werde
(b²) täglich
       Werd' (d' *aus* de) ich dicker, p
(c²) fich/ werde
       Täglich korpulenter
(d²) fich/ fresse
(a¹) Wie ein Deutscher
(b¹) Wie
(c¹) Und
(d²) Viel und werde korpulent –
(e¹) Wie ein Vieh und werde fett! H¹
(2)³*Hier gedeih' ich ganz vortrefflich!
Affrikanischen
(a) Aptit
(b) App'tit
       Stellt sich wieder ein;
(a¹) ich fresse
       Wie ein
(b¹) schon hab' ich
       Mir ein
(c¹) wie'n Löwe,
       Wie ein Tiger freß' ich wieder!
(3) Und sie giebt mir gute Bissen!
(a) Afrikanischer App'tit
       Stellt sich wieder ein.
(b) Und es stellt sich wieder ein
(c) Ich gedeih'! Mit meinem alten,
       Afrikanischen App'tit,
       Wie am Niger, freß' ich wieder! L
¹ im Anschluß an Schicht (2) des Lemmas 54-56 entstanden.
² nicht gestr.
³ vgl. Fußnote zum Lemma 56.
81-84 Hab' mir schon *bis* Wolken tritt.«]

735

Restitutionen

Apostroph aufgehoben: **11**,28 Freilgrathschen **9**,13 Schellingschen
ä in e: **10**,28 **11**,34 nemlich
c in k: **9**,32 respektive
h gestr.: **31**,69 Stral **77**,108 Stralend **18**,82 Stralennetz
h in y: **9**,11 26 **12**,8 bey **9**,27 **10**,39 Bey **10**,14 Freyheit **80**,34 befreyt **9**,24
10,30 **33**,17 freylich
in in inn: **83**,32 Bärinn **24**,67 Miminn
tion in zion: **9**,35 Stazion
tt in t: **11**,6-7 literarischen

Erläuterungen

Atta Troll. Ein Sommernachtstraum] *die Formulierung des Titels* Atta Troll
erinnert an Goethes »Reineke Fuchs« *und E.T.A. Hoffmanns* »Kater Murr«.
Der Bestandteil Atta *entspricht dem jiddischen* »Ätte«: Vater, das auch im
*Schwabenspiegel (*Elster¹ VII, 332*) belegt ist. Der spätere Untertitel wurde
von Shakespeares Komödie* »A Midsummer Night's Dream« *inspiriert und
erst in der Buchfassung eingefügt. Er ist gewählt in Anlehnung an und korre-
spondierenden Gegensatz zum Deutschland-Epos, dessen Untertitel Ein
Wintermährchen ebenfalls auf Shakespeare (»The Winter's Tale«) zurück-
geht. Heine drückt damit seine große Verehrung für den englischen Dramatiker aus.*
Motto] *es handelt sich um* V. 17-20 *des Gedichts* »Der Mohrenfürst« *von
F. Freiligrath (s.* Vorrede 11,27-12,15 *und* Anm.).
9 Vorrede] *Heines Vorreden sind eine sorgfältig ausgeklügelte Mischung
von Selbstinterpretation, Verteidigung und Angriff. Als* der *Atta Troll die ver-
fluchte Vorrede hat mir mehr Mühe gekostet als* 10 *Druckbogen (*HSA XXII,
233*). Bei der Abfassung scheint jene* »Ankündigung«, *die H. Laube der
ersten Nummer der* »Zeitung für die elegante Welt« *des Jahrgangs 1843
voranstellte, benutzt worden zu sein, auch dort wird z. B. von der Priori-
tät der Poesie und von der Diskussion um Talent und Gesinnung ausführ-
lich gehandelt. Anläßlich der Buchausgabe, rund vier Jahre nach dem
Erscheinen der Zeitschriftenfassung, nimmt der Autor schon mit Abstand
über sein Werk. Für den Leser stellt die engagierte Einleitung die poetische Fiktionalität gegenüber dem Erstdruck von vornherein in ein anderes Licht. Hauptthema der Vorrede ist aber die Auseinandersetzung mit
der zeitgenössischen Tendenzpoesie.*
9,4 Der Atta Troll entstand im Spätherbste 1841] *diese Angabe ist sicher
nicht richtig, die Hauptmasse entstand 1842.*

Beispielseiten einer historisch-kritischen Ausgabe ▶ Abb. 4-7

nach Studienausgaben wie denjenigen des Reclam Verlags oder des Deutschen Klassiker Verlags (sie geben Auskunft zur Entstehung des Textes, seiner Überlieferungsgeschichte; sie beinhalten einen Stellenkommentar und ein Nachwort) und vor allem nach wesentlichen Gesamtausgaben. Solche sind allererst die sogenannten **Kritischen Ausgaben** und zumal die **Historisch-kritischen Ausgaben,** die es allerdings lediglich von wenigen herausragenden Autoren wie Goethe, Schiller, Heine oder Lenau gibt. Eine „Historisch-kritische Ausgabe" dokumentiert alle bekannten Textvarianten eines Textes von der Handschrift bis zur Ausgabe letzter Hand in einem sogenannten kritischen Apparat in ihrer zeitlichen Ordnung und in ihrer Abhängigkeit.

Historisch-kritische Ausgaben

Kritisch meint den Anspruch, dass der Text in größter Genauigkeit mit den Vorlagen verglichen wird; Eingriffe gleich welcher Art in den Text, sei es in Interpunktion oder Orthographie, sind grundsätzlich ausgeschlossen. Im Unterschied dazu verzichtet die „Kritische Ausgabe" auf die Dokumentation von Textvarianten; präsentiert wird lediglich der Text unter Angabe, welcher Ausgabe er folgt. Anspruch kritischer Ausgaben ist nichtsdestoweniger Verlässlichkeit und Übereinstimmung zwischen Text und Vorlage.

Über die Erstausgaben deutscher Dichtung von 1600 bis 1900 informiert nach wie vor am zuverlässigsten folgendes Handbuch:

– Wilpert, Gero von; Adolf Gühring: Erstausgaben deutscher Dichtung. Eine Bibliographie zur deutschen Literatur 1600-1900. 2., vollständig überarbeitete Auflage. Stuttgart: Reclam 1992.

Für den Zeitraum nach 1900 ist ein Blick in die einschlägigen Bibliographien (siehe unten) erforderlich.

Einen Überblick über bereits vorhandene Ausgaben bieten folgende Werke:

– Opera omnia. Dichter und Denker der Welt in Gesamtausgaben. 4. Auflage. Berlin: Elwert und Meurer 1972.

– Handbuch der Editionen. Deutschsprachige Schriftsteller vom Ausgang des 15. Jahrhunderts bis zur Gegenwart. Bearbeitet von Waltraud Hagen (Leitung und Gesamtredaktion), Inge Jensen, Edith Nahler, Horst Nahler. Berlin/DDR: Volk und Wissen 1979.

– Bibliographie der Editionen und Reprints zur Mittleren Deutschen Literatur für den Zeitraum 1960-1986. Bearbeitet von Jörg Jungmayr u.a. In: editio. Internationales Jahrbuch für Editionswissenschaft 1 (1987). S. 34-128.

Literaturrecherche

Ein erfolgreiches Studium setzt die Fähigkeit voraus, die für ein Problem oder eine Fragestellung relevanten Titel der Primärliteratur sowie die existierende und die konkret erreichbare Forschungsliteratur recherchieren zu können. Forschungsliteratur muss bereits zu einem möglichst frühen Zeitpunkt der Arbeit an einer Hausarbeit oder einem Referat *bibliographiert*, also ermittelt, und zusammengestellt werden. Voraussetzung dafür ist zunächst einmal ein Suchraster, das unbedingt in einen Thesen- und Fragenkatalog einmünden sollte, um die Fülle der Informationen (beispielsweise zu einem Autor wie Goethe) zu bewältigen und Wichtiges, das heißt zunächst einmal: für das jeweils konkrete Thema bzw. die jeweils konkrete Fragestellung Relevantes, von weniger Wichtigem zu trennen. Das wiederum setzt voraus, dass man sich vorab schon einmal in Nachschlagewerken oder in der schnell erreichbaren oder vom Dozenten empfohlenen Literatur informiert. Mit dem so gewonnenen Vorwissen beginnt man dann mit der systematischen Recherche, die sich grob nach vier Typen unterscheiden lässt:

(Marginalie: Suchraster und systematische Recherche*)*

1. Der Suche nach bekannten Titeln (möglicherweise mit unvollständigen Angaben) zwecks Entleihung oder Fernleihbestellung.
2. Der Suche nach Literatur über einen bestimmten Autor und über eines oder mehrere seiner Werke.
3. Der Suche nach Literatur zu bestimmten literaturwissenschaftlichen Themen oder Fragestellungen (literarischen Gattungen, Epochen, Motiven, literatursoziologischen Zusammenhängen, Methoden usw.).
4. Der Suche nach thematischer Literatur aus anderen Disziplinen.

Unverzichtbare Hilfsmittel für jede der genannten Formen von Literaturrecherche sind die einschlägigen Fachbibliographien, die in jeder größeren Bibliothek vorhanden sind; hinzu kommen grundlegende Nachschlagewerke, Fachlexika, Fachzeitschriften, Handbücher und Literaturgeschichten, über die man sich schon sehr frühzeitig im Studium einen Überblick verschaffen sollte.

(Marginalie: Bibliographien*)*

Bibliographien (nicht zu verwechseln mit *Biographien* als – im weitesten Sinne – Formen eines lebensgeschichtlichen Erzählens) sind Zusammenstellungen von Werken eines Autors oder von Literatur zu einem bestimmten Gegenstand (Autor, Motive, Fachgebiete, Zeiträume, Regionen etc.) mit Angaben über den Autor oder Herausgeber, Titel, Erscheinungsort und -jahr, Seitenangabe etc., gelegentlich mit Zusammenfassungen und/oder Wertungen. Bibliographien werden in Printform und mittlerweile auch in elektronischer Form (CD-Rom; Online-Versionen) publiziert; sie erscheinen in der Regel periodisch als eigenständige Publikationen oder in Form laufender Fortschreibungen in Jahrbüchern und Fachzeitschriften, können aber auch in sich abgeschlossen sein.

Erste Informationen zu den Bibliographiertechniken sowie über verschiedene Möglichkeiten des Bibliographierens mit Hilfe von Bibliographien, Fachlexika, Literaturgeschichten, Archiven, literarischen Gesellschaften etc. geben folgende Werke:

- Raabe, Paul: Einführung in die Bücherkunde zur deutschen Literaturwissenschaft. 11. vollst. neubearbeitete Auflage. Stuttgart: Metzler 1994 (= Sammlung Metzler 1).
- Zelle, Carsten: Kurze Bücherkunde für Literaturwissenschaftler. Tübingen, Basel: Francke 1998.
- Blinn, Hansjürgen: Informationshandbuch Deutsche Literaturwissenschaft. 4. völlig neu bearbeitete und stark erweiterte Auflage. Mit Internet- und CD-ROM-Recherche. Frankfurt/Main: Fischer 2001.

Zur bibliographischen Arbeit im Rahmen der Literaturwissenschaft selbst sind folgende Publikationen unentbehrlich:

- Bibliographie der deutschen Sprach- und Literaturwissenschaft. Begründet von Hanns W. Eppelsheimer, fortgeführt von Clemens Köttelwesch, hg. von Bernhard Koßmann. Frankfurt/Main: Klostermann 1957ff. (erscheint im Jahresrhythmus in Printform und ist mittlerweile auch in einer Online-Version zugänglich).
- Germanistik. Internationales Referatenorgan mit bibliographischen Hinweisen. Hg. von H. W. Bähr u.a. Tübingen: Niemeyer 1960ff. (erscheint quartalsweise).

Hilfreich sind des Weiteren:

- Goedeke, Karl: Grundriß zur Geschichte der deutschen Dichtung. Aus den Quellen. 2. bzw. 3., ganz neu bearbeitete Auflage. 15 in 22 Bänden. Dresden, Berlin 1884-1966. Nachdruck 1975; Bd. 16ff. Berlin 1985ff.
- Gesamtverzeichnis des deutschsprachigen Schrifttums 1700 bis 1910. 160 Bde. und Nachtragsband. München 1979-1987 (= GV alt).
- Gesamtverzeichnis des deutschsprachigen Schrifttums 1911 bis 1965. 150 Bde. München 1976-1981 (= GV neu).

- Deutsche Nationalbibliographie (als CD-Rom und wöchentlicher Ausdruck oder online). (Aktuellste Bibliographie; erfaßt allerdings keine Zeitschriftenartikel).
- Kritisches Lexikon zur deutschsprachigen Gegenwartsliteratur. Hg. v. Heinz Ludwig Arnold. Loseblattsammlung und CD-ROM. München: edition text & kritik 1983ff.
- Fachzeitschriften, die sich auf einen Autor und seine Umgebung konzentrieren und Bibliographien fortschreiben (z.B. Goethe-Jahrbuch, Jahrbuch der Deutschen Schillergesellschaft, Lessing Yearbook, Grabbe Jahrbuch).
- Fachzeitschriften, die gattungsbezogen oder methodisch ausgerichtet sind und Bibliographien fortschreiben (z.B. Internationales Archiv für Sozialgeschichte der Literatur, Tübingen [IASL], wichtig hier auch der Online-Ableger IASL-Online; Lili. Zeitschrift für Literaturwissenschaft und Linguistik, Göttingen).
- Personalbibliographien (konzentrieren sich allein auf einen Autor) sowie Grundlagenbände zu einzelnen Autoren, Gattungen oder Epochen, die von mittlerweile mehreren Verlagen angeboten werden.
- Die *Autorendokumentation* der Stadtbibliothek Dortmund (sammelt Zeitungsartikel zu einzelnen Autoren) (Informationen unter: http://g2.www.dortmund.de/inhalt_externe/bibliotheken/bibliotheken/autoren/index.htm).
- Das Innsbrucker Zeitungsarchiv (speichert Zeitungsartikel seit 2000 als pdf-Dateien) (Informationen unter: http://iza.uibk.ac.at).
- Zur Schnellrecherche geeignet sind natürlich auch Bibliographien in Textausgaben und Monographien sowie die Stichwortkataloge der jeweiligen Bibliotheken (bei sogenannten Freihandbibliotheken ist zudem der Blick um den ermittelten Titel herum hilfreich, da die meisten Bibliotheken Bücher nach Sachgruppen sortiert aufstellen).
- Online-Datenbanken wie das Verzeichnis lieferbarer Bücher, Jason und Jade.

Im Weiteren seien, nach Sachgruppen geordnet, in einer kleinen Auswahl einige weitere wichtige Publikationen genannt.

Wichtige biographische Nachschlagewerke

7.3
Biographische Nachschlagewerke

- Allgemeine deutsche Biographie (ADB). Hg. v. Historische Commission bei der Königlichen Akademie der Wissenschaften. 56 Bde. Leipzig: Duncker & Humblot 1875.

- Neue deutsche Biographie (NDB). Hg. v. Historische Kommission bei der Bayerischen Akademie der Wissenschaften. Bd. 1ff. Berlin: Duncker & Humblot 1953ff.
- Deutsche Biographische Enzyklopädie (DBE). Hg. v. Walter Killy. 10 Bde. München: Saur 1994ff.
- Deutsches Biographisches Archiv (DBA). Mikrofiche-Edition. München: Saur 1982-1984. [Umfasst die Zeit bis zum Ausgang des 19. Jahrhunderts.]
- Deutscher Biographischer Index (DBI). Hg. v. Willi Gorzny. 4 Bde. München, London: Saur 1986.
- Deutsches Biographisches Archiv (DBA). Neue Folge. Mikrofiche-Edition. München: Saur 1989-1993. [Setzt das DBA bis zur Mitte des 20. Jahrhunderts fort.]

7.4 Wichtige Sachwörterbücher

Sachwörterbücher

- Metzler Literatur Lexikon. Begriffe und Definitionen. Hg. v. Dieter Burdorf u.a. 3., völlig neu bearb. Auflage. Stuttgart: Metzler 2007.
- Literaturwissenschaftliches Lexikon. Grundbegriffe der Germanistik. Hg. v. Horst Brunner und Rainer Moritz. 2., überarb. und erw. Auflage. Berlin: Erich Schmidt Verlag 2006.
- Reallexikon der deutschen Literaturwissenschaft. Neubearbeitung des Reallexikons der deutschen Literaturgeschichte. Bd. 1 [A-G]. Hg. v. Klaus Weimar mit Harald Fricke, Klaus Grubmüller und Jan-Dirk Müller. Berlin, New York 1997; Bd. 2 [H-O]. Hg. v. Harald Fricke gemeinsam mit Georg Braungart, Jan-Dirk Müller, Friedrich Vollhardt und Klaus Weimar. Berlin, New York 2000. Bd. 3 [P-Z]. Hg. v. Jan-Dirk Müller gemeinsam mit Georg Braungart, Harald Fricke, Klaus Grubmüller, Friedrich Vollhardt und Klaus Weimar. Berlin, New York: de Gruyter 2007.
- Wilpert, Gero von: Sachwörterbuch der Literatur. 8., erweiterte Auflage. Stuttgart: Kröner 2001.

7.5 Ein- und mehrbändige Literaturgeschichten

Literaturgeschichten

- Deutsche Literatur. Eine Sozialgeschichte. 10 Bde. Hg. v. Horst Albert Glaser. Reinbek: Rowohlt 1980-1995.
- Geschichte der deutschen Literatur. Kontinuität und Veränderung. Vom Mittelalter bis zur Gegenwart. Hg. v. Ehrhard Bahr. 3 Bde. 2. Auflage. Tübingen: Francke 1998. [zuerst 1987-88].

- Geschichte der deutschen Literatur von den Anfängen bis zur Gegenwart. 12 Bde. Begründer: Helmut de Boor, Richard Newald. München: Beck 1949ff.
- Geschichte der deutschen Literatur von den Anfängen bis zur Gegenwart. Hg. von einem Autorenkollektiv für Literaturgeschichte. 12 Bde. Berlin/DDR: Volk und Wissen 1961-1990.
- Hansers Sozialgeschichte der deutschen Literatur vom 16. Jahrhundert bis zur Gegenwart. 12 Bde. Hg. v. Rolf Grimminger. München: Hanser und Dtv 1980ff.
- Brenner, Peter J.: Neue deutsche Literaturgeschichte. Vom „Ackermann" zu Günter Grass. 2., aktualisierte Auflage. Tübingen: Niemeyer 2004.
- Deutsche Literaturgeschichte. Von den Anfängen bis zur Gegenwart. Hg. v. Wolfgang Beutin u.a. 7. verbesserte und erweiterte Auflage. Stuttgart, Weimar: Metzler 2008.
- Martini, Fritz: Deutsche Literaturgeschichte von den Anfängen bis zur Gegenwart. 19., neu bearbeitete Auflage. Stuttgart: Kröner 1991.

Wichtige Literaturlexika (Autorenlexika)

| 7.6
Literaturlexika

- Kritisches Lexikon zur deutschsprachigen Gegenwartsliteratur. Hg. v. Heinz Ludwig Arnold. Loseblattsammlung und CD-ROM. München: edition text & kritik 1983ff.
- Kindlers Literatur-Lexikon. Hg. v. Heinz Ludwig Arnold. 3., völlig neu bearbeitete Auflage. 18 Bde. Stuttgart: Metzler 2009 (Online-Publikation: http://www.kll-online.de).
- Literatur Lexikon. Autoren und Werke deutscher Sprache. 15 Bde. Hg. v. Walter Killy. Gütersloh: Bertelsmann Lexikon Verlag 1988-1993.
- Killy Literaturlexikon. Autoren und Werke des deutschsprachigen Kulturraumes. Hg. v. Wilhelm Kühlmann. 2. vollständig überarbeitete Auflage. Berlin, New York: de Gruyter 2008ff. [Bisher Bde. 1-6].
- Harenbergs Lexikon der Weltliteratur. Autoren – Werke – Begriffe. 5 Bde. Kuratorium: François Bondy u.a. Dortmund: Harenberg Lexikon-Verlag 1989.
- Metzler Autoren Lexikon. Deutschsprachige Dichter und Schriftsteller vom Mittelalter bis zur Gegenwart. Hg. v. Bernd Lutz. 3., aktualisierte und erweiterte Auflage. Stuttgart, Weimar: Metzler 2004.
- Deutsches Literatur-Lexikon. Biographisch-bibliographisches Handbuch. Begründet von Wilhelm Kosch. Hg. v. Heinz Rupp und Carl Ludwig Lang. 3., völlig neu bearbeitete Auflage. Bern 1999ff.

7.7

Fachzeitschriften

Wichtige Fachzeitschriften, die über den neuesten Stand der Diskussionen im Fach informieren, Neuerscheinungen anführen, zum Teil auch kritisch referieren, Forschungsprojekte vorstellen etc.

- Zeitschrift für deutsche Philologie. Berlin, Bielefeld, München [ZfdPh]
- Deutsche Vierteljahrsschrift für Literaturwissenschaft und Geistesgeschichte. Stuttgart [DVjs]
- Zeitschrift für Germanistik. Leipzig [ZfG]
- Arbitrium. Zeitschrift für Rezensionen zur germanistischen Literaturwissenschaft
- Euphorion. Zeitschrift für Literaturgeschichte. Heidelberg [Euph.]
- Weimarer Beiträge. Zeitschrift für Literaturwissenschaft, Ästhetik und Kulturtheorie [WB]
- Wirkendes Wort. Deutsche Sprache in Forschung und Lehre. Bonn [WW]
- Colloquia Germanica. Internationale Zeitschrift für germanische Sprach- und Literaturwissenschaft. Bern [COllGerm]
- Der Deutschunterricht. Beiträge zu seiner Praxis und wissenschaftlichen Grundlegung. Stuttgart [DU]
- Internationales Archiv für Sozialgeschichte der deutschen Literatur [IASL und IASLOnline]
- Mitteilungen des Deutschen Germanistenverbandes
- New German Critique. Milwaukee [NGC]
- German Life and Letters [GLL]
- Etudes Germaniques
- The Modern Language Review

Seminar- und Vorlesungsmitschriften, Protokolle, Referat und Hausarbeit sind neben dem Selbststudium am Schreibtisch, in der Bibliothek und im Archiv die wichtigsten Arbeitsformen, über deren
Aufgaben und Ausfertigungsformen sich jeder Studierende möglichst gleich zu Beginn des Studiums Klarheit verschaffen sollte. Se-
minar- und Vorlesungsmitschriften unterstützen das konzentrierte Zuhören und Mitdenken; darüber hinaus ermöglichen sie die
Vergegenwärtigung des Lernstoffs. Protokolle bilden einen Diskussionsverlauf ab. Das mündliche Referat wiederum hat die Aufgabe,
grundlegende Informationen in ein Seminar einzubringen, der Diskussion damit Impulse zu geben und das Interesse für einen Gegenstand zu wecken. Im Unterschied dazu wird von der schriftlich aus-
gearbeiten Hausarbeit die systematische Entwicklung eines
Sachverhalts, seine sachgerechte Darstellung sowie die Diskussion
und Lösung einer Fragestellung erwartet. Vier Schritte bilden das
Grundgerüst sowohl des Referats als auch der Hausarbeit: 1. das Benennen der Thematik bzw. Fragestellung und der Vorgehensweise
der jeweiligen Leistungserbringungsform; 2. die Entwicklung der
Grundproblematik aus einem überschaubaren Detail heraus, das
auch als Aufhänger dienen kann; 3. die Öffnung der Perspektive vom
Detail auf die weiterführende Thematik bzw. Fragestellung; 4. das
Schließen der Ausführungen mit einem die Ergebnisse summierenden Resümee, einer Definition oder einem Ausblick.
Dabei unterliegt die Hausarbeit in weitaus stärkerem Maße als das Referat den Anforderungen wissenschaftlichen Arbeitens und der wissenschaftlichen Darstellung: Selbergedachtes und von anderen Autoren
Vorgedachtes (Geschriebenes) müssen sorgfältig voneinander getrennt
werden; die Benutzung von Quellen (Primärtexten) und Sekundärliteratur ist auf Schritt und Tritt in der Form von sogenannten Anmerkungen (Fußnoten) nachzuweisen, gegebenenfalls ist direkt im Text zu zitieren. Die dafür geltenden Regeln sind im Modul im Einzelnen erläutert.
Als Zitiergrundlage sollten immer die verlässlichsten Ausgaben eines
Textes dienen. Das sind bei historischen Texten in erster Linie einmal
die sogenannten ‚Historisch-kritischen Ausgaben‘ und im Weiteren die
kritischen Studienausgaben, sonst verwendet man die Originalausgaben
(keine Lizenzausgaben!). Bibliographien helfen bei der Ermittlung dieser
Ausgaben ebenso wie bei der Recherche von Sekundärliteratur. Die für
die Literaturwissenschaft wichtigsten Bibliographien und weitere wichtige Nachschlagewerke sind im letzten Teil des Moduls dokumentiert.

Testfragen

1. Welche grundsätzlichen Unterschiede bestehen zwischen einem Referat und einer Hausarbeit?
2. Welche formalen Gliederungspunkte sind unverzichtbar bei der Anfertigung einer Hausarbeit?
3. Wie verfährt man bei Eingriffen (Auslassungen, Änderungen von Flexionsendungen, Hervorhebungen) in einen zitierten Text?
4. 1992 erschien im Rowohlt Verlag (Reinbek bei Hamburg) ein von Hanno Loewy herausgegebener Sammelband mit dem Titel „Holocaust: Die Grenzen des Verstehens". In diesem Band, der im Untertitel „Eine Debatte über die Besetzung der Geschichte" heißt, enthalten ist ein Aufsatz von Hans Mommsen. Er heißt „Erfahrung, Aufarbeitung und Erinnerung des Holocaust in Deutschland" und steht auf den Seiten 93 bis 100. Bringen Sie diese Angaben in die bibliographisch exakte Form.
5. Was sind Bibliographien und welche Bibliographien sind für die Literaturwissenschaft von besonderer Wichtigkeit?

Aufbaumodul 1: Die Grundlagen der Textproduktion und des Textverstehens: Poetik und Rhetorik

Inhalt

Der erste Teil des Moduls erläutert die Begriffe Poetik, normative und implizite Poetik; dies geschieht durch die historische Darstellung der Entwicklung der zentralen Begriffe und Fragestellungen der Poetik: was ist Dichtung? welche Aufgaben und Funktionen hat die Dichtung und wie lassen sie sich bestimmen?
Der zweite Teil beschäftigt sich mit der Geschichte der Rhetorik, beschreibt den Aufbau der Rede und ihre Grundfunktionen und erklärt anhand von Beispielen rhetorische Figuren, die für die Analyse eines literarischen Textes notwendig sind.

Dichten und Nachdenken über Dichten sind gleich ursprünglich: Seit alters her hatten die Dichter sich und ihr Tun immer schon zu legitimieren; was und wie rede, erzähle, spiele, singe ich, mit welchem Recht und welcher Absicht und mit welcher Kunstfertigkeit stelle ich Texte her. Im alten Griechenland (5.-4. Jahrhundert v. Chr.) haben sich dann zwei Bereiche herausgebildet, die sich mit diesen Fragen beschäftigen: die Poetik als Lehre von der Dichtkunst und die Rhetorik als Lehre von der Redekunst. Poetik und Rhetorik unterscheiden sich zwar in ihren Aufgaben und Funktionen, gemeinsam ist beiden aber die kunstvolle Arbeit mit und an der Sprache.

Poetik 1

Definition

Das Wort Poetik leitet sich vom griechischen Ausdruck poietiké techné her und lässt sich als Technik, als Fähigkeit oder Fertigkeit zu dichten übersetzen; zugrunde liegt das Wort poiein, das herstellen, schaffen, machen und auch dichten meint; das griechische Substantiv poiesis bezeichnet das dichterische Werk, die Poesie.

Es lassen sich im Wesentlichen drei Gegenstandsbereiche der Poetik unterscheiden, auch wenn sie in den konkreten Poetiken häufig vermischt vorkommen:

1. Poetik ist Theorie der Dichtung: In einer Poetik wird der Versuch unternommen, das Wesen der Poesie zu bestimmen; zu sagen, was man unter Dichtung versteht, wie sie entstanden ist, welche Aufgabe und Bedeutung ihr zukommt und wie die unterschiedlichen Formen (Gattungen) der Poesie voneinander abzugrenzen und zu definieren sind. Für die Poetik als Theorie der Dichtung ist inzwischen der Begriff Poetologie (Lehre von der Dichtung) oder Literaturtheorie geläufiger.

2. Poetik ist Praxis der Dichtung: Hier geht es um konkrete Hinweise zur dichterischen Praxis: Wie stellt man ein dichterisches Werk her, welche Mittel und Techniken stehen zur Verfügung, wie werden sie zu welchem Zweck eingesetzt. Diese ganz praktischen Hinweise (zum Bau eines Dramas, einer Novelle, eines Verses oder einer Strophe) werden in der Regel aus der theoretischen Bestimmung der Dichtung abgeleitet.

3. Poetik ist Kritik der Dichtung: Aus der theoretischen und praktischen Bestimmung dessen, was man unter Dichtung zu verstehen hat, werden Kriterien der Kritik abgeleitet. Mit Hilfe dieser Kriterien soll man dann entscheiden können, ob zum Beispiel ein Roman gut oder weniger gelungen oder sogar misslungen ist.

Tritt eine Poetik in ihren theoretischen, praktischen und kritischen Bestimmungen mit dem Anspruch auf (absolut) zu wissen, was Dichtung ist, auf welche Weise sie ‚richtig‘ hergestellt werden kann und wie eindeutig gute von schlechter Dichtung zu unterscheiden ist, dann spricht man von einer **normativen Poetik** oder einer **Regelpoetik**. Die normative Poetik oder Regelpoetik gibt Normen und Regeln vor, die einzuhalten sind, wenn die Dichtung gelingen soll.

1.1 | Zur Geschichte der Poetik

Wie das Wort Poetik sprachlich verrät, liegen die Ursprünge der Poetik im antiken Griechenland; es geht hier nicht um ein Nachzeichnen der Geschichte der Poetik, sondern es interessieren nur einige zentrale Begriffe und Fragestellungen, die immer wieder in der Literaturwissenschaft diskutiert wurden und in der Geschichte der Poetik bis heute von Bedeutung sind.

Aristoteles

Der grundlegende Text der Poetik ist Aristoteles' Schrift *Peri poietikés* (*Über die Dichtkunst*); sie ist vermutlich um 335 v. Chr. entstanden, gesicherte Erkenntnisse zur Entstehungszeit und -art, Inhalt, Form und Überlieferung der Schrift liegen nicht vor.

Abb. 8

Aristoteles (ca. 384–321 v. Chr.).

Die aristotelische Poetik macht keinen leserfreundlichen Eindruck: Zwar lässt sich eine grobe Systematisierung erkennen, aber diese verschwindet im Detail der Schrift leicht aus dem Blick; Brüche in der Argumentation, Vor- und Rückgriffe, Abschweifungen und Verweise vermitteln zunächst eine wenig geordnete Abhandlung. Man hat das mit dem Status der Schrift zu erklären versucht: Die Poetik gehörte nicht zu den veröffentlichten (exoterischen) Schriften Aristoteles', sondern zu den nicht veröffentlichten (esoterischen) Schriften, die für den Gebrauch in seiner Schule vorgesehen waren, Mitschriften von Schülern vielleicht. Erschwerend kommt hinzu, dass die aristotelische Poetik uns nur als Fragment überliefert ist: Der zweite Teil der Poetik, der die Komödie behandeln soll, ist verloren gegangen.

Der uns überlieferte Teil der Poetik des Aristoteles gliedert sich in drei ungleich große Abschnitte: der erste (Kap. 1-5) beschäftigt sich allgemein und grundlegend mit der Frage, was unter Poesie zu verstehen ist, der zweite (Kap. 6-22) mit der Theorie der Tragödie und der dritte Abschnitt (Kap. 23-26) handelt vom Epos. Die Theorie der Tragödie macht den größten Teil aus und deshalb ist die uns überlieferte Poetik des Aristoteles im Wesentlichen eine Abhandlung über die Tragödie.

In diesem Modul über die Grundlagen der Textproduktion und des Textverstehens ist daher nur der erste Abschnitt (Kap. 1-5) der aristotelischen Poetik von Bedeutung. (Die aristotelische Tragödientheorie ist Gegenstand der Dramenanalyse im Aufbaumodul 2.)

Aristoteles beginnt so: „Von der Dichtkunst selbst und von ihren Gattungen, welche Wirkung eine jede hat und wie man die Handlungen zusammenfügen muß, wenn die Dichtung gut sein soll, ferner aus wie vielen und was für Teilen eine Dichtung besteht [...] wollen wir hier handeln"[1].

Regelpoetik

Mit diesem ersten Satz legt Aristoteles das ‚Programm‘ seiner (und der ihm folgenden) Poetik fest: Der **theoretische Aspekt** (was ist Dichtung und wie unterscheiden sich ihre Gattungen) verbindet sich mit dem **praktisch-technischen** (wie müssen die Handlungen zusammengefügt werden, damit ein Drama oder ein Epos entsteht) und dem **normativen** (wenn die Dichtung gut sein soll). Die aristotelische Poetik will nicht nur beschreiben, was Dichtung ist und was es an tatsächlicher Dichtung bereits gibt, das tut sie auch, sondern sie will auch Regeln vorgeben, die eingehalten werden müssen, damit ‚gute‘ Dichtung entsteht, sie ist daher eine **Regelpoetik**.

Mimesis

Das Gemeinsame aller dichterischen Gattungen und Formen, aller Poesie, ist für Aristoteles die **Mimesis**, die Nachahmung; wenn sich auch die einzelnen Gattungen durch unterschiedliche Mittel, Arten und Weisen und Gegenstände unterscheiden, so sind sie doch „als Ganzes betrachtet, Nachahmung“. Das gemeinsame Kennzeichen der Poesie ist nicht eine besondere Art und Verwendung der Sprache, sondern **Mimesis, Nachahmung**.

Was aber soll die Poesie nachahmen? Aristoteles: „Die Nachahmenden ahmen handelnde Menschen nach“[2]. Handlungen von Menschen soll also die Dichtung darstellen bzw. nachahmen. Aber was heißt das genau: Nachahmung von menschlichen Handlungen? Kann man das nachahmen, was wirklich geschehen ist und mit der menschlichen Erfahrung der Wirklichkeit übereinstimmt und wie genau oder wirklichkeitsgetreu muss die dichterische Nachahmung sein? Aristoteles gibt auf diese Fragen – und das ist erstaunlich bei einem für seine Poetik so wichtigen Begriff – nur ungenaue Antworten. Das hat dazu geführt, dass in der Geschichte der Poetik der Mimesis-Begriff immer wieder diskutiert und neu gedeutet wurde, häufig um die eigenen Ansichten Aristoteles ‚unterzuschieben‘ oder sie mit Hilfe der Autorität Aristoteles‘ zu stützen.

Wahrscheinlichkeit

Auf die erste Frage, ob denn der Dichter als Nachahmer nur die vorhandene Wirklichkeit wiedergeben dürfe, gibt Aristoteles zumindest indirekt eine Antwort, auf die Frage nach dem Grund der wirklichkeitsgetreuen Darstellung dagegen fehlt die Antwort. Der Mimesis-Begriff lässt sich nicht einengen auf die Nachahmung von vorhandener Wirklichkeit, sondern er zielt stärker noch auf die Nachahmung von möglicher Wirklichkeit. Diese mögliche Wirklichkeit darf sich aber von der menschlichen Erfahrungswelt nicht völlig abkoppeln – sie darf z.B. nicht absurd-phantastisch sein –, sondern sie muss **wahrscheinlich** sein: Wenn die vom Dichter dargestellte Möglichkeit menschlicher Handlungen auch nicht wirklich geschehen sein muss, so hätte sie aber doch so geschehen können, sie ist nicht unwahrscheinlich, sondern glaubwürdig.

Dass der aristotelische Mimesis-Begriff neben der vorhandenen oder tatsächlichen Wirklichkeit, nachdrücklicher noch die mögliche, aber wahrscheinliche Wirklichkeit mit einbezieht, macht seine Unterscheidung zwischen dem Geschichtsschreiber und dem Dichter deutlich. Der Geschichtsschreiber bzw. der Historiker hat sich nach Aristoteles auf das tatsächlich Geschehene, auf die geschichtlichen Tatsachen zu beschränken, der Dichter dagegen nicht. Es ist nicht „Aufgabe des Dichters […] mitzuteilen, was wirklich geschehen ist, sondern vielmehr, was geschehen könnte, das heißt, das nach den Regeln der Wahrscheinlichkeit oder Notwendigkeit Mögliche"[3]. Aristoteles schreibt damit dem Dichter eine wichtigere Rolle als dem Geschichtsschreiber zu: Der Dichter sei ernsthafter und philosophischer, weil er allgemein Menschliches – d.h., was jeden angeht oder auf jeden Menschen zutreffen kann – beschreibt, während der Geschichtsschreiber nur das Besondere, die tatsächliche einzelne Tatsache mitteilt: „was hat Alkibiades getan oder was ist ihm zugestoßen"[4]. Damit kann sich aber der Zuschauer, Zuhörer, Leser oder allgemein: Rezipient weniger identifizieren, etwa in dem Sinn: Das ist nicht meine Sache, sondern das Einzelschicksal des Alkibiades; ich bin nicht Alkibiades und somit weder gemeint, noch betroffen. Der Dichter dagegen kann uns nicht nur mit allgemein menschlichen Handlungen konfrontieren, die uns alle angehen, sondern er soll die wirklichen Handlungen so zusammenfügen, dass sie, wie Aristoteles sagt, Anfang, Mitte und Ende haben und die Teile dieser Handlungen müssen so miteinander verknüpft werden, dass ihre Folge „notwendig" und „wahrscheinlich" ist. Der Rezipient kann so Ursachen und Folgen menschlichen Handelns erkennen und sie auf sich selbst beziehen und das macht – so behauptet Aristoteles – den Menschen Vergnügen, denn die Menschen können so etwas erkennen bzw. wiedererkennen und dadurch etwas lernen.

Die Poesie als Mimesis, als Nachahmung menschlicher Handlungen, spricht damit Verhaltensweisen des Menschen an, die naturgegeben, den Menschen angeboren sind, und diese Verhaltensweisen sind deshalb – und hier schließt sich der Kreis – der Grund dafür, dass Poesie Mimesis, Nachahmung ist.

Allgemein scheinen zwei Ursachen die Dichtkunst hervorgebracht zu haben, und zwar naturgegebene Ursachen. Denn sowohl

Dichter-Historiker

das Nachahmen selbst ist den Menschen angeboren – es zeigt sich von Kindheit an, und der Mensch unterscheidet sich dadurch von den übrigen Lebewesen, dass er in besonderem Maße zur Nachahmung fähig ist und seine ersten Kenntnisse durch Nachahmung erwirbt – als auch die Freude, die jedermann an Nachahmungen hat.

Katharsis

Die Freude besteht darin, dass die Menschen das Nachgeahmte wiedererkennen können oder das, was sie bisher so nicht erkannt oder erlebt haben, aufgrund der **Wahrscheinlichkeit** als **menschliche Möglichkeit** erkennen können.

Diese von Aristoteles anthropologisch, also in der Natur des Menschen liegend, begründete Freude an der Nachahmung gilt für die Dichtkunst allgemein, sie muss aber für jede Gattung spezifiziert werden; die Freude an tragischen ist sicher eine andere als an komischen Gegenständen.

Die Freude an der Nachahmung, die Poesie vermittelt, ist demnach für Aristoteles einmal **intellektuelles Vergnügen an Erkenntnis**, aber noch mehr **emotionale Freude** bzw. Freude der Erleichterung. Aristoteles nennt das **Katharsis**, Reinigung von Affekten und Emotionen durch Jammern und Weinen, durch Lachen und Verlachen. Modern gesprochen: Die Poesie bietet dem Menschen die Möglichkeit der Triebabfuhr; hier kann er seinen Aggressionen, Wünschen, Ängsten und Sehnsüchten Raum geben, allerdings nur stellvertretend, im eingegrenzten Bereich der Kunst, für Aristoteles hauptsächlich im Theater-Spiel.

Merksatz

1. Aristoteles' Poetik ist eine normative bzw. Regelpoetik: Sie will nicht nur die dichterische Praxis seiner Zeit beschreiben, sondern allgemein gültige Regeln für die Dichtung aufstellen.
2. Zentraler Begriff der Poetik ist Mimesis, Nachahmung. Jede Dichtung ist Nachahmung menschlicher Handlungen.
3. Mimesis (Nachahmung) bezieht sich nicht nur auf vergangene bzw. gegenwärtige menschliche Handlungen, sondern vor allem auf mögliche Handlungen; diese müssen wahrscheinlich sein.
4. Dichtung soll allgemein-menschliche Wirklichkeit und nicht individuelle Einzelschicksale darstellen, damit sich jeder angesprochen und betroffen fühlt.
5. Dichtung soll intellektuelles Vergnügen und emotionale Freude (Katharsis-Erleichterung, Affektabbau) bewirken.
6. Keine Auskunft gibt Aristoteles' Poetik über besondere Eigenschaften und Fähigkeiten, die den Hersteller von Poesie, den Dichter, auszeichnen sollen.

Horaz

In Bedeutung und Wirkung der aristotelischen Poetik vergleichbar ist die Poetik des römischen Dichters Quintus Horatius Flaccus
(65-8 v. Chr.): *ars poetica* (*Über die Dichtkunst*,
ca. 20 v. Chr.). Es handelt sich hierbei nicht um
eine theoretisch-systematische Abhandlung
im engeren Sinn, sondern um einen Brief in
Versform, um ein Lehrgedicht. Es ist eine
nicht streng geordnete Folge von praktischen
Überlegungen und Anweisungen zur Dichtkunst. Die Horazsche Poetik ist daher beides:
Dichtung und Nachdenken über Dichtung.

Abb. 9

Horaz (65–8 v. Chr.).

   Obwohl es ziemlich sicher ist, dass Horaz Aristoteles' Poetik
nicht gekannt hat, hat er – vermittelt durch andere antike Schriften – viele Gedanken und Überlegungen von Aristoteles übernommen. Grundlegend ist auch für Horaz die Forderung nach **Einheit**
und **Ganzheit** des dichterischen Werkes, nach **Geschlossenheit**. Das
bedeutet: Die einzelnen Teile eines Werkes müssen notwendig aufeinander folgen und vor allem müssen sie **wahrscheinlich** sein in
ihrer Nachbildung menschlichen Lebens. Dazu sind als Voraussetzungen nötig: Lebensweisheit, Kenntnis der Menschen und der sittlichen Grundlagen menschlichen Verhaltens. Dabei überzeugt
nach Horaz eine richtige und schlichte Darstellung menschlicher
Verhältnisse mehr als ‚inhaltsleere Verse' und ‚nichtssagender
Wohlklang'. Danach liegt die Hauptaufgabe der Dichtung für Horaz im **Moralisch-Nützlichen** und im **Vergnügen**, in der **Unterhaltung: prodesse et delectare – nützen und erfreuen**. Leider ist diese
Forderung nach Nutzen und Unterhaltung in der Folgezeit zu oft
zur griffigen Formel reduziert worden. Horaz unterscheidet genauer: Die Dichtungen sollen entweder nützen oder erfreuen, oder beides zugleich. Er schließt damit weder nur belehrende, noch nur
unterhaltende Dichtung aus, allerdings hat für ihn die Dichtung
den größten Erfolg, die das Nützliche mit dem Vergnügen ‚mischt'.

Prodesse et delectare –
nützen und erfreuen

   Diese Forderung an die Dichtung, an die Literatur ist bis heute
heftig und kontrovers diskutiert worden: Soll Dichtung belehren,
aufklären, Wissen und ethisches Verhalten vermitteln und welchen
Erfolg hat sie dabei; oder ist Dichtung Unterhaltung, Entspannung,
unverbindliches Spiel mit Sprache und erdachten Geschichten? Und

wenn Dichtung beides sein soll, wie kann dann das Verhältnis von ‚Belehren' und ‚Unterhalten' bestimmt werden?

G.E. Lessing: Laokoon: oder die Grenzen der Malerei und Poesie. 1766

Eine weitere Forderung Horaz' an die Dichtung hat ebenfalls bis heute zu vielfältigen poetologischen Reflexionen geführt: **ut pictura poiesis – die Dichtung gleicht dem Gemälde**. Horaz vergleicht das dichterische mit dem malerischen Werk, setzt aber nicht – und so ist er im Laufe der Geschichte der Poetik vielfach missverstanden worden – dichterische und malerische Verfahren gleich. Doch das Missverständnis war produktiv: Schon Lessing versuchte im 18. Jahrhundert die Grenzen von Dichtung und Malerei zu ziehen und bis in unsere Gegenwart wird über Sinn und Funktion des Beschreibens von Gegenständen in der Literatur gestritten.

Gibt Aristoteles in seiner Poetik keine Auskunft über Eigenschaften und Fähigkeiten des Dichters, so ist Horaz sehr viel deutlicher: Wie viel natürliche Begabung und Talent muss der Dichter haben und wie viel technisches Wissen, handwerkliches Können, das gelernt sein will?

Horaz verspottet die selbsternannten Dichtergenies, die es nicht für nötig erachten, sich mit den überlieferten Dichtungsarten auseinanderzusetzen, Dichten fleißig zu üben, sondern ihr Genie dadurch bestätigen, dass sie sich weder Nägel noch Bart stutzen lassen und die Bäder meiden. Gegen die extreme Begabung und Genialität auf der einen und kunsthandwerkliches Lernen auf der anderen Seite setzt Horaz auf die Mitte: Natürlich ist Begabung erforderlich, aber auch Kenntnis dichterischer Werke, Regeln und vor allem Übung, Selbstkritik und Orientierung an literarischen Vorbildern: „Nehmt euch die Griechen zum Muster". Die Nachahmung der überlieferten Kunst schützt vor falsch verstandener Originalität. Damit bedeutet Nachahmung für Horaz auch die Nachahmung mustergültiger literarischer Vorbilder.

Beide, Aristoteles und Horaz, sind auch die großen Vorbilder und Autoritäten für die im 16.-18. Jahrhundert vom Barock bis zum Zeitalter der Aufklärung in einer Vielzahl entstandenen Poetiken. Diese Poetiken übernehmen zentrale Aussagen von Aristoteles und Horaz, interpretieren sie für ihre Zwecke, indem sie Regeln und Gesetze für die deutsche Dichtkunst formulieren und mit den Autoritäten Aristoteles und Horaz legitimieren.

Martin Opitz

1.1.3

Die Poetiken des Barock verstehen sich natürlich auch als normative oder Regelpoetiken, ihre besondere Aufgabe sehen sie aber vor allem
darin, die deutsche Sprache poesie- bzw. literaturfähig zu machen, das heißt die antiken Regeln der Kunst insbesondere für Strophen, Formen, Reime, Versmaße und Ähnliches für die
deutsche Sprache handhabbar zu machen, sie
auf die deutsche Sprache zu übertragen.

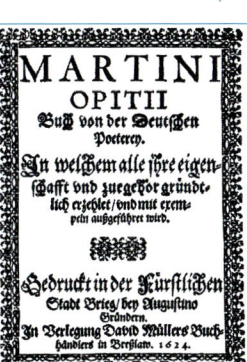

Abb. 10

Martin Opitz: Titel-
blatt seines *Buchs
von der Deutschen
Poeterey*, 1624.

1624 schreibt Martin Opitz die erste deutsche Poetik: *Buch von der Deutschen Poeterey*,
ein schmales, aber äußerst wirkungsvolles Buch, denn viele der
zahlreichen nach ihm erscheinenden Poetiken beziehen sich mit Lob
oder Tadel auf Opitz, ergänzen oder korrigieren ihn. Sein Zeitgenosse Johann Rist bezeichnet Opitz als den deutschen Horaz, der ge-
zeigt habe, wie auch die deutsche Sprache große Dichtungen her-
vorbringen könne.

Bereits die Vorrede macht deutlich, wie wichtig Opitz der natio-
nalsprachliche Aspekt ist: Es geht um die deutsche Sprache – „Was
unsere deutsche Sprache vornemlich angehet" – und ihre dichterischen Fähigkeiten und Möglichkeiten.

Die ersten Kapitel handeln vom **Ursprung der Dichtung** – die
„Poeterey ist anfanges nichts anders gewesen als eine verborgene
Theologie / und unterricht von Göttlichen sachen"[5] –, von ihrer **Aufgabe**, die Natur nachzuahmen, und zwar nicht nur wie sie ist, sondern auch wie sie sein sollte, und vom **Zweck der Dichtung**: Überredung, Unterricht und Ergötzung. Sowohl die Aufgabe der Dichtung,
die Natur nachzuahmen (Aristoteles), als auch ihr Zweck, zu belehren und zu belustigen (Horaz), wird mit Opitz zum festen Bestandteil der Barock- und Aufklärungspoetiken, wenn auch die Anteile der
Belehrung und der Unterhaltung jeweils anders gewichtet werden.

Opitz gibt dann einen Rückblick in die Geschichte der „deutschen
Poeterey", um dann die dichterischen Gattungen (Tragedie, Comedie,
Lyrica) und ihre Formen zu beschreiben. Das längste Kapitel der Poetik „Von den reimen / ihren wörtern und arten der getichte" beschäftigt sich im Detail mit Fragen des Versmaßes und legt eindeutig für
die deutsche Sprache nur zwei Versmaße fest: die Längen und Kürzen
der antiken Verssprache können im Deutschen nur durch ‚Akzente',

durch Betonungen der Silben, wiedergegeben werden, und zwar nur in der Folge unbetont / betont (Jambus) und betont / unbetont (Trochäus). Natürlich ist ihm hierin sofort heftig widersprochen worden.

Deutsche Sprache als Literatursprache

Sein Engagement für die deutsche Sprache als Literatursprache zeigt sich vor allem darin, mit welcher Polemik er ,lateinische, französische oder spanische Wörter' in deutscher Poesie ablehnt: Verhöhnt werden die, die immerzu bemüht sind, „außländische wörter", die sie selbst häufig nicht verstanden haben, in die Texte zu „flicken". Aber die deutsche Poesie soll nicht nur frei von ,Fremdwörtern' sein, sondern auch von Dialekten: Hochdeutsch soll gedichtet werden. Konsequent hat für Opitz der Dichter deshalb nicht nur **Sprachkünstler** zu sein, sondern auch **Sprachschöpfer**: Er soll neue Wörter „erdencken", neue Sprachbilder erschaffen, wenn auch nicht im Übermaß, um so die deutsche Sprache literarisch weiter zu entwickeln.

Diese Aufgabe der Spracherfindung auch durch Kombination vorhandenen sprachlichen Materials, das heißt konkrete Arbeit an der Sprache, haben nicht nur die barocken Sprachgesellschaften, die sich überall im Lande bilden, übernommen; auch die Poetiken sind Anweisungen, wie poetische Sprache ,produziert' werden kann, „poetische Trichter" nicht nur für angehende Dichter, sondern auch als Ausweis für Gelehrsamkeit und Bildung in den gehobenen Ständen, um so das gesellschaftliche Ansehen zu mehren.

1.1.4 | Johann Christoph Gottsched

Aufklärung und Belehrung

Prodesse et delectare, die Horazsche Formel vom Nutzen und von der Unterhaltung der Dichtung, ist auch die zentrale Zweckbestimmung der Dichtung zur Zeit der Aufklärung; wobei die Poetiken der Aufklärung in der Regel den Nutzen, also die Belehrung, stärker betonen als die Unterhaltung. Dichtung soll zwar auch unterhalten und erfreuen, aber nicht um der Unterhaltung willen, sondern um die Belehrung zu unterstützen: Das **formale, literarische Moment**, die Kunstfertigkeit der Sprache, die Schönheit der sprachlichen Bilder ist nicht Selbstzweck, darf kein Eigeninteresse für sich beanspruchen; es ist einzig dazu da, das **inhaltliche Moment** – Belehrung der Menschen über Gott und die Welt und über das richtige Verhalten zu beiden – zu veranschaulichen.

Dies zeigt sich ganz deutlich in der ersten anerkannten, aber auch umstrittenen Poetik der Aufklärung von Johann Christoph Gottsched (1700-1766): *Versuch einer Critischen Dichtkunst* (1730).

Für Gottsched ist „der Ursprung und die Seele der ganzen Dichtkunst" die Fabel. Damit meint er nicht zuerst die Fabel als literarische Gattung; er bezieht sich vielmehr auf Aristoteles' Begriff des mythos, den er mit Fabel übersetzt. Mythos ist für Aristoteles und so auch für Gottsched die Handlung, der Zusammenhang der Ereignisse. Gottsched definiert: „Ich glaube [...], eine Fabel am besten zu beschreiben, wenn ich sage: sie sey die Erzählung einer unter gewissen Umständen möglichen, aber nicht wirklich vorgefallenen Bege-

Abb. 11

Johann Christoph Gottsched (1700–1766).

benheit, darunter eine nützliche moralische Wahrheit verborgen liegt"[6]. Der tragende Grund aller Dichtung ist der Inhalt, der Zusammenhang der Begebenheiten und Ereignisse, die Handlung. Diese Handlung muss nicht tatsächlich geschehen sein, aber sie muss möglich sein, hätte so geschehen können, oder mit einem anderen Begriff gesagt: sie muss **wahrscheinlich** sein.

Was aber ist wahrscheinlich? Schon zu Gottscheds Zeit ist über Enge und Weite des Begriffs der Wahrscheinlichkeit ein heftiger Streit ausgebrochen; Gottsched bindet das Wahrscheinliche enger an die durch Vernunft erkennbare Wirklichkeit als seine Schweizer Kollegen Johann Jacob Bodmer (*Critische Abhandlung von dem Wunderbaren in der Poesie*, 1740) und Johann Jacob Breitinger (*Critische Dichtkunst*, 1740): Sie betonen mehr das Wunderbare, das Neue in der Dichtung. Das ist auch kein Plädoyer für das Unwahrscheinliche, das aller Logik und Vernunft Widersprechende, aber doch für mehr Freiheit der Phantasie und Einbildungskraft in der Dichtung.

Weiter muss für Gottsched unter der Handlung eine „moralische Wahrheit" „verborgen" sein. Mit ‚moralischer Wahrheit' ist nicht die Morallehre im engeren oder engsten Sinn (Sexualmoral) gemeint, sondern allgemein: theoretische und praktische Lebenskenntnisse. Dass diese moralische Wahrheit „verborgen" sein soll, heißt: Dichtung ist keine didaktisch-moralische Unterweisung, sie sagt das, was sie zu sagen hat, indirekt mit Hilfe einer Erzählung, einer Geschichte.

Das ‚poetische Handwerk' wird nun von Gottsched sehr im Sinne der Anweisungs- und Regelpoetik beschrieben, so dass man sich an ein Rezept- oder Kochbuch erinnert fühlt. „Zu allererst wähle man sich einen lehrreichen moralischen Satz, der in dem ganzen Gedichte zum

Poetik als Rezeptbuch

Grunde liegen soll, nach Beschaffenheit der Absichten, die man sich zu erlangen, vorgenommen"[7]. Die Reihenfolge ist eine Wertung: Das Wichtigste ist die moralische Wahrheit, die Lehre, die Botschaft, die man vermitteln will, und damit der Nutzen. Erst dann kommt die literarische Erzählung, die Geschichte. „Hierzu ersinne man sich eine ganz allgemeine Begebenheit, worinn eine Handlung vorkömmt, daran dieser erwählte Lehrsatz sehr augenscheinlich in die Sinne fällt"[8].

Für den lehrreichen moralischen Satz – Gottscheds Beispiel: Ungerechtigkeit und Gewalttätigkeit als abscheuliche Laster – muss jetzt eine Fall- oder Beispielgeschichte gefunden werden, in der konkret veranschaulicht wird, warum zum Beispiel Ungerechtigkeit und Gewalttätigkeit abscheuliche Laster sind. Der Dichtung kommt also die Aufgabe der **Veranschaulichung** zu, an einem konkreten Beispiel aus dem menschlichen Leben zu zeigen, dass Ungerechtigkeit und Gewalttätigkeit zu keinem guten Ende führen. Dabei schreibt der moralische Satz die Wahl der literarischen Gattung nicht direkt vor: Ob die allgemeine Begebenheit der Handlung zu einem Drama, zu einer Erzählung oder zu einem lyrischen Gedicht ‚erarbeitet' wird, muss der Dichter entscheiden. Nur eins darf er nicht sein: Historiker. Der Historiker berichtet für Gottsched „besondre Begebenheiten", Fakten; mit historischen Beispielen kann der Leser sich nicht so identifizieren wie mit allgemein menschlichen Begebenheiten, die ihn mehr berühren, da sie nicht als singulärer Fall gewertet werden können, als historischer Einzelfall, der nur schwer auf das Leben des Lesers übertragbar ist.

| Zitat | Mit Aristoteles sagt Gottsched von der Dichtung, |

daß sie weit philosophischer sey, als die Historie, [das steht bei Aristoteles] und viel angenehmer, als die Philosophie [das steht bei Aristoteles nicht!]. Denn ein Gedicht [Dichtung allgemein ist gemeint] hält in der That das Mittel zwischen einem moralischen Lehrbuche, und einer wahrhaftigen Geschichte. Die gründlichste Sittenlehre für den großen Haufen der Menschen viel zu mager und zu trocken. Denn die rechte Schärfe in Vernunftschlüssen ist nicht für den gemeinen Verstand unstudirter Leute [...] Die Historie aber, so angenehm sie selbst dem Ungelehrten zu lesen ist, so wenig ist sie ihm erbaulich. Sie erzählt lauter besondre Begebenheiten, die sich [...] nicht auf den Leser schicken [...] Die Poesie hergegen [...] lehret und belustiget, und schicket sich für Gelehrte und Ungelehrte: darunter jene die besondre Geschicklichkeit des Poeten, als eines künstlichen Nachahmers der Natur, bewundern; diese hergegen einen beliebten und lehrreichen Zeitvertreib in seinen Gedichten finden.[9]

Bei aller Betonung der ‚Geschicklichkeit des Poeten' ist für Gottsched Dichten eine erlernbare und damit auch lehrbare intellektuelle Fähigkeit, der die Phantasie als schöpferische Erfindungs- und Vorstellungskraft untergeordnet ist. Das Ziel ist der pädagogische Nutzen als Ziel der Aufklärung: den Menschen zur Welt- und Selbsterkenntnis zu befähigen, theoretische und praktische Lebenswahrheit mit Hilfe der Vernunft zu erkennen, um ein gesittetes Leben führen

Die Kernpunkte der Gottschedschen Aufklärungspoetik:
1. Wahl eines ‚lehrreichen moralischen Satzes' aus theoretischer und praktischer Lebenskenntnis.
2. Erfindung einer Beispielgeschichte, deren Handlung die moralische Erkenntnis veranschaulicht und menschliches Leben nachahmt (Mimesis).
3. Damit belehrt und belustigt (prodesse et delectare) die Dichtung besser als Philosophie und Historie. Die Philosophie ist zu abstrakt (veranschaulicht nicht), die Historie ist zu konkret (nur auf den Einzelfall bezogen).

zu können. Damit die Dichtung das von der Aufklärungspoetik Geforderte auch zu leisten vermag, ist es nötig, dass die lehrreichen moralischen Sätze allgemeingültig sind und widerspruchsfrei gelten. Das ist aber nur dann gegeben, wenn sie vernünftig her- und ableitbar sind, das heißt, man muss wissen, was der Mensch ist, um wissen zu können, wie er sich zu verhalten hat, und das mit vernünftigen, das heißt unbezweifelbaren Gründen.

In der Tat liegt der Aufklärungspoetik ein **rationales Weltbild** zugrunde, das hier vereinfacht so darzustellen ist: Die Welt (Universum, Kosmos u. irdisch-menschliche Welt) ist eine vernünftig geordnete Welt; ihr Garant ist die **göttliche Vernunft**. Der Mensch als Geschöpf Gottes hat teil an der göttlichen Vernunft und deshalb ist die Welt durch die menschliche Vernunft prinzipiell **erkennbar** und damit auch durch die Kunst **darstellbar**. Ohne diese Voraussetzung hat die Aufklärungspoetik, und nicht nur diese, sondern jede **normative Poetik** als Anweisungs- und Regelpoetik keine Geltung und Gültigkeit.

Rationales Weltbild

Das Ende der normativen Poetik

1.1.5

Die Voraussetzung der Aufklärungspoetik, das rationale Weltbild, ändert sich im Laufe des 18. Jahrhunderts, besonders etwa von 1750 an. Als Grund dieser Veränderung kann man die allgemein einsetzende Emanzipation des Bürgertums als gesellschaftstragende Schicht nennen und diesen geschichtlichen Prozess politisch-gesellschaftlich, sozial-ökonomisch, sozialpsychologisch und theorie- und kulturgeschichtlich beschreiben. In der deutschen Literaturgeschichte bezeichnet man einen frühen Aspekt dieses Prozesses als **Sturm und Drang** oder **Geniezeit**. Der Sturm und Drang kritisiert die Vernunftgläubigkeit der Aufklärung, besonders ihre einseitige Betonung der Rationalität des Menschen, die die Sinn- und Körperlichkeit des Menschen vernachlässigt. Dagegen wird das ganzheitliche Individuum gesetzt, das sich nicht nur als Verstand erfährt, sondern mehr noch als emotionales, sinnliches, gefühlvolles Wesen und vor allem als natürliches Wesen, das gegen gesellschaftliche Ordnungen als willkürlich-gesetzte und damit ‚unnatürliche' aufbegehrt. Damit verändert sich auch der Begriff der Natur: Natur wird nicht mehr verstanden als eine Größe, die durch Vernunftgesetze geordnet und erkannt und damit auch beherrschbar ist, sondern als irrationaler Ursprung allen Lebens, als Freiheit und Ungebundenheit und als elementare schöpferische Kraft, an der der Mensch aufgrund seiner Natürlichkeit teilhat.

Genie   Diese ungebundene schöpferische Kraft der Natur zeigt sich nach Ansicht des Sturm und Drang besonders in der Kreativität des Menschen und am deutlichsten im Künstler als **Genie**: Das schöpferische Genie ist die höchste Form menschlicher Individualität: Das Genie ist **einmalig**, **unverwechselbar** und damit **unvergleichlich**.

Der Begriff Genie leitet sich aus dem Lateinischen genius bzw. ingenium ab und meint Geist, Naturanlage, natürliche Begabung. Für den Sturm und Drang bedeutet das Genie allerdings mehr: In seiner schöpferischen Begabung zeigt sich unmittelbar die schöpferische Kraft der Natur; wird die Natur dann als göttliches Genie (vermittelt durch Theorien aus Frankreich und England) begriffen, dann ist das menschliche Genie ebenfalls ‚göttlich', denn es steht im Einklang mit der göttlichen Natur.

Überträgt man das auf die Kunst, hier auf die Dichtung, dann heißt das: Der Dichter als Genie braucht keine **Anweisungen** und **Regeln**; er schafft aufgrund seiner genialen schöpferischen Kraft **einmalige**, **unverwechselbare** und **unvergleichliche** Werke; er arbeitet nicht nach Regeln und Vorschriften, er ahmt nicht vorhandene Werke nach, sondern er erfindet und schafft neue Werke.

Wie die Zeitgenossen des Sturm und Drang versucht haben, das poetische Genie zu beschreiben, soll nun an einem kleinen Auszug aus Heinrich Wilhelm Gerstenbergs *Briefe über Merkwürdigkeiten der Litteratur* (1767) illustriert werden.

ich glaube, daß nur das Poesie sey, was das Werk des poetischen Genies ist, und alles übrige, so vortrefflich es auch in jeder Absicht seyn möge, sich diesen Namen mit Unrecht anmaaße [...] das Genie entdeckt sich selbst [...] das Genie arbeitet sich durch alle Hindernisse hindurch. Das Genie erschafft [...] Der beständige Ton der Inspiration, der Lebhaftigkeit der Bilder, Handlungen und Fictionen, die sich uns darstellen, als wären wir Zuschauer, und die wir mit bewunderndem Enthusiasmus dem gegenwärtigen Gotte zuschreiben: diese Hitze, diese Stärke, diese anhaltende Kraft, dieser überwältigende Strohm der Begeisterung, der ein beständiges Blendwerk [nicht negativ gemeint] um uns her macht, und uns wider unsern Willen zwingt, an allem gleichen Antheil zu nehmen – das ist die Wirkung des Genies![10]

Gerstenberg ist sich der Schwierigkeit bewusst, das poetische Genie zu definieren; deshalb versucht er Eigenschaften und Fähigkeiten des Genies zu umschreiben. Das Genie zeichnet sich durch eine „bildliche Empfängniß" aus, „die Natur wie gegenwärtig in der Seele abzubilden", mit seiner „Kraft der Beobachtung" verbindet sich die Kraft der „Imagination" und der „Klugheit".

Das dichterische Genie wählt sich neue vehicula [Hilfsmittel], weil es sich in andern nicht so bequem thätig erweisen kann; ja, es muß sich uns sogar schon seiner Natur nach neu und original darstellen, weil Begriffe, die aus einer solchen Seele kommen, von den gewöhnlichen durchaus abweichen. Die ganze Schwierigkeit mit zwey Worten zu heben: – **wo Genie ist, da ist Erfindung, da ist Neuheit, da ist das Original**.[11]

Lösen wir Gerstenbergs Umschreibungen des poetischen Genies ein wenig aus seinem pathetisch-enthusiastischen Kontext, dann werden wir feststellen, dass wir in unserer Zeit, wenn auch sachlicher und distanzierter, ähnliches von einem dichterischen Genie, oder bescheidener: von einer hohen literarischen Begabung verlangen. „Selbstentdeckung", **Schöpfungs- und Durchsetzungskraft** sind ebenso gefordert wie **Klugheit, Beobachtungs- und Einbildungskraft** und **Neuheit** und **Originalität**; auch gilt heute noch, dass diese Fähigkeiten, wie Gerstenberg immer wieder betont, nicht allein durch „Studium und Fleiß", durch Übung und Training zu erlangen, sondern „angeboren" sind.

Daraus folgt: Dichten ist keine erlernbare, intellektuell gesteuerte Fähigkeit, die Regeln folgt, sondern individueller Ausdruck der

Person des Dichters. Die weitere Konsequenz für die Poetik ist: Es kann keine **normative Poetik** mehr geben, die Anweisungen und Regeln erteilt, wie man erfolgreich gelungene dichterische Werke verfasst. Und in der Tat: Seit der Zeit des Sturm und Drang schwinden Einfluss und Ansehen normativer Poetiken; der Anspruch, in einem einheitlichen System Wesen und Wirkung von Dichtung zu definieren und daraus verbindliche Regeln für die dichterische Praxis und für die wertende Beurteilung poetischer Werke abzuleiten, kann nicht länger aufrecht erhalten werden.

Autonomie der Kunst　　Der Niedergang der **normativen Poetik** ist seinerseits Teil eines komplexen Prozesses mit vielfältigen und kaum auf einen Nenner zu bringenden Ursachen: Gemeint ist der Prozess der wachsenden **Autonomie der Kunst / Literatur**, der ebenfalls in der zweiten Hälfte des 18. Jahrhunderts sich immer deutlicher abzuzeichnen beginnt.

Merksatz

Unter Autonomie der Kunst / Literatur verstehen wir heute
1. Die inhaltliche Emanzipation: Die Literatur lässt sich von keiner Instanz oder Autorität Themen und Inhalte vorschreiben; sie akzeptiert weder religiöse, sittliche noch politische Vorgaben oder Verbote.
2. Die formale Emanzipation: Die Kunst lässt sich von keiner Instanz ihre literarischen Formen und Gattungen usw. vorschreiben; umgekehrt ist es gerade die Originalität des literarischen Werkes, die ein Durchbrechen literarischer Gewohnheiten und Konventionen fordert.
3. Die ökonomische Emanzipation: Der Dichter / Schriftsteller ist nicht länger in abhängiger Beschäftigung tätig, sondern will und muss sich seine ökonomische Existenz als ‚freier Schriftsteller‘ sichern.
4. Die juristische Emanzipation: Die Freiheit der Literatur wird durch Recht und Gesetz gesichert. Das gilt sowohl in inhaltlicher als auch in ökonomischer Hinsicht: Die Freiheit der Wahl der Inhalte und Themen muss ebenso gewährleistet sein wie Urheberrecht und der finanzielle Ertrag der Werke.

Der Niedergang der **normativen Poetik** bedeutet aber nicht den Niedergang der Poetik schlechthin; eher ist das Gegenteil der Fall: Wenn man sich nicht mehr sicher ist, was das Wesen der Poesie ausmacht, welche Wirkungen sie auslöst und nach welchen Regeln sie hergestellt werden kann, dann werden poetologische Fragen immer nachdrücklicher und kontroverser diskutiert und müssen aufgrund historisch-gesellschaftlicher und literarischer Entwicklungen immer neu gestellt werden. Dies tut einmal die **philosophische Ästhetik**: als Teil der Philosophie fragt sie nach Wesen und Funktion und Bedeutung der Kunst und damit auch der Literatur. Ist die Literatur hier nur eine Kunstform unter anderen, so beschäftigt sich die **Literaturwissenschaft** eindeutiger und nachdrücklicher mit **literaturtheoretischen** Fragen: Wie kann man Literatur theoretisch beschreiben, ihre Sprache von ‚normaler Sprache' abgrenzen, ihre einzelnen Gattungen definieren usw.

Aber auch die Dichter / Schriftsteller stellen poetologische Fragen, natürlich zumeist bezogen auf ihr eigenes literarisches Werk: sie tun das in Aufsätzen und Essays, in Reden, Ansprachen, Werkstattgesprächen, in Poetikvorlesungen an Universitäten wie in Paderborn und in ihren eigenen Werken. So gibt es z.B. poetologische Gedichte, die darüber nachdenken, was Gedichte eigentlich sind und bewirken, und es gibt Reflexionen z.B. in Romanen über Sinn und Zweck des Erzählens. Diese poetologischen Fragestellungen und Reflexionen, die sich in den literarischen Werken selbst finden, werden **immanente** oder **implizite** Poetiken genannt.

Paderborner Schriftsteller-Gastdozentur

Abschließend lässt sich – von wenigen Ausnahmen einmal abgesehen – sagen, dass literaturtheoretische / poetologische Untersuchungen nicht mehr das Ziel haben, der Literatur Normen und Regeln vorzuschreiben, sondern vielmehr versuchen, die Vielfalt der Literatur erkennen zu helfen.

Rhetorik | 2

Rhetorik leitet sich vom Griechischen rhetor (Redner) bzw. von rhetoriké techné (Redekunst) ab, wie sie zuerst von Platon in seinem Dialog *Gorgias* so bezeichnet wurde. Die Rhetorik als Redekunst oder Kunst der Beredsamkeit hat schon in der Antike im Wesentlichen zwei Gegenstandsbereiche. Sie ist

Definition

1. Theorie der Redekunst: Wichtigster Gegenstand der Rhetorik ist die Rede; als Theorie versucht sie, das Wesen der Rede, ihre Aufgabe und Funktion und ihren Aufbau und ihre sprachliche Ausgestaltung (Stilistik) zu bestimmen. Sie befasst sich aber nicht nur mit Art und Form der Rede, sondern auch mit den logischen Voraussetzungen der Rede: mit der Logik des überzeugenden Argumentierens und Schließens, mit der Findung von Argumenten und damit auch mit dem notwendigen Sachwissen. Denn erst die Verbindung von Sachwissen, logischer Argumentation und treffender sprachlicher Formu-

lierung und Ausgestaltung (Stilistik) macht eine gelungene Rede aus, die ihre Adressaten zu überzeugen vermag. Da die Rede kein Selbstzweck ist, sondern ‚überreden‘ will, pragmatisch auf Wirkung ausgerichtet ist, müssen der Adressat der Rede (Hörer) und die Möglichkeiten ihrer Präsentation (körperliche Darstellung: Stimmführung, Mimik, Gestik usw.) ebenfalls in die theoretischen Überlegungen mit einbezogen werden.

2. Praxis der Redekunst: Hier geht es um konkrete Anleitung zu praktischen Redeübungen; auf der theoretischen Grundlage werden anhand von praktischen Beispielen Argumentationstechnik und sprachliche Ausgestaltung (Stilistik, rhetorische Figuren) und die unterschiedlichen Anwendungsmöglichkeiten der logischen und sprachlichen Figuren geübt.

Nach antiker Definition ist die Rhetorik als ars bene dicendi (die Kunst, gut und wirkungsvoll zu reden), „die Kunst des guten Redens (und Schreibens) im Sinne einer von Moralität zeugenden, ästhetisch anspruchsvollen, situationsbezogenen und auf Wirkung bedachten Äußerung, die allgemeines Interesse beanspruchen kann". (Walter Jens)

Die Rhetorik als ars bene dicendi trägt einen inneren Konflikt in sich aus: die Rede soll gut sein, das heißt auf der einen Seite sachlich richtig, moralisch anständig und ästhetisch anspruchsvoll; sie soll aber auch wirkungsvoll sein, das heißt auf der anderen Seite: der Hörer soll überzeugt, in seiner Meinung beeinflusst und zu entsprechendem Handeln motiviert werden. Das kann dazu führen, dass der Redner seine rhetorischen Mittel mehr zum Zweck der Überredung, sprich Manipulation einsetzt, als es der Anspruch auf Wahrheit und Wahrhaftigkeit zulässt. Dieser mögliche Konflikt zwischen Wahrheit, Moralität und Wirkung / Überzeugung der Rede (Missbrauch der Redegewalt) ist so alt wie die Rhetorik selbst.

2.1 | Zur Geschichte der Rhetorik

Öffentlichkeit und demokratische Staatsform   Entstanden ist die Rhetorik in Syrakus auf Sizilien (ca. 467 v. Chr., Abschaffung der Tyrannei), um dann im 5. Jahrhundert v. Chr. in Griechenland, näher in Athen, ebenfalls nach dem Sturz der Tyrannenherrschaft ihre erste Blütezeit zu erleben. Der selbstverständliche und unmittelbar einleuchtende Sachverhalt, dass nur da, wo frei geredet werden kann und muss, sich auch eine Redekunst (Rhetorik) herausbildet, ist auch historisch belegt: Die Rhetorik ist an *Öffentlichkeit* und *weitgehend demokratische Staatsformen* gebunden; ohne diese verliert die Rhetorik Einfluss und Lebendigkeit und wird als Schulwissen weiter überliefert.

Die demokratischen Verhältnisse im Athen des 5. und 4. Jahrhunderts benötigten Redner, um überhaupt funktionieren zu können: In der Volksversammlung mussten politische Entscheidungen getroffen werden; dazu sind politische Meinungen und Ansichten notwendig, die formuliert und vorgetragen werden müssen; in den öffentlichen Gerichtsversammlungen musste jeder Bürger von Athen durch persönlichen Vortrag in einer willkürlich durch Losentscheid gefundenen Versammlung von Bürgern (keine juristischen Spezialisten) um sein Recht streiten und schließlich mussten bei Festen, kulturellen und staatspolitischen Veranstaltungen und Feierlichkeiten Reden gehalten werden. Reden zu können war daher nicht nur eine staatsbürgerliche Tugend und Notwendigkeit, sondern auch eine private. Bei einem derart hohen öffentlichen wie öffentlich-privaten Redebedarf, verwundert es daher nicht, dass professionelle Redner, Redeschulen und Bücher der Redekunst entstehen.

Die ersten berühmten Redner und Redelehrer kamen von Syrakus nach Athen. Einer der bedeutendsten und auch ökonomisch erfolgreichsten Redner war Gorgias aus Leontinoi (ca. 480-380 v. Chr.!, er kam 427 v. Chr. von Syrakus nach Athen). Er gehörte mit vielen anderen (u.a. Protagoras und Isokrates zu den **Sophisten** [Weisheitslehrer]). Die Sophisten bildeten keine Schule im engeren Sinn; sie zogen als Wanderlehrer von Stadt zu Stadt und boten gegen Bezahlung ihre Kenntnisse und Fertigkeiten an, besonders als Redelehrer. Sie unterrichteten Dialektik (Kunst des Diskutierens) und Rhetorik, noch nicht mit Hilfe von Lehrbüchern, sondern mit Hilfe von Musterreden, Beispieltexten, an denen Redeelemente, sprachliche Ausdrucksmittel (Wort- und Satzfiguren) gelernt werden konnten. Wenn auch die Sophisten keine gemeinsame Schule bildeten, so kann man sie doch als eine *Aufklärungsbewegung* bezeichnen, die bei aller Verschiedenheit im Einzelnen, doch einige Grundannahmen teilten: Da ist zum einen die *fundamentale Skepsis* gegenüber jedem absoluten Wahrheits- und Wissensanspruch, sei er aus der Religion, aus der Tradition oder wie auch immer begründet. Im Mittelpunkt ihrer kritischen Überlegungen steht der Mensch mit seinen (begrenzten) Fähigkeiten. „Der Mensch ist das Maß aller Dinge" lautet der berühmte Satz des Protagoras (ca. 480-410 v. Chr.), der als

"Der Mensch ist das Maß aller Dinge"

homo-mensura-Satz in die Geschichte der Philosophie eingegangen ist. Der Mensch ist weder zu absoluter Erkenntnis, noch zu absoluter Moral fähig: sein Denken und Handeln ist relativ, nur gültig für die jeweilige Situation. Diese Leugnung objektiver Maßstäbe für Wahrheit und Gerechtigkeit muss nicht, kann aber zur Leugnung aller verbindlichen Maßstäbe für menschliches Handeln führen; als pragmatischer Maßstab gilt dann der Erfolg, die Durchsetzungskraft des Stärkeren. Überträgt man das auf die Rhetorik – und alle berühmten Sophisten beschäftigten sich mit der Sprache und der Redekunst –, dann kann die Rhetorik – allein fixiert auf den Redeerfolg – zur Überredungskunst werden, die sich nicht länger an Wahrheit / Wahrhaftigkeit und Moralität gebunden weiß. Und in der Tat war sich Gorgias, der „Begründer der rhetorischen Stilistik" sicher, mit Hilfe rhetorischer Techniken allein, u.a. sprachlicher Mittel zur rhythmischen Gestaltung der Sätze, jeden zu allem überreden zu können. Hier rührt der etwas zweifelhafte Beigeschmack her, wenn wir jemanden als ‚sophisticated' bezeichnen und sowohl die geschickte gedankliche und sprachliche Leistung meinen, aber auch die gekünstelte Spitzfindigkeit.

Platons Kritik an der Rhetorik   Diesen möglichen Missbrauch der Redegewalt hat Platon in seiner Auseinandersetzung mit den Sophisten (Dialog *Gorgias*) gerügt: Die Rhetorik wolle nur zeigen und die Redner in die Lage versetzen, die Mehrheit der Menschen überreden zu können, ohne nach Wahrheit und Gerechtigkeit zu fragen. Über den Missbrauch der Redegewalt war sich aber auch Gorgias im Klaren: Die Rede bewirkt bei Zuhörern „bald Trauer, bald Freude, bald Furcht, bald Zuversicht, manchmal aber vergiftet und verzaubert sie die Seele durch Verführung zum Bösen". Dass die Redekunst zur Aufklärung und zu moralisch verantwortlichem Handeln beitragen kann und daher die rhetorischen Mittel nicht beliebig eingesetzt werden dürfen, war auch den Sophisten nicht unbekannt.

Aristoteles' Rhetorik (ca. 350 v. Chr.) hat man als die erste wissenschaftliche Rhetorik bezeichnet: Und das nicht nur, weil seine Rhetorik systematisch gegliedert ist, sondern wissenschaftlich untersuchen will, was eine Rede ausmacht und durch welche Mittel sie warum zu überzeugen vermag. Aristoteles versucht das, was er vorgefunden hat, systematisch zu ordnen und wichtiger noch auf den Begriff zu bringen; das heißt zu bestimmen und zu definieren: etwa die Gattungen der Rede, die Überzeugungsmittel der Rede, die Affekte und Emotionen der Zuhörer und natürlich auch die stilistischen Mittel.

Mit dem Ende der Demokratie in Athen verlor auch die Rhetorik ihre öffentliche Wirkung
und Bedeutsamkeit, die sie erst in der römischen Republik wiedererlangt. Ihr bedeu-
tendster Vertreter, als Redner und als Redelehrer, ist Marcus Tullius Cicero (106 v. Chr. – 43
v. Chr.) mit seinen Reden und seiner Rhetorik:
De oratore (Über den Redner, 55 v. Chr.). Cice-
ros *Über den Redner* ist in Dialogform geschrieben und handelt sowohl von den Vor-

aussetzungen des Redners, also von der Bildung, die er mitbringen
muss, als auch von den rhetorischen Techniken (Redeteile, sprachlicher Ausdruck). Gegen ihre Kritiker betont die römische Rhetorik
die unerlässliche Moralität des Redners, nach Cato ist der Redner
der „vir bonus dicendi peritus" – der Redekundige ist der gute Mann
in ethisch-moralischer Hinsicht, der sich durch Verantwortlichkeit
auszeichnet.

Die umfangreichste Darstellung der antiken Rhetorik hat Marcus Fabius Quintilianus (um 30 n. Chr. – 96 n. Chr.) mit seiner *In-
stitutio oratoria* (*Ausbildung des Redners*, um 95 n. Chr.) verfasst.
In zwölf Büchern versammelt Quintilian noch einmal das gesammelte Wissen der antiken Rhetorik. Allerdings ist zu seiner Zeit die
hohe Zeit der römischen Rhetorik schon wieder vorbei – die Monar-
chie hat die Republik abgelöst. Das bedeutet nicht das Ende der Rhetorik, wohl aber das ihrer öffentlichen Bedeutung. Die Rhetorik wird
– wie übrigens auch schon in der griechischen Antike – ‚Schulfach':
sie wird Gegenstand der gehobenen Ausbildung. Man übt sich zwar
noch in theoretischer und praktischer Redekunst, vorherrschend
wird aber die Stilistik, die Schreibkunst, ars bene scribendi (die
Kunst schön und wirkungsvoll zu schreiben).

Als Rede- und Schreiblehre überdauert die Rhetorik, häufig in der
Fassung Quintilians, das Mittelalter und die Zeit der Aufklärung: sie
gehört zur Allgemeinbildung und zur Ausbildung des Dichters. Hier
lernt der Dichter die unterschiedlichen rhetorischen Figuren, die
ihm helfen sollen, stilistisch anspruchsvoll zu schreiben. Aber mit
dem Aufkommen eines neuen Dichter- und Dichtungsverständnis-
ses ab 1750 schwindet die Bedeutung der Rhetorik auch als Schreiblehre. Wird die Dichtung als unmittelbarer und originaler Ausdruck
der Subjektivität des Dichters, als zweckfrei und autonom gesehen,
dann hat auch die Rhetorik als lehr- und lernbare Stilistik ausge-

dient: der originalsprachliche Ausdruck bedarf keiner Anweisung aus dem Lehrbuch.

Rhetorik als Stilistik Die Rhetorik überlebt zwar als Stilistik und Stilkunde, aber sie wird vor allem wissenschaftlich zu einer vernachlässigten Disziplin, auch in der Literaturwissenschaft. Das ändert sich erst – von Ausnahmen abgesehen – in der Mitte des 20. Jahrhunderts. Hier erkennt die Literaturwissenschaft sowohl die *historische Bedeutung* der Rhetorik für die Literatur neu, als auch ihre immer wieder *aktuelle Bedeutung* für die Analyse von Texten. Die Rhetorik ist beides: Lehre der Textproduktion und des Textverstehens.

2.2 | Die Rede

Im Zentrum der antiken Rhetorik steht die **Rede**: Die **Grundtypen** der Rede, ihre **Wirkungsfunktionen**, ihre **Produktionsstadien** und **Redeteile**.

Aristoteles hat drei Grundtypen der Rede unterschieden: die politische Rede, die juristische Rede und die Festrede (das reicht für die Vielfalt heutiger Redeformen natürlich nicht mehr aus); hinzu kamen ebenfalls drei Wirkungsfunktionen der Rede: Einsicht und Belehrung (docere); Unterhalten und Vergnügen (delectare); Erregung der Leidenschaften oder der Affekte (movere). Besonders die letzte Wirkungsfunktion – man denke nur an die Rhetorik der Gewalt – ist häufig, leider wirkungsvoll, missbraucht worden. Verfasst werden kann die Rede (in ihren Einzelteilen natürlich auch gemischt) im schlichten niedrigen Stil, im mittleren Stil und im hohen (pathetisch-erhabenen) Stil.

Als eine pragmatische Orientierungshilfe für das Verfassen von Texten (ob Vortrag, Hausarbeit oder literarischer Text) – auch in der Aufsatzdidaktik in der Schule genutzt – gelten auch heute immer noch die Produktionsstadien der Rede und die Redeteile.

Merksatz

Im ersten Produktionsstadium geht es um das Finden und Erfinden des Stoffes: also um Themenwahl und die Aufbereitung des Stoffes (inventio); im zweiten Stadium soll dann der Stoff geordnet bzw. gegliedert werden (dispositio); dann folgt die sprachliche Ausarbeitung (elocutio): hier muss auf die Richtigkeit und Deutlichkeit des sprachlichen Ausdrucks, auf seine Angemessenheit gegenüber Gegenstand und Adressat und, besonders wichtig, auf seine Ausschmückung geachtet werden (ornatus). Mit ‚Ausschmückung' ist nicht ‚reiner Schmuck‘, etwa eine nur ästhetisch vielfältige und schöne Sprache gemeint, sondern ebenso die zielbewusste Gestaltung der Sprache im Sinne der angestrebten Wirkung. Es folgen dann noch das Auswendiglernen (memoria) und das Vortragen (pronuntiatio), das Üben von Stimmführung, Gestik und Mimik.

Die Lehre von den Redeteilen beschäftigt sich mit dem Redeanfang: Wie erwecke ich Aufmerksamkeit (die berühmte captatio benevolentiae – das Erlangen des Wohlwollens der Zuhörer). Weitere Teile sind die Darlegung der Sachverhalte und als Kernstück die gekonnte Argumentation, die zu überzeugen vermag. So wichtig wie der Redeanfang ist auch der Redeschluss: wie fasse ich zusammen, ohne langweilige Wiederholung und wie setze ich einen markanten Schlusspunkt.

Für das Analysieren und Verstehen von literarischen Texten ist das wichtig, was die Rhetorik zur Vielfalt des sprachlichen Ausdrucks (elocutio) herausgefunden hat, hier besonders, wie der Redeschmuck (ornatus) beschrieben wird. Die rhetorischen Mittel, Sprache zu gestalten, sind einmal die sogenannten **Wendungen** (Tropen), die übertragenen Ausdrücke: Etwas ist nicht im Wortsinn, also *eigentlich* gemeint, sondern übertragen, *uneigentlich*; so zielt der Ausdruck ‚Hartherzigkeit‘ ja nicht auf die physische Beschaffenheit des Herzmuskels (Wortsinn), sondern auf charakterliche Eigenschaften eines Menschen, etwa unter anderem auf seine Empfindungs- oder Lieblosigkeit (übertragener Sinn). Die übertragenen Ausdrücke (Tropen) machen wesentlich den Reichtum der Sprache aus: Mit Hilfe der Tropen werden nicht nur die Bildlichkeit der Sprache erweitert, sondern auch neue Bedeutungen geschaffen.

Die andere Gruppe der rhetorischen Mittel werden **Figuren** genannt: Hier geht es nicht um eigentlichen oder uneigentlichen Sinn, sondern um die Anordnung der Wörter im Satz oder in Satzteilen, um die Kombination, Verknüpfung, Wiederholung, Zufügung, Auslassung oder Umstellung von Wörtern. Sie sind damit für die rhythmische Gestaltung der Sätze verantwortlich. Zum Beispiel „Das Wasser rauscht, das Wasser schwoll" (Goethe) – hier beginnen mehrere Satzglieder mit demselben Wort und verstärken so die Bedrohlichkeit der Aussage; es handelt sich um eine Anapher.

Wenn wir im Folgenden einige der wichtigeren, das heißt pragmatisch der häufig vorkommenden Tropen und Figuren nennen und mit Hilfe von Beispielen erläutern, so verzichten wir auf die eben erläuterte Trennung von Tropen und Figuren und sprechen einheitlich von rhetorischen Figuren und geben sie in alphabetischer Reihenfolge wieder (damit entziehen wir uns so mancher rhetorischer Spitzfindigkeit).

2.3 | Rhetorische Figuren

Exkurs

Allegorie	– Allegorie ist ein bildlicher Ausdruck häufig abstrakter Begriffe mit Hilfe von Personifikation (Alter als Greis, der Tod als Knochenmann; Figuren zum Beispiel in Hofmannsthals *Jedermann* stehen für ‚Buhlschaft‘, ‚Mammon‘, ‚Glaube‘ usw.). Für Goethe sucht der Dichter in der Allegorie „zum Allgemeinen das Besondere". Forderte die antike Rhetorik noch eine Ähnlichkeitsbeziehung zwischen dem abstrakten Begriff oder Gedanken und dem bildlichen Ausdruck, so ist diese Beziehung häufig in der Geschichte der Literatur willkürlich festgelegt worden, so dass man ohne Wissen der Festlegung die Allegorien nicht zu verstehen vermag (z.B. Pantoffel gleich Demut) und die Künstlichkeit der Zuordnung die Lebendigkeit des sprachlichen Ausdrucks vermissen lässt.
Alliteration	– gleicher Anlaut aufeinander folgender Wörter; der gleiche Anklang hat seinen Ursprung wohl in rituellen Beschwörungs- und Gebetsformeln. Die Alliteration kann einen Vers strukturieren (Stabreim), den Zusammenhang von Begriffen verdeutlichen (Land und Leute, Kind und Kegel) und / oder sie hat sprachmusikalische Bedeutung und dadurch eine hohe Eingängigkeit (z.B. in der Werbung: Milch macht müde Männer munter).
Anapher	– Wiederholung eines Wortes oder mehrerer Wörter zu Anfang eines Satzes oder Satzteils oder eines Verses, einer Strophe. „Der stille Gott – o weinet, meine Brüder – / Der stille Gott taucht meine Fackel nieder" (Schiller).
Antithese	– Gegenüberstellung mit deutlicher Verschärfung gegensätzlicher Begriffe und Gedanken als Einzelwörter oder in Wortgruppen, Sätzen oder in Versen. „Leben oder Sterben"; „Was dieser heute baut, reißt jener morgen ein" (Gryphius).
Asyndeton	– Unverbundene Reihung von gleichgeordneten Wörtern, Satzteilen oder Sätzen. „Alles rennet, rettet, flüchtet" (Schiller); „Mord! Zetter! Jammer / Angst / Creutz! Marter! Würme! Plagen." (Gryphius).
Chiasmus	– Die Überkreuzstellung von Wörtern oder Wortgruppen, häufig in spiegelbildlicher Anordnung; er wird oft gebraucht, um Gegensätze zu verdeutlichen. „Die Kunst ist lang, und kurz ist unser Leben" (Goethe); „Eng ist die Welt, das Gehirn ist weit" (Schiller).
Ellipse	– Auslassen eines Wortes oder mehrerer, wodurch das Verständnis aber nicht erschwert wird; die Ellipse dient der Straffung und Verkürzung. „Was nun?"; „Je schneller, um so besser"; „Zwei Pils".

Epipher	–	Wiederholung eines Wortes oder mehrerer Wörter am Schluss eines Satzes, Satzteiles oder Verses. „Ihr überrascht mich nicht / erschreckt mich nicht" (Schiller).
Geminatio	–	Verdopplung eines Wortes am Anfang, in der Mitte oder am Ende eines Satzes, Satzteiles oder Verses. „Hört, hört"; „Wehe, wehe, ..." (Busch).
Hyperbel	–	Extreme Übertreibung, oft unglaubwürdig, manchmal auch mit witzigen Effekten. „Zahlreich wie Sand am Meer"; „Hände wie Klodeckel"; „irrsinnig hässlich".
Ironie	–	Subtiler, weil versteckter Spott. In antiker Gerichtsrede war es die wörtliche Wiederholung des Vokabulars der Gegenpartei, so gesetzt und mit Betonung, Gestik und Mimik unterstützt, dass die Glaubwürdigkeit des Vokabulars der Gegenpartei erschüttert wird. Eine Wiederholung also, die den eigentlichen Sinn ins Gegenteil verwandelt. Man will das Gegenteil ausdrücken von dem, was man sagt. In Texten ist die Ironie oft schwer zu erkennen, wenn nicht deutliche Signale (Wiederholungen, Übertreibungen usw.) im Kontext gegeben werden. „Du bist mir ein guter Freund" – kann dann zum Bespiel als Ironie erkannt werden, wenn vorher das Gegenteil dargestellt wurde.
Klimax	–	Steigerung des Ausdrucks von weniger Wichtigem zum Wichtigeren; klassisches Beispiel ist Cäsars berühmter Ausspruch: Veni, vidi, vici (Ich kam, ich sah, ich siegte); geht die Steigerung nach unten zum weniger Wichtigen spricht man von einer Antiklimax: „Doktoren, Magister, Schreiber und Pfaffen" (Goethe).
Litotes	–	Hervorhebung eines Begriffs durch Verneinung seines Gegenteils. „Nicht übel"; „nicht selten".
Metapher ·	–	Die Metapher ist der Ersatz eines Wortes durch ein anderes Wort, dessen eigene Bedeutung mit der des ersetzten in einem Ähnlichkeits- oder Abbildverhältnis steht. Klassisches Beispiel ist seit alters her: der ‚Krieger' Achill wird zum ‚Löwen' Achill. Wegen des Ähnlichkeitsverhältnisses ist die Metapher auch als gekürzter Vergleich bezeichnet worden: ‚Achill kämpfte wie ein Löwe in der Schlacht' wird zu ‚Achill war ein Löwe in der Schlacht'. Das Gemeinsame des Vergleichs von Achill und Löwe (tertium comparationis) ist dann u.a. die Stärke, die Kraft. Da die Metapher neue Sprachbilder und neue Bedeutungen schafft, gehört sie seit Aristoteles zu den wichtigsten rhetorischen Figuren. Sieht man einmal von den mehr oder weniger unbewussten Metaphern in der Alltagssprache (Flussarm, Stuhlbein, Bergrücken) ab, so werden in der Literaturwissenschaft für die literarische Sprache häufig folgende Arten der Metapher unterschieden: Adjektivmetapher („Sie hatte eine marmorglatte Freude beim Anblick ihres Körpers", Musil); Genitivmetapher („Des Wahnsinns sanfte Flügel", Trakl) und absolute Metapher („schwarze Milch", Celan). Die literarischen Metaphern strapazieren in der Regel das Ähnlichkeitsverhältnis so stark, dass das Gemeinsame des Vergleichs nicht immer eindeutig fixiert werden oder, wie bei der absoluten Metapher, kaum oder gar nicht mehr erkannt werden kann.
Metonymie	–	Ersetzung des eigentlichen Wortes durch ein anderes, das zu ihm in realer (zeitlicher, räumlicher, ursächlicher) Beziehung steht. Z.B. Erzeuger für Erzeugnis: Schiller lesen; Besitzer für Besitztum: Unser Nachbar ist abgebrannt; Ort für Person: London hat gemeldet; Gefäß für Inhalt: ein Glas trinken.
Oxymoron	–	Wörtlich übersetzt: eine scharfsinnige Dummheit; Verbindung zweier sich eigentlich logisch ausschließender bzw. widersprechender Begriffe. „Beredtes Schweigen", „traurig froh", „bitterer Honig", „alter Knabe".
Parallelismus	–	Gleichlauf von Satzteilen, symmetrisch konstruierte Wortreihenfolge. „Den Mund aufmachen, der Vernunft das Wort reden und die Verleumder beim Namen nennen" (Grass).
Periphrase	–	Umschreibung eines Begriffs durch mehrere Wörter zur Vermeidung von Wiederholungen. „Freund Hein" (für Tod), „Schöpfer der Welt" (für Gott).

Exkurs

Pleonasmus	–	Überflüssiger Zusatz zu einem Wort oder zu einer Redewendung: „schwarzer Rappe" kann als Stilfehler gewertet werden, wird aber häufig zur Verstärkung der Aussage benutzt.
Symbol	–	Ein sinnbildhaftes Zeichen, das über sich auf Ideen, geistige Zusammenhänge hinausweist; nach Goethe im Besonderen das Allgemeine ahnen lässt, ohne es zu nennen. Gibt es im politischen, religiösen Bereich Symbole, deren Bedeutung eindeutig festgelegt ist (Kreuz, Taube, Ring), so kann in der Literatur alles zum Symbol werden (Person, Gegenstände, Farben usw.) und im Gegensatz zur deutlich festgelegten Allegorie mehrdeutig sein: z.B. die Schaukel in Fontanes *Effi Briest* oder das Schloss in Kafkas gleichnamigem Roman.
Synästhesie	–	Wörtlich: Zusammenwahrnehmung; Vermischen mehrerer (optischer, akustischer, taktiler) Sinneseindrücke: „farbige Klänge", „duftende Farben".
Synonym	–	Ersetzung eines Wortes durch ein anderes ihm gleichbedeutendes Wort, häufig zur Vermeidung von Wiederholungen oder, da die Synonyme nie ganz gleichbedeutend sind, zur Abstufung in der Bedeutung. „Reden, Sagen, Sprechen" oder „Ross, Pferd, Gaul".
Zeugma	–	Beziehung zumeist des Verbs auf zwei oder mehrere Satzglieder; besonders bei Kontrasten in der Bedeutung kommt es häufig zu komischen Effekten. „Er saß ganze Nächte und Sessel durch" (Jean Paul); „Ich heiße Meier und Sie willkommen".

Zusammenfassung

Es lassen sich drei Gegenstandsbereiche der Poetik unterscheiden: die Poetik ist Theorie der Dichtung, Praxis der Dichtung und Kritik der Dichtung. Als eine Regelpoetik oder normative Poetik erhebt sie den Anspruch, das Wesen der Dichtung zu bestimmen und daraus Regeln für das Verfassen von dichterischen Werken abzuleiten.

Der grundlegende Text der Poetik ist Aristoteles' Schrift *Über die Dichtkunst*: ihr zentraler Begriff ist Nachahmung; Dichtung ist Nachahmung von menschlichen Handlungen.

In ihrer Wirkung der aristotelischen Poetik vergleichbar ist die Poetik des römischen Dichters Horaz; besonders einflussreich waren seine beiden Forderungen an die Dichtung: die Dichtung soll nützen und erfreuen (prodesse et delectare) und dem Gemälde gleichen (ut pictura poiesis).

Aristoteles und Horaz sind die großen Vorbilder für eine Vielzahl von deutschsprachigen Poetiken, die im 16.-18. Jahrhundert entstan-

– 81

den. Die Poetiken von Martin Opitz und Johann Christoph Gottsched haben wir als Beispiel für Regelpoetiken etwas genauer betrachtet. Mit dem Sturm und Drang bzw. der Geniezeit ist dann die Zeit der Regelpoetiken vorbei.

Die Rhetorik ist Theorie und Praxis der Redekunst, sie beschreibt Aufbau und Grundfunktionen der Rede und – wichtig für die Analyse von literarischen Texten – rhetorische Figuren.

Literatur

Fuhrmann, Manfred: Die antike Rhetorik. München: Artemis 1987.
Fuhrmann, Manfred: Einführung in die antike Dichtungstheorie. Darmstadt: Wissenschafl. Buchges. 1973.
Göttert, Karl-Heinz: Einführung in die Rhetorik. München: Fink 1994.
Jung, Werner: Kleine Geschichte der Poetik. Hamburg: Junius 1997.
Lausberg, Heinrich: Elemente der literarischen Rhetorik. Ismaning: Hueber 1990.
Ueding, Gert; Bernd Steinbrink: Grundriß der Rhetorik. Stuttgart: Metzler 1986.

Testfragen

1. Was versteht Aristoteles unter Mimesis?
2. Erläutern Sie den Begriff ,normative Poetik' am Beispiel Gottscheds.
3. Erklären Sie den Begriff ,implizite Poetik'.
4. Nennen Sie 5 Produktionsstadien der Rede.
5. Was ist eine Anapher, eine Litotes, ein Oxymoron? Geben Sie Beispiele.

Aufbaumodul 2: Literarische Texte und Textanalysen

Inhalt

Das Aufbaumodul 2 gibt einen Überblick über die drei Hauptgattungen der Literatur: Epik, Dramatik und Lyrik. Ausgehend von Problemen der Gattungstheorie werden dann die wichtigsten Begriffe zur Analyse von epischen, dramatischen und lyrischen Texten erläutert und wichtige literarische Formen kurz vorgestellt.

Gattungen und Gattungstheorie | 1

Zunächst ist es ganz einfach: Im engeren Sinn literarische Texte als solche gibt es nicht, sie kommen vielmehr in bestimmten Formen vor (als Roman, als Komödie, als Sonett usw.) und wir sind es gewöhnt, diese Formen und Dichtarten – diese Begriffe sind in der Literaturwissenschaft nicht trennscharf definiert – den drei Gattungen oder Hauptgattungen **Epik, Dramatik**, **Lyrik** zuzuordnen. Unterstützt werden wir dabei durch die entsprechenden Signale, die die literarischen Texte durch ihre Untertitel selbst setzen: z. B. Erzählung, dramatische Texte oder Gedichte. Schwieriger wird es, wenn wir Merkmale und Begründungen angeben müssen, wodurch sich etwa ein epischer Text von einem dramatischen oder lyrischen unterscheidet.

Gattungen sind nichts anderes als Klassifikationen und, um klassifizieren zu können, braucht man Merkmale, mit Hilfe derer man begründet ordnen kann. Das sind Aufgaben und Probleme der **Gattungstheorie**. Ein berühmtes Beispiel: Goethe unterscheidet in den *Noten und Abhandlungen* zum *West-Östlichen Divan* zwischen „Dichtarten" und „Naturformen der Dichtung". Unter „Dichtarten" versteht er die konkreten dichterischen Formen, die sich historisch zu bestimmter Zeit, am bestimmten Ort gebildet haben und weiter entwickelt worden sind (etwa das Versepos, die Ballade usw.). Unter „Naturformen" versteht er den einzelnen „Dichtarten" übergeord-

Goethe: Gattungen sind Naturformen.

nete, abstrakt und universal geltende Formprinzipien der Dichtung: „Es gibt nur drei echte Naturformen der Poesie: die klar erzählende, die enthusiastisch aufgeregte und die persönlich handelnde: Epos, Lyrik und Drama. Diese drei Dichtweisen können zusammen oder abgesondert wirken"[1].

Wie Goethe hier verfährt, verfährt jede Gattungstheorie und das ist ihr Hauptproblem: Sie benötigt invariante (unveränderliche) Merkmale, mit denen sie die veränderlichen historischen Formen der Dichtung bestimmen kann und diese invarianten Merkmale müssen begründet werden. Anders gesagt: Der systematische Erkenntnisanspruch (z.B. was ist Epik?) muss mit der historischen Kenntnis der einzelnen Dichtarten (epischen Texten) vermittelt werden.

Gelten nun solche Invarianten, die ja von den einzelnen konkreten Dichtarten abstrahiert worden sind, überzeitlich-ahistorisch oder historisch? Goethe begründet nicht, sondern setzt fest: „es gibt nur drei echte Naturformen" – die überzeitliche Gültigkeit der Form der Dichtung wird als natürliche festgelegt. Diese letztlich spekulative, weil nicht beweisbare Setzung, die die Unveränderlichkeit der Merkmale begründen soll, weisen viele Gattungstheorien bis heute auf; nur, dass die Setzung anders begründet wird: psychologisch, geschichtsphilosophisch, ontologisch, sprachlogisch usw.

Zurück zu Goethe: Er bestimmt die Lyrik als die „enthusiastisch-aufgeregte" Dichtweise. Damit erliegt er genau der Versuchung, der viele Gattungstheorien erliegen: Er erklärt nämlich die zu seiner Zeit gültige Auffassung der Lyrik zur „Naturform", zum überzeitlich invarianten Merkmal. Denn bis ins 18. Jahrhundert kannte man im deutschsprachigen Raum nur zwei Hauptgattungen der Dichtung: die Epik als erzählende und die Dramatik als darstellende Gattung. Zwar kannte man eine Vielzahl lyrischer Formen, hatte für sie aber keinen einheitlichen Gattungsbegriff Lyrik. Der setzt sich erst zu Goethes Zeit durch und verbindet Lyrik mit dem unmittelbaren Ausdruck menschlicher Empfindungen. Goethe nimmt also den Lyrikbegriff seiner Zeit auf und erklärt ihn zur allgemein gültigen „Naturform" der Dichtung. Aber ist ‚enthusiastische Aufgeregtheit' das allgemeine Merkmal aller lyrischen Gedichte? Hier zeigt sich ein weiteres Problem der Gattungstheorie: Um ein allgemeines Merkmal oder mehrere Merkmale für alle Dichtarten einer Gattung zu finden, müssen dieses oder diese ziemlich abstrakt sein. Je abstrakter sie aber sind, desto weniger sagen sie konkret aus. Anschaulich werden sie erst, wenn man sie mit den konkreten historischen Formen der Dichtung wieder zusammenbringt.

Wenden wir uns der ‚klassischen Trias‘ – den Hauptgattungen literarischer Texte zu: der Epik, Dramatik und Lyrik.

Epik   2

Das Wort Epik leitet sich vom griechischen Wort epos ab: Mit Epos / Epen sind die großen Erzählungen gemeint, die von Göttern und Welten, von Jenseits und Diesseits, von Anfängen der Menschheit, von großen Helden, Staatsgründungen und Herrschaftslegitimationen handeln, kurz: erzählerisch die Welt in Geschichten ‚erklären‘. Als bedeutendstes Epos der griechischen Antike gelten *Ilias* und *Odyssee*, zwei Versdichtungen aus dem 8.

Abb. 13

Homer

Jahrhundert v. Chr., als deren Verfasser Homer angenommen wird. Epik ist seit dem 19. Jahrhundert die Oberbezeichnung für alle erzählerischen Texte in Versen oder Prosa: Gemeinsam ist ihnen das **Erzählen**, nicht die äußere Form.

Was heißt Erzählen? Der Duden nuanciert in „schriftlich oder mündlich auf anschauliche Weise darstellen“, in „berichten“ und „mitteilen, sagen“. In der Tat kennen wir ‚Erzählen‘ in alltäglicher Sprach- und Lebenspraxis in den unterschiedlichsten Wendungen. *Ein* gemeinsames Merkmal scheint ein gewisser Umfang, Zusammenhang, Komplexität zu sein. Der Aufforderung, etwas zu erzählen, kann man nicht mit einem kargen Ein-Wort-Satz genügen. Zur Grundkonstellation des Erzählens gehören daher drei Momente: 1. jemand, der erzählt, 2. das Erzählte in gewissem Umfang und Zusammenhang und 3. jemand, dem etwas erzählt wird. Wichtig ist, dass das Erzählte etwas Vermitteltes ist, es stellt sich nicht unmittelbar dar, sondern wird sprachlich-erzählend vermittelt. Alle drei Momente, einschließlich das der Vermittlung, sind auch für literarisches Erzählen konstitutiv.

Was aber macht das literarische Erzählen aus? Grundsätzlich kommt es in alltäglicher Sprach- und Lebenspraxis nur noch verkürzt und selten vor: das Erzählen von Geschichten. Geschichten haben Themen, Inhalte, Anfang und Ende, somit eine strukturierte

Form in Aufbau und Handlung, in Sprache und Stil, und: literarische Geschichten eröffnen eine eigene Welt, eine fiktive Welt; literarische Geschichten sind erfundene, ausgedachte, nicht wirkliche, sondern fiktionale Geschichten.

2.1 | Fiktion – Fiktionalität

Fiktion – fiktiv, **Fiktionalität – fiktional**: es hat in der Literaturwissenschaft zwar Vorschläge gegeben, diese Begriffe für unterschiedliche Sachverhalte zu benutzen, aber sie haben sich nicht eindeutig durchgesetzt. Die Begriffe werden weitgehend synonym verwendet. Alle stammen sie aus dem Lateinischen: fingere bedeutet formen, gestalten, bilden und, im übertragenen Sinn, sich vorstellen, sich denken, erdichten, erlügen. Was in der Wortbedeutung so nah zusammenliegt – hier besonders ‚erdichten‘ und ‚erlügen‘ –, hat auch in der Begriffsbestimmung immer wieder zu Unklarheiten und Verwechslungen geführt, natürlich auch begünstigt durch diejenigen selbst, die fiktive Welten erdichtet, sie aber für wirkliche ausgegeben und behauptet haben, ihre Geschichten seien wahre Geschichten. In der Tat hat sich erst von Beginn der Neuzeit an allmählich ein Fiktionsverständnis entwickelt, das deutlich unterscheidet zwischen Fiktion und Wirklichkeit (u. Wahrheit), aber auch zwischen Fiktion als einer vorgestellten, aber nicht als wirklich behaupteten Welt auf der einen Seite und einer vorgetäuschten und als wirklich behaupteten Welt auf der anderen Seite. Kennt man diese Differenzen, kann man die Dichter nicht mehr, wie Platon es tat, als „Lügner" bezeichnen und den Romanschriftstellern, wie noch im 17. und 18. Jahrhundert, vorwerfen, „Roman-Lügen" zu verfassen.

Unter Fiktion wird eine Darstellung tatsächlicher oder erfundener Sachverhalte einer als *wirklich erscheinenden Welt* verstanden, die weder vorgibt, noch behauptet (wie etwa die Geschichtsschreibung), die als wirklich erscheinende Welt sei eine empirisch nachweisbare, unabhängige wirkliche Welt. Fiktion meint eine bestimmte Art von Nicht-Wirklichkeit, die als Wirklichkeit erscheint, quasi eine eingeklammerte Wirklichkeit. Sprachtheoretisch unterscheidet man zwischen Wirklichkeitsaussage und fiktionaler Aussage. Die Wirklichkeitsaussage ist eine Aussage über Sachverhalte mit überprüfbarem Wirklichkeitsbezug (Referenz), während die fiktionale Aussage eine Aussage ohne überprüfbare Referenz ist, ihr

Wahrheitsanspruch ist suspendiert, sie ist damit weder wahr noch falsch.

Diese Unterscheidung zwischen Wirklichkeitsaussage und fiktionaler Aussage gilt grundsätzlich: Ein Romanschriftsteller kann sich noch so viel Mühe geben, ein Ereignis im Roman detailgetreu einem historischen oder gegenwärtigen Ereignis nachzustellen – das eine bleibt fiktiv und das andere ist real. Diese grundsätzliche Unterscheidung zwischen Wirklichkeitsaussage und fiktionaler Aussage, verkürzt: zwischen Wirklichkeit und Fiktion, gilt für alle literarischen Gattungen, für die epische, dramatische und die lyrische Gattung. Diese grundsätzliche Unterscheidung wird inzwischen unterstützt durch kulturelle Konventionen, sog. „Fiktionalitätsindikatoren" wie Gattungsbezeichnungen (z.B. Roman) oder Institutionen (z.B. Theater). Lese ich den Satz „Am 24.12.1978 schneite es in Rom" in einem Roman oder in einer historischen oder meteorologischen Untersuchung, so wird der grundsätzliche Unterschied sofort deutlich. In der historisch / meteorologischen Untersuchung unterstelle ich die Wahrheit der getroffenen Aussage, im Roman interessiert es mich nicht, ob es am 24.12.1978 tatsächlich in Rom geschneit hat, der Wahrheits- / Wirklichkeitsbezug dieser Aussage ist suspendiert, eingeklammert: Die Aussage gilt nur für die fiktive Wirklichkeit des Romans; hier aber gilt sie: im Roman schneit es.

Wirklichkeitsaussage – fiktionale Aussage

Voraussetzung dafür ist, dass Wirklichkeitsaussage und fiktionale Aussage sich sprachlich gleichen, sie sind bis auf wenige Ausnahmen ununterscheidbar. Dass man fiktionale Aussagen sprachlich nicht von Wirklichkeitsaussagen unterscheiden kann, hat ja dazu geführt, fiktionale Welt mit real empirischer Welt zu verwechseln; darin liegt aber auch der Reiz der fiktionalen Welt, eben der realen ähnlich und unähnlich zugleich zu sein.

Lässt sich aber die fiktionale Welt wirklich nicht **sprachlich eindeutig** fixieren? Auf zwei Fiktionalitätsindikatoren hat Käthe Hamburger in ihrem Buch *Die Logik der Dichtung* für epische Texte nachdrücklich hingewiesen: a) **die Verben der inneren Vorgänge**. Damit sind Verben des Fühlens, Empfindens, der inneren Wahrnehmung gemeint (fühlen, hoffen, denken). Über die inneren Zustände einer anderen Person kann nur ein Erzähler eine Aussage machen, eine Wirklichkeitsaussage ist darüber nicht möglich; b) **das epische Präteritum** in Verbindung mit Zeitadverbien. Der Satz „Morgen war Weihnachten" ist logisch-grammatisch für die Wirklichkeitsaussage unsinnig, für die fiktionale Aussage aber nicht: „Wir hatten noch viel zu tun, denn morgen war Weihnachten" stört in einem Roman nicht. Warum nicht? Hamburger hat das darauf zurückgeführt, dass in der fiktionalen Aussage „das Präteritum seine grammatische Funktion, das Vergangene zu bezeichnen, verliert" und es deshalb „episches Präteritum" genannt. Dass diese Funktion zumindest eingeschränkt ist, gilt als unumstritten, nicht aber, ob sie gänzlich aufgehoben ist. In bestimmten textimmanenten Zeitabstimmungen in epischen Texten wird deutlich, dass die zeitliche Funktion des Präteritums nicht gänzlich außer Kraft gesetzt ist (z.B. im Erzählerkommentar zu einem bestimmten Ereignis in der Vergangenheit des bereits Erzählten).

Merksatz

Wichtig: Fiktionalität gilt für alle literarischen Gattungen, wenn auch in unterschiedlicher Reichweite und Bedeutung für die einzelnen Gattungen.

2.2 | Erzähltheorie

Die epische Grundkonstellation besteht aus den drei Momenten Erzähler – Erzähltes – Hörer (allgemein: Rezipient). Alle drei Momente sind Gegenstand literaturwissenschaftlicher Analyse, hier genauer der **Erzähltheorie**, die seit Beginn des 20. Jahrhunderts historisch und vor allem systematisch genau die „Rolle des Erzählers", „Formen der Erzählkunst", „Bauformen des Erzählens" und den „impliziten Leser" erforscht. Ziel ist: eine „Theorie des Erzählens" oder eine „Poetik der Prosa". Den bisher differenziertesten Versuch einer strukturalistischen Narratologie (Lehre vom Erzählen) hat Gérard Genette vorgelegt: *Die Erzählung* (1972/73, auf dt. 1974).

Da es in der literaturwissenschaftlichen Erzähltheorie und -forschung keine einheitliche Terminologie gibt und das Auflisten der unterschiedlichen Begriffe nur zur Verwirrung führt, muss man sich entscheiden: Um einige Problemfelder der Erzähltheorie zu skizzieren, orientieren wir uns weitgehend an den Untersuchungen von Jürgen H. Petersen: *Erzählsysteme* (1993) und ergänzen dies in einem zweiten Schritt durch einen Überblick über Ansätze der neueren Narratologie.

Zitat

Glockenschall, Glockenschwall supra urbem, über der ganzen Stadt, in ihren von Klang überfüllten Lüften! Glocken, Glocken, sie schwingen und schaukeln, wogen und wiegen ausholend an ihren Balken, in ihren Stühlen, hundertstimmig, in babylonischem Durcheinander [...] Wer läutet die Glocken? Die Glöckner nicht. Die

sind auf die Straßen gelaufen wie alles Volk [...] Wer also läutet die Glocken Roms?
– *Der Geist der Erzählung.* – Kann denn der überall sein [...]? Allerdings, das vermag er. Er ist luftig, körperlos, allgegenwärtig [...] Er ist es, der spricht: „Alle Glocken läuteten", und folglich ist er's, der sie läutet. So geistig ist dieser Geist und
so abstrakt, daß grammatisch nur in der dritten Person von ihm die Rede sein und
es lediglich heißen kann: „Er ist's". Und doch kann er sich auch zusammenziehen
zur Person, nämlich zur ersten, und sich verkörpern in jemandem, der in dieser
spricht und spricht: „Ich bin es. Ich bin der Geist der Erzählung [...]".[2]

So der Anfang von Thomas Manns Roman *Der Erwählte*; Thomas
Mann spricht vom „Geist der Erzählung", der in der dritten oder in
der ersten grammatischen Person auftreten kann. Auffallend ist nur,
dass er nicht von sich selbst, dem Autor Thomas Mann, spricht: Lässt
er nicht die Glocken läuten? Natürlich ist es der Autor Thomas
Mann, der den Roman geschrieben hat; er ist für jedes Wort und für
jeden Satz verantwortlich, aber er setzt zwischen sich und dem Erzählten eine weitere Instanz, durch die das Erzählte vermittelt wird:
den **Erzähler** oder **Narrator**. Man muss also zwischen dem **Autor** und
dem **Erzähler** unterscheiden, der als vermittelnde Instanz erkennbar ist.

Autor und Erzähler

Das ist allein auch schon deshalb wichtig, damit man nicht vor-
schnell all das im Roman Erzählte – weder das, was die Figuren sagen, noch das, was unabhängig von den Figuren in Kommentaren,
Stellungnahmen, Reflexionen zum Ausdruck kommt – als Meinung
und Ansicht des Autors unterstellt. Dass der Erzähler vom Autor unterschieden werden muss, wird besonders an Ich-Erzählungen deutlich: Der, der in Thomas Manns Roman *Bekenntnisse des Hochstap-
lers Felix Krull* ‚Ich' sagt, ist nicht der Autor Thomas Mann und der,
der zugibt: „Ich bin Insasse einer Heil- und Pflegeanstalt", ist nicht
Günter Grass, sondern sein Ich-Erzähler Oskar Matzerath in der
Blechtrommel.

Der Erzähler kann auf unterschiedliche Weise im Text präsent
bzw. erkennbar sein: als deutlich fassbare Person (häufig in Rahmen-
und Binnenerzählungen), die in der dritten Person erzählt, oder
ebenso deutlich als Ich-Erzähler; er kann aber als Person kaum oder
gar nicht erkennbar sein, so dass man eher von einer **Erzählfunkti-
on** oder einem **Erzähl-Medium** sprechen muss.

Der Erzähler / das Erzählmedium kann in unterschiedlichen **Formen** erzählen: von sich selbst, von Dritten oder von Angesprochenen. Spricht er von sich selbst, ist die **Erzählform** die **Ich-Form** (gram-

Erzählformen

matisch: erste Person); erzählt er von Dritten ist die Erzählform die **Er (Sie / Es)-Form** (grammatisch: dritte Person); spricht er von Angesprochenen, ist die Erzählform die **Du-Form** (grammatisch: zweite Person). Die Du-Form, in der das Du-Sagen hauptsächlich verwendet wird, ist äußerst selten und kann hier vernachlässigt werden.

Abb. 14

David Bennent als Oskar Matzerath in Volker Schlöndorffs Verfilmung von Günter Grass' Roman *Die Blechtrommel* (1979).

Ich- und Er-Form des Erzählens unterscheiden sich dadurch, dass in der Ich-Form ein personaler Erzähler deutlich erkennbar ist, während in der Er-Form der Erzähler nicht als Person, sondern als Erzählmedium deutlich wird: Er ist keine Person, deren Charakter und Eigenschaften man näher beschreiben könnte. Dagegen ist der Ich-Erzähler in seinen personalen Umrissen greifbarer, natürlich um so deutlicher je mehr wir etwas von ihm erfahren; er kann viel von sich selbst erzählen, er kann sich aber auch sehr zurückhalten, dennoch liegt in der Ich-Form ein **zweidimensionales Erzählen** vor: Das Ich des Erzählers spaltet sich auf in einen Ich-Erzähler und in ein Ich, von dem erzählt wird. Man spricht auch vom **erzählenden Ich** und vom **erlebenden Ich**. In der Regel ist das erzählende Ich das ältere, gereiftere Ich, das die Entwicklung des erlebenden Ichs erzählt und auch kommentieren kann. So erfährt der Leser im Ich-Erzählen immer etwas von dem erlebenden und dem erzählenden Ich, daher ist dieses Erzählen wegen der Identität und der Aufspaltung des Erzähler-Ich bipolar oder zweidimensional. Weil wir in der Er-

Form des Erzählens nichts über die Person des Erzählers erfahren, ist dieses Erzählen eindimensional. Wenn Günter Grass seine *Blechtrommel* mit dem Eingeständnis des Ich-Erzählers beginnt: „Zugegeben: ich bin Insasse einer Heil- und Pflegeanstalt" und einige Seiten später die Geburt des erlebenden Ichs beschreibt: „Ich erblickte das Licht der Welt in Gestalt zweier Sechzig-Watt-Glühbirnen", so kann der Leser gar nicht anders – und darin liegt ja auch die Spannung des Ich-Erzählens – als sich zu fragen, was musste passieren, dass das soeben geborene Ich zum Insassen einer Heil- und Pflegeanstalt wird? D.h. der Leser erfährt immer sowohl etwas über das erlebende als auch über das erzählende Ich.

In den **Sichtweisen** ist die Ich-Form allerdings eingeschränkter als die Er-Form: In der Ich-Form kann der Erzähler glaubwürdigerweise die ihm begegnenden Personen nur in der **Außensicht** beschreiben, nicht aber in der **Innensicht** – er kann nicht in die Personen hineinschauen: **Innensicht** gelingt ihm nur für das eigene Ich.

Wie wird erzählt? Es gibt unterschiedliches **Erzählverhalten**, in dem der Erzähler das Erzählte darstellen kann. Er kann es auf **auktoriale**, **personale** und **neutrale** Weise tun.

Erzählverhalten

Ist das Erzählverhalten **auktorial** (lat. auctor – Urheber), so wird die erzählerische Vermittlung des Geschehens besonders deutlich: Der Erzähler mischt sich ein, gibt Hinweise, Kommentare, Andeutungen, Feststellungen, Berichte usw. Das kann natürlich deutlich oder weniger deutlich geschehen. Überdeutlich zeigt sich der Erzähler z.B. in Wilhelm Raabes *Der Hungerpastor*.

Zitat

Vom Hunger will ich in diesem schönen Buche handeln, von dem, was er bedeutet, was er will und was er vermag […] „Da haben wir den Jungen! Da haben wir ihn endlich – endlich!" rief der Vater meines Helden und tat einen langen, erleichternden Atemzug […] wir aber wollen weder die beiden Ehegatten noch die Glocken stören – sie sollen ihre Gefühle ausklingen lassen […][3]

Im **personalen Erzählverhalten** wählt der Erzähler die Perspektive einer Figur, aus der das Geschehen erzählt wird. Das bringt natürlich eine Beschränkung mit sich: vom Innenleben der anderen Figuren kann der Erzähler dann eigentlich nichts wissen, solange er sich an logisch-psychologische Wahrscheinlichkeitsregeln hält.

Im **neutralen Erzählverhalten** wird weder aus der Sicht der Figuren noch aus der des Erzählers erzählt: Der Erzähler ist nicht greifbar. Man hat daher auch leicht widersprüchlich vom „szenischen Erzählen" gesprochen; es wird in Szene gesetzt – die Figuren stellen sich selbst dar – am deutlichsten wird das in Dialogen, in denen auch noch die **inquit-Formel** (sagte er) fehlt. Aber nicht nur die Unmittelbarkeit des „szenischen Erzählens" macht das neutrale Erzählverhalten allein aus, auch ein sachlich-beschreibendes-berichtendes Erzählen, nahezu emotionslos, objektiv und natürlich ohne Erzählereingriff gehört dazu.

Wichtig ist, dass mit den Analysekategorien ,Erzählformen' – ,Erzählverhalten' nicht dogmatisch-starr, sondern flexibel umgegangen wird: Die Erzählform kann innerhalb eines Romans oder einer Erzählung wechseln, auf jeden Fall aber das Erzählverhalten; auktoriales, personales und neutrales Erzählverhalten können wechseln, selten wird das Geschehen über längere Zeit nur durch ein Verhalten allein präsentiert.

Versteht man unter dem Erzählverhalten die unterschiedlichen Verhalten des Erzählers zum Erzählten, so unter **Erzählhaltung** die **wertende Stellungnahme** des Erzählers dem Erzählten gegenüber: Die Haltung kann eindeutig in ihrer Beurteilung bestätigen oder ablehnen, kritisch, skeptisch usw. sein.

2.3 | Geschichte und Erzählablauf

Was wird nun erzählt? Eine Geschichte, natürlich: Eine Geschichte aber hat Anfang und Ende, einen Aufbau, eine Struktur; es muss also das, was erzählt werden soll, der Stoff, das Geschehen, die story, die histoire in eine erzählerische Ordnung (Fabel, plot, discours / discourse) gebracht werden. (Die benutzten Begriffe sind die unterschiedlichen Termini der germanistischen bzw. angloamerikanischen-französischen Erzählforschung). Ist diese Unterscheidung denn zutreffend? Wir kennen das Geschehen, den Stoff, doch nur als strukturiertes Geschehen, wie es uns in diesem Roman oder in jener Novelle vorliegt. Das Geschehen ist erfunden und existiert nur fiktional. Das ist richtig, dennoch ist die Unterscheidung zutreffend, weil sie hilft, die *Bauformen des Erzählens*, so der Titel von Eberhard Lämmerts grundlegender Untersuchung von 1955, zu erkennen. Etwas griffiger wird diese Unterscheidung, wenn wir uns vorstellen, ein Autor möchte einen biographischen Roman über Hölderlin schreiben: dann ist der Stoff, das Geschehen, das uns historisch überlieferte und literaturwissenschaftlich erschlossene Leben Hölderlins und der Romanautor muss dieses Geschehen, das in diesem Fall als gelebtes Leben schon strukturiert ist, in eine Erzählstruktur bringen, die seinen Erzählabsichten entspricht. Der Autor wird also nach seinen thematischen Schwerpunkten – das könnten Liebe und Lebensangst, der Widerspruch zwischen Kunst und Leben u.v.m. sein – erzählerische Schwerpunkte setzen; z.B. sich fragen: Ist die Kindheit Hölderlins für mein Thema ‚Widerspruch zwischen Kunst und Leben‘ bedeutsam oder kann ich sie erzählerisch vernachlässigen, usw.; das Leben Hölderlins wird dadurch erzählerisch geordnet. Diese erzählerische Ordnung verweist wieder zurück auf die ‚Lebensordnung Hölderlins‘. (Dabei gilt es zu beachten, dass das Thema eines Romans nicht mit dem Inhalt verwechselt wird.)

Dass diese Unterscheidung auch auf ‚rein‘ fiktive Texte zutrifft, die sich nicht an einem überprüfbaren Geschehen orientieren, zeigt die Struktur erzählerischer Texte selbst: Die erzählte Wirklichkeit lässt sich nämlich von ihrer „sprachlichen Wiedergabe“, die „Zeitfolge des erzählten Geschehens“ von der „Zeitfolge des Erzählens“ unterscheiden: etwa an Aussparungen (so paradox es klingt: auch von der erzählten Wirklichkeit kann nicht alles erzählt werden) von Zeiten und Zeitabläufen gemäß der alten Einsicht, dass künstlerisches Gestalten im wesentlichen Aussparen ist, oder an Umstellungen der ‚Normalchronologie‘ der Ereignisse: die Geschichte beginnt z.B. in der Mitte oder an ihrem Ende.

Zitat

Die Bauformen einer Erzählung erhalten ihre Kontur erst dadurch, dass die monotone Sukzession der erzählten Zeit beim Erzählen auf verschiedene Weise *verzerrt, unterbrochen, umgestellt* oder gar *aufgehoben* wird […] Die *Verzerrung* der Sukzession ergibt sich durch den Wechsel von einlässigem und knappem Erzählen, d.h. durch das sich ständig verschiebende Verhältnis von erzählter Zeit und Erzählzeit.[4]

Mit der Bestimmung des Verhältnisses von **Erzählzeit** und **erzählter Zeit** lässt sich das Zeitgerüst einer Erzählung ermitteln. Die **Erzählzeit** ist die Zeit, die der Erzähler aufwendet, um ein bestimmtes Geschehen zu erzählen – Erzählen ist ein zeitlicher Vorgang. Die Erzählzeit wird mit Hilfe von Seiten- und Zeilenzahl gemessen. Die **erzählte Zeit** ist die „Zeit des Inhalts“, also die Zeit, die das erzählte Geschehen in Wirklichkeit beanspruchen würde – das Geschehen ist auch ein zeitlicher Vorgang. Dass das Verhältnis dieser beiden

Erzählzeit und erzählte Zeit

Zeiten nicht mathematisch exakt bestimmt werden kann, ist richtig, es ist aber auch nicht notwendig.

Ist die Erzählzeit kürzer als die erzählte Zeit, spricht man von **zeitraffendem Erzählen**: etwa wenn in Johann Peter Hebels berühmter Kalendergeschichte *Unverhofftes Wiedersehen* die Zeit von 50 Jahren in wenigen Zeilen zusammengefasst wird.

Zitat

Unterdessen wurde die Stadt Lissabon in Portugal durch ein Erdbeben zerstört, und der Siebenjährige Krieg ging vorüber, und Kaiser Franz der Erste starb, und der Jesuitenorden wurde aufgehoben und Polen geteilt, und die Kaiserin Maria Theresia starb, und der Struensee wurde hingerichtet, Amerika wurde frei, und die vereinigte französische und spanische Macht konnte Gibraltar nicht erobern.[5]

Zeitdeckendes Erzählen liegt vor, wenn Erzählzeit und erzählte Zeit übereinstimmen: ein in wörtlicher Rede erzählter Dialog benötigt genau die Zeit, die der Dialog an tatsächlicher Zeit braucht.

Beim **zeitdehnenden Erzählen** ist die Erzählzeit länger als die erzählte Zeit, etwa wenn der Erzähler für die Darstellung von Gedanken- und Bewusstseinsassoziationen, die tatsächlich wenige Sekunden beanspruchen, eine Vielzahl von Seiten benötigt.

Handlung

Mit diesen unterschiedlichen Erzählzeiten gliedert der Erzähler die erzählte Wirklichkeit, setzt gemäß seiner Erzählabsicht Schwerpunkte: Schwerpunkte, die es z.B. ermöglichen, eine **Haupt-** von einer **Nebenhandlung**, **Haupt-** von **Nebenpersonen** (-figuren) zu unterscheiden und die Bedeutung von **innerer Handlung** (Charakterentwicklung) gegenüber **äußerer Handlung** auszumachen.

Die erzählte Zeit kann aber auch durch verschiedene voneinander unabhängige **Handlungsstränge** mit anderen Personen, Räumen und Zeiten gegliedert werden, so dass der Erzähler immer wieder neu ansetzt bzw. fortsetzt, den einen Handlungsstrang liegen lässt, um den anderen wieder aufzunehmen. Diese Handlungsstränge können parallel geführt, aber auch auf vielfältige Weise miteinander verknüpft werden, so dass ein hochkomplexes Erzählgeflecht entsteht.

Rückwendungen und Vorausdeutungen

Die unterschiedlichen Erzählzeiten sagen noch nichts darüber aus, ob die chronologische Folge der erzählten Zeit beibehalten oder umgestellt wird. Der Erzähler kann, wie schon erwähnt, die ‚normale Zeitabfolge' der Ereignisse umstellen: etwa mit dem Ende beginnen, zum Anfang zurückkehren, wieder vorgreifen usw. Arbeitet er mit **Rückwendungen** und **Vorausdeutungen**, so vergrößert das nicht nur die Komplexität des Erzählgeflechts, sondern bietet enorme Möglichkeiten, die **Spannung** des Erzählten zu erhöhen. Es führt hier zu weit, die unterschiedlichen Rückwendungen und Vorausdeutungen in ihren erzählerischen Funktionen und Möglichkeiten darzustellen.

Die „Sukzession der erzählten Zeit" kann aber auch durch den Erzähler aufgehoben werden; das geschieht durch mehr oder minder ausführliche Beschreibungen etwa von Landschaften und Gegenständen, durch Betrachtungen und Erörterungen philosophischer, gesellschaftlicher oder poetologischer Probleme.

Diese Beschreibungen und Erörterungen gehören nach Lämmert zu den **Erzählweisen**, genauer zu den „zeitlosen Erzählweisen". Zu den „zeitlichen Erzählweisen" zählt der **Bericht des Erzählers**. Der Bericht des Erzählers ist „Mittel zur Handlungswiedergabe wie zur sachlich geordneten Zustandsschilderung", er stellt fest, fasst zusammen, zeitlich gesehen dient er häufig der Raffung. Als Redebericht gibt er eine Zusammenfassung von Personenreden, kann sie auch bewerten und kurz kommentieren. Zählt man zu den Personenreden auch die unausgesprochenen Reden – die Gedanken, Gefühle und Empfindungen –, so können diese ebenfalls vom Erzähler berichtet werden.

Erzählweisen

Personenreden | 2.4

Den Erzählweisen des Erzählers stehen die Reden der Personen, die **Personenreden**, gegenüber. Zumeist werden die Personenreden direkt oder indirekt wiedergegeben. Die **direkte Rede** ist unmittelbar subjektiver Ausdruck der Person, Dialoge bzw. Wechselreden in direkter Form schaffen eine Atmosphäre des unmittelbaren Beteiligtseins, es wird mehr in Szene gesetzt als erzählt: Die Personen sprechen selbst, ohne dass der Erzähler bemerkt wird. Etwas anderes ist das bei der **indirekten Rede**, die häufig im Konjunktiv steht. Zwar ist sie oft noch als Personenrede kenntlich gemacht, aber hier ist es die Indirektheit, der Konjunktiv, der sowohl Möglichkeits- als auch Unmöglichkeitsform ist, der eine Distanz schafft, die auf den Erzähler verweist; die indirekte Rede gehört nicht mehr der Person allein.

Erlebte Rede   Deutlich unentschiedener, ob Bericht des Erzählers oder Personenrede, ist die **erlebte Rede**; spricht der Erzähler oder die Person?
Das ist deshalb schwer zu sagen, da die erlebte Rede formal – sie hat
dritte Person und Imperfekt – sich vom Bericht des Erzählers nicht
unterscheidet. Die erlebte Rede ist wie innerer Monolog und Bewusstseinsstrom (stream of consciousness) eine Technik zur Wiedergabe der Bewusstseinsinhalte: Gedanken, Eindrücke, Assoziationen. Sie wird auch ‚style indirect libre‘, ‚free indirect speech‘ oder
auch – hier wird der Mitteilungscharakter stärker betont: ‚narrated
monologue‘ (erzählter Monolog) genannt. Um diese Doppelung von
Erzählerbericht und Personenrede überhaupt wahrnehmen zu können, muss die erlebte Rede einer Person zuzuordnen sein. Verdeutlichen wir das an einem viel zitierten Beispiel aus den *Buddenbrooks*: Thomas Buddenbrooks Reflexionen über Leben und Tod.

Zitat

> Was war der Tod? Die Antwort darauf erschien ihm nicht in armen und wichtig-
> tuerischen Worten: er fühlte sie, er besaß sie zuinnerst. Der Tod war ein Glück, so
> tief, daß es nur in begnadeten Augenblicken, wie dieser, ganz zu ermessen war. Er
> war die Rückkunft von einem unsäglich peinlichen Irrgang, die Korrektur eines
> schweren Fehlers, die Befreiung von den widrigsten Banden und Schranken – ei-
> nen beklagenswerten Unglücksfall machte er wieder gut.[6]

Zunächst ist der Erzähler deutlich vernehmbar, aber von „Der Tod
war ein Glück" an werden die Gedanken Thomas Buddenbrooks wiedergegeben; natürlich durch den Erzähler vermittelt, aber er tritt
zurück, so dass der Leser unmittelbar mit den Reflexionen Thomas
Buddenbrooks konfrontiert wird.

Weil die erlebte Rede doppelt gefügt ist – Bericht des Erzählers
und Personenrede zugleich –, eignet sie sich besonders für gedankliche Auseinandersetzungen mit dem eigenen Leben: reflektierte
Distanz und Unmittelbarkeit in einem. Hermann Brochs Roman *Der
Tod des Vergil* (1945), der die letzten 18 Stunden des sterbenden
Vergil schildert, tut das ausschließlich in erlebter Rede: Reflexionen
des Dichters Vergil über sein Leben und Werk.

Innerer Monolog   Eine weitere Technik der Gedankenwiedergabe ist, wie schon erwähnt, der **innere Monolog**: Er ist eindeutig Personenrede – wenn
sie auch nicht immer so leicht zu erkennen ist. Kein Problem ist das
beim Monolog als **Selbstgespräch**: Das ist mit Anführungszeichen,

häufig aber auch mit der inquit-Formel (z. B. sagte er zu sich) gekennzeichnet und steht im Präsens. Es sei dahingestellt, ob das Selbstgespräch, laut, leise oder stumm mit sich selbst geführt wird, der **innere Monolog** oder der **Bewusstseinsstrom** (stream of consciousness) ist stumm, steht aber wie das Selbstgespräch im Präsens, hat jedoch weder inquit-Formel noch Anführungszeichen und kann auf alle Satzzeichen verzichten. Die Bewusstseinsstrom-Technik möchte, wie der Name sagt, die Bewusstseinsströme abbilden: Gerade die ungeordneten Assoziationen, Wechsel und Sprünge der Gedanken und Empfindungen, ihre Ungereimtheiten und überraschenden Einsichten. Einer der berühmtesten inneren Monologe (bzw. Bewusstseinsströme) ist die interpunktionslose 40-60seitige (je nach Ausgabe) ‚Gedankenflucht' der Molly Bloom aus James Joyces Roman *Ulysses*, hier die letzten Zeilen.

Zitat

> [...] Ja wie ich mir die Rose ins Haar gesteckt hab wie die andalusischen Mädchen immer machten oder soll ich eine rote tragen ja und wie er mich geküßt hat unter der maurischen Mauer und ich hab gedacht na schön er so gut wie jeder andere und hab ihn mit den Augen gebeten er soll doch manchmal fragen ja und dann hat er mich gefragt ob ich will ja sag ja meine Bergblume und ich hab ihm zuerst die Arme um den Hals gelegt und ihn zu mir niedergezogen daß er meine Brüste fühlen konnte wie sie dufteten ja und das Herz ging wie verrückt und ich hab ja gesagt ja ich will Ja.[7]

Je komplexer epische Texte strukturiert und aufgebaut sind, je komplizierter ihre Erzähltechnik ist, desto ohnmächtiger gerät die formale Analyse, oder gegenteilig: desto spitzfindiger und kleinteiliger wird sie, so dass der analysierende Blick noch Details wahrnimmt, aber vielfach das Ganze nicht mehr.

Neuere Ansätze der Narratologie | 2.5

Methodik und Terminologie der neueren Erzähltheorie bzw. der Narratologie orientieren sich gegenwärtig überwiegend an dem exakten und differenzierten strukturalen **Beschreibungsinventar**, das Gérard Genette in *Die Erzählung* (dt. 1994, frz. *Discours du récit,* 1972 und *Nouveau discours du récit,* 1983) entwickelt hat und das für den deutschen Sprachraum v.a. durch die *Einführung in* *die Erzähltheorie* (1999) von Matías Martínez und Michael Scheffel zusammengefasst und weiter entwickelt worden ist. Die aus dem französischen Strukturalismus entwickelte Analysetätigkeit bedeutet noch keine Vorentscheidungen für eine bestimmte Methode der an die Textanalyse anschließenden, durch sie begründeten oder jedenfalls plausibilisierten Textinterpretation. Modell und Terminologie werden zunächst allein deskriptiv benutzt, um zu erklären, welche Phänomene, Strukturen und Elemente zu beobachten sind, die den narrativen Text konstituieren und strukturieren. Die Erzähltheorie kümmert sich also nicht um die Aussagen von Erzählungen, sondern um deren Struktur- und Konstruktionsprinzipien.

Was wird wie erzählt?　　　Die beiden Leitfragen der Analyse fiktionaler Erzähltexte gelten dem „Was" (dem **Erzählten**) und dem „Wie" (dem **Erzählen**). Das „Was" fragt nach der **Diegese** (im russischen Formalismus: der „fabula", im früheren Strukturalismus: der „**histoire**"), also nach der Beschaffenheit der erzählten Welt, den Elementen der Handlung, der Art der Geschehens-Motivation (also der Verknüpfung der Ereignisse zu einer Geschichte), nach Handlungs-Schemata und der erzählten Geschichte, d.h. der vom Text abstrahierbaren Menge von Ereignissen in ihrer rekonstruierten logisch-chronologischen Ordnung. Das „Wie" fragt nach „récit" und „narration" (im Russischen Formalismus: „sjužet", im früheren Strukturalismus: „**discours**"): also nach der Anordnung der Ereignisse im Text, nach der Weise der sprachlichen Vermittlung und den Formen der Präsentation, mittels derer eine Geschichte dargeboten wird (z.B. unter Berücksichtigung der Reihenfolge, der Erzählperspektive etc.). Die drei Oberkategorien der Analyse des „discours" bzw. des Erzählens sind: Zeit (Ordnung, Dauer und Frequenz), Modus (Distanz und Fokalisierung) und Stimme (Zeitpunkt und Ort des Erzählens, Position des Erzählers und Situation des Erzählens). Erst danach gilt die Analyse den sprachlichen und thematischen bzw. inhaltlichen Eigenschaften des Erzähltextes.

Zeit　　　Die Kategorie der **Zeit** zerfällt in drei Analysegegenstände: Ordnung, Dauer und Frequenz. Narrative Texte sind nur selten linear oder chronologisch erzählt. Vielmehr ist zumeist ein nicht-chronologisches Erzählen zu beobachten. Deswegen gilt es zunächst die zeitliche Ordnung zu untersuchen.

Ordnung　　　Als **Anachronie** wird die zeitliche Umstellung der Erzählreihenfolge im Vergleich zum tatsächlichen Ablauf der Handlung bezeichnet. Dies geschieht vor allem in Form der **Prolepse**, einem vorausschauenden Erzähleinschub, der ein Ereignis der Zukunft erzählt, und in der Form der **Analepse**, einer Rückblende, die ein bereits vergangenes Ereignis erzählt. Näher bestimmt werden Ana- und Prolepsen über ihren **Umfang**, als zeitlicher Rahmen des eingeschobenen Erzählsegments, und ihre **Reichweite**, also den zeitlichen Abstand zwischen dem Jetzt der Geschichte und dem Einschub. Gehört die jeweilige Ana- oder Prolepse zur Haupthandlung, wird sie als intern, im anderen Fall als extern bezeichnet. Von einer **Achronie** spricht man schließlich, wenn die Ordnung einer Erzählung nicht mehr rekonstruierbar ist.

Die **Dauer** des Erzählens bezeichnet das zeitliche Verhältnis vom Umfang der narrativen Vermittlung eines Ereignisses (Erzählzeit) zur Zeit, die es tatsächlich ausfüllen würde (erzählte Zeit), d.h. Ereignisse können unterschiedlich schnell bzw. langsam erzählt werden. Zu den bereits erläuterten Kategorien des **zeitdeckenden** (Erzählzeit = erzählte Zeit), **zeitdehnenden** (Erzählzeit > erzählte Zeit) und **summarischen** bzw. **zeitraffenden** Erzählens (Erzählzeit < erzählte Zeit) kommen noch die **Ellipse**, als Zeitsprung bzw. Auslassung eines Zeitabschnittes im Erzählen, und die **Pause**, als Stillstand der Erzählung während das Erzählen weiter läuft, wie es z.B. bei ausschweifenden Reflexionen der Erzählerfigur der Fall ist, während sich gleichzeitig in der Welt, aus der erzählt wird, nichts ereignet. *(Randnotiz: Dauer)*

Die **Frequenz** des Erzählen zielt auf das Verhältnis von Erzählhäufigkeit zur tatsächlichen Ereignishäufigkeit. Es wird unterschieden in **singulatives Erzählen** (einmalige Ereignisse werden einmal erzählt, n-malige Ereignisse werden n-mal erzählt), **repetitives Erzählen** (einmalige Ereignisse werden wiederholt erzählt) und **iteratives Erzählen** (sich wiederholende Ereignisse werden nur einmal erzählt). Schließlich kann auch eine **nicht rekonstruierbare Frequenz des Erzählens** vorliegen, wenn sich nicht letztgültig sagen lässt, wie das Verhältnis zwischen Ereignishäufigkeit und Erzählhäufigkeit im Erzähltext ist. *(Randnotiz: Frequenz)*

Die Analysekategorie **Modus** untergliedert sich in die Distanz, womit die Frage nach der Mittelbarkeit oder Unmittelbarkeit der Vermittlung des narrativ Dargestellten gestellt ist, und die Fokalisierung als der Form der erzählperspektivischen Präsentation, die ursächlich dafür verantwortlich ist, wie der Informationsfluss des Erzählers reguliert ist. *(Randnotiz: Modus)*

Distanz   Bezüglich der Distanz lässt sich grob ein **narrativer Modus** von einem **dramatischen Modus** unterscheiden. Der narrative Modus meint hier die **mittelbare Präsentation** des Dargestellten: Der Erzähler ist als Vermittlungsinstanz deutlich wahrnehmbar, bewertet und filtert das Geschehen, fasst zusammen und reguliert offensichtlich den Erzählfluss wie das Mitgeteilte.

Der dramatische Modus entspricht einer **unmittelbaren Vermittlung**: Der Erzähler ist nicht oder zumindest nicht als deutlich informationsregulierende oder bewertende Instanz wahrnehmbar. Es entsteht der Eindruck einer quasi szenischen, unmittelbaren Präsenz, einer Wirklichkeitsillusion, wie sie von Roland Barthes als „Realitätseffekt" beschrieben wird.

Deutlich unterscheiden lässt sich die Distanz auch für die **Präsentation von Figurenreden**. Während im dramatischen Modus wörtliche, zitierte Rede vorherrscht, vergrößert sich die Distanz bei indirekter oder summarisch zusammengefasster Rede. Am größten ist die Distanz, wenn der Redeakt nur noch erwähnt, der Inhalt aber nicht mehr wiedergegeben wird. Zwischen beiden Modi – narrativer und dramatischer Modus – sind selbstverständlich fließende Abstufungen möglich.

Fokalisierung   Die Darstellung eines Geschehens kann nicht nur aus unterschiedlicher Distanz, sondern auch aus unterschiedlicher Perspektive erfolgen. Der Leitfrage „Aus welcher Sicht wird erzählt?" entsprechen nach Genette drei **Grundtypen von Fokalisierung**: die Nullfokalisierung, die interne Fokalisierung und die externe Fokalisierung.

Im Falle der **Nullfokalisierung** weiß der Erzähler mehr als die Figuren, er hat Einsicht in das Bewusstsein aller Figuren und Übersicht in Bezug auf die Welt, aus der erzählt wird. Diese Erzählhaltung entspricht also weitgehend dem auktorialen Erzählverhalten.

Eine **interne Fokalisierung** liegt vor, wenn der Erzähler aus der Perspektive einer Figur, der sogenannten **Fokalfigur**, erzählt, also Einsicht und Mitsicht in Bezug auf eine Einzelfigur das Erzählverhalten prägen. Dem entspricht wiederum das personale bzw. auktoriale Erzählverhalten. Es werden drei Typen der internen Fokalisierung unterschieden: Im Falle der **fixierten internen Fokalisierung** ist die Erzählperspektive fest in einer Fokalfigur verankert. Im Falle der **variablen internen Fokalisierung** springt die Perspektive zwischen verschiedenen Fokalfiguren, d.h. *unterschiedliche* Zeitabschnitte der Erzählung werden aus der Sicht verschiedener Fokalfiguren vermittelt. Im Falle der **multiplen internen Fokalisierung** werden *gleiche* Zeitabschnitte aus der Sicht verschiedener Fokalfiguren erzählt, das gleiche Ereignis wird also multiperspektivisch vermittelt und aus der Sicht verschiedener Figuren evtl. auch unterschiedlich beurteilt. Bei **externer Fokalisierung** weiß der Erzähler weniger als seine Figuren. Alles wird aus der Außensicht und in diesem Sinne dem äußeren Anschein nach geschildert, was einem neutralen Erzählverhalten entspricht.

Wechselt die Erzählung für bestimmte Erzählsequenzen zwischen den Haupttypen der Fokalisierung, spricht man von einer **grundsätzlich variablen Fokalisierung**. Der vorherrschende Typus kann dann wiederum als der **dominante** bezeichnet werden. So kann eine Erzählung **Fokalisierungsstrategien** aufweisen und z.B. über eine variable, aber dominant externe Fokalisierung verfügen.

Im Hinblick auf Grenzen des Erzählhorizontes gibt es jedoch hin und wieder Überschreitungen des Möglichen und Wahrscheinlichen zu beobachten. Hierzu zählen Paralepse und Paralipse. Von einer **Paralepse** spricht man, wenn der Erzähler dem Leser mehr Informationen mitteilt, als ihm seine Fokalisierung eigentlich erlaubt. Von einer **Paralipse** spricht man, wenn der Erzähler dem Leser Informationen vorenthält, die er auf Grund seiner Fokalisierung eigentlich geben müsste.

In der Untersuchungskategorie **Stimme** wird die zeitliche und räumliche Position des Erzählers im Bezug auf das Erzählte untersucht, also wann von wem in welcher Kommunikationssituation eine Geschichte erzählt wird.

Unterschieden wird zwischen dem **späteren Zeitpunkt des Erzählens**, also dem nachträglichen Erzählen von etwas bereits Stattgefundenem, dem **gleichzeitigen Erzählen** (Ereignis und Erzählen geschehen parallel, gleichzeitig) und dem **früheren Erzählen** (Ereignisse werden quasi prophetisch erzählt, bevor sie eigentlich stattgefunden haben). Der Zeitpunkt des Erzählens bleibt im Laufe des Erzählvorganges häufig nicht konstant. So können sich z.B. im Falle des **eingeschobenen Erzählens** die Formen in Einschüben abwechseln. Häufig bewegt sich auch der spätere Erzählzeitpunkt im Erzählen auf die Gegenwart der Geschichte zu und holt das Jetzt der Geschichte ein, endet also in gleichzeitigem Erzählen. In diesem Falle spricht man von einem **beweglichen Zeitpunkt des Erzählens**.

Stimme

Zeitpunkt

Ort des Erzählens   Bereits bekannt ist die Unterscheidung in Rahmen- und Binnenerzählung. Genette schlägt ein komplexeres Modell vor, um die Beschreibung einer weiteren Verschachtelung – nach dem Prinzip einer russischen Matrjoschka-Puppe – zu ermöglichen. So kann beispielsweise in einer Geschichte (Ebene 1) eine Figur der anderen eine Geschichte erzählen (Ebene 2), in der eine in dieser Geschichte vorhandene Figur einer andern einen Brief vorliest (Ebene 3). D.h. es existiert eine Rahmengeschichte, in die eine Binnengeschichte eingelagert ist, in die wiederum eine Binnengeschichte eingelagert ist. Genette unterscheidet hier in **extradiegetisches Erzählen** (Rahmenerzählung), **intradiegetisches Erzählen** (Binnenerzählung) und **metadiegetisches Erzählen** (Binnenerzählung zweiten Grades). Eine weitere Verschachtelung lässt sich schließlich als **metametadiegetisches Erzählen** usw. definieren.

Stellung des Erzählers zum Geschehen   Die Stellung des Erzählers zum Geschehen meint die Positionierung des Erzählers entweder als außenstehende Instanz oder als Figur der Erzählung und somit als Teil der Diegese. Grob unterschieden wird zwischen einem **heterodiegetischen Erzähler**, der außerhalb des Geschehens steht, also ein Unbeteiligter an der Welt der Geschichte ist, und dem **homodiegetischen Erzähler**, der Figur der Geschichte ist. Weiter aufschlüsseln lässt sich die Position des Erzählers hier als Randfigur, beteiligte Figur oder Hauptfigur. Erzählt die Hauptfigur die Geschichte, wird sie als **autodiegetischer Erzähler** bezeichnet. Funktional lässt sich aus dieser Position vor allem schließen, inwieweit es sich um einen **zuverlässigen** oder **unzuverlässigen Erzähler** handelt, da der Erzähler, als Figur der Geschichte und Teil des innertextuellen Figurengeflechts, motiviert sein kann, unzuverlässig oder unwahr aus der Erzählwelt zu berichten. Häufig ist die Figurenrede, auch als Figurenerzählerrede, deswegen unsicherer in Bezug auf ihren Wahrheitsgehalt als die Erzählung eines außenstehenden, also heterodiegetischen, Erzählers.

Subjekt und Adressat   Erzählen ist eine Form der Kommunikation, und wie alle Kommunikation kann diese unterschiedlich gerichtet, also adressiert, sein. Grundsätzlich lässt sich eine **intradiegetische** und eine **extradiegetische Sprech- bzw. Erzählsituation** unterscheiden: Ein Erzähler kann das Erzählen nach außen, also an den Leser (**extradiegetischer Adressat**) oder an eine andere Figur richten (**intradiegetischer Adressat**). Eine intradiegetische Erzählsituation lässt sich vor allem bei eingelagerten Binnenerzählungen diagnostizieren: Eine Figur erzählt der anderen eine Geschichte, liest einen Brief vor usw. D.h. der Leser verfolgt eine Figurenkommunikation mit (z.B. Scheherazades Erzählungen in *Tausendundeine Nacht*). In der extradiegetischen Erzählsituation wendet sich der Erzähler an den Leser, gibt entsprechende Signale für eine Leserkommunikation und berichtet diesem aus der Erzählwelt (z.B. in Laurence Sternes *Leben und Ansichten von Tristram Shandy, Gentleman*).

Die vorgestellte Terminologie bildet eine **Metasprache**, die sich dazu eignet, komplexe Erzählstrategien und -konstrukte zu erfassen und zu beschreiben. Sie eignet sich als deskriptive Basis, um eine Textwirkung, die zunächst v.a. subjektiv erfahren wird (z.B. Effekte der Geheimnisspannung), aus Textstrukturen heraus zu erklären. Damit ist sie im Normalfall ein der inhaltlich-thematischen Analyse vorausgehender Schritt, der sich eignet, narrativ-textuelle Verfahren sichtbar zu machen, die dann als funktional im Sinne einer zu diagnostizierenden Textintention an einen Sinn angebunden werden sollten.

Metasprache

Epische Formen | 2.6

Der Roman | 2.6.1

Die bekannteste und die Literatur dominierende epische Gattung ist der **Roman**; als epische **Großform** unterscheidet er sich von den **Kleinformen** (Novelle, Erzählung, Märchen, Kurzgeschichte, Sage, Legende, Fabel, Anekdote u. Witz) zunächst durch seinen äußeren Umfang; dass der Umfang eine relative Größe und daher nicht genau bestimmbar ist, ist unbestritten. Der äußere Umfang verweist auf einen inneren: auf die Vielfalt und Fülle der Themen und Handlungen verbunden mit einer Vielfalt von Schreibweisen und einer vielschichtigen Gestaltung und Struktur. Da er in **Prosa** geschrieben ist und nicht in Versen, unterscheidet er sich von der anderen epischen Großform, dem **Epos** oder **Versroman**.

Das Wort Roman geht zurück auf die seit dem 12. Jahrhundert in den romanischen Ländern geläufige Bezeichnung für epische Werke, gleich ob in Prosa oder Vers, die nicht in der nur für Gebildete verständlichen Sprache ,lingua latina' (Latein), sondern in der

Epos und Roman

allgemein verständlichen ‚lingua romana' geschrieben waren. Alle drei Momente – Umfang, Prosa, volkstümliche Sprache – haben dazu beigetragen, dass der Roman bis weit in das 18. Jahrhundert hinein als poetische Gattung ein geringes Ansehen hatte. Gegenüber dem **Versepos** sei er zu wenig gestaltet und geformt, vom Inhalt her zu platt – Abenteuer-, Räuber- und Liebesgeschichten, die die Leser nur in exotische Welten entführen und darum moralisch höchst zweifelhaft sind. Weil der Roman keine strenge, normierte poetische Form kennt, wird er von den Poetiken vernachlässigt, noch Schiller bezeichnet ihn als „Halbbruder" der Dichtung, er stehe dem „gemeinen Leben" zu nahe.

Abb. 15

Titelblatt von Friedrich von Blanckenburgs *Versuch über den Roman* (1774).

Die Abwertung des Romans als poetisch minderwertige Gattung nimmt erst zu Beginn des 19. Jahrhunderts langsam ab; im Gegenzug schwindet die Bedeutung des unmittelbaren Konkurrenten, des Versepos. Die dem Roman nachgesagten ‚Mängel' werden nun zu Vorzügen der Gattung: Sein Umfang und seine ‚Formlosigkeit' erlauben auch komplexe Inhalte und formale Strukturen, seine ‚Nähe zum gemeinen Leben' wird positiv zur Nähe zur gesellschaftlichen Wirklichkeit. Heute bedient der Roman als am weitesten verbreitete Literaturgattung vom höchst artifiziellen Experiment bis zur anspruchslosen Unterhaltung alle Leserschichten und -bedürfnisse.

An der Vielfalt an Inhalten und Formen hat sich die **Romantheorie** mit der Aufgabe, Wesen und Funktion der Gattung zu bestimmen, bis heute immer wieder versucht. Schon Friedrich von Blanckenburg, der 1774 mit seinem *Versuch über den Roman* die erste deutsche Romantheorie vorlegte, wusste:

Alle diejenigen Gegenstände dem Romanendichter namhaft zu machen, die er im Roman brauchen kann, um uns damit angenehm zu unterhalten, würde fast unmöglich sein. Alles, was der Mensch thun, und seyn und empfinden kann, steht ihm zu seinem Gebrauche frey.[8]

Die potentiell unendlichen Gegenstände des Romans bewertet Blanckenburg aber nicht negativ, sondern sie zeichnen positiv den *Menschen* und seine Handlungen des Romans gegenüber dem *Bürger* des klassischen antiken Epos aus. Blanckenburg beginnt hier etwas – und das sei als Beispiel einer traditionsstiftenden spekulativen Romantheorie kurz dargestellt –, was von bedeutenden Romantheoretikern, wenn auch mit anderen Urteilen und Bewertungen fortgesetzt wird: Er versucht erstens, den Roman in Abgrenzung zum antiken Epos zu bestimmen und stellt zweitens eine Zuordnung her zwischen poetischer Form und historisch gesellschaftlicher Wirklichkeit, hier: Epos – antikes Griechenland; Roman – neuzeitliche Gesellschaft.

Der antike Staat kennt nach Blanckenburg den *Bürger* und der Bürger ist als öffentliche politische Person der Held des Epos, das entsprechend „öffentliche Thaten und Begebenheiten" besingt; Gegenstand des Romans dagegen ist der *Mensch*, die Privatperson mit seinen Handlungen, wichtiger noch: Empfindungen. Der Roman hat über das Innere des Menschen *aufzuklären*, „wie wir gut oder böse, wie wir *wahrhaft* glücklich oder unglücklich werden können". Der *Bürger* und dessen Heldentaten sind für Blanckenburg auf eine besondere Zeit, einen besonderen Ort und auf Äußerlichkeit reduziert, der *Mensch* hingegen hat die geschichtliche Beschränkung des *Bürgers* hinter sich gelassen und soll mit Hilfe des Romans auf dem Weg der Vervollkommnung der Menschheit fortschreiten. Blanckenburg geht es nicht um eine Idealisierung und Verherrlichung der Antike als Zeit unerreichter poetischer und menschlicher Größe; er setzt seinen aufklärerischen Optimismus dagegen: Der Mensch wird erst noch Mensch mit Hilfe seiner Vernunft. Aufgabe des Romans ist es, die „innere Geschichte" eines Menschen so darzustellen, dass es für alles eine Erklärung gibt, Ursache und Wirkung erkennbar sein müssen. Der Romanautor soll letztlich eine vernünftig verstehbare und geordnete ‚kleine Welt'

Antiker Bürger und moderner Mensch

Der Roman als Abbild der vernünftigen Ordnung der Welt

als Abbild der durch göttliche Vernunft geordneten ‚großen Welt‘ darstellen. Dabei soll der Romanautor, als Schöpfer der ‚kleinen Welt‘, durch lückenlose Geschlossenheit, da alles durch Ursache und Wirkung miteinander verbunden sein soll, in der poetischen Welt des Romans das anschaulich sichtbar machen, das in der ‚großen Welt‘ weitgehend unsichtbar ist: vernünftige Ordnung, Zusammenhang, sinnvolles Ganzes.

Hegel

Das Muster dieser romantheoretischen Argumentation, das Blanckenburg vorgibt, bleibt erhalten, wenn auch die Bewertung der einzelnen Momente unterschiedlich bzw. gegensätzlich ausfällt. Zum Beginn des 19. Jahrhunderts bestimmt Hegel in seinen *Vorlesungen über die Ästhetik* den Roman als „die moderne *bürgerliche* Epopöe"[9] und grenzt ihn negativ vom antiken Epos ab. Das Epos zeichnet sich für ihn positiv aus als Darstellung einer gesellschaftlichen Totalität, in der Welt- und Lebensanschauung und die Lebenswirklichkeit des Einzelnen wie der Gesamtheit als Einheit begriffen und empfunden werden. Für den modernen Roman gilt dieser ‚ursprünglich poetische Weltzustand‘ der griechischen Antike nicht mehr, der Roman „setzt eine bereits zur Prosa geordnete Wirklichkeit voraus"; der moderne „Weltzustand" stellt keine ursprüngliche Einheit mehr dar, sondern eine organisierte Vielheit von „Administration", „Gerichtsbarkeit", „Maschinen- und Fabrikenwesen" – eine prosaische Wirklichkeit, die sich nicht wie im Epos als ursprüngliche Einheit darstellen lässt. Man sieht, Hegel wertet anders als Blanckenburg.

„Poesie des Herzens" gegen „Prosa der Verhältnisse"

Der politische Weltzustand, der im Epos zum Ausdruck kommt, ist vorbei, die poetische Vollkommenheit des Epos ist nicht mehr zu erreichen; es bleiben die prosaische Wirklichkeit und ihr zugeordnet der prosaische Roman in Prosa. Was der Roman nun leisten soll, führt Hegel nicht detailliert aus: Inhaltlich soll er den Konflikt zwischen der „Poesie des Herzens" (Wünsche und Sehnsüchte des Individuums) und die ihr „entgegenstehende Prosa der Verhältnisse" darstellen (die Wirklichkeit, die die Lebensentwürfe des Subjekts nicht einlöst). Dieser Konflikt könne sich tragisch, komisch oder versöhnlich lösen, wichtig ist aber für Hegel immer noch, dass der Roman wie das Epos die „Totalität einer Welt- und Lebensanschauung" darstellen soll, dafür muss aber der „Spielraum" des Romans wegen der „Prosa des wirklichen Lebens" erweitert werden.[10] D.h. die Romanform wird bestimmt vom Konflikt zwischen Subjektivität und objektiver Wirklichkeit und die Darstellung des Konflikts verlangt eine möglichst umfassende Berücksichtigung der gesellschaftlichen Wirklichkeit. Der Roman entspricht also in seiner Prosa-Form der Realität, die ihre Einheit im ursprünglichen Sinn verloren hat.

Dieses theoretische Muster wiederholt auch Georg Lukács in seiner *Theorie des Romans* (1916), nur verschärfen sich die Gegensätze noch einmal. Wieder wird die Antike als utopischer Ort ursprünglicher Einheit ‚verklärt‘: Die griechische Welt ist eine in sich sinnvoll geschlossene Welt, „urbildliche Heimat", ihr entspricht die „geschlossene Form" des Epos. Dagegen hat die moderne Welt den Sinn- und Lebenszusammenhang verloren, der Mensch sieht sich als Einzelner auf sich selbst zurückgeworfen, er ist sich selbst, der Welt und der Natur gegenüber fremd geworden. Als Ausdruck dieser „transzendentalen Obdachlosigkeit" kann der Roman keine geschlossene Totalität des Lebens mehr darstellen, son-

Abb. 16

Der junge Georg Lukács (1919).

dern ihm gelingt das nur negativ in der Form des Verlusts, der Brüche, der Widersprüche. Damit ist für Lukács aber die Idee der Totalität eines sinnvollen Lebenszusammenhangs nicht gänzlich aufgegeben, sie erscheint negativ als Suche des „problematischen Individuums" nach sich selbst, sie ist Antrieb seiner Wünsche und Bedürfnisse, seines „Reflektierenmüssens". Der moderne Roman zeichnet sich deshalb aus durch Widerspruch und Distanz, durch melancholische Reflexion und vergebliche Suche nach Sinn und Einheit.

Diese drei Beispiele einer spekulativen Romantheorie mögen genügen, um die Verfahrensweise zu beschreiben: Versucht wird eine Zuordnung von gesellschaftlicher Wirklichkeit und literarischer Form (Roman); diese Zuordnung wird philosophisch begründet, allerdings mit spekulativen Annahmen einer göttlichen Vernunft und der Vervollkommnung der Menschen (Blanckenburg), einer poetischen Welt der Antike und einer prosaischen Welt als Verlust (Hegel, Lukács). Neben vielen anderen Fragen, die die pauschale Zuord-

nung von poetischer Form und gesellschaftlicher Wirklichkeit betreffen, bleibt die zentrale Frage (und das gilt für jede spekulative
Theorie): Streicht man die spekulativen, weil nicht beweisbaren Annahmen, kann dann die Theorie noch irgendeine Plausibilität für
sich beanspruchen?

Systematisierung der
Romanformen

Die literaturwissenschaftliche Romantheorie hat sich in ihrer Geschichte aber auch weit weniger spekulativ gegeben und sich darauf
beschränkt, die Vielfalt der einzelnen Romanformen zu systemati-
sieren, zu bestimmen und in Unterarten zu erfassen. Aber auch das
gelingt nur ansatzweise und wegen der vielen Überschneidungen
nie trennscharf, ohne dass das ein Vorwurf sein soll. Man kann, um
nur zwei grobe Systematisierungskriterien zu nennen, die vielfach
ausdifferenziert worden sind, nach **inhaltlichen** oder **formalen**
Merkmalen trennen. Inhaltlich und thematisch lassen sich z.B. Bil-
dungs-, Erziehungs-, Liebes-, Zeit- und Kriminalroman, formal z.B.
der Brief- vom Tagebuchroman usw., oder an der **Schreibweise** der
realistische vom symbolischen Roman usw. unterscheiden. Wichtig
ist nur, dass man bei aller Systematik die **historische Dimension**
nicht vergisst: Viele Romanformen haben sich historisch zu einem
relativ konstanten Romantyp entwickelt (z.B. Bildungsroman,
Künstlerroman, Kriminalroman), andere waren nur zu einer bestimmten Zeit genauer definierbar (z.B. Dorfroman), wieder andere
niemals.

2.6.2 | Novelle, Kurzgeschichte, Erzählung

Was für den Roman und die Romantheorie gilt, gilt auch für die
kleinere epische Form, die **Novelle** und die **Novellentheorie**: Auch
hier reicht die Bandbreite von dogmatisch eindeutigem Novel-
lenbegriff bis zu dessen totaler Leugnung. Immerhin haben sich
im Verlauf der geschichtlichen Entwicklung sowohl der Novelle
als auch der Novellenforschung einige Merkmale herausgebildet, die sich zwar nicht zu einer strengen Novellendefinition eignen, wohl aber die epische Form Novelle zu umreißen vermögen.

Merkmale der Novelle   Das häufigst genannte Merkmal zielt auf die Länge: Gegenüber
dem Roman auf der einen Seite und der Anekdote / dem Witz auf
der anderen Seite ist die Novelle eine Erzählung mittleren Umfangs.

Der Umfang lässt sich natürlich nicht festlegen, ist aber eine Folge der Struktur der Novelle. Ihr Aufbau ist nicht vielgestaltig komplex, sondern konzentriert sich auf wenige Ereignisse oder Begebenheiten und auf eine einsträngige Handlungsführung. Dieses konzentrierte Erzählen verzichtet auf ausführliche Schilderungen von Natur, Umständen und Personen, es treibt die Handlung über Konflikte oder Wendepunkte zielstrebig zum Ende; natürlich unterstützt durch Andeutung, Leitmotive und Symbole, allerdings gilt auch hier die Konzentration auf wenige bzw. ein Leitmotiv oder ein Symbol.

Wortgeschichtlich hat Novelle (lat. novus – neu) etwas mit neu, Neuigkeit zu tun, juristisch sind Novellen schon im römischen Recht Nachtragsgesetze: Ob das eine mit dem anderen etwas oder nichts zu tun hat, ist ungewiss. Die Novelle erzählt etwas Neues, eine Neuigkeit? Auch der Begriff ‚neu' ist vielfältig gedeutet und verwandt worden: ‚neu' für den Inhalt, ‚neu' für überraschende Wendung der Ereignisse, ‚neu' für die Erzählweise. Goethe bezeichnet das Neue als „unerhörte Begebenheit", wobei ‚unerhört' das Unbekannte, Neue, aber auch das Außerordentliche (auch im negativen Sinn) und das Einmalige eines Ereignisses oder einer Begebenheit meint. ‚Unerhört' oder ‚neu' in diesem vielfachen Sinn deckt thematisch nahezu alles ab – das Romantisch-Wunderbare und das Schicksalhafte, aber auch im realistischen Sinn: die wahre Begebenheit. Erzähltechnisch erfordert es die Konzentration auf die „einzelne Situation", den „Ausschnitt", den „entscheidenden Wendepunkt", die „Pointe", das „Plötzliche".

Konzentriertes Erzählen gilt natürlich auch für die **Kurzgeschichte**, aber noch mehr verstärkt. Ist novellistisches Erzählen konzentriertes Erzählen, so das der Kurzgeschichte eher *aussparendes Erzählen*: Der Umfang ist noch geringer, das bedingt eine noch straffere Komposition. Verzichtet wird auf Einleitung und Hinführung, der „Ausschnitt" der Handlung setzt unmittelbar ein, wird nicht erläutert durch eine Vorgeschichte o.ä. Bühnentechnisch könnte man sagen, wird der Ausschnitt so hell und scharf ausgeleuchtet, dass jede Umgebung und jeder Hintergrund usw. im Dunkeln bleiben; auch die Personen sind nicht charakterisiert, sondern typisiert (mit Vorliebe für Außenseiter) und der Schluss bleibt offen, er stellt in Frage, wirkt provokativ.

Lassen sich Novelle und Kurzgeschichte noch relativ exakt beschreiben, so gelingt das für die **Erzählung** nicht mehr: Natürlich

Merkmale der Kurzgeschichte

Merkmale der Erzählung

gilt für sie auch das Merkmal der Kürze und sie ist nicht so komplex gebaut wie der Roman, aber auch nicht so aussparend erzählt wie die Kurzgeschichte. Die Unterschiede zur Novelle sind fließend, in der Regel ist es so, dass die Erzählung weniger konzentriert ist auf die „unerhörte Begebenheit" als Höhe- und Wendepunkt und Fantastisches und Wunderbares ausschließt.

2.7 | Sonderform: Die Ballade

Zuletzt noch ein kurzer Blick auf eine besondere Form, die **Ballade**: Gehört sie zur Epik, zur Lyrik oder zur Dramatik? Vom Ursprung und vom Namen her gehört sie als **Tanzlied mit Refrain** zur Lyrik, doch schon bald verflüchtigt sich die Funktion als Lied zum Tanz (mit Ausnahmen bis heute in der Folklore), vielmehr werden in Lied- und Versform Geschichten erzählt, vornehmlich von Göttern, Helden und mythischen Geschehen oder mythisch überhöhten historischen Ereignissen mit dramatischen Handlungskonflikten und Dialogen. Nach Goethe „bedient" sich die Ballade

Zitat

aller drei Grundarten der Poesie, um zunächst auszudrücken was die Einbildungskraft erregen, den Geist beschäftigen soll; er kann lyrisch, episch, dramatisch beginnen, und, nach Belieben die Formen wechselnd, fortfahren, zum Ende hineilen, oder es weit hinausschieben [...] Uebrigens ließe sich an einer Auswahl solcher Gedichte die ganze Poetik gar wohl vortragen, weil hier die Elemente noch nicht getrennt, sondern wie in einem lebendigen Ur-Ey zusammen sind [...][11]

Dass epische, dramatische und lyrische Momente vorhanden sind, sagt zunächst wenig aus, entscheidender ist, ob ein Moment qualitativ überwiegt. Für die deutsche **Kunstballade**, also eine im Gegensatz zur **Volksballade** von einem nachweisbaren Autor verfasste und künstlerisch gestaltete Ballade, ist nach Hartmut Laufhütte das *entscheidende Merkmal*, das *Epische*; er definiert, wenn auch mit großen Bedenken: „Die Ballade ist eine episch fiktionale Gattung. Sie ist immer in Versen, meist gereimt und strophisch, manchmal mit Benutzung refrainartiger Bestandteile und oft mit großer metrisch-rhythmischer Artistik gestaltet".[12]

Überblickt man die Geschichte der deutschsprachigen Kunstballade von der Mitte des 18. Jahrhunderts bis in das 20. Jahrhundert

– 133

(hier besonders Brecht und die sozialkritischen Balladen), dann ist das epische Moment sicher sehr stark, aber ohne lyrisch-liedhaftes Moment nicht denkbar. Die Ballade ist, wenn auch nicht Ur-Ei, so doch eine Sonderform.

Dramatik | 3

Die Unmittelbarkeit des Dramas | 3.1

Das Drama ist die von allen drei Grundgattungen (Dramatik, Prosa, Lyrik) vielleicht unmittelbarste. Drama ist je gegenwärtig, d.h. es wird dem Rezipienten nicht durch einen Erzähler vermittelt (Ausnahme: das von Brecht begründete epische Theater, das den Zuschauer/Rezipienten durch verschiedene Techniken der Illusionsbrechung wie z.B. die Einführung eines epischen Erzählers, von Projektionen usw. wegführen soll von der Repräsentation der fiktiven Vorgänge und so wieder Distanz, also Mittelbarkeit, aufbaut). Darum auch galt das Drama lange Zeit als die wichtigste der Gattungen. Noch Hegel hat in seinen 1835-38 posthum erschienenen *Vorlesungen über die Ästhetik* das Drama als „die höchste Stufe der Poesie und der Kunst überhaupt" bezeichnet und dies damit begründet, dass die dramatische Kunst „die Objektivität des Epos mit dem subjektiven Prinzipe der Lyrik in sich vereinigt".[13]

Unmittelbarkeit des Dramas

Aristoteles, seine „Poetik" und die Theorie des Dramas | 3.2

Seinen Ursprung hat das europäische Drama in der griechischen Antike. In dieser Zeit entsteht mit Aristoteles' *„Poetik"* (*Peri poietikés*) um 335 v. Chr. auch der erste Versuch einer systematischen Beschreibung der dramatischen Kunst, die bis in die Gegenwart hinein die poetologischen und ästhetischen Diskussionen über Ziel und Zweck, Mittel und Wirkungsweisen des Dramas beeinflusst hat.

In ihrem Kern ist die Aristotelische *„Poetik"* eine theoretische Grundlegung der Tragödienkunst, für die – wie überhaupt für das Drama – kultische und rituelle Wurzeln vermutet werden. Aristoteles leitet sie historisch aus dem Dithyrambus und dem Satyrhaften ab. *Dithyramben* sind kultische Chor- und Reigenlieder, die Taten

Peri poietikés

und Leiden vor allem des Gottes Dionysos Dithyrambos, später auch anderer Götter und Heroen in ekstatisch sich steigernder Weise besingen; die bedeutendsten antiken Dichter von Dithyramben sind Simonides, Pindar und Bakchylides. Unter *Satyrhaftem* versteht man eine Form der von Satyrn, den bockshüfigen Begleitern des Rauschgottes Dionysos, bestrittenen chorisch-dramatischen Darbietung. Schrittweise hat sich aus dieser ursprünglich chorischen Spielform, die noch keine Einzelsprecher kannte, die Kunstform des Dramas entwickelt. Zum einen lösen allmählich individualisierte Sprechformen solche kollektiver oder chorischer Form ab; dies geschieht durch die Trennung von Chorführer und Chor sowie durch das Zurücktreten des Chors bei gleichzeitiger Herauslösung zunächst eines, dann mehrerer Schauspieler. Zum anderen lässt sich eine allmähliche Ausdifferenzierung des Spiels in verschiedene dramatische Elemente beobachten: den **Prolog**, das *Einzugslied des Chores* (gr. **Parodos**), die sogenannten **Epeisodien** (das sind einzelne Handlungsteile zwischen den Chorliedern), das *Standlied des Chors* (gr. **Stasimon**, Plural: **Stasima**) und den **Exodos** genannten Abgesang des Chores im Anschluss an den letzten Handlungsteil.

Ausdifferenzierung des Spiels

Sechs qualitative Merkmale kennzeichnen Aristoteles' Verständnis nach die Tragödie:

- *mythos* (Handlungzusammenhang)
- *ethe* (Charaktere)
- *lexis* (Sprache/Rede)
- *diánoia* (Gedanke/Absicht)
- *opsis* (Schau/Szenerie)
- *melopoiía* (Gesang, Musik)

Von diesen sechs Elementen bestimmen drei Elemente theoriegeschichtlich die Eigenart des Dramas und grenzen es gegenüber den Gattungen der Epik und der Lyrik ab: Handlung, Sprache/Rede und Szenerie – oder um die aristotelische Terminologie zu verwenden: **mythos**, **lexis** und **opsis** (das musikalische Element ist heute vernachlässigenswert, ethe und diánoia galten schon Aristoteles dem Grunde nach als Bestandteile des mythos). Nicht ganz zufällig steht die Handlung dabei an erster Stelle. Bereits der Gattungsname ‚Drama' leitet sich vom griechischen Wort für ‚Handlung', nämlich ‚drama', ab. Aristoteles schreibt der Nachahmung von Handlung entscheidende Bedeutung zu. So erklärt er nicht nur allgemein alle Dichtung

Mythos/Handlung

zu Formen der Nachahmung, die sich idealisierend (Tragödie), karikierend (Komödie) oder realistisch porträtierend (Epos) vollziehen könne, sondern sehr speziell auch die Tragödie durch die Nachahmung von Handlung: „Die Tragödie ist Nachahmung [*mimesis*] einer guten und in sich geschlossenen Handlung von bestimmter Größe, in anziehend geformter Sprache, wobei diese formenden Mittel in den einzelnen Abschnitten je verschieden angewandt werden – Nachahmung von Handelnden und nicht durch Bericht, die Jammer [*eleos*] und Schaudern [*phobos*] hervorruft und hierdurch eine Reinigung [*katharsis*] von derartigen Erregungszuständen bewirkt."[14] (Übersetzung nach Manfred Fuhrmann)

Handlung im Sinne des griechischen „mythos" meint den Ereigniszusammenhang eines Dramas, seine Fabel, hebt also nicht im Sinne des heute üblichen auf die Bestimmung eines vorhistorischen, religiös-archaischen Weltbildes ab. Handlung im Sinne des griechischen ‚mythos' ist nicht die Einzelhandlung einer Person, sondern ein aus verschiedenen Einzelhandlungen komponierter Handlungszusammenhang; Lessing spricht in diesem Zusammenhang von einer „Verknüpfung von Begebenheiten"[15] (Hamburgische Dramaturgie, 38. Stück) zu einem zusammenhängenden Geschehensablauf. Die solcherart bestimmte Handlung eines Dramas muss weder zielgerichtet sein (auch willenloses, modern gesprochen: unterbewusstes Geschehen ist *Handlung*), noch ist sie auf äußere Vorgänge beschränkt; *Handlung* umfasst mit anderen Worten auch die Äußerung von Affekten/Leidenschaften und Emotionen/Gefühlen – und der Mythos-Begriff lässt auch den Zufall in Form anonymer Schicksalsmächte und von Naturgewalten zu.

Die beherrschende Art des Handelns erfolgt im Drama über die gesprochene Sprache (lexis). Die **Rede**, also die gesprochene (nicht die erzählte) Sprache ist das Medium dafür, auch außersprachliche Vorgänge auf die Bühne zu bringen; auch Vorgänge im Inneren der Personen werden durch Sprechen vermittelt. Zugleich ist die Rede – eigentlich eine Selbstverständlichkeit, zur Unterscheidung zwischen Dramatik und der ursprünglich mündlich tradierten Epik aber unerlässlich – an einen Sprecher gebunden. Das Drama ist in seinem Kern also **Sprechdrama**, das sich über die Figurenrede (als Monolog oder Dialog) konstituiert.

Damit es als Drama in Erscheinung treten kann, bedarf es der sinnlichen Darbietung, also der **Schau/Szenerie**; als Text (der ebenfalls *Drama* heißt) bleibt es unvollständig; zu seiner Realisierung

Rede/Lexis

Szenerie/Opsis

braucht es zumindest die Bühne im Kopf. Das Drama stellt Handlung dar, bedient sich der dialogischen und der szenischen Form – und es ist vor allem Spiel, genauer: Rollenspiel.

Damit sind die für das Drama als Gattung konstitutiven Elemente benannt. Drama ist nach einer treffenden Formulierung Bernhard Asmuths **SprechSchauSpiel** oder **HandlungsSprachSchauSpiel**[16].

3.3 | Affektenlehre: Die Diskussion um die Katharsisformel

Katharsis

Dass Aristoteles die Tragödie im 6. Kapitel seiner *„Poetik"* nicht nur als Nachahmung von Handlung, sondern genauer als Nachahmung von Schauder- und Jammererregendem zum Zwecke der Reinigung bestimmter Affekte und Leidenschaften bestimmt, hat zu einer bis ins 19. Jahrhundert reichenden Diskussion darüber geführt, ob Aristoteles eine Reinigung *der* Affekte oder eine Reinigung *von den* Affekten gemeint habe. Heute ist man sich weitgehend einig, dass der aristotelische Katharsisbegriff auf die **Abreaktion** eines Affektstaus zielt. Dazu wird durch die Tragödie gezielt eine emotionale Erregung herbeigeführt (*phobos*), die sich dann in Form von *eleos* löst und nach dem Vorgang der Abreaktion zu lustvoller Befriedigung (emotionale Entspannung) führt. Das steht im Gegensatz zu

Platon

grundlegenden Überlegungen Platons (vgl. dazu die Dialoge *Phaidros*, *Symposion*, *Politeia*, *Ion*), der dem Schönen die Aufgabe zubemessen hatte, Idee und Wirklichkeit zu vermitteln. Möglich werde dies seiner Ansicht nach dadurch, dass im Schönen, also im Kunstwerk, die Idee durch den sinnlichen Schein hindurchschimmere. Insofern aber die Dichtkunst nur Abbilder von Erscheinungen der Sinnenwelt, nicht aber von den höheren Ideen selbst liefere, aus der sich diese ableiten, sei die Dichtkunst minderen Ranges. Nur in sehr vermittelter Weise nehme sie mit ihrer mimetischen Leistung an der Idee des Schönen teil und stehe der Wahrheit ungleich ferner als die Philosophie. Zugespitzt wird dies zu der Vorstellung, dass die Dichter lügen. Platon lehnt die Dichtkunst von dieser Grundüberlegung her unter anderem gerade auch aus wirkungsästhetischen Überlegungen ab: die Dichtung stelle Leidenschaften dar, die sich auf den mitfühlenden Zuschauer übertrügen und ihn zur Gesetzlosigkeit verführten, m. a. W.: die Darstellung von Leidenschaften erzeugt eben diese beim Rezipienten.

Aristoteles weist diese moralisch-pädagogische Abwertung der Dichtung entschieden zurück. Zum einen versteht er die Ideen als etwas nicht von den Dingen der Erscheinungswelt Abgetrenntes; diese seien vielmehr in den Dingen selbst anwesend. Damit aber erübrigt sich eine Trennung der Mimesis des Schönen von einer Mimesis der Ideen (oder „Eidola"). Zum zweiten sind für ihn die Affekte, die Leidenschaften also, nicht grundsätzlich negativ. Damit entkräftet er das zweite von Platon gegen die Dichtkunst angeführte Argument. Gleichzeitig formuliert er mit der Katharsistheorie, wie dargestellt, die Vorstellung einer Affektabfuhr: die tragische Dichtung gebe die Möglichkeit, bestimmte Affekte (Jammer und Schrecken) auszuagieren, um den Rezipienten so von eben diesen Leidenschaften zu reinigen: Affektabfuhr ist Befreiung.

Die gelehrten Humanisten des 16. Jahrhunderts (Francesco Robortello, Vincenzo Maggi, Antonio Minturno, Lodovico Castelvetro) haben das wirkungsästhetische Modell der Katharsis in Abweichung davon wieder im Sinne einer moralischen Absicht der Tragödie ausgelegt und von hier aus den ‚Nutzen' zum Hauptzweck der Tragödie erklärt. Die aristotelische Tragödientheorie verschmilzt in dieser Deutung mit der von Horaz in seiner *Ars poetica* entfalteten Vorstellung vom ‚prodesse et delectare' als Grundzweck der Dichtung, die von großer Bedeutung für die poetologische Tradition des Mittelalters bis hin zur französischen Klassik und der deutschen Goethezeit war. Sie besagt, Dichtung habe gleichermaßen einem moralischen Nutzen und der Unterhaltung des Rezipienten zu dienen.

Moralische Absicht der Tragödie

In der Nachfolge der italienischen Aristoteles-Kommentatoren ergänzen französische Theoretiker und Dramatiker des 17. Jahrhunderts (Jean Chapelain, François Hédelin d'Aubignac, Pierre Corneille) das antike Erbe dann zu einem System formaler Regeln, das in künstlerischer Opposition zu der ausschweifenden Welthaftigkeit der elisabethanischen Tragödien (neben Shakespeare u.a. Marlowe, Webster, Chapman, Jonson) stand. Formal im Rückgriff auf Aristoteles verlagerte der französische Klassizismus den tragischen Konflikt konsequent in das Innere des Helden, verlangte Wahrscheinlichkeit und Glaubhaftigkeit der als solcher zurückgedrängten dramatischen Handlung, Konzentration auf die Katastrophe, Einhaltung der Einheiten der Handlung, der Zeit und des Ortes. Zugleich legte er den aristotelischen Katharsis-Begriff poetologisch auf die Ausmerzung und Läuterung der dargestellten Affekte, auf eine „purgation des passions dans la tragédie" (Corneille), hin fest.

Gottsched   Unter dem Einfluss der französischen Klassik hat in Deutschland Gottsched die Tragödie als warnendes Beispiel verstanden wissen wollen, als eine „Schule der Geduld und Weisheit, eine Vorbereitung zu Trübsalen, eine Aufmunterung zur Tugend, eine Züchtigung der Laster"[17] (*Die Schauspiele, und besonders die Tragödien sind aus einer wohlbestellten Republik nicht zu verbannen,* 1729). Seinem Verständnis der Tragödie nach soll über eine tragische Affekterzeugung das moralische System stabilisiert werden; solche Affekte sind Mitleid und Bewunderung für die leidende bzw. heroische Tugend oder Schrecken und Abscheu für das Laster. Erst Lessing, dessen Dichtungstheorie den Schnittpunkt zwischen der Tragödie und der Gattung Bürgerliches Trauerspiel markiert, hat in der Mitte des 18. Jahrhunderts mit dem Gedanken einer Kultivierung der Mitleidsfähigkeit als Zweck des Schauspiels im Grunde genommen den Bruch mit der Renaissance-Poetik gewagt. Im eigenständigen Rückgriff auf Aristoteles, dessen Wirkungskategorien ‚eleos' und ‚phobos' er als ‚Mitleid' und ‚Furcht' übersetzt, hat er in der *Hamburgischen Dramaturgie* (1769) die wesentliche Wirkung der Tragödie in einer allgemeinen Humanisierung akzentuiert und zugleich der Furcht, verstanden als „das auf uns selbst bezogene Mitleid", einen zentralen Stellenwert im Hinblick auf die kathartische Wirkung der Tragödie eingeräumt. Wenn er im 78. Stück seiner Schrift Mitleid und Furcht dezidiert auf den Rezipienten bezieht, ist damit zugleich eine klare Trennung hergestellt zwischen den auf der Bühne vorgestellten „Leidenschaften" und den im Zuschauerraum hervorgerufenen Empfindungen.

Lessing (Marginalie)

3.4 | Bau- und Formelemente des Dramas (Tektonik)

Wie jeder andere literarische Text so weist auch das Drama gattungsspezifische Form- und Bauelemente auf, die sich als solche in ihrer historischen Bedingtheit, aber auch in ihrer jeweiligen Aktualisierung beschreiben und für die Interpretation fruchtbar machen lassen. Dabei ist zu bedenken, dass die strengen Formen des Aufbaus und der Gliederung spätestens seit der Jahrhundertwende in einem steten Verfall begriffen sind. In den letzten dreißig Jahren ist das bis zur Auflösung aller formalen Grundbedingungen der traditionellen Dramenform fortgeschritten. Längst hat das moderne und (um vieles mehr) das postmoderne Drama alle Formenkonventionen hinter sich gelassen; es hat auf Handlungszusammenhänge verzichtet, es hat die Rede von der Bindung an ein genau zu bestimmendes Sprecher-Ich gelöst, und es hat selbst die Sprache aus den Zwängen der Bedeutung befreit. An die Stelle der Tradition, die auf Spiel und Gegenspiel von durchgearbeiteten Spielfiguren setzt, auf Fabel und szenischen Zusammenhang, Mimesis und Illusion, treten Formen eines nicht mehr personalen Sprechens: Sprechmaschinen (wie in Heiner Müllers *Die Hamletmaschine*), Diskursteppiche und Sprachflächen (wie in den Dramen von Rainald Goetz und Elfriede Jelinek). Unter dem Begriff ,**postdramatisches Theater**' fassen Theaterwissenschaftler wie Hans-Thies Lehmann alle diese Erscheinungsformen eines Theaters zusammen, das sich durch die radikale Abwehr vom dramatischen Text und vom Dargestellten zugunsten einer Performance, also der Darstellung bestimmt.

Da sich auch diese neuen Formen des ,postdramatischen' Theatertextes aber in ihrer Absetzbewegung unmittelbar auf die über viele Jahrhunderte als gültig betrachtete Norm beziehen, ist es sinnvoll und notwendig, sich diese Norm erst einmal zu vergegenwärtigen. Nur so wird das Neue und Innovative der avancierten dramatischen Formensprache im Gegenwartstheater sichtbar.

Akt und Szene | 3.5

Augenfällig im traditionellen Drama ist allererst einmal die Unterscheidung nach Akt und Szene. Selbst bereits wieder historisch geworden, ist sie das Ergebnis des eingangs skizzierten Ausdifferenzierungsprozesses der antiken Tragödienform in die einzelnen Bestandteile *Prolog*, *Parodos* (Einzugslied des Chores), *Epeisodia* (Handlungsteile) *Stasima* (rahmende Standlieder des Chores), *Exodos* (Abgesang des Chores, später der gesamte Schlussteil des Dramas nach dem letzten Chorlied). Mit dem Zurücktreten des Chores [Akt] setzte sich noch in hellenistischer Zeit die Fortzählung dieser einzelnen Dramen-Teile durch, für die dann das lat. Wort „**actus**" gebräuchlich wurde:

(Prolog)		
Parodos	–	1. Akt
1. Epeisodion	–	2. Akt
2. Epeisodion	–	3. Akt

3. Epeisodion	–	4. Akt
Exodos	–	5. Akt
(Epilog)		

Szene

„Szene" (von gr. Skene: ‚Zelt', Bühnenwand) markiert im Unterschied zum „Akt" zunächst den Schauplatz, auf dieser Grundlage dann das Geschehen zwischen zwei Schauplatzwechseln, daneben aber auch das Geschehen zwischen zwei Personenwechseln. Die erste Bedeutung (Schauplatzwechsel) bestimmt den Aufbau der Dramen Shakespeares und unter seinem Einfluss weiter Teile des deutschen Dramas; die zweite Bedeutung (Personenwechsel) wird in der französischen Klassik favorisiert.

Dieser äußeren Gliederungsform entspricht eine innere. Jeder Akt und jede Szene hat also ursprünglich Bedeutung und Funktion im tektonischen Gefüge des Dramenaufbaus und muss unter diesem Gesichtspunkt analysiert werden:

Schematischer Aufriss eines fünfaktigen Dramas

(Prolog)			
Parodos	–	1. Akt	–	Exposition
1. Epeisodion	–	2. Akt	–	Steigerung
2. Epeisodion	–	3. Akt	–	Höhepunkt
3. Epeisodion	–	4. Akt	–	Umschlag/Peripetie/ fallende Handlung
Exodos	–	5. Akt		Katastrophe/Lösung
(Epilog)			

Historisch betrachtet stellt der dreiaktige Aufbau die wohl entscheidende Grundform des abendländischen Theaters dar, wobei sich diese Dreiaktigkeit als Abfolge einer Einleitung oder Exposition über die Phase der steigenden Handlung mit dem Höhepunkt und gegebenenfalls dem Umschlag der Handlung in Glück und Unglück, Untergang oder Rettung hin zum Schlussgeschehen darstellt, das als Katastrophe oder Lösung zu fassen ist. Im fünfaktigen Drama, das etwa seit der Renaissance als Maß des Dramenaufbaus wachsende Bedeutung gewann, wurden diese Einzelmomente stärker geglie-

dert. Die fünfaktige Struktur spiegelt den inneren Handlungszusammenhang deutlicher als das dreiaktige Drama.

Geschlossenes und offenes Drama | 3.6

Die Durchgliederung eines Dramas gewährt ebenso Rückschlüsse
auf den Spannungsaufbau (Dramatik im landläufigen Sinn) wie eine Analyse von Redeanteilen einzelner Personen und Redelängen.
Bernhard Asmuth hat beispielsweise so am Beispiel von Lessings
Emilia Galotti allein mit Hilfe einer quantitativen Analyse von Redeanteilen und Auftritten zeigen können, dass die Titelfigur eher
das Objekt von Aktionen als selbstständig handelndes Subjekt ist.
Die quantitative Analyse bietet im übrigen gerade dann interessan-
te Rückschlüsse für die Interpretation eines dramatischen Textes,
wenn eine Untersuchung des Dramenaufbaus Abweichungen von
tradierten und konventionalisierten Schemata offenlegt. Zugleich
gibt sie einen ersten Hinweis auf den Formtyp, dem das jeweilige
Drama zugehört oder zuneigt.

Das neuzeitliche Drama hat im wesentlichen zwei solcher Form- | Geschlossene und
typen herausgebildet: das **geschlossene Drama** (auch **tektonisches** | offene Form
Drama genannt), das im regelstrengen französischen Klassizismus
seine treffendste Prägung gefunden hat, und das **offene Drama** (auch
atektonisches Drama genannt), für das die ausschweifende Welthaftigkeit und von bunter Vielfalt bestimmte Dramatik Shakespeares
Pate gestanden hat. Volker Klotz hat diese als überhistorische Stil-
oder Formtendenzen verstandenen (und darum auch nicht unprob-
lematischen) Formtypen auf den Begriff zu bringen versucht. Die geschlossene Form ist demnach durch die Tendenz zur Konzentration auf wenige Figuren definiert, die sich gegenüberstehen. Raum
und Zeit bleiben im wesentlichen beibehalten; die Handlung läuft
beinahe einsträngig-kontinuierlich auf das Ende hin zu, das Gesell-
schaftsgefüge ist geschlossen, usw. Die geschlossene Form strebt danach, so etwas wie eine geistige Totalität zu vermitteln, und sie tut
dies durch eine ganzheitliche Handlung, die abgerundet ist, eine
symmetrische Konstruktion aufweist und Spiel und Gegenspiel, Rede und Gegenrede fein säuberlich gegeneinander ausbalanciert.

Dagegen steht die offene Form, die keine ganzheitlich geschlossene Welt mehr repräsentiert, diese vielmehr durch die Vielfalt der
Ausschnitte präsentiert. Offene Form heißt: Statt Einheit und Ein-

heitlichkeit: Vielheit, Vielheit der Aussageformen und der Ausdrucksweisen, Fragment statt Totalität, statt eines abgerundeten Ganzen Brüche und die Zusammenführung disparater Teile. Mit der Strategie, den Schluss offen zu halten, keine Lösungen für die auf der Bühne verhandelten Konflikte anzubieten und das Publikum mit den aufgeworfenen Fragen allein zu lassen, hat diese Bauform nur am Rande zu tun. ‚Geschlossenes‘ und ‚offenes‘ Drama sind Bauformen des Dramas, nicht Sinnformen, auch wenn die Frage der offenen oder geschlossenen Form stets im Hinblick auf die Aussagefunktion der Form, d. h. auf ihre funktionale Bedeutung für die Substanz des jeweiligen Stückes, zu befragen bleibt.

3.7 | Redeweisen: Dialog und Monolog

Dialog oder Monolog (letzterer als wichtiges Mittel, um das Innenleben einer Figur zum Ausdruck zu bringen) sind Grundweisen des dramatischen Spiels. Im Gespräch zwischen zwei oder mehreren Figuren auf der einen Seite, im nicht mehr an eine andere Spielfigur adressierten oder einfachen Selbstgespräch auf der anderen konstituiert sich das Drama als *Sprech*Schauspiel.

Dialog und Monolog sind im Drama im wesentlichen Figurenrede. Ganz verschiedene Faktoren bestimmen dabei Art und Weise sowie die Gegenstände der dramatischen Rede: die Ziele der Redenden, die sie umgebende Situation, die Umstände der Verständigung, das persönliche Verhältnis der Gesprächspartner und der individuelle Denk- und Äußerungsstil der Redenden.[18] Dramenanalyse erfolgt von hier aus primär in der Form der Rede- oder Dialoganalyse (was die Stilanalyse einschließt), die das Zusammenspiel dieser Faktoren berücksichtigen muss. Dass das Gesagte im Drama nicht primär Austausch von ‚Rede‘ *zwischen den Spielfiguren* ist, sondern auch den Zuschauer mit Informationen versorgt, gehört zu den Grundvoraussetzungen dieser Analyse. Die dramatische Figurenrede ist mehrfach bedeutend; sie hat als gesprochene Sprache einen semantischen Mehrwert, insofern das Gesagte für den Zuschauer grundsätzlich mehr an Bedeutung hat als für die Dramenfiguren selber. Im übrigen werden diese Dramenfiguren abgesehen von den ihnen unmittelbar zugeschriebenen äußeren Attributen (indirekte Personendarstellung) überhaupt erst durch ihre Rede kenntlich – durch eigene Rede und durch das über diese von anderen Figuren

Mehrfachbedeutung der gesprochenen Sprache im Drama

Gesagte (direkte Personendarstellung). Zu unterscheiden ist dabei zwischen

1. geistigen und charakterlichen Eigenschaften der Figuren (Klugheit, Tapferkeit, Maß, Gerechtigkeit),
2. körperlichen Eigenschaften (Schönheit/Hässlichkeit, Stärke/Schwäche etc.),
3. äußeren Umständen/sozialen Verhältnissen (Herkunft, Vermögen, Freunde);

   oder auch zwischen:

   a.) der Figur zugeschriebenen nichtmoralischen Besitzwerten materieller, körperlicher und geistiger Art,

   b.) moralischen Verhaltenswerten der Figur,

   c.) Sympathie/Antipathie weckenden Verhaltensweisen und Eigenschaften,

   d.) Faszination weckenden Verhaltensweisen bzw. Eigenschaften.

Zugleich ist auf die **Konstellation** von Figuren zu achten, innerhalb derer sich überhaupt erst das Profil der Figuren schärft, sowie auf die Handlung des Dramas, die das Bild der einzelnen Akteure bestimmt. Unter diesem Gesichtspunkt ist die Exposition eines Dramas von besonderem Interesse für die Analyse.

Aufgabe der **Exposition** ist die Einführung des Zuschauers in die Grundsituation des Stückes. Sie soll die bevorstehende Bühnenhandlung und mit ihr das Verständnis des Zuschauers vorbereiten (Vorstellung der Vorgeschichte, der Hauptpersonen, ihrer Interessen und Beziehungen sowie des zentralen Konflikts). Ursprünglich bedeutete ,Exposition' die dem Stück voranstehende oder in einem vorgeschalteten Prolog enthaltene Inhaltsangabe eines Dramas. Das neuzeitliche Drama hat darauf weitestgehend verzichtet und die Funktion der Vorrede in die beginnende Bühnenhandlung integriert. Man spricht hier von einer handlungsinternen Exposition (im Gegensatz zur handlungsexternen Exposition). ,Exposition' im heutigen Verständnis bezeichnet fast immer diese Form der Handlungseinführung, während der Prolog die separate Form der Eröffnung im Auge hat. Traditionellerweise endet diese Art der Exposition mit dem ersten Akt, sie kann aber auch länger sein. Funktional dient die Exposition der Entlastung der Bühnenhandlung. Diese Aufgabe teilt sie mit einer Reihe anderer Verfahren wie dem Bericht in Form von Botenberichten, Briefen, der Benachrichtigung durch akustische Me-

Exposition

dien, hinterszenisch hörbare oder durch einen Spieler vermittelte (Teichoskopie) Ereignisse etc.

Figur   Die Charakterisierung der Spielfiguren erfolgt also über die Rede- oder Dialoganalyse. Der Begriff ‚**Figur**' selbst ist abgeleitet von lat. ‚figura' (Gebilde, Gestalt) und verschmilzt in dieser Bedeutung häufig mit dem der ‚*Person*'(von lat. persona: Maske). Nicht unproblematisch ist die allenthalben in Dramenanalysen begegnende Verwischung der Unterschiede zwischen Person (die jeder Mensch als Einzelwesen ist) und *Figur* (die er nur als Produkt eines künstlerischen Schöpfungsaktes ist), zumal beiden Begriffen häufig genug noch ein dritter an die Seite tritt: der des Charakters (von griech. charakter: Stempel, Abdruck, Gebärde). Von ‚Charakteren' im Zusammenhang einer Dramenanalyse zu reden, ist deshalb heikel, weil unter dem ‚Charakter' letztlich eine individuelle geistige Eigenart und gerade nicht Allgemein-Typisches verstanden wird. So bleiben letztlich nur die beiden erstgenannten Begriffe, wobei der der ‚dramatis persona' der praktikabelste, weil weitestmögliche ist.

3.8 | Nebentexte

Dem gesprochenen Text beigestellt sind eine Reihe weiterer Textformen, die als Nebentexte bezeichnet werden und für das Verständnis eines Textes durchaus nicht ohne Bedeutung sind: Titel, Personenverzeichnisse, Kennzeichnungen der Handlungsteile (Akt- und Szenenabschnitte), vor allem Szenenanweisungen, die auch im Redetext versteckt sein können, beispielsweise wenn eine Figur sagt „Nimm diesen Brief", was einerseits eine direkt an eine zweite Figur adressierte Aufforderung *und zugleich* eine indirekte Regieanweisung ist, denn dieser Satz setzt voraus, dass eine Figur einer anderen eben einen Brief übergibt. Insbesondere mit solchen versteckten Szenenanweisungen stellt der Theatertext theatrale Zeichen in Rechnung, die er selbst nicht besitzt; er verfügt damit im Medium der Sprache über eine besondere Theatralität, die in der Theaterwissenschaft gelegentlich ‚Texttheatralität' genannt wird; dieser Begriff zielt auf das in den Texten eingefaltete Potential theatraler Wirkungen. Vor allem im Naturalismus, aber auch in weiten Teilen dramatischer Texte des 20. Jahrhunderts hat sich der Anteil der Bühnenanweisungen gelegentlich weit ausgedehnt; gelegentlich übertrifft er den Haupttext und wird zur Hauptsache und nähert sich gerade-

Theatralität

zu der Erzählliteratur an, vor allem dann, wenn das Theater versucht, die Abwesenheit des Erzählers zu kompensieren und steuernde und urteilende Äußerungen eines ‚Erzählers‘ in das Spiel zu integrieren. Man spricht hier von Arten des Epischen im Drama, was nicht verwechselt werden darf mit dem epischen Theater Brechts, das durch Mittel des Epischen mit Blick auf den Zuschauer versucht, Distanz gegenüber dem Stoff aufzubauen und die dramatische Illusion zu durchbrechen, um so eine spezifische Wirkung zu erzielen.

Konflikt und Spannungsaufbau | 3.9

Aufbau und Fortgang der Dramenhandlung hängen zumeist nicht von einem einzigen, sondern einem ganzen Bündel von Faktoren ab. Kernstück der Handlung aber ist im wesentlichen nach wie vor der Konflikt als dramatisch-ästhetischer Ausdruck der Kollision von Gegensätzen und Widersprüchen (was nicht heißt, dass der Konflikt notwendige Bedingung eines Dramas wäre, vgl. nur das absurde Theater Becketts). In der Dramenanalyse wird zwischen zwei Grundformen des Konflikts unterschieden: zwischen dem sogenannten Parteienkonflikt und zwischen dem Urteilskonflikt. Im ersten Fall treten zwei oder mehrere Parteien in Streit um ein Wertobjekt, im zweiten Fall konkurrieren verschiedene Wertvorstellungen miteinander. Der Konflikt kann offen oder in Form eines inneren Konflikts (als Ausdruck innerer Entscheidungsschwierigkeiten) zutage treten.

Konflikt als Kollision

Anlage und Gestaltung der Konflikte im Drama sind Ausdruck der jeweiligen gesellschaftlichen und geistigen Probleme einer Zeit bzw. einer Gesellschaft (in diesem Sinne sind die Schauspiele die „abgekürzte Chronik eines Zeitalters" wie es in Shakespeares *Hamlet*-Tragödie heißt).[19] Entsprechend lassen sich auch zeitspezifische Typen der Konfliktgestaltung ausmachen: beispielsweise der Kampf um die Seele eines Menschen in den frühneuzeitlichen Psychomachien (z.B. Jakob Bidermanns *Cenodoxus*), Konflikte der bürgerlichen Moral im Bürgerlichen Trauerspiel des 18. Jahrhunderts (Lessing, Schiller) oder die Kollision von Körpern und Ideen im modernen Geschichtsdrama (etwa in den Dramen Heiner Müllers).

Durch eine Reihe technischer Mittel, die eine eingehende Dramenanalyse zu rekonstruieren hat, wird Spannung aufgebaut. Diese Mittel lassen sich unterteilen in handlungsübergreifende (Voraus-

Spannungsaufbau

deutung/Vorgriff in Form von Orakeln, Wahrsagungen oder Ahnungen, Träume, dramatische Ironie) und handlungsinterne Mittel des Spannungsaufbaus. Letztere sind Intrigen (Formen dramatischer Verwicklung) in Gestalt von Verheimlichung und Täuschung; die Anagnorisis (Entdeckung und Enthüllung, bei Aristoteles als schlagartiger Erkenntnisvorgang) und die analytische Form, diese sozusagen eine in die Länge gezogene Enthüllung. Das analytische Drama – dies nur in Klammern – ist als Aufklärung eines vor dem Stückbeginn liegenden Geschehens (vgl. Sophokles, *Ödipus*; Kleist, *Der zerbrochene Krug*) im Grunde genommen eine einzige Anagnorisis.

3.10 | Das Drama als Aussagesystem

Das Drama ist nicht nur Handlungszusammenhang, das im Hinblick auf seinen inneren und äußeren Aufbau beschrieben werden kann, es lässt sich auch als Aussagesystem begreifen, dessen Ausdrucksmomente eine Werkinterpretation zu rekonstruieren hat. Dabei bleibt zu berücksichtigen, dass das Drama als Text notwendig inkomplett bleibt. Als „szenischer Text" vollendet das Drama sich erst in der plurimedialen Aufführung. D.h.: Drama wird erst in Verbindung mit dem Theater, mit der darstellenden Kunst also, vollständig. Diesen gesamten Bereich der Darstellungskunst (Regie, Schauspielerei, Bühne, Licht, Geräusche, Kostüm etc.) können wir hier nicht weiter betrachten. Es gilt aber das Geschriebene auch unter dem Aspekt der möglichen Realisierung als Bühnengeschehen im Auge zu behalten. Das ist besonders wichtig bei den Texten, die mit den bühnentechnischen Mitteln ihrer Zeit nicht zu verwirklichen sind/waren, bei Texten, die das Theater herausforderten und sich den Konventionen ihrer jeweiligen Zeit verweigerten oder verweigern. Die Dramen Christian Dietrich Grabbes oder Heiner Müllers sind nur besonders exponierte Beispiele einer solchen Verweigerungs- und Herausforderungskunst aus verschiedenen Jahrhunderten, die dem Theater und mit ihm der Gattung immer wieder neue, innovative Impulse gegeben haben.

− 159

Lyrik | 4

Lyrikdefinition | 4.1

Die literaturwissenschaftliche Gattungstheorie hat sich mit der Bestimmung oder Definition der Lyrik bzw. des Lyrischen besonders schwer getan. Das hat im wesentlichen historische Gründe: Die antike Poetik kannte keine Dreiteilung der Dichtung in Epik, Dramatik und Lyrik und es dauerte – sieht man einmal von der italienischen Renaissancepoetik ab – bis ins 18. Jahrhundert, dass sich auch im deutschsprachigen Raum neben Epik und Dramatik die Lyrik als dritte Gattung etablierte. Ein wichtiger Grund war sicher, dass der Vers, der bis heute als entscheidendes Merkmal für Lyrik angesehen wird, auch in der Epik und Dramatik verwandt wurde und deshalb ein „Gedicht" als Gattungsbezeichnung sowohl epische, dramatische und auch lyrische Dichtung meinte. Erst mit der quantitativen und qualitativen Aufwertung der Prosa (Literatur ohne Verse: z.B. Romane und Novellen) wird der Vers zunehmend zum Kennzeichen für Lyrik.

Dass sich die Gattungstheorie mit der Bestimmung dessen, was unter Lyrik zu verstehen ist, schwer tut, hat noch einen weiteren Grund: Es ist die historisch gewachsene Vielfalt der lyrischen Formen. Vom Trinklied auf den ,Sorgen lösenden Wein' über die formalisierte Liebesklage (vielfach in der Sonettform) bis hin zum Lautgedicht, zu graphischen Gedichten (besonders in der Konkreten Poesie) und allen Gedichten ohne klar erkennbare Form reicht das Spektrum der Lyrik. Daher müssen alle theoretischen Anstrengungen, die sich bemühen, für die große Vielfalt der lyrischen Formen eine gültige Definition zu finden, sehr abstrakt, leer und damit letztlich nichtssagend ausfallen – interessant sind sie nur, wenn der ,Entwicklungsprozess' einer solchen Definition von den konkreten Formen bis zur abstrakten theoretischen Formel mitverfolgt werden kann.

Die „Minimaldefinition", die Dieter Lamping für das Gedicht herausgearbeitet hat, lautet: Das Gedicht ist „Versrede" oder „Rede in Versen".

Als Versrede soll hier jede Rede bezeichnet werden, die durch ihre besondere Art der Segmentierung rhythmisch von normalsprachlicher Rede abweicht. Das Prinzip dieser Segmentierung ist die Setzung von Pausen, die durch den Satzrhythmus der Prosa, und das heißt vor allem: durch die syntaktische Segmentierung des Satzes nicht gefordert werden. Das Segment, das durch zwei solche, aufeinander folgende Pausen geschaffen wird, ist der Vers.[20]

Unter Rede wird „jede sprachliche Äußerung" verstanden, „die eine sinnhaltige, endliche Folge sprachlicher Zeichen darstellt". Rede kann mündlich oder schriftlich sein (Text), wichtig ist nur, dass sie *sprachlich* ist: sie muss wesentlich aus sprachlichen Zeichen bestehen; und dass sie *sinnhaltig* ist: Bedeutungen müssen sich ausmachen lassen; und dass sie *endlich* ist: sie muss einen deutlich gesetzten Anfang und ein ebenso deutliches Ende haben.

Die gegenüber prosaischer Rede anders gesetzte rhythmische Segmentierung heißt, dass Verse als Zeilen in ihrem lautlichen oder schriftlichen Erscheinungsbild sich von der ‚normalen' Alltagssprache unterscheiden: z.B. durch Pausen oder anders gesetzte Zeilen. Dieter Burdorf hat dieser Definition noch hinzugefügt, dass Gedichte kein Rollenspiel sind, „also nicht auf szenische Aufführung hin angelegt" sind. Damit ist Lyrik „die lyrische Gattung, die alle Gedichte umfasst"[21].

Dieser „Minimaldefinition" gelingt es sicher, die Mehrzahl lyrischer Formen auf einen gemeinsamen Nenner zu kürzen: Die so definierte „Rede in Versen" schließt selbstverständlich **freie Verse**, ohne Reim und metrische Struktur, also ohne regelmäßige Segmentierung, mit ein, muss aber alle Gedichte ohne Sinnhaftigkeit (Unsinnsgedichte, viele Laut- Klanggedichte und visuell graphische Gedichte ausschließen – so auch Christian Morgensterns berühmtes Gedicht *Fisches Nachtgesang*: „das tiefste deutsche Gedicht", das nur aus den graphischen Zeichen für metrische Kürzen und Längen besteht.

Über die Notwendigkeit einer gattungstheoretischen Minimaldefinition kann sicher gestritten werden, über ih-

Christian Morgenstern: *Fisches Nachtgesang*.

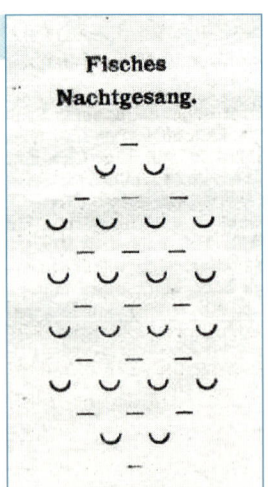

re spröde Abstraktheit sicher nicht. Daher gibt es viele Lyriktheorien, denen es nicht darum geht, eine Definition für möglichst alle Formen zu finden, sondern die sich auf „Elemente" (Killy mit Goethe) oder Eigenschaften beschränken, die zwar nicht alle, aber viele Gedichte auszeichnen. Dazu gehört in erster Linie sicher die noch deutlichere Abweichung von der semantisch-syntaktischen Codierung der Alltagssprache, wie sie die „Versrede" ohnehin schon ausweist: Der Vers mit metrischer Struktur und unterschiedlichen Reimen, Wiederholungen und Variationen klanglicher Art bis hin zur Lautmalerei, syntaktischer Art (Wortumstellung), grammatischer Art (Fehlerhaftigkeit) und vor allem die zentrale Bedeutung und Vielfältigkeit des sprachlichen Ausdrucks, der sprachlichen Bilder (Metaphern, Symbole) und Personifikationen (von Natur und anderen Gegen- bzw. Zuständen).

Merkmale der Lyrik

Kürze (in quantitativer und qualitativer Hinsicht), unmittelbarer Ausdruck, direkte Ansprache und die Nähe zum Lied sind weitere wichtige Kennzeichen des Gedichts.

Im folgenden sollen einige ‚Elemente' oder ‚Aspekte', die historisch für das Verständnis von Lyrik bedeutsam waren und sind, und die sich nicht unbedingt gegenseitig ausschließen, in der gebotenen Kürze etwas konkreter dargestellt werden.

Lyrik als Gesang, als Lied | 4.2

Etymologisch geht Lyrik auf griechisch lyra zurück. Die Lyra ist ein Saiteninstrument (Leier) und demnach bezeichnet man mit Lyrik in der griechischen Antike bestimmte Gesänge, die von der Lyra begleitet wurden. Erweitert man den historischen Blick über die griechische Antike hinaus (China, Indien, Ägypten), bestätigt sich die enge Bindung der Lyrik an den Gesang: Totenklage und religiös-kulturelle Lieder, Hymnenkult, Kriegs- und Liebeslieder gehören zur Lyrik; erwachsen aus rituellem kultischem Tanz und Gesang, aus Beschwörung und Anbetung, liegt im Gesang nicht nur der Ursprung der Lyrik, sondern wahrscheinlich der Dichtung überhaupt. Lieder und Gesänge begleiten dann menschliches Leben in seinen vielfältigen Dimensionen und umgekehrt bilden Lieder das ganze Spektrum menschlichen Verhaltens ab. So schreibt Horaz in seiner Poetik über die Lyrik: „Reiche Musengabe ward den Saiten der Lyra: Götter besingt sie und Söhne der Himmlischen, dazu den siegenden Boxer und das führende Rennpferd im Wettkampf, das Sehnen des Jünglings und den Sorgen lösenden Wein". Martin Opitz übernimmt für seine Poetik Gesang, thematische Breite und die positive Grundstimmung ‚Fröhlichkeit': „Lyrica oder getichte [...] zur Music" können alles, „was in ein kurtz getichte kan gebracht werden" beschreiben: „buhlerey / täntze / banckete / schöne menscher / Gärte / Weinberge / lob der mässigkeit / nichtigkeit des Todes / etc. Sonderlich aber vermahnung zue der fröhligkeit."[22]

Liedhaftigkeit, Kürze und unspezifisch inhaltliche Breite sind für Opitz Kennzeichen des lyrischen Gedichts. Und in der Tat deckt ein Lyrikbegriff, der sich wesentlich am Kriterium Liedhaftigkeit orientiert, ein großes Spektrum lyrischer Möglichkeiten ab, die die Geschichte der Lyrik bis heute dokumentiert, als da sind: **religiöse Lyrik** (z.B. Kirchenlied), **feierliche Lyrik** (Gedichte zur Geburt, Hochzeit, Tod und zu anderen Anlässen des Lebens); **Liebeslyrik** – der Preis der schönen (oft unerreichbaren) Frau, Liebessehnsucht und Liebesklage, aber auch erotische bis obszöne Verse und Lieder; **gesellige Lyrik** – Arbeitslieder (teils direkt bei der Arbeit gesungen), Trink-, Tanz-, Marsch-, Wander-, und Wiegenlieder etc. bis zu Schlachtenbummlergesängen und zum großen inhaltlichen und formal sehr unterschiedlichen Bereich der Schlager und Popmusik (vom dümmlich gereimten Schlager bis zu fein gearbeiteten Songs und Chansons); **epische Lyrik** – Ballade, Verserzählung, die vom Bänkelsänger vorgetragene Moritat.

Bedenkt man die Vielfalt, die uralte Tradition und die Tatsache, dass viele Gedichte, wenn auch nicht als Lieder konzipiert, so doch durch Strophen, Metrum, Wiederholungen an ‚Liedhaftes' erinnern, so ist es nicht verwunderlich, dass Liedhaftig- und Sangbarkeit zum entscheidenden Gattungskriterium für die Lyrik bestimmt wurde.

Hinzu kommt noch eine anthropologische Begründung: Sind Erzählen (Epik) und darstellendes Spiel (Dramatik) eindeutig zu unterscheidende Kommunikationsformen des Menschen, so für Asmuth auch der Gesang, und somit ist Gesang das ausgezeichnete Merkmal für die dritte Gattung, die Lyrik.

So bedenkenswert der Vorschlag Asmuths auch ist, so trifft er viele Teile gerade auch der modernen Lyrik nicht, was Asmuth eingesteht: „Die literarische Lyrik hat im Laufe der Zeit eine Eigengesetzlichkeit

Bernhard Asmuth definiert: „Der Kern der Lyrik ist das *Lied*. In ihm verbindet sich der Gesang mit Kürze [...] Die Lyrik im nur noch literarischen Sinn ist eine stilisierte Form des Liedes, auch wo sich ihre Autoren dessen nicht mehr bewußt sind".[23]

entwickelt, die sie immer mehr von der Liedform abweichen ließ"[24]. Die literarische Lyrik ist in einer Vielzahl ihrer Formen kein stilisiertes Lied.

Lyrik als subjektiver Ausdruck, als Stimmung | 4.3

Als im 18. Jahrhundert, vermittelt über Poetiken aus Italien, England und Frankreich (besonders Abbé Charles Batteux: Les beaux arts réduits à un même principe) auch im deutschsprachigen Raum die Lyrik als dritte Gattung neben Epik und Dramatik konzipiert wurde, galt Lyrik als die Gattung des unmittelbaren Ausdrucks menschlicher Empfindungen und Gefühle.

Verantwortlich für die sich bis heute dominant durchgesetzte Auffassung, Lyrik sei unmittelbare subjektive Ausdruckskunst, sind im wesentlichen drei literarhistorische Strömungen oder Bewegungen. Da ist zum einen die **Empfindsamkeit**, mit der Betonung des Gefühls, der Empfindungen und Stimmungen gegen die einseitige Hervorhebung der ‚Verstandeskräfte' in der Aufklärung. Meister der Gefühlssprache ist in dieser Zeit Friedrich Gottlieb Klopstock. Seine Lyrik kennt nicht nur den pathetisch-erhabenen Ton religiöser Ergriffenheit,

Zitat

> Seht ihr den Zeugen des Nahen, den zückenden Strahl?
> Hört ihr Jehovas Donner?
> Hört ihr ihn? Hört ihr ihn,
> Den erschütternden Donner des Herrn?
>
> (Die Frühlingsfeier)

sondern auch den der stillen, bangen Ahnung und Hoffnung.

Zitat

> Lang sah ich, Meta, schon dein Grab
> Und seine Linde wehn;
> Die Linde wehet einst auch mir,
> Streut ihre Blum' auch mir.
>
> (Das Wiedersehn)

Des Weiteren ist es **Goethes frühe Lyrik**, seine Hymnen und vor allem seine **Erlebnislyrik** – die Sesenheimer Lieder.

Zitat

> O Mädchen, Mädchen
> Wie lieb ich Dich!
> Wie blinkt Dein Auge,
> Wie liebst Du mich!
>
> (Maifest)

Aber auch seine Bestimmung der Lyrik als „enthusiastisch aufgeregt", festigt das Gattungsverständnis Lyrik = subjektiver Ausdruck.

Und drittens ist es die **Lyrik der Romantik**, ihre Lieder des großen Sehnens und Hoffens, auch des vergeblichen.

Zitat

> Einer Stimme süßes Klagen,
> Locken, Flüstern, Wonn und Weh,
> Nachtigallen – Traumeszagen,
> Bitte, bitte, geh, o geh!
>
> (C. Brentano)

Der zeitgenössische Philosoph Georg Wilhelm Friedrich Hegel versucht dann in seiner *Ästhetik*, dieses Lyrikverständnis auf den Begriff zu bringen.

Zitat

> Indem es endlich im Lyrischen das *Subjekt* ist, das sich ausdrückt, so kann demselben hierfür zunächst der Ansicht geringfügigste Inhalt genügen. Dann nämlich wird das Gemüt selbst, die Subjektivität als solche der eigentliche Gehalt, so daß es nur auf die Seele der Empfindung und nicht auf den näheren Gegenstand ankommt. Die flüchtigste Stimmung des Augenblicks, das Aufjauchzen des Herzens, die schnell vorüberfahrenden Blitze sorgloser Heiterkeiten und Scherze, Trübsinn und Schwermut, Klage, genug, die ganze Stufenleiter der Empfindung wird hier in ihren momentanen Bewegungen oder einzelnen Einfällen für die verschiedenartigsten Gegenstände festgehalten und durch das Aussprechen dauernd gemacht [...]
> Der Inhalt, die Gegenstände sind das ganz Zufällige, und es handelt sich nur noch um die subjektive Auffassung und Darstellung, deren Reiz in der lyrischen Poesie teils in dem zarten Hauche des Gemüts, teils in der Neuheit frappanter Anschauungsweisen und in dem Witz überraschender Wendungen und Pointen liegen kann.[25]

Lyrik als unmittelbarer Ausdruck subjektiver Stimmungen und Gefühle, diese Bestimmung der Lyrik wirkt traditionsstiftend und bestimmt auch das Adjektiv ‚lyrisch' bis in unseren heutigen Sprachgebrauch hinein: Wenn wir etwa von einem lyrischen Drama, von
lyrischer Prosa oder in der Musik von einem lyrischen Tenor sprechen, dann zielt das eindeutig auf Stimmung und Gefühl.

Ganz selbstverständlich stellt sich daher auch im 20. Jahrhundert
der Literaturwissenschaftler Emil Staiger in diese Tradition. In *Grundbegriffe der Poetik* (1946) beschreibt er Lyrik als irrationale Stimmungskunst des Fühlens und Ahnens. Diese Stimmungskunst ereignet sich „diesseits des diskursiven Verstehens", beide, Dichter wie
Leser, geben sich der Stimmung der „Laute und Rhythmen" hin. Daher leistet der Dichter rational, bewusst nichts: „Er überläßt sich [...]
der Ein-gebung. Stimmung und in eins damit Sprache wird ihm ein-
gegeben. Er ist nicht imstande, der einen oder der anderen gegenüber
zu treten. Sein Dichten ist unwillkürlich [...] Der Lyriker fordert nichts;
im Gegenteil, er gibt nach; er läßt sich treiben, wohin die Flut der Stimmung ihn trägt"[26]. Lyrik kann daher auch nicht rational verstanden
werden, wahres Verstehen wird zur Teilhabe an der Stimmung, ohne
etwas begreifen zu wollen. Staiger überhöht das Ineinander von Dichter und Leser ins Mystische: Die Innigkeit und Unmittelbarkeit der
Stimmung lässt beide teilhaben an einem „Unergründlichen [...], wo
keine Erklärung der Schönheit und der Richtigkeit mehr möglich, aber
auch keine Erklärung mehr nötig ist"[27]. Die Form des Gedichts ist lediglich dazu da, diese Stimmung festzuhalten.

Merksatz

Lyrik, oder wie Staiger sagt, „die Idee des Lyrischen", die sich in Gedichten am deutlichsten manifestiert, zeichnet sich nach Staiger durch vier Merkmale aus:
1. „Einheit der Musik der Worte und ihrer Bedeutung, unmittelbare Wirkung des Lyrischen, ohne ausdrückliches Verstehen;
2. Gefahr des Zerfließens, gebannt durch den Kehrreim und Wiederholungen anderer Art;
3. Verzicht auf grammatischen, logischen und anschaulichen Zusammenhang;
4. Dichtung der Einsamkeit, welche nur von einzelnen Gleichgestimmten erhört wird".[28]

Was hat Staiger getan? Er hat die ‚Idee des Lyrischen' den lyrischen
Gedichten vor allem der klassischen und romantischen Epoche ab-
gelesen, erhebt sie zum Wesentlichen und erklärt sie für allgemeingültig. Damit wird *eine* Art der Lyrik zum alleingültigen Muster für
alle Arten der Lyrik festgelegt.

4.4 | Das lyrische Ich

Die Definition der Lyrik als unmittelbarer Ausdruck der Stimmung, des Erlebnisses eines Subjekts, hat in der Lyriktheorie (besonders in der sprachlogisch fundierten) häufig dazu geführt, das Aussagesubjekt des Gedichts mit dem des Autors zu identifizieren: Der Autor allein verbürge die „Echtheit" des im Gedicht mitgeteilten Erlebnisses; d.h. es wird nicht kategorial (grundsätzlich) zwischen der Aussage des Gedichts und der Aussage des Autors des Gedichts oder, in anderer Terminologie, zwischen dem **realen** Ich des Autors und dem **fiktionalen** bzw. **lyrischen** Ich unterschieden. Käthe Hamburger schreibt in ihrer Untersuchung *Die Logik der Dichtung* (1968):

Zitat

> Gerade das unterscheidet ja das lyrische Erlebnis von dem eines Romans oder Dramas, dass wir die Aussagen eines lyrischen Gedichtes *nicht* als Schein, Fiktion, Illusion erleben. Unsere verstehende, interpretierende Ergreifung des Gedichts ist eine in hohem Grade >nacherlebende<, wir müssen uns selbst befragen, wollen wir das Gedicht verstehen. Denn wir stehen ihm immer unmittelbar gegenüber, so wie wir der Äußerung eines wirklichen >anderen<, eines Du, das zu meinem Ich redet, gegenüberstehen. Eine Vermittlung irgendwelcher Art gibt es nicht.[29]

Es mag ja sein (obschon es schwer vorzustellen ist), dass die Unmittelbarkeit der Stimmungen und Empfindungen, die Gedichte mitteilen, stärker ist als die in Romanen und Dramen vermittelte; aber diese Unmittelbarkeit trifft nicht auf alle Gedichte zu und ändert nichts an der grundsätzlichen Unterscheidung zwischen realem Autor und **lyrischem Ich**. Wenn auch viele der Stimmungen und Gefühle für den Autor biographisch nachgewiesen sind oder werden können, so erlaubt das dennoch keine Identifizierung: Der Autor muss nicht alles, was er schreibt, selbst erlebt und empfunden haben, dafür braucht er das **lyrische Ich**. Das lyrische Ich meint daher nicht nur das ‚Ich', das im Gedicht als Personalpronomen erkennbar ist, sondern in allen Gedichten (auch ohne ‚Ich') das Aussagesubjekt (Burdorf: Textsubjekt) des Gedichts. Erst wenn diese kategoriale Unterscheidung respektiert ist, lässt sich darüber diskutieren, welche Aussagen des Gedichts mit welcher Wahrscheinlichkeit dem Autor als authentische zugetraut werden können. Selbst dann, wenn die Stimmungen, Empfindungen und Gefühle als authenti-

Das lyrische Ich ist das Aussagesubjekt des Gedichts

sche des Autors nachgewiesen sein sollten, berührt das nicht die kategoriale Unterscheidung zwischen realem und lyrischem Ich.

Lyrik als Kunstprodukt   4.5

Der Ansicht, Lyrik sei unmittelbarer Ausdruck einer Stimmung oder Eingebung, hat der Lyriker Gottfried Benn heftig widersprochen. In seiner viel gelobten, als ars poetica der Moderne aber sicher überschätzten Rede *Probleme der Lyrik*, die er am 21.8.1951 in der Universität Marburg gehalten hat, heißt es gleich zu Beginn:

Abb. 18

Gottfried Benn
(1886–1956).

Zitat

die Öffentlichkeit lebt nämlich vielfach der Meinung: da ist eine Heidelandschaft oder ein Sonnenuntergang, und da steht ein junger Mann oder ein Fräulein, hat eine melancholische Stimmung, und nun entsteht ein Gedicht. Nein, so entsteht kein Gedicht. Ein Gedicht entsteht überhaupt sehr selten – ein Gedicht wird gemacht.[30]

Und weiter, knapp aber deutlich: „Das neue Gedicht, die Lyrik, ist ein Kunstprodukt. Damit verbindet sich die Vorstellung von Bewusstheit, kritischer Kontrolle und […] von ‚Artistik'"[31].

Dass es ein weiter Weg von einer Stimmung bis zum sprachlich-dichterischen Ausdruck dieser Stimmung ist, ist unmittelbar einsichtig; dass an Gedichten gearbeitet, konstruiert wird, bezeugen nicht nur die vielen Varianten und Verwerfungen, die uns von Lyrikern überliefert sind – immer wieder wird gestrichen, ersetzt, ein anderes Wort, ein anderer Reim usw. probiert –, sondern auch die ‚fertigen Gedichte', und gerade auch die, die subjektive Empfindungen wiedergeben wollen. Aber was versteht Benn unter ‚Artistik'?

Zitat

„Artistik ist der Versuch der Kunst, innerhalb des allgemeinen Verfalls der Inhalte sich selber als Inhalt zu erleben und aus diesem Erlebnis einen neuen Stil zu bilden, es ist der Versuch gegen den allgemeinen Nihilismus der Werte eine neue Transzendenz zu setzen: die Transzendenz der schöpferischen Lust".[32]

Bedeutet Nihilismus nicht nur die Leugnung Gottes als transzendenten Grund allen Seins, sondern die Verneinung jeder absoluten Begründbarkeit von Erkenntnis und sittlichen Werten, dann ist für Benn das künstlerische Schaffen selbst, das künstlerische Machen der Hauptzweck der Kunst ohne Anspruch auf Vermittlung von außerästhetischen Erkenntnissen und Werten. Leugnet der Nihilist jedwede absolute Begründbarkeit, so setzt der ästhetische Nihilist Benn, paradox, die Kunst selbst als absoluten Wert und beschreibt das „moderne Gedicht" als das „absolute Gedicht, das Gedicht ohne Glauben, das Gedicht ohne Hoffnung, das Gedicht an niemanden gerichtet, das Gedicht aus Worten [...] faszinierend"[33] montiert.

Dass die Faszination an der Wortmontage auch daher rührt, dass die Wortmontage auch immer eine Montage von Bedeutungen ist – es geht Benn nicht allein um die Reduktion der Wörter auf ihren Klangkörper –, hat Benn, um nicht missverstanden zu werden, ausdrücklich hervorgehoben. Für ihn liegen „hinter Faszination und Wort genügend Dunkelheiten und Seinsabgründe [...], um den Tiefsinnigsten zu befriedigen" und für Benn leben „in jeder Form, die fasziniert, genügend Substanzen von Leidenschaft, Natur und tragischer Erfahrung"[34].

Das absolute Gedicht

Das ‚absolute Gedicht' als artistische Wortmontage ist daher nicht inhaltsleer; es versammelt, ganz im Gegenteil, in seiner Montage Inhalte vergangenen wie gegenwärtigen menschlichen Lebens, Erkenntnisse der Archäologie und Geschichte ebenso wie die der modernen Naturwissenschaften. „Der Lyriker kann gar nicht genug wissen, er kann gar nicht genug arbeiten, er muss an allem nahe dran sein"[35]. Nur vermittelt das ‚moderne Gedicht' für Benn keine eindeutige Botschaft, schon gar keine frohe, aber auch keine unmittelbare Stimmung, schon gar keine positive. Hinter ihm verbirgt sich eher die Grunderfahrung von Resignation und Melancholie, von Verlusten.

Damit stellt sich Benn ausdrücklich in eine lyrische Tradition, die er die lyrische Moderne nennt, und für die die französischen Lyriker Baudelaire, Verlaine, Rimbaud und Valéry, die Surrealisten und die Lyrik des Expressionismus stehen.

Hugo Friedrich hat in seiner Arbeit *Die Struktur der modernen Lyrik* (1956), die sich nicht nur, aber hauptsächlich mit Baudelaire, Rimbaud und Mallarmé befasst, Charakteristika ‚moderner Lyrik' zusammengestellt, die auch für Benn zutreffend sind.

Zitat

> Fehlen einer Gefühls- und Inspirationslyrik; intellektuell gesteuerte Phantasie; Vernichtung der Realität und der logischen wie affektiven Normalordnungen; Operieren mit den Impulskräften der Sprache; Suggestivität statt Verstehbarkeit; Bewußtsein, einer Spätzeit der Kultur anzugehören; zwiefaches Verhältnis zur Modernität; Bruch mit der humanistischen und christlichen Überlieferung; Vereinsamung, die sich als Auszeichnung weiß; Ranggleichheit von Dichten und Reflexion über das Dichten, wobei in der letzteren die negativen Kategorien überwiegen.[36]

Einige der Charakteristika beschreiben sicher nicht nur ‚moderne Lyrik', sondern gelten auch für ‚traditionelle Lyrik'; auch bleibt der Begriff ‚moderne Lyrik' unscharf (das liegt u.a. an dem schillernden Begriff ‚Moderne'). Wichtig und richtig bleibt aber die Betonung des Machens: Gedichte sind Kunstprodukte, hergestellt durch bewusst kalkulierten Einsatz sprachlich stilistischer Mittel oder, wie Peter Rühmkorf, einer der wichtigen deutschen Lyriker der Gegenwart, sagt: „Arbeit ist des Artisten Schmuck".

Lyrik – Artistik und Engagement   4.6

Zum Schluss dieses Kapitels noch ein kurzer Blick auf Brechts Überlegungen zur Lyrik. Wie Benn ist er der Meinung, dass Gedichte gemacht werden, Kunstprodukte sind; auch er gebraucht dafür den Ausdruck ‚Artistik'. Was er aber entschieden ablehnt, ist Benns ästhetischen Nihilismus: Für absolute Gedichte hat er nur Hohn und Spott übrig, ebenso für Gedichte als „reine Gefühlssachen", sie sind für ihn zumeist Ausdruck von „Sentimentalität, Unechtheit und Weltfremdheit". Für Brecht müssen Gedichte auf ihren „Gebrauchswert" hin überprüfbar sein. Was heißt das? Gedichte sind für Brecht keine rein ästhetischen Genussmittel, sondern müssen sich mit der gesellschaftlichen Wirklichkeit, aus der sie stammen und für die sie geschrieben werden, auseinandersetzen. Die gesellschaftliche Wirklichkeit aber zeichnet sich für Brecht durch Widersprüche aus: zwi-

Bertolt Brecht
(1898–1956).

schen Arm und Reich, Mächtigen und Ohnmächtigen, Besitzern und Besitzlosen; für den Marxisten Brecht: zwischen Ausbeutern und Ausgebeuteten, Kapitalisten und Proletariern. Die Gedichte müssen Stellung beziehen, sich politisch und gesellschaftlich engagieren für eine widerspruchsfreie, solidarisch-humane Gesellschaft ohne Klassengegensätze. Politisch engagierte Lyrik heißt für Brecht aber nicht Propaganda, Agitation, Parteilyrik: das ist für ihn nur „*schlechte* Tendenzdichtung": „Man bekommt mechanische Parolen, Phrasen, unpraktikable Anweisungen", und die Gedichte werden „flach, leer, platt"[37].

Gedichte sind
Widersprüche

Die Gedichte sollen die Widersprüche vom Inhalt her darstellen, aber auch – und das ist das artistische Moment, das Brecht entschieden betont – in ihrer Form, die dem Inhalt entsprechen muss. Dann stellen sich für Brecht Fragen wie: Ist der Reim angesichts der Widersprüche der Wirklichkeit noch ein taugliches Mittel, da er Gegensätze verbindet, diese Widersprüche darzustellen? Sind regelmäßige Rhythmen („unangenehme einlullende, einschläfernde Wirkung") noch in der Lage, die „Disharmonien" und „Unstimmigkeiten im gesellschaftlichen Leben der Menschen" zu zeigen, oder glätten und neutralisieren sie nur? Artifizielle Arbeit am Gedicht ist daher für Brecht nicht zweckfrei, nur um den Kunstgenuss zu erhöhen, sondern um gesellschaftlichem Leben mit seinen Widersprüchen eine entsprechende ästhetische Form zu geben. Ist das gelungen, so schließt es für Brecht Kunstgenuss nicht aus, allerdings ist „wahrer Kunstgenuss ohne kritische Haltung" für ihn unmöglich. Sein kurzes Gedicht *Auf einen chinesischen Teewurzellöwen* übersetzt sein ‚Lyrik-Programm' in Verse.

Zitat

Die Schlechten fürchten deine Klaue
Die Guten freuen sich deiner Grazie.
Derlei
Hörte ich gern
Von meinem Vers.

(1951)

Einmaleins der Verslehre | 4.7

Der Vers | 4.7.1

Wie unterscheiden sich Versrede und Prosarede? Prosa und Vers leiten sich sprachlich vom Lateinischen oratio prorsa (= nach vorwärts gerichtete Rede) und von versus (ursprünglich: den Pflug wenden) her. Der Vers ist eine Zeile mit deutlichem Anfang und Ende, während für die Prosarede die einzelne Zeile von untergeordneter Bedeutung ist; schlicht: Die Verszeile ist stärker strukturiert, geordneter als die Prosazeile; die graphisch andere Umsetzung von Vers- und Prosazeile macht das anschaulich. Wegen des höheren Ordnungsgrads der Verszeile gegenüber der Prosazeile spricht man auch von gebundener bzw. ungebundener Rede.

Was macht nun die deutlichere Ordnung des Verses aus? Baustein von Prosa- und Verszeile sind die Silben; die Silbenzahl ist im Vers kleiner und ihre Abfolge ist geregelter, so dass eine Struktur der Silbenfolge erkennbar wird, die man zählen und messen kann. Nichts anderes heißt **Metrik** (metriké techné – die Kunst des Messens). Sprachlich bedingt gibt es unterschiedliche Verfahren, Verse zu strukturieren: Griechische und lateinische Verse tun dies durch den geregelten Wechsel von langen und kurzen Silben, für Verse aus den romanischen Sprachen ist die Silbenzahl ausschlaggebend, für Verse der deutschen Sprache der Wechsel von betonten und unbetonten Silben. Da die deutsche Sprache eine deutlich festgelegte Wortbetonung hat, darf davon, anders als in griechischen und lateinischen Versen, auch im Versmaß nicht abgewichen werden: Für die deutsche Verssprache sind also die Betonungsverhältnisse von entscheidender Bedeutung. Im Vers nennt man betonte Silben **Hebungen**, unbetonte Silben **Senkungen**. Lässt sich in einer Verszeile eine *geregelte* Abfolge von betonten / unbetonten Silben bzw. von Hebungen und Senkungen erkennen, so spricht man von einem Metrum (Versmaß). Das metrische Schema ist dann die graphische Darstellung des Metrums.

Sind die Silben in ihrer Qualität (betont / unbetont) Bausteine des Verses, so die Versfüße Bausteine des Versmaßes. Versfüße bestehen aus mindestens zwei Silben in geregelter Folge. Zur graphischen Veranschaulichung haben sich mehrere Verfahren herausgebildet: Für antike Verse wird häufig das Haken-Strich-Verfahren gewählt,

Metrik/Metrum

wobei der ˘ eine **Mora** (= kurze Silbe) und der – (zwei Moren = lange Silbe) darstellt. Für die Darstellung betonter und unbetonter Silben hat sich dagegen x́ für betont und x für unbetont eingebürgert.

Da die deutsche Metrik stark durch die griechische beeinflusst wurde, benennen wir die Versfüße mit griechischen Namen (eine Auswahl): Jambus x x́ unbetont / betont

Trochäus x́ x betont / unbetont

Daktylus x́ x x betont / unbetont / unbetont

Anapäst x x x́ unbetont / unbetont / betont

Spondeus x́ x́ betont / betont

Freie Verse   Ein Vers zeichnet sich also durch eine messbare Anzahl von Versfüßen in geregelter Folge aus. Ist im Vers keine messbare Anzahl von Versfüßen in geregelter Abfolge zu erkennen, spricht man von **freien Versen** oder **freien Rhythmen**: Sie unterscheiden sich im Extrem von der Prosazeile nur noch durch ihre deutliche graphische Veranschaulichung als Zeile („Wenn auf einer Seite um das Gedruckte herum viel weißer Raum ist, dann haben wir es gewiss mit Versen zu tun", Kayser)

Tonbeugung   *Wichtig*: In deutschsprachigen Versen stimmen in der Regel die in der ‚Normalsprache' festgelegten betonten und unbetonten Silben mit den vom Versmaß geforderten Hebungen und Senkungen überein, wobei einsilbige Wörter sowohl als Hebung als auch als Senkung gelten können. Ist die Übereinstimmung nicht gegeben – ob künstlerisch gewollt oder nicht besser gekonnt –, spricht man von einer **Tonbeugung**. Nehmen wir zum Beispiel den Anfang eines alten Kirchenliedes von 1599: „Wie schön leúchtet uns der Mórgenstern" – so lautet die natürliche Sprachbetonung. Will man das z.B. in ein jambisches Versmaß übersetzen, kommt es zu Tonbeugungen: vom Versmaß gefordert wäre „leuchtét" und „Morgénstern". Was tut der Dichter? Er behilft sich mit dem Apostroph und macht aus „leuchtet" ein einsilbiges Wort: „wie schön leucht' úns der Mórgenstérn". Tonbeugungen werden schwebend gesprochen, das heißt, man nimmt die deutliche Akzentuierung etwas zurück.

Kadenz   Den Versschluss bezeichnet man auch als **Kadenz**, unterschieden werden männliche (auch stumpfe) und weibliche (auch klingende) Kadenzen: Eine männliche Kadenz ist einsilbig, der Vers endet mit einer Hebung; die weibliche Kadenz ist zweisilbig und endet mit einer Senkung. In unserem Beispiel ist „Morgenstern" ein männliche Kadenz, die weibliche Kadenz hieße: Morgensterne.

Unsere Verszeile kann als jambischer Vierheber bezeichnet werden [x x́ / x x́ / x x́ / x x́] der letzte Versfuß ist vollständig, griechisch: **akatalektisch** (nicht vorher aufhörend); ein unvollständiger letzter Versfuß heißt **katalektisch**.

Häufig sind die einzelnen Verszeilen auch syntaktische Einheiten, mit ihnen endet eine Aussage, ein Sinnabschnitt; ist das nicht der Fall, geht also die syntaktische Einheit über das Versmaß hinaus in den nächsten Vers über, wird das **Enjambement** genannt (frz. Überspringen; Zeilensprung). Enjambements können unterschiedliche Funktionen haben: Sie können das Ende überspielen oder umgekehrt auch betonen, so Zusammenhänge schaffen und unterbrechen, sie können auch sprachlicher Ausdruck einer ununterbrochenen, sich wiederholenden Bewegung sein. Wie das Enjambement auch die inhaltliche Aussage verstärken kann, mögen wenige Zeilen aus Sarah Kirschs Gedicht *Fahrt I* verdeutlichen; es geht u.a. auch um die deutsche Teilung:

Zitat

Ich weiß und seh
keinen Weg der meinen schnaufenden Zug
durch den Draht führt
ganz vorn die blaue Diesellok.

Die Versgrenzen bestätigen die Teilung, doch das Enjambement setzt die Überwindung der Teilung als Hoffnung: Durch den Draht führt ganz vorn die blaue Diesellok.

Anklänge von Versen

4.7.2

Reim

Verse werden häufig durch gleiche oder ähnliche Klänge miteinander verbunden; der stärkste Gleichklang ist ohne Zweifel der **Reim** als Gleichklang aller Laute mindestens zweier Wörter vom letzten betonten Vokal an: nieder – bieder, Herz – Schmerz. Als **reiner Reim** gilt die klangliche Gleichheit, als **unreiner Reim** die klangliche Ähnlichkeit: Tür – vier. Wie weit unreine Reime als störend empfunden werden, hängt sicher vom einzelnen Gedicht ab, vor allem, wie eng oder weit die Reime auseinander stehen und ob die Unreinheit an den Vokalen oder an den Konsonanten liegt. Goethes berühmter Reim „Ach neige, / Du Schmerzensreiche" ist im Hochdeutschen unrein, im Dialekt, auf Frankfurterisch, dagegen rein.

Als **rührender Reim** werden Gleichklänge bezeichnet, in die auch noch der dem letzten Vokal vorausgehende Konsonant mit einbezogen ist: Teetisch – ästhetisch (Heine). Der Gleichklang identischer Wörter: Leben – leben, heißt **identischer Reim**.

Der **Schüttelreim** vertauscht die Anfangskonsonanten der Reimwörter: „Wenn kalter Regen niederfließt / die Nachtigall im Flieder niest".

Unterschieden werden die Reime auch durch ihre Stelle im Vers: **Anfangsreim** – das Reimwort steht am Anfang des Verses; **Binnenreim** – das Reimwort steht mitten im Vers, und **Endreim**: das Reimwort steht am Ende des Verses.

Endreime sind die geläufigsten und kommen häufig in folgenden Endreimstellungen vor (gekennzeichnet werden die Reime durch Kleinbuchstaben, a, b, c usw.)

Merksatz

Paarreim:		
	Es gibt zwei Sorten Ratten:	a
	Die hungrigen und satten.	a
	Die satten bleiben vergnügt zu Haus	b
	Die hungrigen aber wandern aus	b (Heine)
Kreuzreim:		
	Anmut dürftiger Gebilde	a
	Kraut und Rüben gleich Gedicht	b
	Wenn die Bundes-Schäfergilde	a
	Spargel sticht und Kränze flicht.	b (Rühmkorf)
Umarmender Reim:		
	Aus meinen großen Schmerzen	a
	Mach ich die kleinen Lieder;	b
	Die heben ihr klingend Gefieder	b
	Und flattern nach ihrem Herzen.	a (Heine)
Schweifreim:		
	Der Mond ist aufgegangen,	a
	Die goldnen Sternlein prangen	a
	Am Himmel hell und klar;	b
	Der Wald steht schwarz und schweiget,	c
	Und aus den Wiesen steiget	c
	Der weiße Nebel wunderbar.	b (Claudius)

Assonanz und Alliteration

Weitere Versanklänge sind die Assonanz: hier beschränkt sich der Gleichklang nur auf die Vokale, und die Alliteration oder der Stabreim (germanische Versdichtung): Hier sorgt der Anlaut aufeinander folgender Wörter für den Gleichklang (Wind und Wetter).

Versarten | 4.7.3

Aufgrund der festgelegten Abfolge von Versfüßen haben sich in der
Versgeschichte unterschiedliche Versarten herausgebildet.

Hexameter: Der Hexameter ist in der Antike der klassische Vers
               des Heldenepos; Klopstock übernimmt ihn in der
               deutschen Verssprache für sein „Messias"-Epos, Goe-
               the für seine Versepen „Reineke Fuchs" und „Her-
               mann und Dorothea".
               Der Hexameter hat sechs Versfüße, insbesondere
               Daktylen und Spondeen; der Daktylus kann durch ei-
               nen Spondeus ersetzt werden, aber der fünfte Vers-
               fuß ist immer ein Daktylus und der sechste Versfuß
               immer ein Spondeus oder Trochäus. In die deutsche
               Verssprache übertragen wird der Hexameter zu ei-
               nem Vers mit sechs Hebungen, zwischen denen dann
               zwei unbetonte Silben oder eine unbetonte Silbe ste-
               hen können.
               „Pfingsten, das liebliche Fest, war gekommen; es
               grünten und blühten" (Goethe) [x́xx / x́xx / x́xx / x́xx
               / x́xx / x́x]

Endecasillabo: Der Endecasillabo ist der Hauptvers des italienischen
               Epos (z.B. Dante „Die göttliche Komödie") und vieler
               italienischer Strophenformen (Sonett, Stanze, Terzi-
               ne). Er ist ein Elfsilber mit weiblicher Kadenz; da die
               deutsche Sprache nicht so viele weibliche Kadenzen
               kennt, wird er zum Zehnsilber oder zum jambischen
               Fünfheber. „Die große Fracht des Sommers ist verla-
               den" (Bachmann) [xx́ / xx́ / xx́ / xx́ / xx́ / x]

Alexandriner: Der Alexandriner ist benannt nach den altfranzösi-
               schen Alexanderepen und ist der Hauptvers der klas-
               sischen französischen Tragödie; er ist ein zwölf- (bzw.
               dreizehn) silbiger Vers mit männlicher (oder weibli-
               cher) Kadenz. Opitz bildet ihn nach als jambischen
               Sechsheber mit männlicher oder weiblicher Kadenz
               mit fester Zäsur (Einschnitt) nach der dritten He-
               bung; er wird der wichtigste Vers des Barock und eig-
               net sich durch seine Zweiteiligkeit besonders für an-
               tithetische Aussagen. „Ich bin so groß als Gott: er ist
               als ich so klein" (A. Silesius) [xx́ / xx́ / xx́ / xx́ / xx́ / xx́]

Blankvers:	Der Blankvers ist in England entstanden bzw. entwickelt und häufig (Marlowe, Milton, Shakespeare) benutzt worden; es ist ein reimloser jambischer Fünfheber mit männlicher oder weiblicher Kadenz. Seit Lessings „Nathan der Weise" (1779) wird er zum wichtigen deutschen Dramenvers.
	„Vor grauen Jahren lebt' ein Mann in Osten" (Lessing) [xx́ / xx́ / xx́ / xx́ / xx́ / x]
Knittelvers:	Heute nicht mehr negativ (Knittel – Knüppelvers) gebrauchte Bezeichnung für einen Vers der frühneuhochdeutschen Dichtung; er wurde von Goethe, Schiller und Herder wiederentdeckt.
	Der Knittelvers ist vierhebig und gereimt und hat zwischen den Hebungen Füllungsfreiheit (d. h. die Zahl der unbetonten Silben kann variieren). Die berühmten Eingangsverse des Faustmonologs sind Knittelverse „Habe nun ach! Philosophie [...] [x́xxx́x́xxx́]

4.7.4 | Strophenformen

Oden   Wie Versfüße sich zu Versen gefügt haben, so verbinden sich Verse zu Strophenformen. Zu den ältesten festen Strophenformen gehören die **Oden** der altgriechischen Lyriker Alkaios (um 660 v.Chr.), Asklepiades (um 300 v.Chr.) und der Lyrikerin Sappho (um 600 v.Chr.); sie sind bis in die deutsche Lyrik der Gegenwart hinein nachgeahmt bzw. nachgestaltet worden. Die Odenstrophen als Einzellied (nicht als Chorlied) haben eine fest geregelte metrische Struktur, sie sind vierzeilig und reimlos und stehen traditionell für erhabene Gegenstände (Gedanken und Empfindungen und feierlichen Ton).

Die **alkäische Strophe** hat zwei elfsilbige Zeilen, eine neun- und eine zehnsilbige Zeile, die **sapphische Strophe** drei elfsilbige Zeilen und eine fünfsilbige Zeile.

Die **asklepiadeische Strophe** soll hier stellvertretend etwas genauer vorgestellt werden (überliefert sind fünf asklepiadeische Strophenformen: die hier dargestellte ist die dritte. Allerdings zählen nicht alle Handbücher in der gleichen Reihenfolge): Sie besteht aus zwei zwölfsilbigen Zeilen, einer sieben- und einer achtsilbigen Zeile mit folgender metrischer Struktur.

Erster und zweiter Vers: x́x | x́xxx́ | x́xxx́ | xx́ = Trochäus – Chor-
iambus (x́xxx́) – Choriambus-Jambus.

Dritter Vers: x́x | x́xxx́ | x = Trochäus-Choriambus + eine Silbe.

Vierter Vers: x́x | x́xxx́ | xx́ = Trochäus-Choriambus-Jambus.

Ein berühmtes Beispiel für die Übertragung in die deutsche Versgeschichte ist *Der Zürichsee* (1750 von F. G. Klopstock); hier die erste Strophe mit metrischer Umschrift:

Schön ist, Mutter Natur, deiner Erfindung Pracht

x́   x | x́ x   x x́| x́ x   x x́ | x   x́

Auf die Fluren verstreut, schöner ein froh Gesicht,

x́ x | x́ x   x x́ | x́ x   x   x́ | x x́

Das den großen Gedanken

x́   x | x́ x   x x́ | x

Deiner Schöpfung noch *einmal* denkt.

x́ x | x́   x   x   x́ | x   x́ |

Aus der italienischen Lyrik stammen die Strophenformen **Stanze**,
Sonett und **Terzine**.

Die **Stanze** (Ottaverime oder Oktave) besteht im Italienischen aus   Stanze
acht Endecasillabi (im Deutschen jambischer Fünfheber mit wechselnder männlicher oder weiblicher Kadenz); ihre Reimstellung ist
a b a b a b c c: Der letzte Paarreim setzt einen Abschluss. Ein Beispiel
von Goethe (*Zueignung*):

Zitat

Der Morgen kam; es scheuchten seine Tritte
Den leisen Schlaf, der mich gelind umfing,
Daß ich erwacht aus meiner stillen Hütte
Den Berg hinauf mit frischer Seele ging;
Ich freute mich bei einem jeden Schritte
Der neuen Blume, die voll Tropfen hing;
Der junge Tag erhob sich mit Entzücken,
Und alles war erquickt, mich zu erquicken.

Das **Sonett** besteht aus vierzehn Zeilen und wird durch die Reim-   Sonett
stellung in zwei Quartette (Vierzeiler) und zwei Terzette (Dreizeiler)
unterteilt. Die Grundform a b b a a b b a c d c c d c lässt sich (besonders die Reime der Terzette) auf vielfache Weise abwandeln. Das Sonett ist nicht auf eine Versart festgelegt: Zum italienischen Sonett
gehört der Endecasillabo, der im Deutschen zum jambischen Fünf-

heber wird; die Barocklyrik verwendet vorwiegend den Alexandriner für ihre Sonette. Aber auch andere Versarten kommen in Sonetten vor; auch die Form des Sonetts kann – bis auf die Anzahl der vierzehn Zeilen – abgewandelt werden. So kennt das **englische Sonett** drei Quartette mit Kreuzreim und den abschließenden Paarreim (a b a b c d c d e f e f g g). Ein Beispiel für das Sonett siehe S. 154.

Terzine

Die **Terzine** ist eine dreizeilige Strophenform (berühmt durch Dantes *Göttliche Komödie*); ihre Strophenform wird durch den Reim immer wieder übersprungen, er verbindet aber auch die Dreizeiler miteinander: a b a b c b c d c d e d usw. Die Versart der Terzinen ist im Italienischen der Endecasillabo, im Deutschen entsprechend der jambische Fünfheber. Diese Verbundenheit der Terzinen hat zum Beispiel Brecht für sein Liebesgedicht *Die Liebenden* genutzt, hier ein Auszug:

Zitat

> Sieh jene Kraniche in großem Bogen!
> Die Wolken, welche ihnen beigegeben
> Zogen mit ihnen schon als sie entflogen
> Aus einem Leben in ein andres Leben.
> In gleicher Höhe und mit gleicher Eile
> scheinen sie alle beide nur daneben. [...]

Zum Abschluss noch zwei vierzeilige Strophenformen: die **Volksliedstrophe** und die **Chevy-Chase-Strophe**.

Volksliedstrophe

Die **Volksliedstrophe** ist eine Sammelbezeichnung und daher nicht eindeutig festgelegt: Gewöhnlich hat sie vier Zeilen à drei oder vier Hebungen mit häufig freier Versfüllung, in der Regel mit dem Reimschema: a b a b. Die Nähe zum Lied ist bei dieser Strophenform besonders deutlich.

Zitat

> Es funkeln auf mich alle Sterne
> Mit glühendem Liebesblick,
> Es redet trunken die Ferne
> Wie von künftigem, großem Glück

(Eichendorff)

Chevy-Chase-Strophe

Die **Chevy-Chase-Strophe** stammt aus England und ist die Strophenform vieler Balladen; im 18. Jahrhundert wurde sie in die deutsche Literatur übernommen, hier auch häufig als Strophenform der Ballade.

Die vierzeilige Strophe wechselt zwischen jambischen Vier- und Dreihebern, hat männliche Kadenzen und Kreuzreimstellungen.

Im Felde schleich ich still und wild
Gespannt mein Feuerrohr,
Da schwebt so licht dein liebes Bild
Dein süßes Bild mir vor.

(Goethe)

Metrum und Rhythmus | 4.7.5

Es gibt einen alten Streit unter Verstheoretikern und -praktikern: Soll man Metrum und Rhythmus eines Gedichtes trennen oder ist das Metrum identisch mit dem Rhythmus?. Wir vergleichen zwei Gedichte mit gleichem Metrum, aber doch unterschiedlichem Rhythmus:

Singet leise, leise, leise
Singt ein flüsternd Wiegenlied
Von dem Monde lernt die Weise,
Der so still am Himmel zieht.

(Brentano)

Schütz euch Gott vor Überhitzung
Allzu starke Herzensklopfung
Allzu riechbarliche Schwitzung
Und vor Magenüberstopfung.

(Heine)

Das Metrum ist gleich, es ist ein trochäischer Vierheber. Doch sonst unterscheiden sich die Gedichte sehr, vom Inhalt, vom Sprachtempo, vom Lautbild usw. Zum Rhythmus eines Gedichts gehört mehr als die metrische Struktur. Die metrische Struktur bildet nur das Grundgerüst, aber schreibt die konkrete Ausformung nicht vor. Metrum und dessen sprachliche Umsetzung machen den Rhythmus eines Gedichts aus, er ist auch semantisch (von der Bedeutung, vom Thema her) bedingt. Kaysers Vorschlag zwischen unterschiedlichen Rhythmentypen zu unterscheiden („strömender Rhythmus" – „fließender Rhythmus") hat sich wegen des unscharfen Rhythmusbegriffs nicht durchgesetzt, und da jedes Gedicht seinen eigenen Rhythmus hat, kann er auch nicht typisiert, sondern muss immer wieder neu bestimmt werden.

4.7.6 | Metrische Analyse eines Gedichts

Zunächst einige allgemeine Hinweise zur metrischen Analyse:
1. Zunächst ist ein grober Überblick nötig: Sind Strophen, Reime zu erkennen, wie sieht es mit der Anzahl der Zeilen aus.
2. Dann folgt die genaue Analyse der einzelnen Verse:
   a.) die Zahl der Silben feststellen; welche Silben erfordern nach dem Wortakzent deutlich eine Hebung?, die Anzahl der Hebungen feststellen.
   b.) Wie verteilen sich die Senkungen? Wechseln sie sich mit den Hebungen geregelt oder ungeregelt ab (mögliche Füllungsfreiheit)? Wichtig: Einsilbige Wörter können sowohl als Hebungen als auch als Senkungen gebraucht werden!
   c.) Wie sehen die Kadenzen aus?

Als Beispiel: Andreas Gryphius *Die Hölle*

Ach und weh!

Mord! Zeter! Jammer! Angst! Kreuz! Marter! Würme! Plagen!

Pech! Folter! Henker! Flamm! Stank! Geister! Kälte! Zagen!

Ach vergeh!

Tief und Höh!

Meer! Hügel! Berge! Fels! Wer kann die Pein ertragen?

Schluck! Abgrund! ach schluck ein! die nichts denn ewig klagen!

Je und Eh!

Schreckliche Geister der dunkelen Höhlen, ihr, die ihr martert und Marter erduldet,

Kann denn der ewigen Ewigkeit Feuer nimmer mehr büßen dies, was ihr verschuldet?

Oh grausam Angst, stets Sterben sonder Sterben!

Dies ist die Flamme der grimmigen Rache, die der erhitzte Zorn angeblasen!

Hier ist der Fluch der unendlichen Strafe, hier ist das immerdar wachsende Rasen!

O Mensch! Verdirb, um hier nicht zu verderben!

Die Form des Gedichts erscheint auf den ersten Blick etwas unübersichtlich: Das liegt einmal an den langen Zeilen, die einen Einzug erforderlich machen und dass die Anzahl der Silben so ungleich auf die Strophen verteilt sind. Zählt man die Zeilen insgesamt und der erkennbaren Strophen und nimmt die Reime dazu, ergibt sich die vierzehnzeilige Sonettform mit folgendem Reimschema: a b b a, a b b a, c c d, e e d.

Die erste Zeile besteht nur aus einsilbigen Wörtern, doch Hebungen fordern Ach! und Weh! mehr als die Konjunktion und: [x́x́x́] = unvollständiger Doppeltrochäus mit männlicher Kadenz; gleich gebaut sind auch die Zeilen 4, 5 und 8.

Die zweite Zeile zählt 13 Silben, eindeutig Hebung fordernd sind Zéter, Jámmer, Márter, Wúrme, Plágen. Verteilt man die Senkungen, so ergibt sich ein sechshebiger Jambus mit weiblicher Kadenz: Alexandriner; gleich gebaut sind die Zeilen 3, 6 und 7. [xx́ / xx́ / xx́/ xx́ / xx́ / xx́ / x] *jambischer Sechsheber*

Die neunte Zeile hat nach der Wortbetonung sieben Hebungen; auffallend sind die Doppelsenkungen nach den Hebungen! Das metrische Schema ist: [x́xx / x́xx / x́xx / x́x – Zäsur – x́xx / x́xx / x́xx /x́x] Die zehnte, zwölfte und dreizehnte Zeile hat das gleiche metrische Schema.

Die elfte Zeile hat 11 Silben und fordert von der Wortbetonung her vier Hebungen: Ordnet man diesen die Senkungen zu, ergibt sich ein fünfhebiger Jambus mit weiblicher Kadenz: [xx́ / xx́ / xx́ / xx́ / xx́ / x]. Die Schlusszeile hat das gleiche metrische Schema. *jambischer Fünfheber*

Soweit die metrische Analyse. Jetzt müssen die interpretatorischen Fragen gestellt werden! Warum ist die Normalordnung des Sonetts (Quartette sind umfangreicher als die Terzette) gestört? Welche Funktion haben die Daktylen? Hat das etwas mit dem Thema Hölle zu tun? Usw. usw.

Zusammenfassung

Das grundlegende Problem der Gattungstheorie ist, unveränderliche, eindeutige Merkmale für sich geschichtlich verändernde, konkrete literarische Texte zu finden.

Ein Merkmal epischer Texte ist das der Vermittlung: das Geschehen stellt sich nicht unmittelbar dar, sondern wird erzählend vermittelt. Die epische Grundkonstellation besteht aus den Momenten Erzähler – Erzähltes – Rezipient. Alle drei Momente sind Gegenstand der Erzähltheorie (Narratologie) oder der Erzählanalyse.

Ein wichtiges Merkmal dramatischer Texte ist die Unmittelbarkeit des Dramas, das Geschehen ist unmittelbar gegenwärtig, ohne durch einen Erzähler (Ausnahme: episches Theater) vermittelt zu werden. Ausgehend von Aristoteles' Theorie des Dramas werden Funktionen des Dramas und dessen Bau- und Formelemente dargestellt.

Die Lyrik galt bis ins 18. Jahrhundert hinein nicht als eigenständige Gattung: ein gemeinsames Merkmal fehlte. Das wurde dann im Laufe der Zeit unterschiedlich bestimmt: als Lied, als Stimmung und subjektiver Ausdruck oder als ‚Artistik'. Die Verslehre erläutert die wichtigsten Begriffe zur Analyse von Versen und Strophen.

Literatur

Asmuth, Bernhard: Aspekte der Lyrik. 3. Aufl. Düsseldorf: Bertelsmann 1974.

Asmuth, Bernhard: Einführung in die Dramenanalyse. Stuttgart: Metzler 1990.

Aust, Hugo: Novelle. 3. Aufl. Stuttgart: Metzler 1999.

Bauer, Gerhard: Zur Poetik des Dialogs. Leistung und Formen der Gesprächsführung in der neueren dramatischen Literatur. Darmstadt: Wissenschaftl. Buchges. 1969.

Burdorf, Dieter: Einführung in die Gedichtanalyse. 2. Aufl. Stuttgart: Metzler 1997.

Fischer-Lichte, Erika: Kurze Geschichte des deutschen Theaters. Tübingen: Francke 1993.

Fuhrmann, Manfred: Einführung in die antike Dichtungstheorie. München: Artemis 1973.

Geiger, Heinz u. Hermann Haarmann: Aspekte des Dramas. Eine Einführung in die Theatergeschichte und Dramenanalyse. 4. Aufl. Opladen: Westdeutscher Verlag 1996.

Gelfert, Hans-Dieter: Die Tragödie. Theorie und Geschichte. Göttingen: Vandenhoeck 1995.

Kayser, Wolfgang: Kleine deutsche Versschule. 24. Aufl. Tübingen-Basel: Francke 1992.

Killy, Walther: Elemente der Lyrik. München: dtv 1983.

Klotz, Volker: Geschlossene und offene Form im Drama. 13. Aufl. München: Hanser 1992.

Koopmann, Helmut (Hrsg.): Handbuch des deutschen Romans. Düsseldorf: Bagel 1983.

Lämmert, Eberhard: Bauformen des Erzählens. Stuttgart: Metzler 1955.

Lamping, Dieter: Das lyrische Gedicht. 2. Aufl. Göttingen: Vandenhoeck 1993.

Laufhütte, Hartmut: Die deutsche Kunstballade. Heidelberg: Winter 1979.

Lehmann, Hans-Thies: Postdramatisches Theater. Frankfurt/Main: Verlag der Autoren 1999.

Marx, Leonie: Die deutsche Kurzgeschichte. Stuttgart: Metzler 1985.

Martínez, Matías; Michael Scheffel: Einführung in die Erzähltheorie. 8. Aufl. München: Beck 2009.

Pfister, Manfred: Das Drama. Theorie und Analyse. 11. Aufl. München: Fink 2001.

Petersen, Jürgen H.: Erzählsysteme. Stuttgart: Metzler 1993.

Pütz, Peter: Die Zeit im Drama. Zur Technik dramatischer Spannung. Göttingen: Vandenhoeck 1970.

Staiger, Emil: Grundbegriffe der Poetik. Zürich: Atlantis 1946.

Vogt, Jochen: Aspekte erzählender Prosa. 8. Aufl. Opladen: Westdeutscher Verlag 1998.

 1. Erklären Sie kurz das allgemeine Problem der Gattungstheorie.
 2. Was versteht man unter Fiktion – Fiktionalität?
 3. Nennen Sie Erzählformen und Erzählverhalten.
 4. Nennen Sie wichtige Gattungsmerkmale der Kurzgeschichte.
 5. Erläutern Sie die Diskussion um die Katharsisformel.
 6. Was sind Nebentexte?
 7. Erläutern Sie die Lyrikdefinition Lampings.
 8. Wie unterscheiden sich Reim und Assonanz?
 9. Was ist ein Alexandriner?
10. Nennen Sie die Grundform des Sonetts.

Aufbaumodul 3: Methoden der Literaturwissenschaft

Inhalt

Das Aufbaumodul 3 diskutiert zunächst das Für und Wider der Interpretation literarischer Texte, erläutert die Aufgaben einer literaturwissenschaftlichen Interpretation und versucht dann in chronologischer Folge einen Abriss der verschiedenen Methoden der Literaturwissenschaft zu geben.

Für Interpretation

1

Literarische Texte zu verstehen, sie zu deuten, auszulegen oder – mit einem lateinischen Lehnwort – zu interpretieren, ist traditionell die Hauptaufgabe der Literaturwissenschaft. Das lateinische Substantiv ‚interpretatio‘ bedeutet: Auslegung, Erklärung, Deutung; das Verb ‚interpretari‘: dolmetschen, übersetzen, auslegen, erklären, deuten, verstehen und beurteilen. Im literaturwissenschaftlichen Sprachgebrauch ist die **Interpretation** die Erklärung, Deutung oder Auslegung von literarischen Texten.

Warum werden literarische Texte nicht nur gelesen, sondern interpretiert? Unter Lesen versteht man eine praktische Handlung, Bedeutungen zu erfassen, um den Sinn des Textes zu erschließen. Wenn wir dennoch zwischen Lesen und Interpretieren unterscheiden, dann muss Interpretieren zunächst ein „zweites Lesen" bedeuten, dass das Gelesene noch einmal deutet, auslegt, erklärt. Warum ist das so?

Literarische Texte sind, wie nichtliterarische Texte auch, zunächst eine bestimmte, weil endliche Folge von sprachlichen Zeichen. Ihr Sprachcharakter macht ihre kommunikative Absicht deutlich: Texte wollen in bestimmter Weise Aussagen über Sachverhalte machen, sie wollen etwas bedeuten und damit etwas bewirken; das können sie, weil die Folge der sprachlichen Zeichen zu Sätzen verknüpft sind und diese über die Satzgrenzen hinaus nicht nur grammatisch/syntaktisch sondern auch gedanklich/thematisch miteinan-

Text und literarischer Text

der verbunden sind. Texte sind komplexe sprachliche Gebilde, worauf auch der lateinische Wortsinn verweist: *textum* ist das Gewebe, also ein miteinander Verflochtenes und untereinander Verbundenes. Wenn Texte Aussagen machen über Sachverhalte mit einer bestimmten Aussageintention, dann wollen sie auch als solche wahrgenommen, d.h. verstanden werden. Texte fordern daher ein Verstehen – und Frageverhalten: was sagt der Text worüber mit welcher Absicht aus und wie tut er das; wie ist er „gewebt", welche Verknüpfungen lassen sich in Aufbau, Struktur, Komposition eines Textes erkennen?

Texte als **schriftlich** fixiertes „Gewebe" von sprachlichen Zeichen unterscheiden sich in Vor- und Nachteilen in ihren Kommunikationsmöglichkeiten deutlich von einer **mündlichen** Redekommunikationssituation: die Unmittelbarkeit der mündlichen Rede in einer konkreten Situation erleichtert das gegenseitige Verstehen; die Aussageabsicht kann durch sprachliche, aber auch durch nichtsprachliche Mittel (Gestik, Mimik) unterstützt werden, so dass auch schwer erkennbare Aussageabsichten, wie z. B. ironisches Sprechen, entweder sofort oder durch spontanes Nachfragen erkannt werden können. Dagegen sind Texte abgelöst von der konkreten Redesituation zu einer bestimmten Zeit und an einem bestimmten Ort: Die Aussageabsicht des Autors vermittelt sich allein über den Text. Der Nachteil gegenüber der mündlichen Redesituation ist aber nicht nur negativ zu sehen, denn der Text eröffnet, da er nicht durch konkrete Rede eingeschränkt ist, auch weitere Verstehensmöglichkeiten; da die unmittelbar mündliche Korrektur ausbleibt, ist die Rezeption eines Textes ungebundener und bedeutungsoffener, sie setzt aber zugleich auch einen größeren Verstehensanspruch: Bedeutungsmöglichkeiten der Texte müssen erkannt, gegeneinander abgewogen, behalten oder verworfen werden: das unmittelbare Verstehen weicht einem distanzierteren, mittelbaren, reflektierten Verstehen. Der Spielraum des Verstehens wird größer.

Merkmale literarischer Texte Das ist erst recht der Fall bei literarischen Texten. Denn literarische Texte machen nicht nur Aussagen über Sachverhalte mit einer bestimmten Aussageabsicht, sie sind nicht nur **referentiell**, beziehen sich auf die außersprachliche – und außertextliche Wirklichkeit, sondern sie sind **autoreferentiell** d.h.: sie beziehen sich in ihren Aussageabsichten immer auch auf sich selbst, sie machen nicht nur Aussagen über etwas, sondern sind selbst in ihrer jeweiligen komplexen Gestaltung Aussage und Intention. Woran liegt das?

Literarische Texte sind künstlich-künstlerisch gestaltete Texte und wollen in ihrer Gestaltung wahrgenommen werden. Die künstlerische Gestaltung ist zunächst eine sprachkünstlerische und zwar auf der Laut-, Wort- und Satzebene der Sprache. Es kann u.a. onomatopoetisch (lautmalerisch) mit Lauten und Klängen gearbeitet, eine Vielzahl sprachlicher Bilder verwandt oder neu erfunden, die grammatische und syntaktische Ordnung der Sätze kunstvoll gestaltet oder auf das äußerste strapaziert oder unterlaufen werden. Die Sätze können darüber hinaus, um nur eine Möglichkeit zu nennen, durch ein subtiles Symbol-Motivgeflecht wiederum zu komplexen künstlerischen Einheiten verbunden werden.

Weiter sind literarische Texte inhaltlich künstlich-künstlerisch gestaltete Lebens-Erfahrung: alle literarischen Texte, wie vermittelt und wie indirekt auch immer, handeln von menschlicher Lebens-Erfahrung. Damit meint Lebens-Erfahrung nicht nur die Lebenserfahrung im alltäglichen Sprachverständnis: erfahrenes Leben gleich vergangenes Leben. Lebens-Erfahrung schließt Vergangenes ebenso ein wie Gegenwärtiges und Zukünftiges, Menschliches wie Unmenschliches, Menschenmögliches wie Menschenunmögliches. Als künstlich-künstlerische Gestaltung von Lebens-Erfahrung sind literarische Texte fiktionale Texte, sie entwerfen eine nicht-wirkliche Welt, die als wirkliche erscheint mit suspendiertem Wirklichkeitsbezug. Anders als in realer Wirklichkeit kann in der fiktionalen Wirklichkeit alles eine Bedeutung haben oder von Bedeutung sein, so dass der Rezipient gegenüber fiktionalen Texten zunächst eine generelle Bedeutungsabsicht unterstellen muss.

Überdies sind literarische Texte wie alle Texte **intertextuell. Intertexualität** meint, dass Texte sich immer schon auf andere Texte beziehen. Julia Kristeva, die den Begriff Intertextualität eingeführt hat: „Jeder Text baut sich als Mosaik von Zitaten auf, jeder Text ist Absorption und Transformation eines anderen Textes". Der Bezug eines literarischen Textes zu anderen literarischen Texten heißt dann positiv: der Text übernimmt etwas von anderen Texten (Inhalte, Themen, Formen); er zitiert direkt, spielt darauf an, wie auch immer. Negativ ist der Bezug zu anderen Texten, wenn der literarische Text sich von anderen unterscheidet, in Außendifferenz etwa zu Sach- und Gebrauchstexten, in Binnendifferenz zu anderen literarischen Texten.

Nimmt man das alles zusammen, so wird ersichtlich, dass die Verstehensspielräume, die Texte generell haben, in literarischen Texten deutlich erweitert sind: literarische Texte sind mehr- bzw. vieldeutig und daher fordern sie ein „zweites Lesen", Deutung und Ausdeutung, sprich: Interpretation geradezu heraus. Literarische Texte sind *Kunstwerke* und als *Kunstwerke* wollen sie, wie alle anderen Kunstwerke auch, wahrgenommen, gedeutet und verstanden werden.

2 | Literaturwissenschaftliche Interpretation

Abb. 20

Susan Sontag
(1933-2004).

Die US-amerikanische Schriftstellerin, Essayistin und Publizistin Susan Sontag (1933-2004) ist bekannt für ihren Einsatz für Menschenrechte, und als scharfsinnige Kritikerin der gesellschaftlichen Verhältnisse und der Regierung der Vereinigten Staaten von Amerika. Sie wurde 2003 mit dem 54. Friedenspreis des deutschen Buchhandels geehrt.

Was aber ist eine Interpretation mit literaturwissenschaftlichem Anspruch? Schauen wir uns zunächst die Vorwürfe der Kritiker der Interpretation an. Susan Sontag hat 1964 in ihrem Aufsatz *Against Interpretation* der Interpretation generell vorgeworfen, dass sie sich primär um den Inhalt und nicht um die Form eines Kunstwerkes kümmere, die Arbeit der Interpretation sei „im Grunde eine Übersetzungsarbeit [...] dass X in Wirklichkeit A ist – oder bedeutet", damit mache sie die Kunst „manipulierbar, bequem", die Kunst werde gezähmt, die Interpretation vergifte das sinnliche Empfindungsvermögen für die Kunst, weil sie den Intellekt überbetone, die Interpretation sei eine „Vergewaltigung" der Kunst durch den Intellekt.

Zitat

Das Werk Kafkas zum Beispiel ist zum Opfer einer Massenvergewaltigung durch nicht weniger als drei Armeen von Interpreten geworden. Diejenigen, die Kafkas Werk als soziale Allegorie lesen, sehen in ihm Fallstudien der Frustration und des Irrsinns der modernen Bürokratie. Diejenigen, die es als psychoanalytische Allegorie lesen, sehen in ihm den verzweifelten Ausdruck von Kafkas Angst vor dem Vater, seiner Kastrationsangst, seines Gefühls der eigenen Impotenz, seiner Traumhörigkeit. Diejenigen schließlich, die sein Werk als religiöse Allegorie lesen, erklären, daß K. in *Das Schloß* Zugang zum Himmel sucht, daß Josef K. in *Der Prozeß* von der unerbittlichen und geheimnisvollen Gerechtigkeit Gottes gerichtet wird [...].[1]

Dieser Machtanspruch, das Eine für eindeutig wahr und das Andere für eindeutig falsch auszugeben, oder mit einem Buchtitel von Jochen Hörisch „Die Wut des Verstehens", ist der Interpretation bis heute immer wieder vorgeworfen worden: die Interpretation zwinge die literarischen Texte in ein strammes Bedeutungskorsett, so dass den vieldeutigen literarischen Texten der Atem ausgehe. Dagegen plädiert Sontag für eine „Erotik der Kunst". Das ist schöner gesagt als gedacht, denn dahinter verbirgt sich nichts anderes als die Forderung nach einer Kunstkritik – Kunstwerke müssen nämlich auch für Sontag „erläutert" werden –, in der „inhaltliche Erwägungen mit formalen verschmelzen". An die Stelle der Interpretation setzt Sontag die Kritik, heute sind es die „Lektüren".

Warum können nur in einer Kritik und nicht in einer Interpretation inhaltliche Überlegungen mit formalen verbunden werden? Das liegt daran, dass hier das Bild einer Interpretation gezeichnet wird, das eher einem Zerrbild entspricht oder einem Missverständnis von Interpretation, das immer noch anzutreffen ist, leider auch noch in Schulen praktiziert wird, aber mit einer literaturwissenschaftlichen Interpretation wenig zu tun hat. Literaturwissenschaftliche Interpretationen literarischer Texte sind *keine Bedeutungsallegoresen*, d. h. keine eindeutig fixierten Bedeutungszuweisungen, die behaupten allein richtig bzw. wahr zu sein: dies bedeutet das, jenes dieses. Denn das würde wiederum eine absolute Deutungskompetenz voraussetzen, die keine Theorie für sich beanspruchen kann. Literaturwissenschaftliche Interpretationen sind das Gegenteil: sie behaupten nicht, sondern sind Verstehensangebote, die die Vieldeutigkeit literarischer Texte durch Analyse von Form und Inhalt allererst erkennbar machen. Dabei verwenden literaturwissenschaftliche Interpretationen das bisher von der Literaturwissen-

Literaturwissenschaftliche Interpretationen sind keine eindeutigen Bedeutungszuweisungen schaft erarbeitete Wissen und Können, formulieren *widerspruchs-frei* und *zusammenhängend* Deutungsmöglichkeiten, die sie an den Texten belegen und plausibilisieren müssen; sie setzen sich mit bereits vorliegenden Interpretationen auseinander und stellen sich der Diskussion in der scientific community, der literaturwissenschaftlichen Öffentlichkeit. Anders gewendet: Ziel literaturwissenschaftlicher Interpretation ist es nicht, das „Rätsel" (Adorno) literarischer Kunstwerke zu lösen, sondern es als „Rätsel" in seinen vielfältigen Bedeutungsdimensionen erkennbar und erfahrbar zu machen. Dass vielfach in der Literaturwissenschaft nicht so verfahren wurde und wird, spricht nicht gegen die Interpretation als Versuch, literarische Texte in ihrer Komplexität zu verstehen, gerade auch dann, wenn sie sich dem Verstehen verweigern.

3 | Hermeneutik

Auslegen, Deuten, Interpretieren – so lässt sich das griechische Wort „hermeneuein" umschreiben. Hermes, ein umtriebiger griechischer Gott, ist der Bote der Götter, der den sterblichen Menschen den Willen der Unsterblichen übersetzt, in ihrer Sprache auslegt, ein Vermittler zwischen zwei Welten, die sich anscheinend ohne Vermittlung nicht verstehen können oder wollen. Die **Hermeneutik** befasst sich daher mit dem Verstehen und Auslegen von Texten. Hermeneutische Überlegungen werden dann nötig, und das zeigen bereits die Anfänge der Hermeneutik, wenn das Verstehen problematisch wird. Das gilt in der griechischen Antike für die Texte Homers, dessen Gottesmythen bezweifelt wurden und deshalb uminterpretiert werden mussten zu philosophischen Prinzipien oder zu moralischen Tugenden; und das gilt ebenso für die biblischen Schriften, die Heilige Schrift, denn hier mussten die Schriften des Alten Testaments als Voraussetzung für das Neue Testament interpretiert werden.

Mehrfacher Schriftsinn   Die Kirchenväter des 2. und 3. Jahrhunderts entwickelten hierzu die Lehre vom **mehrfachen Schriftsinn**: der Wort- und Literalsinn bezeichnet die Tatsache (z. B. die Stadt Jerusalem); der figürliche oder allegorische Sinn interpretiert die Stadt Jerusalem als Kirche, der moralische Sinn deutet Jerusalem als menschliche Seele, die sich moralisch richtig verhalten soll; der anagogische Sinn Jerusalem als himmlisches Jerusalem, als Paradies der Seligen. Die Willkürlichkeit dieser Zuordnungen und Bedeutungszuschreibungen wird legitimiert durch eine göttlich autorisierte Auslegungsinstanz: die kirchliche Autorität. Fehlt eine solche allgemein anerkannte Auslegungsinstanz, die verbindlich sagt, was wie zu verstehen ist, muss über Möglichkeiten und Grenzen des Verstehens neu nachgedacht werden.

Deshalb versteht sich die Hermeneutik seit der Neuzeit und besonders seit dem 18. Jahrhundert als Theorie des Verstehens, als systematische Kunstlehre des Verstehens (Schleiermacher), als universelle Philosophie menschlichen Verstehens überhaupt (Gadamer).

Hermeneutik als Theorie des Verstehens reflektiert über Bedingungen und Möglichkeiten des Verstehens. Wenn Verstehen selbstverständlich gegeben wäre, Verstehen ohne Schwierigkeiten möglich wäre, bräuchte darüber nicht nachgedacht zu werden. Ein Text, der mir vorliegt, ist mir zunächst fremd: es treffen also zwei Welten aufeinander, die Welt des Lesers und die Welt des Textes. Diese Fremdheit kann unterschiedliche Gründe haben: die Welt des Textes ist sprachlich fremd, historisch fremd, kulturell fremd usw.; ist sie schlechterdings fremd, kann ich sie nicht verstehen. Das heißt die Fremdheit muss überbrückbar sein, es muss ein Verbindendes zwischen der Welt des Textes und der des Lesers bestehen, so dass

Hans-Georg Gadamer (1900–2002).

beide Welten im Verstehensprozess übereinkommen können. Um die Fremdheit und Ähnlichkeit der beiden Welten bestimmen zu können, muss das Verbindende und das Fremde dieser Welten benannt werden. Das Verbindende ist in der Geschichte der Hermeneutik unterschiedlich benannt worden: es kann die Sprache, der gemeinsame Hintergrund einer Tradition oder Kultur sein, die anthropologische Gleichheit als Mensch, das gleiche menschliche Leben im Denken und Empfinden; das Fremde ist dann das je Eigene und Besondere.

Das Verstehen wäre dann ein „Verschmelzen" der beiden Welten, der Versuch, eine möglichst große Schnittmenge zu erreichen, nicht aber das Fremde vollständig in das Eigene zu verwandeln, denn dann wäre das Fremde nicht als Fremdes, sondern als eigenes identifiziert worden: das Verstehen mindert das Nichtverstehen, kann es aber niemals ganz aufheben.

Hermeneutischer Zirkel

Die **literarische Hermeneutik** geht davon aus, dass ein literarischer Text von einem Autor als einheitliches Werk mit Bedeutung und Sinn geschaffen wird und von einem Leser mehr oder weniger kongenial interpretiert werden kann. Das Verstehen organisiert sich nach dem bekannten **hermeneutischen Zirkel**, nach dem das Ganze des Werks das Verständnis des einzelnen Details leitet, wie umgekehrt dieses Ganze nur durch das Verstehen der einzelnen Details als Ganzes erkennbar wird. Nun hat die literarische Hermeneutik selbst diese Trias Autor-Werk-Leser in ihrer Selbstverständlichkeit auch kritisiert und in Frage gestellt. Ist der Autor wirklich das schöpferische Subjekt, das für das literarische Werk im Ganzen und im Detail verantwortlich ist, ihm allen Sinn und Bedeutung verleiht oder verweigert, oder wird der Autor nicht bestimmt durch ihm vorgeordnete Instanzen oder Ordnungen (gesellschaftliche Ordnung, literarisches System), symbolische oder kulturelle Ordnung? Sind Werke wirklich auf Ganzheit und Sinn angelegt, oder zeichnen sie sich nicht vielmehr durch Brüche und Widersprüche aus, die einen einheitlichen Sinn bzw. jeden Sinn verweigern, und damit eine Deutung, eine Interpretation unmöglich machen. Und gilt für den Leser nicht das gleiche wie für den Autor?

Die literarische Hermeneutik der letzten Jahrzehnte ist überzeugt, dass der Text mehr weiß als sein Autor, dass der Sinn im literarischen Werk nicht wie in einer Nussschale verborgen liegt, so dass er herausgeknackt werden muss, um ihn dann für alle Zeiten zu besitzen; der Sinn muss vielmehr wegen seiner Vieldeutigkeit immer wieder neu ausgelegt, hergestellt, entworfen werden, und der Leser als Interpret nimmt immer nur Vorläufiges wahr, das korrigiert und erweitert werden muss. Aber die literarische Hermeneutik stellt nicht grundsätzlich das Verstehen, Auslegen und Interpretieren in Frage, ebenso wenig wie den Autor als Subjekt, das Werk (wenn auch als negative) Einheit und die produktive Deutungskompetenz des Lesers.

Methoden

Die Literaturwissenschaft hat in ihrer Geschichte Verfahren entwickelt, literarische Texte zu deuten und zu verstehen, die unterschiedlich ansetzen, verschiedene Schwerpunkte setzen. Die einen versuchen über den Autor (dessen Biographie) „Auskunft" über sein Werk zu erhalten, andere konzentrieren sich auf das Werk, auf dessen inhaltliche und formale Struktur, wieder andere stellen den Leser und damit die Rezeption des Werkes in den Mittelpunkt ihrer Überlegungen. Diese Verfahren der Textanalysen werden in der Literaturwissenschaft traditionell **Methoden** genannt. Das unterstellt, Methoden wären ein Handwerkszeug, das nach Belieben verwandt werden könnte, wie Zangen oder Schraubenzieher. Methoden sind zwar auch Handwerkszeug, aber nicht nur: denn jede Methode ist Teil einer bestimmten **Literaturtheorie**, diese wieder beeinflusst von philosophischen Theorien im weitesten Sinn. Literaturtheorien schließen sich daher häufig gegenseitig aus und sie verändern sich je nach Zeitgeist und Mode. Zu fragen wäre daher, was bleibt von den Literaturtheorien und ihren Methoden jenseits von Zeitgeist und Mode, welchen Teilaspekt haben sie richtig gesehen, wenn auch in ihrer zeitgenössischen Auseinandersetzung verengt und überbewertet.

Literaturwissenschaftlicher Positivismus

4

Die älteste Methode der Literaturwissenschaft ist der **literaturwissenschaftliche Positivismus**. Er entstand etwa seit 1850 und war die dominierende Methode bis zur Jahrhundertwende.

Einer der bedeutendsten Vertreter des literaturwissenschaftlichen Positivismus, Wilhelm Scherer (1841-1886), fordert 1874 programmatisch:

Zitat

> Wir verlangen Einzeluntersuchungen, in denen die sicher erkannte Erscheinung auf die wirkenden Kräfte zurückgeführt wird [...] Gewissenhafte Untersuchung des Thatsächlichen ist die erste und unerläßliche Forderung. Aber die einzelne That-sache als solche hat an Werth für uns verloren. Was uns interessirt, ist vielmehr das Gesetz, welches daran zur Erscheinung kommt. Daher die ungemeine Bedeutung, welche die Lehre von der Unfreiheit des Willens, von der strengen Causalität auch in der Erforderung des geistigen Lebens erlangt hat.[2]

Methodische Vorgehensweise und Ziel der Erkenntnis ist klar definiert: Ausgangspunkt ist das Positive, (lat. positum) das Gegebene, das Faktische, die Tatsache. Diese Fakten müssen wahrgenommen, beschrieben und geordnet werden, so dass gesicherte Erkenntnisse, empirisch überprüfbar, entstehen. Aus diesen Erkenntnissen sollen dann induktiv (d.h. vom Einzelnen ausgehend) wissenschaftliche Gesetzmäßigkeiten formuliert werden, die die einzelnen Erkenntnisse in kausaler Folge miteinander verbinden. Vorbild dieser Methode ist die Naturwissenschaft. Wie in der Naturwissenschaft sollen in der Literaturwissenschaft Fakten erkannt und Gesetzmäßigkeiten festgestellt werden.

Zitat

Wir glauben [...], daß die Ziele der historischen Wissenschaft mit denen der Naturwissenschaft insofern wesentlich verwandt seien, als wir die Erkenntnisse der Geistesmächte suchen um sie zu beherrschen, wie mit Hilfe der Naturwissenschaften physische Kräfte in menschlichen Dienst gezwungen werden.[3]

Merksatz

Der Literaturwissenschaftler hat also die Aufgabe:
1. Fakten und Ereignisse zu sichern, d. h. zunächst die literarischen Texte als Texte zu sichern, zu edieren, zu kommentieren, Wort- und Sacherklärungen zu geben.
2. Die literarischen Werke in ihrer kausalen Abhängigkeit von Autor und Zeit zu erklären und
3. die literarischen Werke in „strenger Causalität" in einem literarhistorischen Zusammenhang als gesetzmäßige Folge zu erkennen.

Zu 1: Ohne gesicherte Textgrundlage kann es keine literaturwissenschaftliche Forschung geben, eine positivistische erst recht nicht. Daher fallen in diese Zeit – und das ist die bleibende Leistung des literaturwissenschaftlichen Positivismus bis heute – die grundlegenden textkritischen Editionen der Werke von Goethe, Schiller, Herder, Klopstock, Wieland, Kleist u.v.m., die großen Biographien (u.a. zu Lessing, Goethe, Schiller) und ein bibliographisches Standardwerk bis heute, das zwar den Begriff „Geschichte" im Titel führt, aber keinen geschichtlichen Zusammenhang gibt: Karl Goedeke: *Grundriß zur Geschichte der deutschen Dichtung* (1856-1887).

Zu 2: Wie sind nun die literarischen Werke kausallogisch zu erklären? Der literaturwissenschaftliche Positivismus ist allgemein beeinflusst durch den Begründer des Positivismus Auguste Comte (*Cours de philosophie positive*, 1842). Ziel Comtes ist der „positive Zustand": das ist einmal die immer weiter fortschreitende Erkenntnis der Welt (Weltgesetz) und zum anderen ein gesellschafts-utopischer Zustand: in ihm hat die Menschheit sich emanzipiert und den theologischen und metaphysischen Zustand überwunden; hier gilt der Grundsatz: Die Liebe als Prinzip, Ordnung als Grundlage, Fortschritt als Ziel.

In unmittelbarer direkter Abhängigkeit steht der literaturwissenschaftliche Positivismus von zwei zivilisationsgeschichtlichen bzw. literarhistorischen Werken: Thomas Buckles *History of Civilization in England* (1861) und Hippolyte Taines *Histoire de la littérature anglaise* (1864). Besonders Taine hat für die literaturwissenschaftliche Arbeit drei positiv zu erkennende Größen festgelegt, die Autor und literarisches Werk kausal bestimmen: **race**, **milieu** und **moment**. Race zielt auf die erblichen Grundlagen des Autors, milieu auf das soziale und kulturelle Umfeld, moment auf die zeitgeschichtliche Aktualität. Scherer hat das analog übernommen: die Aufgabe des Literaturwissenschaftlers sei es, das „Ererbte, Erlebte und Erlernte" eines Autors zu erforschen, um so sein literarisches Werk „historisch-genetisch" erklären zu können. Sieht man einmal von dem Ererbten ab, eine Größe, die später in der nationalsozialistischen Literaturwissenschaft zum menschenverachtenden Kriterium für Literatur wird, so hat der Literaturwissenschaftler die Aufgabe, nicht nur alles verfügbare biographische Material zu erfassen, sondern über den Autor hinaus eine gesellschaftliche Analyse, ein „Abbild umgebender Sitten" (Scherer) zu liefern, um daraus das literarische Werk abzuleiten (das verweist schon auf spätere literatursoziologische Theorien).

Zu 3: Die literarischen Werke sollen dann ihrerseits in einen kausal erklärbaren historischen Zusammenhang gebracht werden: Hier erweist sich die Liebe der Positivisten zu Gesetz und Zusammenhang als Liebe zur Spekulation. Scherer entwirft in seiner *Geschichte der deutschen Litteratur* (1883) eine Blütezeit- oder Wellentheorie: Die Literaturgeschichte lässt sich danach als Abfolge von Höhepunkten und Tiefpunkten im Rhythmus von 600 Jahren erkennen; um 600 – Blüte des germanischen Nationalepos, um 1200 Höhepunkt der mittelalterlichen Dichtung; um 1800 – Klassik mit Goethe und Schiller. Das ist kein positives Wissen und Gesetz, sondern durch nichts gesicherte Mutmaßung. Der nächste Höhepunkt der deutschsprachigen Literatur wäre dann übrigens 2400 n. Chr.!

Sieht man einmal von Methode und Erkenntnisziel des literaturwissenschaftlichen Positivismus ab (ein strenges Ursachen – Folge-Verhältnis von Gesellschaft, Autor und Werk lässt sich nicht bestimmen), so ist doch vieles in der Literaturwissenschaft heute zur Selbstverständlichkeit geworden: Gesicherter Text als Voraussetzung wissenschaftlicher Forschung, eine weiter verfeinerte Editionstechnik und auch die Sichtung und Sammlung (Archivierung) bio-

„Das Ererbte, Erlebte, Erlernte"

Paul Celan
(1920–1970).

graphischen Materials der Autoren. Dass die genaue Kenntnis biographischer Tatsachen das literarische Werk nicht „erklären" kann,
ist richtig, aber sie kann Verstehensspielräume eröffnen bzw. erweitern. Ein kurzer Hinweis auf ein Gedicht von Celan aus seinem Ge-
dichtband *Schneepart* von 1971 mag das veranschaulichen.

Zitat

Du liegst im großen Gelausche
umbuscht, umflockt.

Geh du zur Spree, geh zur Havel,
geh zu den Fleischerhaken,
zu den roten Äppelstaken
aus Schweden –

Es kommt der Tisch mit den Gaben
er biegt um ein Eden –

Der Mann ward zum Sieb, die Frau
mußte schwimmen, die Sau,
für sich, für keinen, für jeden –

Der Landwehrkanal wird nicht rauschen.
Nichts
    stockt.

Celans Gedichte zählen zu den „hermetischen", schwer zugängli-
chen Gedichten, die nicht unmittelbar verständlich sind. Es lässt
sich zwar Berlin als geographischer Ort erkennen, doch der Verste-

hensraum des Gedichts wird deutlicher, wenn man die biographischen Details kennt. Das Gedicht ist am 22/23. Dezember 1967 geschrieben; Celan war in Berlin, hat die Hinrichtungsstätte Plötzensee (Fleischerhaken), den Weihnachtsmarkt (Äppelstaken) besucht, vor allem aber hat er eine historische Untersuchung zur Ermordung von Karl Liebknecht und Rosa Luxemburg gelesen (Hotel Eden, Landwehrkanal usw.). Nimmt man die intertextuelle Anspielung auf Büchners *Dantons Tod* (rauschen, stocken) noch hinzu, dann setzt sich das Gedicht mit der Hoffnung und Hoffnungslosigkeit von Revolutionen, bürgerlichen und sozialistischen, mit faschistischer Vergangenheit, mit gesellschaftlicher Wirklichkeit, der Rolle der Kunst usw. auseinander. Die biographischen Kenntnisse eröffnen einen Fragehorizont, der vielleicht ohne sie nicht deutlich geworden wäre.

Geistesgeschichte | 5

Der literaturwissenschaftliche Positivismus wird in der Geschichte der Literaturwissenschaft abgelöst durch die **Geistesgeschichte**. Hatte Scherer eine für Natur- und Geisteswissenschaften gemeinsame Methode des aus Ursachen Entwickelns und Erklärens gefordert, so schlägt das Pendel zur Gegenseite aus. Der Philosoph Wilhelm Dilthey (1833-1911) grenzt die Geisteswissenschaften von den Naturwissenschaften ab. Die Naturwissenschaften erklären, fragen nach Ursache und Wirkung, die Geisteswissenschaften versuchen zu verstehen, denn Sprache, Kultur, Ideen, die menschliche Geschichte können nicht kausal erklärt, auf Gesetze reduziert, sondern allenfalls verstanden werden. (Umgangssprachlich lässt sich die so getroffene Unterscheidung zwischen ‚Erklären' und ‚Verstehen' nicht halten). Entsprechend hat die Literaturwissenschaft die literarischen Werke auf ihre Ideen, Gedanken, Probleme und Formen hin zu untersuchen, z.B. zu fragen, welche Ideen und geistigen Probleme in den einzelnen literarischen Werken gestaltet werden; Stil und Motivuntersuchungen gehören ebenfalls dazu.

Ziel der Erkenntnis ist aber nicht nur der Geist des einzelnen Werkes, sondern unter Geist soll auch die „Einheit des geistigen Lebens in Staat, Philosophie, Kunst und Dichtung" (Paul Kluckhohn) verstanden und erforscht werden. Die Geistesgeschichte ordnet dann mehr schlagwortartig als begrifflich überzeugend Epochen und Per-

Verstehen gegen Erklären

sonen bestimmten Begriffen zu: Der Klassik: Harmonie, Ordnung, Geschlossenheit, Vollendung; der Romantik: Unendlichkeit usw. Versucht wird z. B. den *Geist der Goethezeit* (H.A. Korff, 1923-1953) und den anderer Zeiten zu beschreiben. Geistesgeschichte ist keine begrifflich klar fassbare Methode, es ist eher ein Sammelbegriff unterschiedlicher Gegenstandsbereiche und Schwerpunkte; gemeinsam ist hier – stärker als der Positivismus das konnte – das literarische Werk in seiner geistigen und ästhetischen Dimension zu erforschen: was ist der „Sinngehalt", die „Lebensdeutung" der literarischen Werke und wie werden in ihnen die Ideen (religiöse, metaphysische, moralische, künstlerische Probleme) „verarbeitet"?

Nach Themen, Ideen, philosophischen Problemen und Gedanken geistesgeschichtlich zu fragen, ist sicher legitim; den Geist aber als nationalen zu bestimmen, als deutschen Geist zu fassen, zeigt die überwiegend nationalistische und später dann national-sozialistische Richtung der Germanistik. Ein Titel einer der völkisch-nationalsozialistischen Ideologie angepassten Literaturwissenschaft soll hier genügen: Julius Petersen: *Die Sehnsucht nach dem Dritten Reich in deutscher Sage und Dichtung.*

6 | Werkimmanente Interpretation

Um solchen geistesgeschichtlichen Verblendungen in Zukunft zu entgehen oder sie vergessen zu machen, entwickelte sich, wenn auch teilweise schon vor 1945 konzipiert, nach dem 2. Weltkrieg als beherrschende Methode die **werkimmanente Interpretation**. Ihr Ziel ist es, das literarische Werk als Wortkunstwerk aus sich heraus zu verstehen. Das literarische Werk wird als ein in sich geschlossenes, sprachkünstlerisch gestaltetes Werk verstanden. Intention dieser Methode ist es, das literarische Werk ausschließlich als künstlerisch gefügte Einheit von Inhalt und Form zu erfassen und zu interpretieren.

Emil Staiger, neben Wolfgang Kayser (*Das sprachliche Kunstwerk*, 1948) einflussreicher Vertreter der werkimmanenten Interpretation, beschreibt sein Verfahren in seinem Aufsatz „Die Kunst der Interpretation" von 1951. Der Ausgangspunkt jeder Interpretation ist für Staiger das „allersubjektivste Gefühl": Man muss vom dichterischen Werk gefühlsmäßig angesprochen werden durch persönliche Berührung, Betroffenheit, Liebe usw. Diese gefühlsmäßige

Wahrnehmung, die Staiger als Wahrnehmen des Rhythmus des Werks bezeichnet, setzt ihrerseits eine ‚gefühlsmäßige' Qualifikation des Interpreten voraus: Begabung, ein „empfängliches Herz, ein Gemüt mit vielen Saiten". Diese gefühlsmäßige Wahrnehmung soll jetzt wissenschaftlich erklärt werden, d. h. im Einzelnen und Ganzen des Werkes nachgewiesen werden. Staigers Kürzel dafür ist: Interpretation hat die Aufgabe das „zu begreifen, was uns ergreift". Das Ziel der Interpretation ist erreicht, wenn „der Nachweis" erbracht ist, dass das Gefühl stimmt. Staiger gesteht die Einseitigkeit der subjektiven Sichtweise zu. Da das einzelne Kunstwerk als echtes „lebendiges Kunstwerk" unendlich ist, trägt jede einzelne Interpretation zu einer Gesamtinterpretation des Kunstwerks bei. „Der Fortschritt dieser Erkenntnis vollzieht sich im Gang der Geschichte und findet kein Ende, solange die Überlieferung währt"[4]. Die „unerschöpfliche Tiefe der Kunst" lässt immer neue Interpretationsversuche zu.

Die werkimmanente Interpretation trägt ihren Namen zu unrecht: Sie kommt ohne das einzelne Werk überschreitende Bezüge auf den Autor, auf sein weiteres Werk, auf seine Zeit usw. nicht aus. Das beweisen nicht nur die Interpretationen der werkimmanenten Interpreten – alle überschreiten die Grenze der Werkimmanenz –, sondern auch die Erkenntnis, dass sowohl der Interpret als auch das Werk nicht unmittelbare, sondern historisch vermittelte Größen sind. Staiger weiß das auch (er spricht ausdrücklich von den „Voraussetzungen des Werks", von literarischer und geschichtlicher Tradition), aber er klammert das methodisch aus.

Der Vorteil einer solchen methodischen Inkonsequenz ist die Konzentration auf die literarische Gestaltung des einzelnen Kunstwerks. Und in der Tat zeichnen sich viele werkimmanente Interpretationen durch genaue und differenzierte Beschreibung und Wahrnehmung literarischer Feinheiten aus.

Formalismus, Strukturalismus 7

Das Künstlerische, das Literarische des sprachlichen Kunstwerks zu erkennen, ist auch das Ziel zweier literaturwissenschaftlicher Methoden des 20. Jahrhunderts, des **Formalismus** und des **Strukturalismus**.

Der Formalismus entstand 1916/17 an den Universitäten Petersburg und Moskau, er wurde dann von der marxistischen Ideologie verworfen. Wichtige Vertreter sind Viktor Šklovsky, Boris Eichenbaum, Jurij Tynjanov und vor allem Roman Jakobson.

Bedeutung der Sprachwissenschaft – linguistic turn

In der germanistischen Methodendiskussion wurde der russische Formalismus durch die Vermittlung Jurij Striedters (*Texte der russischen Formalisten*, 1969) zeitgleich mit Theorien des französischen Strukturalismus rezipiert. Beide, Formalismus und Strukturalismus, sind Teil des in den 70er Jahren stattfindenden sogenannten „linguistic turn" auch in der Literaturwissenschaft: die sprachwissenschaftliche Analyse von literarischen Werken.

Das Literarische

Die Formalisten polemisieren heftig gegen jede historisch-genetische Erfassung des literarischen Kunstwerks nach Muster des literaturwissenschaftlichen Positivismus, sie lehnen auch die Geistesgeschichte ab. Ihnen geht es zuerst um die Form des literarischen Werkes oder genauer: „Den Gegenstand der Literaturwissenschaft bildet nicht die Literatur, sondern das Literarische, d. h.: das, was das vorliegende Werk zu einem Werk der Literatur macht"[5] (Jakobson). Es geht um die Erforschung der spezifischen Besonderheiten des literarischen „Materials" mit der Hoffnung, „das Literarische" in jedem literarischen Werk eindeutig identifizieren zu können. Die Besonderheiten des literarischen Materials sind dann nicht nur, aber hauptsächlich sprachtheoretisch bestimmt worden, das gilt auch für den literaturwissenschaftlichen Strukturalismus, wenn auch hier Texte auf gemeinsame Strukturmerkmale untersucht wurden (Barthes, Todorov, Genette, Greimas).

Poetische Sprache und Normalsprache

Die sprachwissenschaftlich/linguistisch orientierte Literaturwissenschaft versuchte, ausgehend von der durch Saussure begründeten strukturalistischen Sprachwissenschaft poetische Sprache von „Normalsprache" zu unterscheiden, Strukturen poetischer Sprache zu fixieren, die es zudem erlauben sollten, das Literarische eines Textes objektiv und eindeutig feststellen zu können, quasi eine mathematische Formel zu definieren. Das ist gescheitert. Gelungen sind dagegen viele hochdifferenzierte Sprachanalysen poetischer Texte, die von der Grundüberlegung ausgehen, dass poetische Strukturen „parasitäre" Strukturen sind, die „linguistische Primärstrukturen" überlagern: die poetische Sprache weiche bewusst von der Normalsprache ab. Das kann auf der Laut-Ebene durch Lautmalerei sein, auf der Wortebene durch Neuschöpfung, auf der Syntax-Ebene durch Verändern der normalen Syntax und auf der Semantik-Ebene durch ungewohnte Bedeutungen, Bedeutungsverfremdungen.

Wenn sich das „Poetische" oder „Literarische" einer „poetischen Rede" in Abgrenzung zur Normalsprache auch nicht eindeutig definieren lässt, so kann man doch die Verwendung von sprachlichen Zeichen in literarischen Texten untersuchen. Unterscheiden sich nämlich Sachaussagen von literarischen Aussagen dadurch, dass letztere in ihrem Wirklichkeitsbezug suspendiert, eingeklammert und damit fiktional sind, und literarische Texte daher sich immer auch auf sich selbst beziehen, also autoreferentiell sind, dann kann dieser Selbstbezug als Struktur von Elementen und deren Beziehungen untereinander dargestellt werden. Man kann Oberflächen- und Tiefenstruktur unterscheiden, Makro- und Mikroanalysen durchführen, um die Struktur eines einzelnen Textes, oder, übergreifend die Struktur einer Gattung (z. B. die Struktur der Erzählung, die Struktur des Märchens) zu erfassen. Derartige strukturalistische Analysen können literarische Werke in ihrer Sprache und Struktur sehr genau beschreiben, schwerer tun sie sich bei der Analyse der Themen und Inhalte literarischer Texte in ihrer je individuellen Besonderheit.

Auch wird die Frage, ob und wie literarische Texte als Strukturen sprachlicher Zeichen ihrerseits wieder von komplexen Strukturen kultureller oder gesellschaftlicher Art bestimmt sind, in den einzelnen strukturalistischen Richtungen sehr unterschiedlich diskutiert.

Textstrukturen

Literatursoziologie | 8

In den späten 1960er und 70er Jahren wurde die Literaturtheorie dominiert durch **literatursoziologische** Fragestellungen. **Literatursoziologie** untersucht die Literatur in ihrer Beziehung zur gesellschaftlichen Wirklichkeit. Als empirische Forschung ist sie weniger an dem literarischen Werk als ästhetischer Größe interessiert, sondern mehr an den gesellschaftlichen Rahmenbedingungen der Literatur (Marktforschung, Buchmarkt, Buchhandel, Leserforschung, Funktion der literarischen Institutionen, des literarischen Lebens usw.). Als Literaturtheorie hingegen ist der Gegenstand der Literatursoziologie das literarische Werk selbst, dessen gesellschaftliche Voraussetzung und Funktion in der jeweiligen historischen Wirklichkeit: welche gesellschaftliche Relevanz hat das literarische Kunstwerk?

Ein grundlegendes Modell zur Beantwortung dieser Frage liefert die marxistische Theorie. Sie unterscheidet zwischen ökonomischer

Marxistische Theorie

Basis (Produktions- und Eigentumsverhältnisse) und kulturellem Überbau, wobei das gesellschaftliche Sein (Basis) das Bewusstsein (Überbau) bestimmt. Die Gesellschaft ist eine Herrschafts- und Klassengesellschaft, voller Widersprüche, die dazu führen, dass Revolutionen die Gesellschaftsformationen in der Geschichte immer wieder verändert haben (von der antiken Sklavenhaltergesellschaft über die Adelsgesellschaft zur bürgerlichen Gesellschaft, die dann von der sozialistischen Gesellschaft abgelöst wird). Das Ziel des gesellschaftlichen Fortschritts ist nach marxistischer Theorie eine klassenlose Gesellschaft, herrschaftsfrei und human. Die gegenwärtige bürgerlich-kapitalistische Gesellschaft ist vor allem gekennzeichnet durch den Widerspruch zwischen Kapital und Arbeit und durch die Entfremdung des Menschen von sich selbst.

Georg Lukács: Probleme des Realismus I, II, III

Die Literatur als Teil des Überbaus spiegelt die gesellschaftliche Wirklichkeit wider. Diese Widerspiegelung der gesellschaftlichen Verhältnisse in der Literatur kann aber sehr unterschiedlich gefasst werden. Dass Literatur die gesellschaftliche Wirklichkeit nicht schlicht abbildet, ist evident. Georg Lukács ist zwar davon überzeugt, dass die Klassenzugehörigkeit des Autors auch seine Literatur bestimmt, sieht aber die Leistung der Kunst darin – in der Literatur, sind es für ihn besonders die großen realistischen Romane des 19. Jahrhunderts –, die gesellschaftliche Wirklichkeit, die der Einzelne nur bruchstückhaft wahrnimmt, in ihrer Totalität konzentriert und intensiv widerspiegeln zu können: im literarischen Werk wird dann das Wesen der jeweiligen Gesellschaft erkennbar, aber nur, wenn die literarischen Werke nach Art des bürgerlichen Realismus gearbeitet sind. Die Norm, die hier gesetzt wird, wertet dann moderne literarische Schreibweisen (Montage, Reportage) als „dekadent" ab.

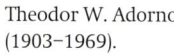

Abb. 23

Theodor W. Adorno (1903–1969).

Für die Vertreter der Kritischen Theorie, hier besonders für Th. W. Adorno, ist die Literatur nicht nur Widerspiegelung der tatsächlichen Verhältnisse, sondern auch Negation der vorhandenen Wirklichkeit. Die Gesellschaft des 20. Jahrhunderts ist zwar nach Adorno noch mit marxistischen Begriffen als kapitalistische beschreibbar, die Widersprüche sind zwar noch vorhanden, aber alle Gegenentwürfe für eine humane Gesellschaft werden von einer Kulturindustrie (Film, Funk, Fernsehen usw.) „vermarktet": die Kulturindustrie bestimmt die Sehnsüchte und Wünsche der Menschen und „befriedigt" sie auch.

Die ökonomischen Verhältnisse haben sich auch durch den technologischen Fortschritt derart verselbständigt, dass die Welt immer konformer, gleicher wird und alle Menschen Abhängige eines großen „Verblendungszusammenhangs" sind: sie verfügen als Subjekte in ihrem Denken und Tun weitgehend nicht mehr über sich selbst.

Für Adorno ist die Kunst – und damit auch die Literatur – zwar auch gesellschaftlich abhängig, aber sie ist auch autonom: sie widersetzt sich, erhebt Einspruch gegen eine selbstzerstörerische Gesellschaft. Das gelingt ihr aber nicht, indem sie utopisch schöne Gegenbilder entwirft, Alternativen zur gegenwärtigen Welt positiv ausgestaltet; die Kunst widerspricht nur als negative, nicht als Harmonie von Form und Inhalt, sondern als fragmentarische Form, voller Brüche und Widersprüche, dunkel und unverständlich.

So unterschiedlich diese marxistischen oder neomarxistischen Kunst- und Literaturtheorien auch sind, sie setzen die Literatur als Inhalt und Form in ein Verhältnis zur gesellschaftlichen Wirklichkeit und schreiben ihr eine gesellschaftliche Funktion zu. Allerdings geschieht das weitgehend pauschal, sprachliche, formale und inhaltliche Details können so nicht genau in ihrer Funktion bestimmt werden. Andere gesellschaftstheoretische Entwürfe (Systemtheorien), aber auch textsoziologische und diskursanalytische Ansätze versuchen diese Mängel auszugleichen.

Rezeptionsästhetik   9

1967 fordert H. R. Jauß gegen formalistische und marxistische Methoden einen grundlegenden Wechsel in der Literaturwissenschaft – *Literaturgeschichte als Provokation der Literaturwissenschaft*: in der Trias Autor – Werk – Leser sei der Leser bisher sträflich vernachlässigt, in seiner entscheidenden Bedeutung für den literarischen Text nicht erkannt worden. Dadurch werde die Literatur um eine Dimension verkürzt, die aber „unabdingbar zu ihrem ästhetischen Charakter wie auch zur ihrer gesellschaftlichen Funktion gehört", nämlich die Dimension der Wirkung der Literatur, ihrer Rezeption.

Dieser methodische Ansatz wird **Rezeptions- bzw. Wirkungsforschung**, aber auch **Rezeptionsästhetik** genannt. Wenn auch nicht trennscharf unterschieden wird, so ist mit **Rezeptions- bzw. Wir-**

kungsforschung mehr die empirische Untersuchung zur Wirkung von Literatur (z.B. empirische Leserforschung, Leserinterviews, Auswertung von Katalogen, Befragung des Buchhandels) gemeint; **Rezeptionsästhetik** zielt immer auch auf den ästhetischen Wert eines literarischen Werkes.

Für Jauß bedeutet das Verhältnis von Literatur und Leser ästhetisch: der ästhetische Wert eines literarischen Werkes wird vom Leser in einem Vergleich mit schon gelesenen Werken erkennbar; und das Verhältnis von Literatur und Leser bedeutet gesellschaftlich/historisch: die Rezeptionen zeitgenössischer Leser setzen sich fort in einer Reihe von Rezeptionen, die dann die geschichtliche Bedeutung eines literarischen Werkes ausmachen.

Erwartungshorizont

Um das Verhältnis von Literatur und Leser bestimmen zu können, geht Jauß von der Annahme eines **Erwartungshorizontes** aus. Mit **Erwartungshorizont** ist das Vorverständnis des Lesers an literarischen und lebenswirklichen Erfahrungen gemeint, mit denen er das neue Werk aufnimmt. Den Abstand zwischen einem vorgegebenen Erwartungshorizont und dem neuen Werk nennt Jauß **ästhetische Distanz**; das Erkennen dieser ästhetischen Distanz führt zu einem Wandel des Erwartungshorizonts. Literarische Entwicklung und Geschichte vollzieht sich daher in der Ablösung von Erwartungshorizonten. Entscheidend, um eine literarische Entwicklung beschreiben zu können, ist dann aber die Objektivierbarkeit von Erwartungshorizonten. Der Erwartungshorizont muss historisch rekonstruiert werden und da liegt auch das Problem. Jauß zielt nicht so sehr auf einzelne Leserzeugnisse, sondern nimmt als Faktoren des Erwartungshorizonts: Vorverständnis der Gattung, Formen und Themen bereits bekannter Werke, Gegensatz von poetischer und praktischer Sprache.

Textstrategien beeinflussen den Leser

Richtet sich Jauß' Theorie der **Rezeptionsästhetik** eher auf die **literaturgeschichtliche** Dimension von Wirkung, so konzentrieren sich andere mehr auf die **textanalytische** Dimension. Gefragt wird hier nach Strategien im literarischen Text selbst, die den Leser beeinflussen, seine Deutungskonzepte des Textes steuern oder verändern (z.B. W. Iser, *Der implizite Leser*, 1972). Die **Rezeptionsästhetik** macht damit direkt und indirekt durch Analyse der Textstrategien nachdrücklich darauf aufmerksam, dass Lesen ein aktiver und kreativer Prozess, eine je individuelle Aneignung des Textes ist und dass literarische Texte eine solche Leseaktivität besonders herausfordern.

Literaturpsychologie

Wie wirken literarische Texte und was muss der Leser als Voraussetzung mitbringen? Peter von Matt schreibt 1972 in seiner Einführung in die *Literaturwissenschaft und Psychoanalyse*, dass kein Interpret von Literatur ohne psychologische Kenntnisse auskäme und daher müsse er „Psychologie irgendwelcher Art betreiben". Das heißt, psychologische Theorie kann etwas zum Verständnis von literarischen Texten beitragen. Das hat zunächst den einfachen Grund, dass literarische Texte fiktionale Welten herstellen, in denen Personen handeln, ihre Gefühle usw. ausdrücken; literarische Figuren müssen daher psychologisch verstanden werden – eine Aufgabe der **Literaturpsychologie** (es geht hier also nicht um therapeutische Arbeiten *mit Hilfe* von Literatur, z. B. Bibliotherapie).

Sigmund Freud (1858–1939): Fotografie und Spielfigur.

Exemplarisch soll hier nun die Theorie Sigmund Freuds, als die bekannteste und einflussreichste psychoanalytische Literaturtheorie kurz umrissen werden.

In seinem Aufsatz von 1907 *Der Dichter und das Phantasieren* schreibt Freud: „Der Dichter tut [...] dasselbe wie das spielende Kind; er erschafft eine Phantasiewelt [...]"[6]. Triebkräfte der Phantasie sind „unbefriedigte Wünsche" und „jede einzelne Phantasie ist eine Wunscherfüllung, eine Korrektur der unbefriedigenden Wirklichkeit". Freud vergleicht den Dichter mit einem Tagträumer: „Er baut sich Luftschlösser, schafft das, was man Tagträume nennt". Die Tagträume setzt der Dichter aber nicht unmittelbar in Literatur um, sondern er „mildert seine Tagträume" durch „Abänderungen und Verhüllungen" und durch „formalen d.h. ästhetischen Lustgewinn". Literarische Verfahren inhaltlicher und formaler Art schaffen eine Art „Vorlust", der eigentliche Genuss liegt aber in der „Befreiung von Spannungen in unserer Seele"; die literarischen Phantasien sprechen den Leser an, und ermuntern ihn, „die eigenen Phantasien [...] zu genießen"[7].

Die dichterische Arbeit wird so mit der Traumarbeit verglichen: die Traumarbeit verschlüsselt die anstößigen Wünsche des Trau-

Literatur und Wunscherfüllung

mes, seinen **latenten** Inhalt, in den weniger anstößigen **manifesten** Trauminhalt. Die Aufgabe der psychoanalytischen Literaturanalyse ist es deshalb, die Verschlüsselung zu entziffern, das herauszuarbeiten, was nicht an der Oberfläche des Textes sichtbar wird.

Problemfelder

    Damit tun sich für die psychoanalytische Literaturtheorie eine Reihe von Problemfeldern auf. Ist die literarisch-ästhetische Leistung des Autors auf seine psychische Biographie zu reduzieren? Lassen sich literarische Formen (Gattungen usw.) psychoanalytisch differenzieren? Und vor allem: Gibt es einen universal für alle literarischen Texte gültigen Entschlüsselungscode, der es rechtfertigt, eindeutige Entschlüsselungen von sprachlichen Bildern, Symbolen usw. vorzunehmen? Und müssen literarische Texte, die mehrdeutig angelegt sind, nicht davor geschützt werden, eindeutig interpretiert zu werden? Zerstört das nicht die „Lust am Text"?

11 | Feministische Literaturwissenschaft

Mit der politischen Frauenbewegung in den 1960er-70er Jahren entwickelt sich auch eine Literaturwissenschaft in Europa und in den USA, die mit der Frage nach Sex und Geschlecht neue Zugänge zur Literatur formulierte. Bis heute hat die **feministische Literaturwissenschaft** unterschiedliche philosophische und literaturtheoretische Positionen für ihre Fragestellungen nutzbar gemacht, so dass man nicht von *der* feministischen Literaturwissenschaft sprechen kann, da sich die einzelnen Richtungen untereinander nicht nur unterscheiden, sondern auch heftig kritisieren.

    Vielleicht ist es auch heute nicht mehr korrekt, von einer feministischen Literaturwissenschaft zu sprechen, da ihre Fragestellung sich längst nicht mehr auf die weibliche Geschlechterrolle allein bezieht, sondern Geschlechterzuweisungen generell in ihrer Funktion und Bedeutung untersucht und überdies problematisiert, ob es überhaupt konstante geschlechtliche Identitäten gibt; oder ob nicht viel mehr die Opposition männlich/weiblich in den vielfachen historischen Konstruktionen von Männlichkeit/Weiblichkeit gar nicht strikt durchzuhalten ist?

    In den 1960er/70er Jahren hat die feministische Literaturwissenschaft begonnen, systematisch und historisch nach Frauenbildern in der Literatur zu fragen und literarische Texte von Autorinnen zu suchen und diese literaturgeschichtlich in ihrer Bedeutung zu er-

fassen. Dass dabei zunächst einige Texte über-
schätzt wurden, darf nicht verwundern. Das
gilt auch für die zeitgleich entstandene Selbst-
erfahrungsliteratur von Frauen (etwa: Verena
Stefan: *Häutungen*, 1975).

Abb. 25

Deutsche Literatur
von Frauen: Gisela
Brinker-Gablers
Literaturgeschichte
von 1988.

Deutsche Literatur
von Frauen Erster Band
Vom Mittelalter bis zum Ende
des 18. Jahrhunderts

Herausgegeben C.H.Beck
von Gisela Brinker-Gabler

Analysiert man literarische Frauenbilder
in der Literatur und historische und gegenwärtige Literatur von Frauen, dann stellen
sich einmal Fragen, wie die Frauenbilder inhaltlich und literarisch konstruiert sind und
ob es möglich ist, eine oder mehrere weibliche
Schreibweisen zu beschreiben oder zu definieren. Bei der Untersuchung von Frauen-
bildern wird sehr schnell deutlich, dass es historisch und kulturgeschichtlich unterschiedliche Zuweisungen von Geschlechterrollen
gibt, so dass man das biologische Geschlecht (**Sex**) von der kulturell
zugeschriebenen Geschlechteridentität (**Gender**) unterscheiden
muss.

Sex/Gender

Geschlechterrollen sind soziale Konstruktionen, die nicht nur das
äußere Sozialverhalten mitbestimmen, sondern auch das innere
Verhalten, die psychische Entwicklung der Person. Nach Hélène Cixous ist die Geschlechterdifferenzierung eine Grundstruktur.

Zitat

In der Tat ist alle Theorie der Kultur, alle Theorie der Gesellschaft, sämtliche symbolischen Systeme – also alles, was sich spricht, sich organisiert als Diskurs, Kunst,
Religion, Familie, Sprache, alles das, was uns verhaftet ist, was uns macht – organisiert in hierarchisierenden Oppositionen, die zurückgehen auf die Opposition
Mann/Frau [...].[8]

Die binäre Opposition Mann/Frau ist also konstitutiv für die soziale, kulturelle, politische Bedeutung in einer Gesellschaft und deshalb auch für die literarische.

Wenn die Konstruktion von Männlichkeit/Weiblichkeit aber in
der Geschichte der Menschheit bisher primär eine männlich zen-
trierte ist, dann wird die Frage nach Weiblichkeit und literatur-
theoretisch nach weiblichem Schreiben zu einem Problem. Wenn
Weiblichkeit nur in Zuschreibung durch Männlichkeit existiert, ist

Männliches/weibliches
Schreiben?

Weiblichkeit in der „Falle", dass sie sich immer nur im Konstitutionsrahmen von Männlichkeit entweder positiv oder negativ bestimmen kann. Es hat zwar Versuche gegeben, diesem Rahmen zu entkommen („fragmentarisches Schreiben", „der schielende Blick"), aber bei den gesetzten Voraussetzungen kann das nur schwer gelingen.

Wichtiger für die Literaturwissenschaft ist die Frage, wie und wann in welchen literarischen Texten Geschlechtskonstruktionen erstellt werden, wie sie zu ermitteln sind, welche Funktion sie in den Texten haben und ob sich literarische Geschlechtskonstruktionen von außerliterarischen unterscheiden, ja sogar die Geschlechteropposition unterlaufen.

12 | Poststrukturalismus

Die feministische Literaturtheorie hat sich in besonders intensiver Weise mit philosophischen Richtungen auseinandergesetzt, die mit den Begriffen **Poststrukturalismus**, **Neostrukturalismus**, **Postmoderne** oder **Dekonstruktion** bezeichnet werden. Die einflussreichsten Vertreter dieser Richtung sind die französischen Theoretiker Michel Foucault mit vorwiegend kulturgeschichtlichen, Jacques Derrida mit vorwiegend philosophisch-sprachtheoretischen und Jacques Lacan mit vorwiegend psychoanalytisch-sprachtheoretischen Arbeiten. Ihr Einfluss auf die Literaturtheorie war sehr groß, so dass man sich zu der Einteilung in alte und neue Literaturtheorien veranlasst sah.

Dekonstruktion

Gemeinsam ist diesen neuen Literaturtheorien, dass sie die traditionelle Trias Autor-Werk-Leser für nicht substantiell halten: Alle drei sind keine festen Identitäten. Weder der Autor noch der Leser sind selbstmächtige Subjekte, eher Funktionen, und auch das Werk ist keine in sich geschlossene Größe mit festgelegter Bedeutung. Die **Dekonstruktion** geht davon aus, dass die Rekonstruktion eines Textsinns nicht möglich ist, ein kohärenter Sinn durch die literarische Qualität des Textes (Literarizität) immer wieder unterlaufen wird. Diese „Unlesbarkeit" (Paul de Man) eines literarischen Textes in konkreter Lektüre vorzuführen, ist Aufgabe von Dekonstruktionen. Deshalb ist es auch nicht möglich, die Dekonstruktion im Singular als literaturwissenschaftliche Methode zu beschreiben, es gibt immer nur konkrete Dekonstruktionen einzelner literarischer Texte. Dekonstruktionen sind genaue Lektüren, um die komplexen und vielfältigen literarischen Sinnkonstituenten im Text zu verfolgen. Dekonstruktion ist daher ein doppeltes Spiel, wie der Name es vorgibt: Die Analyse „zerstört" die festgeschriebenen Sinnkonstitutionen (auch vorhandene Deutungen und Interpretationen) und baut dadurch andere Konstruktionen wieder auf.

Zum Schluss noch ein kurzer Blick auf einen Begriff, der nahezu unbegrenzt verwendet wird: **Der Diskurs**. Die inflationäre und unreflektierte Verwendung dieses Begriffs – derzeit wird nahezu jede Rede als Diskurs bezeichnet – hat auch in der Literaturwissenschaft dazu geführt, dass es keinen einheitlichen Diskursbegriff gibt. Im Anschluss an Foucaults theoretische und historische **Diskursanalysen** versteht man unter Diskurs Komplexe von Aussagen zu einem gemeinsamen Gegenstand, die durch bestimmte Regeln und Merkmale strukturiert sind, die sich von anderen Diskursen abgrenzen lassen und für einen bestimmten Zeitraum von Bedeutung sind. Ein „literarischer Diskurs" wäre dementsprechend zu bestimmen über seinen Gegenstand (Literatur), über die Terminologie des Redens über Literatur und über Beziehungen und Abgrenzung zu anderen Diskursen, etwa zu philosophischen, theologischen, juristischen oder auch medizinischen Diskursen zu einer historisch bestimmten Zeit.

Das bedeutet für die literaturwissenschaftliche Diskursanalyse zum einen die Berücksichtigung von Texten nichtliterarischer Diskurse und zum anderen die Funktion und Bedeutung des Autors in einem solchen Diskurs zu untersuchen. Ist etwa der Autor noch Urheber eines Textes im traditionellen Sinn, dass er den Texten eine autorspezifische Kontur verleiht, oder ist er immer schon den geltenden Diskursregeln unterworfen?

Trotz vieler hervorragender Arbeiten, die ungewohntes Material zusammenstellen und den eingeengten Blick auf die Literatur erheblich erweitern, ist theoretisch strittig, ob die Diskursanalyse einen literarischen Diskurs plausibel umreißen kann und ob die Diskursgeschichte tatsächlich eine Alternative zur bisherigen Literaturgeschichtsschreibung darstellt oder ob es sich nur um eine Erweiterung handelt.

Um es abschließend noch einmal zu wiederholen: Die Literaturwissenschaft hat keine einheitliche Methode, sondern eine Vielzahl von extrem unterschiedlichen Methoden – man spricht heute auch von

Diskurs

„Ansätzen" oder „Zugängen". Die Methoden können sich ergänzen; nimmt man aber ihre theoretisch-philosophischen Hintergründe ernst, dann schließen sie sich immer auch aus. Ihr Wert bestimmt sich letztlich von ihrem Gegenstand, der Literatur her; doch für die Literatur gilt die grundlegende Einsicht Karl Kraus': „Je näher man ein Wort ansieht, desto ferner sieht es zurück".

Zusammenfassung

Dieses Modul setzt sich mit den Kritikern der Interpretation auseinander und begründet ausgehend von den Merkmalen eines literarischen Textes (fiktional, sprachkünstlerisch gestaltete Lebens-Erfahrung, autoreferentiell, intertextuell, mehrdeutig) die Notwendigkeit einer literaturwissenschaftlichen Interpretation. Eine literaturwissenschaftliche Interpretation zeichnet sich dadurch aus, dass sie keine eindeutig fixierten Bedeutungszuweisungen formuliert, sondern argumentativ und logisch widerspruchsfrei die vielfältigen Bedeutungsdimensionen von Literatur erkenn- und erfahrbar machen will. Dazu hat die Literaturwissenschaft sogenannte Methoden des Verstehens und Analysierens von Texten entwickelt, die unterschiedlich ansetzen (beim Autor, beim Werk, beim Leser, bei der Gesellschaft) und die theoretisch ebenfalls unterschiedlich begründet werden.

Literatur

Baasner, Rainer; Maria Zens: Methoden und Modelle der Literaturwissenschaft. Eine Einführung. 2. überarbeitete u. erweiterte Auflage, Berlin: Erich Schmidt 2001.

Bogdal, Klaus-Michael (Hrsg.): Neue Literaturtheorien. Eine Einführung. Opladen: Westdeutscher V. 1990.

Bogdal, Klaus-Michael (Hrsg.): Neue Literaturtheorien in der Praxis. Opladen: Westdeutscher V. 1993.

Bossinade, Johanna: Poststrukturalistische Literaturtheorie. Stuttgart und Weimar: Metzler 2000.

Eagleton, Terry: Einführung in die Literaturtheorie. 2. Auflage. Stuttgart: Metzler 1992.

1. Welche Merkmale zeichnen einen literarischen Text aus?
2. Was versteht man unter einer literaturwissenschaftlichen Interpretation?
3. Was sind literaturwissenschaftliche Methoden?
4. Was war das Ziel des literaturwissenschaftlichen Positivismus?
5. Erläutern Sie den Ansatz der psychoanalytischen Literaturtheorie Freuds.

Aufbaumodul 4: Literaturgeschichte in Stichworten

Inhalt

Das Modul gibt einen Überblick über die Geschichte der deutschen Literatur vom 17. Jahrhundert bis zur Gegenwart. Orientiert an neueren Diskussionen zur Literaturgeschichtsschreibung und zur Problematik von Epochenkonstruktionen verhilft es dem unübersichtlichen Ganzen der Literaturgeschichte (wenn auch um den unvermeidlichen Preis einer Reduzierung von Komplexität) ein Stück weit zur Anschaulichkeit.

Die deutsche Literatur – ein offenes Problem 1

Auf nur wenigen Seiten einen Abriss über die Entwicklung der deutschen Literatur, wenn auch nicht von den Anfängen so doch zumindest von der Neuzeit an, geben zu wollen, ist ein in mehrfacher Hinsicht höchst problematisches Unterfangen. Daran ändert auch nichts, dass Alfred Henschke, der sich als Schriftsteller Klabund nannte, in den zwanziger Jahren des vorigen Jahrhunderts eine ganze *Geschichte der Weltliteratur in einer Stunde* publiziert und dafür nur 111 Seiten gebraucht hat. Gewöhnlich begegnet Literaturgeschichtsschreibung in respekteinflößenden mehrbändigen Kompendien oder doch in zumindest sehr umfangreichen Werken, für die in der Regel mehrere Autoren verantwortlich zeichnen. Die wichtigsten und/oder gebräuchlichsten dieser Literaturgeschichten, die teilweise noch immer nicht abgeschlossen sind, sind im Basismodul 2 genannt. Der einführende Charakter des Folgenden gestattet weder eine Auseinandersetzung mit diesen Literaturgeschichten noch eine mit der Forschungsliteratur. Für diesen Überblick Wichtiges wird in den Literaturempfehlungen genannt, punktuell im Text erwähnt, gelegentlich auch zitiert.

Das Problem des literaturgeschichtlichen Abrisses ist allerdings weniger eines des Umfangs als der **Methoden und des Ansatzes**, kurz der theoretischen Voraussetzungen, wozu die Frage nicht unerheblich beiträgt, was denn überhaupt der Gegenstand eines Überblicks zur deutschen Literatur sein soll: Die Geschichte der Formen von Literatur, ihrer Funktion, ihrer Themen und Motive? Die Geschichte herausragender Spitzen- und Ausnahmewerke (wie auch immer man das definiert, vgl. dazu die Ausführungen zu den Vorstellungskonzepten von Literatur und Literarizität im Basismodul 1)? Die Geschichte normalsprachlicher, vielleicht unterhaltender Texte oder gar beides?

Wie viele deutsche Literaturen?

Auf der einen Seite verhindert zudem die Konzentration auf die *deutsche* Literatur den Blick für das Ganze der zunächst europäischen, dann weltliterarischen Erscheinungen, aus der einzelne Nationalphilologien nur schwerlich in ihrer Entwicklung herauszulösen sind. Auf der anderen Seite lässt sich, was Hugo Kuhn einmal für die deutsche Literatur von den Anfängen bis zum 19. Jahrhundert festgestellt hat, mit gutem Grund auch für die deutsche Literatur als solche sagen: dass sie nämlich „als ganze mehr ein Problem denn eine feste Größe ist"[1]. So ist denn nach 1945 beispielsweise nachhaltig über die Existenz der *einen* deutschen Literatur gestritten worden. Zur Diskussion stand, ob man statt von *der* deutschen Literatur nicht besser von zwei deutschen Literaturen sprechen müsse (einer deutschen, d.h. einer in Deutschland geschriebenen und einer Exilliteratur, oder: einer bundesdeutschen und einer DDR-eigenen Literatur) oder besser noch von drei (Bundesrepublik und DDR auf der einen sowie die deutschsprachigen Literaturen Österreichs und der Schweiz auf der anderen Seite) oder gar vier (die zuletzt genannten plus die auslandsdeutschen Literaturen z.B. Rumäniens, Ungarns oder Israels).

2 | Literaturgeschichtsschreibung und Epochenproblematik

Merksatz

Literaturgeschichtsschreibung ist der Versuch, Ordnung zu schaffen im Gesamt der überlieferten Literatur durch die Herstellung von Zusammenhängen und Zeitfolgen.

Literaturgeschichte verknüpft Einzelfakten, Ereignisse, Texte und Interpretationen zu einem mehr oder weniger geschlossenen Erzählzusammenhang, der (vorübergehende) Einheit und Wandel von (ästhetischen) Formen, (strukturellen) Modellen, (kulturellen) Mustern, geistes- und ideengeschichtlichen Konstellationen veranschaulichen soll. In der Art und Weise wie dies geschieht, ist Literaturgeschichtsschreibung Spiegel ihrer jeweiligen Entstehungsbedingungen; d.h.: Literaturgeschichtsschreibung ist nicht voraussetzungslos, sondern als Kulturleistung hinsichtlich ihrer Fragestellungen, Interessen, Vorgehensweisen und Methoden selbst Ausdruck der Kultur, nicht zuletzt der Denk-Kultur ihrer Zeit.

Die Geschichte der modernen Literaturgeschichtsschreibung bietet dafür genügend Beispiele, von der Ausrichtung der Literaturgeschichtsschreibung auf das Konzept der Nation (Gervinus) im Vormärz über ihre Verbindung mit völkischen und rassistischen Vorstellungen (Nadler, Bartels) bis hin zum Rückzug aufs Kunstwerk in seinem bleibenden Wert unter weitgehender Ausblendung sozialer Kontexte in der Literaturgeschichtsschreibung der Nachkriegszeit (de Boor, Newald) oder dem gegenläufigen Versuch, ästhetische Strukturen im Hinblick auf ihre jeweiligen geschichtlichen Funktionen hin zu durchleuchten, in der marxistischen Literaturgeschichtsschreibung (Träger, Rosenberg). Auch die Infragestellung der ‚erzählenden‘ Literaturgeschichtsschreibung seit dem Ende der sechziger Jahre und die Neubestimmung der Literatur als soziales Interaktionssystem, das die Sozialgeschichten der Literatur leitet, steht in solchen kultur- oder auch geistesgeschichtlichen Zusammenhängen.

Konzepte der Literaturgeschichtsschreibung

Ihren Niederschlag finden diese Bestimmungen von Literaturgeschichte bereits in der Auswahl des aus der Fülle der überlieferten Literatur für bedeutend und überliefernswert Erachteten, dem sich Literaturgeschichtsschreibung allein durch die Nennung oder Nicht-Nennung von Werken auch da nicht entziehen kann, wo sie auf explizite Wertung verzichtet. So hat Literaturgeschichtsschreibung stets auch Anteil an der Fort- oder auch Neuschreibung eines literarischen **Kanons**. Auch wenn das Muster einer Literaturgeschichte der „Meisterwerke" unwiderruflich an Verbindlichkeit verloren hat, weil ihr ganz einfach der Unterbau fehlt, das Fundament, von dem her die Entwicklung der Literatur als Ganze aber auch die Bewertung des einzelnen Werks als solches erst beurteilt werden kann: Theorie und Praxis der Literaturgeschichtsschreibung gehen nach wie vor nicht zuletzt in dieser Hinsicht häufig genug weit auseinander.

‚Epoche‘ als Problem

Literaturgeschichte setzt zeitliche Einschnitte und Epochen als Ordnungsschemata ein. Ihre Bestimmung ist eine Quelle immer wieder aufflammender Kontroversen, die bis in die unmittelbare Gegenwart anhalten, auch wenn es vorübergehend einmal den Anschein hatte, als sei die Epochendiskussion weithin in ein Stadium der Erschöpfung getreten und als habe die Literaturgeschichtsschreibung sich zufrieden gegeben mit der Widersprüchlichkeit der umlaufenden Konzepte. Erst 2002 stellte der Deutsche Germanistenverband ein ganzes Themenheft zur Epochenproblematik zusammen, in der

Absicht, die Diskussion zu diesem Thema nicht nur zu bilanzieren, sondern auch wieder beleben zu können (*Mitteilungen des Deutschen Germanistenverbandes 49.3, 2002: Epochen. In Zusammenarbeit mit Georg Behütuns hg. von Peter Strohschneider und Friedrich Vollhardt*).

Nicht geringen Anteil an der Diskussion über die mögliche (und wenn möglich: aussagekräftigste) Einteilung der Geschichte der Literatur nach Epochen hat die unterschiedliche Handhabung des Begriffs ‚Epoche', der von ganz verschiedenen Konzepten her gefüllt werden kann: formale Methoden und Techniken können ebenso Ausgangspunkt der Begriffsbildung sein wie politische, ideengeschichtliche und ästhetische Aussageweisen oder – noch anders – sozialpolitische und wirtschaftsgeschichtliche Konstellationen. Daran ändert nichts, dass Epochenmodelle aufgrund der Historizität allen Wissens eingestandenermaßen unter einem hypothetischen Vorbehalt stehen, ihnen allenthalben – heute zumindest – ein rein vorläufiger Erkenntniswert zugesprochen wird zum Zweck des besseren Verständnisses der komplexen Erscheinungen der Literatur und der Fülle des Materials.

Merksatz

Epochen existieren nicht aus sich heraus; sie sind Konstrukte, kurz: Interpretationsleistungen, die als solche Auskunft geben auch über das ihnen zugrundeliegende Erkenntnisinteresse und die ihnen zugrundeliegenden Wertmaßstäbe. Allgemein beschreiben Epochenmodelle Erfahrungen von Zeitlichkeit. Sie dienen der Systematisierung von Geschichte, indem sie die geschichtliche Zeit in eine Folge von in ihrer Form und Organisation einzigartigen Zeiträumen unterteilen, die sich hinsichtlich ihrer leitenden Tendenz jeweils voneinander unterscheiden lassen.

Epochenbegriffe liefern ein Hilfsmittel zum Verständnis von historischen Abläufen. Sie sind vor allem aber und in erster Linie zunächst einmal Produkte einer Interpretation, die gleichwohl der Ökonomie der Übersicht dienen können, sofern über ihre Bedingungen und Grenzen von vornherein Klarheit besteht. Epochenbegriffe verknüpfen das diffuse Aufeinandertreffen zeitgeschichtlicher Erscheinungen und Tendenzen zu einem in sich geschlossenen Ganzen von bestimmter Dauer, d.h. mit einem Anfang und einem Ende. Epochenbegriffe und Epochenkonstruktionen erlauben von hier aus allgemeine Aussagen über Entwicklungen. Sie legen nahe, dass es innerhalb der historischen Zeitfolge, also auf dem Zeitpfeil der sozialen, politischen, kulturellen, ästhetisch-poetologischen (oder was auch immer) Entwicklung eine als solche identifizierbare, in sich geschlossene und durch ein Set von Erscheinungen und Tendenzen gegenüber einem Vorher und einem Nachher abgrenzbare historische und/oder literarhistorische Gestaltungsform von Geschichte gibt – und sie begründen (mit einigen eingestandenen Verkürzungen) die epochale Einheit im (Traditions-) Bruch: da keine historische, soziale, kulturelle, literarische Erscheinung aus dem Nichts heraus ans Tageslicht tritt, setzt ein Anfang zwangsläufig ein Ende voraus, oder um es mit einer Formulierung eines heutigen Autors, Heiner Müllers, zu sagen: „Damit etwas kommt muß etwas gehen"[2]. Im Grunde genommen wirkt in diesem Epochenverständnis noch immer ein Modell der Epochenbildung weiter, das Goethe zu Beginn des siebten Buches von *Dichtung und Wahrheit* in dem Gedanken angedeutet hat, die „literarische Epoche, in der ich geboren bin, entwickelte sich aus der vorhergehenden durch Widerspruch"[3].

> „Damit etwas kommt muß etwas gehen."

Im literarhistorischen Fall heißt das: eine Menge von Texten weist für einen Zeitraum eine Reihe beschreibbarer Gemeinsamkeiten auf; zugleich sind die Unterschiede zwischen ihnen geringer als zu den Texten eines anderen Zeitraums, die sich ihrerseits in ihren Gemeinsamkeiten von den Texten des ersten Zeitraums (und weiterer Zeiträume) unterscheiden; die Gesamtmenge der epochenspezifischen Textstrukturen (Darstellungsweisen, Wertzusammenhänge, Normvorstellungen, Denkvorstellungen, Geschlechtermuster etc.) wiederum bildet ein Literatursystem, das sich in seinen Strukturmustern und seinen Regeln beschreiben lässt. Epochenmodelle unterstellen damit eine historische Abfolge von als solchen identifizierbaren und gegeneinander abgrenzbaren historischen oder literarhistorischen Gestaltungen von Geschichte, zugleich damit das Aufeinandertreffen auf- und absteigender Linien nach dem Muster von Aufstieg, Blüte und Verfall. Dieses Schema dient als Behelfskrücke, mit deren Hilfe sich Geschichte, hier: die Geschichte der Literatur rekonstruieren und kontinuierlich erzählen lässt: als organische Abfolge von in sich geschlossenen Gestaltungseinheiten mit jeweils begrenzter Reichweite.

Die traditionellen Epochenkonzepte mit ihrem Systematisierungszwang sind längst in Verruf geraten und durch Beschreibungsmodelle abgelöst worden, die an die Stelle des alten Konstrukts einer Literaturgeschichte in Brüchen und Abbrüchen das Modell einer Literaturgeschichtsschreibung in der Perspektive längerfristiger Umsetzungen, Beschleunigungen und Stillungen zu setzen angetreten sind. Damit wird der Versuch, den Zeitverlauf zu ordnen, nicht als solcher aufgegeben. Solche Modelle aber versprechen längerfris-

Neue Ansätze in der Literaturgeschichtsschreibung

tige Wandlungsprozesse, vor allem auch die Gleichzeitigkeit konkurrierender Tendenzen besser nachzeichnen zu können (wie beispielsweise das augenfällige Nebeneinander des technologischen
Wandels bei gleichzeitiger Beibehaltung traditioneller Ordnungs-
strukturen in Staat, Recht und Familie in der Zeit nach der gescheiterten Märzrevolution von 1848). Vor allem werden sie Wandlungs-
prozessen, die sich in der Regel dynamisch und nicht abrupt, d.h. in
Sprüngen, vollziehen, besser gerecht, weil sie weniger statisch sind
als die Epochenklassifizierungen herkömmlichen Zuschnitts. Denn
sie rechnen erstens damit, dass zum einen die ersten Texte, in denen sich ein Literatursystem konstituiert, bereits vor der eigentlichen Epoche liegen können, die durch die Dominanz dieses Literatursystems beschrieben wird; und sie rechnen zweitens damit, dass
die letzten Texte nach dieser Epoche geschrieben werden können,
beispielsweise aufklärerische Literatur also auch noch nach 1770,
realistische noch nach 1890. Sie übersetzen also nicht gleichzeitige
Erscheinungsformen (wie z.B. Weimarer Klassik und deutsche Romantik) in eine zeitliche Abfolge.

Gemeinsam mit den in ihrer Konzeption eher traditionellen Literaturgeschichten haben auch diese Neuansätze, dass sie Modell-
bildungen vornehmen, die von einer angenommenen bzw. ausge-
wählten Textmenge her abstrahiert sind. D.h. Literaturgeschichte
macht, wie immer sie auch methodisch angelegt ist, aus der geordneten Menge von Texten eine Strukturgeschichte. Mit einem Bewusstsein für die Epochenillusion gilt es also an den folgenden
Überblick heranzugehen.

3 | Barock (17. Jahrhundert) — 284

3.1 | Die Barockliteratur – eine fremde Literatur

Von Heinrich Wölfflin (*Renaissance und Barock*, 1888; *Kunstge-
schichtliche Grundbegriffe*, 1915) aus der Kunst- in die Literaturgeschichte übertragen, bezeichnet die ursprünglich negativ besetzte,
weil mit Vorstellungen des Abstrusen, Bizarren und Schwülstigen
verbundene Epochenbezeichnung ‚Barock' in der deutschen Literaturgeschichtsschreibung heute wertfrei die Zeit zwischen den von
Rhetorikern, Humanisten und Sprachgesellschaften wie der
„Fruchtbringenden Gesellschaft" vorangetriebenen literarischen Re-

formbemühungen um 1600 bis zum endgültigen Durchbruch des aufklärerischen Denkens in den ersten Jahrzehnten des 18. Jahrhunderts. Diese Literatur des 17. Jahrhunderts ist in ihrem Kern eine Repräsentationskunst und in mehr als einer Hinsicht (Sprache, Stil, poetische Normen, Inhalte, Welt- und Menschenbild) dem heutigen Leser auf den ersten Blick fremd.

Repräsentationskunst

Es ist die Literatur einer in weiten Teilen protestantisch geprägten bürgerlich-gelehrten Funktionselite (eine von gesellschaftlich-politischen Funktionszusammenhängen unabhängige Dichtung gab es im 17. Jahrhundert genausowenig wie den frei für den Markt produzierenden Autor!), die sich mit ihrem Eintreten für die deutsche Sprache teilweise in großer Übereinstimmung mit politischen Interessen der um Einfluss und Macht ringenden Fürstenhöfe befand. Mit ihren Produkten setzte sich diese humanistisch gebildete Gelehrtenschicht nicht nur von der lateinischen Hochliteratur, sondern ausdrücklich auch von den früheren volkssprachlichen Äußerungen ab. Sie orientierte sich am humanistischen Bildungsideal der Zeit, richtete sich an der Rhetorik aus und folgte einem strengen Ordnungssinn, und sie fand ihre gedankliche Mitte zugleich in der populären Philosophie des christlichen **Neu-Stoizismus**, die in dem 1584 erschienenen, 1599 dann ins Deutsche übersetzten Werk *De constantia libri duo* (Zwei Bücher über die Beständigkeit) des Niederländers Justus Lipsius (1547-1606) programmatisch formuliert ist.

Neu-Stoizismus als gedankliche Mitte

Der christliche Stoizismus behauptete erstens die hinter der Macht der **fortuna** (also des Schicksals) stehende Unabänderlichkeit der göttlichen Vorsehung; er lehrte zweitens, wie das Elend der Geschichte dank der stoischen Haupttugend der **constantia** sowie der **magnanimitas** zu ertragen sei und der einzelne allen gefährlichen und oft auch schmerzhaften Anfechtungen der Welt zum Trotz seine „Seelenruhe" bewahren könne. *Constantia* im neu-stoizistischen Sinn meint eine Form der Beständigkeit, hier zu verstehen als Gemütskraft der Vernunft, die aus der Geduld hervorgeht und den Menschen frei macht vom Äußerlichen und Zufälligen, der undurchschaubaren und nicht steuerbaren Macht eben der *fortuna*; *magnanimitas* (eigentlich: Großmut oder hoher Mut) ist zu verstehen als sittliche Kraft.

Gelassenheit, Selbstbeherrschung, Bezwingung der Affekte und Geringschätzung der Verlockungen und Reizungen der Welt (die Auflehnung gegen die Verhältnisse oder die Weltflucht wurden da-

Krisen und Katastrophen

gegen verworfen) waren die Antworten, die der Neu-Stoizismus auf die Widersprüche und Probleme des Lebens bot. Und die waren nicht wenige in einem an Krisen- und Katastrophenerfahrungen reichen Jahrhundert. Ökonomische Störungen und Kriege, Seuchen und Katastrophen bringen unermessliches Leid mit sich, die Konfessionen stehen sich unversöhnt gegenüber, naturwissenschaftliche Denkansätze beginnen die herkömmliche christliche Weltauffassung zu erschüttern. Alles zusammen löst kollektive existentielle Ängste aus, die in dem das Jahrhundert prägenden Dreißigjährigen Krieg (1618-1648) ihre bitterste Ausformung finden. Rund ein Drittel der Gesamtbevölkerung des Römisch-Deutschen Reiches kam in diesem langandauernden Krieg ums Leben; in einigen besonders betroffenen Gebieten (Mecklenburg, Thüringen, Württemberg, Kurpfalz) belief sich der Bevölkerungsverlust auf mehr als die Hälfte.

3.2 | Das große Welttheater

Vanitas

Der Dreißigjährige Krieg hinterließ seine Spur in einem weit verbreiteten Bewusstsein der Vergänglichkeit und Scheinhaftigkeit (**va-**

Abb. 26

Harmen Steenwijck (1612–1656): Vanitas-Allegorie.

nitas) aller irdischen Dinge mit dem dazugehörigen Leitsatz des „**memento mori**" (lat.: Gedenke, dass du sterblich bist!). Als Übersetzung aus den Oden des römischen Dichters Horaz (Oden I, 11,8) beinhaltete er in erster Linie die Aufforderung zur Einkehr und zu einem gottgefälligen Leben. Der Vergänglichkeitstopos wurde in zweiter Linie dann aber auch im Sinne eines „Genieße den Tag" („carpe diem") zum Anknüpfungspunkt einer ganzen Tradition erotischer und galanter Lyrik.

Die Übermacht des Vanitas-Prinzips erklärt für sich allein aber noch nicht die Leitmetapher vom großen Spiel und der Illusion des Welt-Theaters, des ‚**theatrum mundi**', die als gesamteuropäisches Phänomen ihre Spuren in allen europäischen Literaturen der Barockzeit hinterlassen hat. Die allgegenwärtige Metapher vom ‚theatrum mundi' gibt der Epoche nicht nur den vielleicht zentralen Deutungsrahmen; sie fungiert zugleich auch als kulturelle Selbstinterpretationsmetapher einer Zeit, der alle Erscheinungen der Welt buchstäblich Theater waren: Spiel und Schein, mit wahlweise Gott oder dem (absolutistischen) Fürsten als oberstem Spielleiter oder auch höchstem Zuschauer. Gott und Fürst: sie sind in diesem Spiel der Welt die Repräsentanten der moralisch-religiösen bzw. der politischen Ordnung, die letztere als Spiegelbild der ersteren.

Die durchschlagende Bedeutung des Vorstellungsbildes vom Welttheater, in welchem zwar, wie es in Daniel Casper von Lohensteins *Arminius*-Roman heißt, „die Personen verändert werden; das Spiel aber einerley ist / und von vornen wieder seinen alten Anfang nimmt,"[4] lässt sich an zwei Erscheinungen ablesen: zum einen an der Ausweitung des Theaters unter universalem Aspekt, was nichts anderes heißt, als dass letztlich alles zum Material des Theaters werden konnte; zum anderen in einer zeremoniellen Durchformung des Alltags, die ihren augenfälligsten Ausdruck in der Hofhaltung der absolutistischen Fürsten findet, insbesondere im höfischen Fest als repräsentativer Selbstbespiegelung der Macht.

Der Topos vom Welttheater selbst knüpft an den Illusionscharakter des Bühnenspiels an. Theater ist Illusion, scheinhaftig (Spiel) und vergänglich und darum auch dazu in der Lage, die ihrerseits als scheinhaft und vergänglich begriffene Welt zu repräsentieren. Umgekehrt soll die Erfahrung der Theater-Illusion den Menschen im Rückschluss auf den Illusionscharakter der Wirklichkeit zurückführen; das Leben soll in seiner Nichtigkeit im Theater erfahrbar werden, der rein äußerliche und uneigentliche Charakter der auf dem Welttheater gespielten Rollen vorgeführt und der Mensch zugleich auf das wahre Sein in Gott hingelenkt werden.

Tragik und Erlösung   Mit **Tragik** im antiken und auch im klassischen Verständnis hat dies wenig zu tun, schon eher mit einer Erlösungsvorstellung, in deren Rahmen dem Theater die Aufgabe zukommt, den Menschen auch auf das Spiel der Welt vorzubereiten. Gerade hierin besteht zumindest die entscheidende programmatische Fassung der Welttheatermetaphorik im deutschen barocken Trauerspiel, das die „Endursache" der Tragödie im „Nutzen und Belusten"[5] bestimmt und diesen Nutzen dahingehend präzisiert, sie solle „Abscheu vor den Lastern /, aber eine Begierde zu der Tugend"[6] hervorrufen, d.h. affektive Erschütterung und heilsgeschichtliche Betroffenheit gleichermaßen hervorrufen. Begleitet von Grausamkeitsexzessen in Sprache und Darstellung lehrt es die „vergaenglichkeit menschlicher sachen" (wie es in Andreas Gryphius' Vorrede zu seinem Trauerspiel *Leo Armenius* programmatisch heißt)[7], um von hier aus die Einsicht zu vermitteln, dass der Mensch zwar äußerem Unglück nicht entgehen, aber doch den Kern des Menschlichen und zugleich Göttlichen bewahren kann, indem er sich ‚standhaft' verhält.

3.3 | Barockes Trauerspiel

Auch wenn im Überblick gesehen ein augenfälliger Wandel in den Gattungsvorlieben die deutsche Literatur des 17. Jahrhunderts begleitet (und zwar von der Lyrik in den dreißiger und vierziger Jahren zum Trauerspiel in den fünfziger und sechziger Jahren, dann zum Roman), wird das Bild der Epoche doch weithin geprägt von den Leistungen der dramatischen und Theaterkunst.

Bei allen Gemeinsamkeiten im grundlegenden Vorstellungsarsenal umfasst das Theater des Barock als theatrales Spiel ein vielfältiges, sich zum Teil durchaus überschneidendes Formen- und Organisationsspektrum: das Laienspiel, professionelles Wandertheater, Festspiel, Hoftheater, Singspiel und Oper – bezogen auf die deutschen Theaterverhältnisse: das Trauerspiel eines Andreas Gryphius oder Daniel Casper von Lohenstein (Johann Christian Hallmann und Adolph von Haugwitz nicht zu vergessen), das protestantische Schul-

theater eines Christian Weise, das Jesuitendrama eines Jakob Bider-
mann, Jakob Balde, Jakob Masen oder Nicolaus von Avancini (natürlich auch das Lustspiel).

Literarisch anspruchsvolles Theater vor allem im Einsatz theater-
wirksamer Aufführungsmittel und innovativer dramentechnischer
Mittel (auch von Stilvermischungen und -weiterentwicklungen) war
zunächst eine Domäne des lateinischen Jesuitendramas, das sich in
den rheinischen Provinzen etablieren konnte, an den Universitäten
und Gymnasien von Köln, Aachen, Trier, Mainz und Speyer, und das
ab 1600 mit großem Erfolg im süddeutschen Raum für die Rekatho-
lisierung der im 16. Jahrhundert protestantierten Gebiete Bayerns
und Österreichs wirkte.

Jesuitendrama

Noch in seiner vollendeten Form ist das **Jesuitentheater** Laien-
theater, d. h. ein Theater ohne Berufsschauspieler. Gespielt wurde
in der Aula der Gymnasien oder Universitäten zu verschiedenen fest-
lichen Anlässen in Aufführungen von sechs bis acht Stunden Dauer. Als Stoffe dienten vor allem Ereignisse der Bibel, der Kirchenge-
schichte oder lokaler Heiligenlegenden. Im Zentrum des Spiels
standen Repräsentanten eines tugendhaften Lebens (Heilige und
Märtyrer), aber auch vorbildliche Herrscher, an deren Schicksal die
Siege der Kirche demonstriert werden konnten, oder Musterfälle las-
terhafter Lebensführung, an deren Beispiel in abschreckender Weise die Folgen der Sünde vorgeführt wurden (das Ganze durchaus
auch als Warnung gedacht an die Adresse der Protestanten und der
humanistischen Gelehrten). Im Interesse der intendierten Wirkung
mobilisierte das Jesuitentheater alle visuellen und akustischen Wir-
kungsmomente, die das Theater seiner Zeit zu bieten hatte. Im Verlauf des 17. Jahrhunderts wird diese Komponente des Theaterspiels
nun weiter ausgebaut. Hier hat auch die opernhafte Ausstattung des
Jesuitentheaters, das auch vor grellen Effekten nicht zurückschreck-
te, seine Begründung. Vergessen sei auch nicht der große Personal-
einsatz, mit dem das Jesuitentheater realisiert wurde, zumal in den
Freiluftaufführungen, die mit einer unglaublichen Statisterie ‚über
die Bühne gingen'. Von der Münchner Aufführung der *Hesther* ist
eine Teilnehmerzahl (wohlgemerkt nicht Zuschauerzahl) von 1700
Personen, aufgeteilt in 170 Gruppen, überliefert.

Der hier getriebene Aufwand steht auch im Dienst der Vermittlung. Zwar gab es deutschsprachige Zusammenfassungen des Hand-
lungsverlaufs, sogenannte „**Periochen**", die waren aber nicht für jeden verfügbar und so ermöglichte der opernhafte Prunk der

Darstellung den angestrebten Ausdruck, kurz die Vermittlung der religiösen Überzeugung mittels der Bildsprache.

Das Spiel sollte die **Einsicht in die Nichtigkeit der Welt** vermitteln, in die Vergänglichkeit allen Ruhms und die Vergeblichkeit allen menschlichen Trachtens; zum anderen auch in die Notwendigkeit der Buße angesichts eines nur allzu kurzen Lebens, das jederzeit beendet werden kann. Jakob Bidermanns (1578-1639) *Cenodoxus*, der 1635 durch Joachim Meichel (um 1590 bis 1637) unter dem Titel *Cenodoxus der Doctor zu Paris. [...] Vor etlichen Jahren durch den ehrwürdigen Jacobum Bidermannum Coc. Iesv Theologum in Latein gestellt* in populäres Deutsch (Knittelverse) übersetzt wurde, gilt als eines der nachdrücklichsten Beispiele für diese Wirkungsabsicht des Jesuitentheaters.

Abb. 27

Andreas Gryphius
(1616–1664).

Grundvorstellungen des
deutschen barocken
Trauerspiels

Als geradezu Geburtsurkunde des barocken *deutschen* (d.h. deutschsprachigen) Trauerspiels gilt in der Literaturgeschichtsschreibung die Vorrede zu Andreas Gryphius' 1646 entstandenem (Druck 1650; Datum der Uraufführung nicht bekannt) Trauerspiel *Leo Armenius oder Fuersten-Mord.*

Zitat

INdem vnser gantzes Vatterland sich nuhmehr in seine eigene Aschen verscharret / vnd in einen Schawplatz der Eitelkeit verwandelt; bin ich geflissen dir die vergaenglichkeit menschlicher sachen in gegenwertigem / und etlich folgenden Trawerspielen vorzustellen. Nicht zwar / weil ich nicht etwas anders vnd dir vielleicht angenehmers vnter haenden habe: sondern weil mir noch dieses mal etwas anders vorzubringen so wenig geliebet / alß erlaubet. Die Alten gleichwol haben diese art zu schreiben nicht so gar geringe gehalten / sondern alß ein bequemes Mittel menschliche Gemuetter von allerhand vnartigen und schaedlichen Neigungen zu saeubern / geruehmet; wie zu erweisen vnschwer fallen solte / wenn nicht andere vor mir solches weitlaeuftig dargethan / vnd ich nicht Eckel truege / dieses zu entdecken / was Niemand verborgen. Viel weniger bin ich gesonnen mit praechtigen und vmbschweiffenden Vorreden dieses zu ruehmen / was frembdem Vrtheil nuhmehr vntergeben wird.[8]

In dieser Vorrede des *Leo Armenius* sind bereits wesentliche gedankliche Grundvoraussetzungen der barocken Trauerspielästhetik angesprochen. Versöhnung und Erlösung kann es *in* der Welt, die lediglich ein mörderischer „Schawplatz der Eitelkeit" ist, nicht geben. Aber, das ist entscheidend und markiert zugleich den Unterschied zum Jesuitendrama, das in der Regel auf die Bestrafung des Sünders dringt, der Einzelne kann der göttlichen Gnade zuteil werden, wenn er sich aus jeder Abhängigkeit von irdischen Dingen löst.

Heilsgeschichtlicher Erwartungshorizont und realgeschichtlicher Erfahrungshorizont treten hier in unübersehbarer Weise auseinander, zumal die Wertewelt des Barock ein Widerstandsrecht auch gegen unrechtmäßige Herrscher- und Herrschaftsgewalt nicht kennt. Das ist die Lehre des Dreißigjährigen Krieges, deren Schatten auch die Formvollendung der Gryphiusschen Dramen nicht verschleiern kann. Damit aber ist der Glaube an ein geschichtsmächtiges Gottesgnadentum im Sinne der politischen Theologie und Geschichtstheologie des Mittelalters genauso wie im Sinne der patriarchalischen Amtstheologie Lutherscher Prägung erschüttert, allen gegenteiligen Beteuerungen zum Trotz.

Die Betonung des Nützlichkeitseffekts bestimmt im Übrigen auch die **Lustspielproduktion** von Autoren wie Andreas Gryphius (1616-1664), Christian Weise (1642-1708) und Christian Reuter (1665?-um 1712). So stellt sich das komische Genre der Zeit zunächst einmal dar als ein belehrendes Genre: die Komödie wird zum Instrument der **moralischen Belehrung** und der **Sozialdisziplinierung**. Die Komödie, so erklärt der Zittauer Gymnasialrektor Christian Weise entschieden, ist eine „Artzney des Menschlichen Elendes, durch welche man desto freudiger an die zukünfftige Arbeit gehet." Und der Hallenser Korrektor A. Albrecht Christian Rotth bestimmt im dritten Teil seiner 1688 erschienenen *Vollständigen Deutschen Poesie in Drey Teilen* die Komödie als ein „Handelungs-Gedichte, in welchem der Poet von gemeinem bürgerlichen Leben etwas entlehnt hat, welches er auf eine lächerliche Arth vor den Augen der Zuschauer von den Personen, von denen es entlehnt ist, läst vornehmen und ausführen, daß dem Volcke die Fehler des Menschlichen Lebens möchten gezeiget und sie auff eine kurtzweilige Arth gebeßert werden."[9] Die Komödie sollte so die Wahrheit über die gebrechliche Einrichtung der Welt durch das Lachen verkünden.

Lustspiel

4 | Aufklärung und Empfindsamkeit (18. Jahrhundert)

4.1 | Kants „Beantwortung der Frage: Was ist Aufklärung?"

Der Ausgang des Menschen aus seiner selbstverschuldeten Unmündigkeit

1784 beteiligt sich Immanuel Kant (1724-1804) mit dem Aufsatz *Beantwortung der Frage: Was ist Aufklärung* in der *Berlinischen Monatsschrift* an einer von Johann Friedrich Zöllner 1783 ausgelösten Debatte über das Wesen der Aufklärung. Kants Debattenbeitrag hat unser Verständnis von Aufklärung bis heute weitgehend geprägt, und dies ungeachtet der Tatsache, dass die ganze Diskussion über die Ziele, Ergebnisse, Möglichkeiten und Grenzen der Aufklärung ihrerseits bereits Ausfluss einer Krisensituation war, in der sich die Aufklärung am Ende des 18. Jahrhunderts nach den hoffnungsvollen Aufbrüchen nur wenige Generationen zuvor wiedergefunden hatte.

Zitat

Aufklärung ist der Ausgang des Menschen aus seiner selbstverschuldeten Unmündigkeit. Unmündigkeit ist das Unvermögen, sich seines Verstandes ohne Leitung eines anderen zu bedienen. *Selbstverschuldet* ist diese Unmündigkeit, wenn die Ursache derselben nicht am Mangel des Verstandes, sondern der Entschließung und des Muthes liegt, sich seiner ohne Leitung eines andern zu bedienen. Sapere aude! [Wage zu wissen!] Habe Muth, dich deines *eigenen* Verstandes zu bedienen! ist *also* der Wahlspruch der Aufklärung.[10]

„Sapere aude!" – Der Anspruch dieses aufklärerischen Imperativs ist universal; er bezieht sich auf alle Systeme des Wissens: auf Religion und Kirche ebenso wie auf Staat und Gesellschaft, Philosophie und Wissenschaft, Geschichte und Gegenwart. An seiner Basis steht das Vertrauen auf die befreiende Kraft des Verstandes und die Vorstellung des Selbstdenkens, was wiederum unmittelbar auf die Mündigkeit des Menschen als höchstes Ideal der Aufklärung abzielt.

Nur konsequent hat Kant im Sinne dieses Grundsatzes die Freiheit zur Vorausetzung der Mündigkeit und damit auch der Aufklärung zugleich erklärt. ‚Freiheit' hier verstanden als Möglichkeit, „von seiner Vernunft in allen Stücken öffentlichen Gebrauch zu machen"[11], was sich zuallererst einmal in der Kritik (ein Schlüsselwort der Aufklärung!) als freier und öffentlicher Prüfung Ausdruck verschafft. Nicht nur hatte sich vor dieser Kritik, dem Mittel der Vernunft, alles zu legitimieren, die Religion ebenso wie der Staat. Die Aufklärung brach, zumindest theoretisch, auch das Privileg, wonach nur dem Gelehrten das Recht zur Kritik zugestanden wurde. Mit der Aufklärung stand sie vielmehr allen vernunftbegabten Wesen in gleichem Maße zu. Die Vernunft sollte Licht in die Dinge bringen (Aufklärung heißt ja auch ‚Erleuchtung', ‚enlightenment', ‚les lumières', ‚illuminismo'; der Aufklärer ist ein ‚Lichtbringer'), Erkenntnis befördern und damit das Gute vom Bösen, das Wahre vom Falschen zu unterscheiden ermöglichen. Damit deutet sich bereits hier die zweite wichtige Grundüberlegung der Aufklärung an: der Glaube an die **Bildungsfähigkeit des Menschen**, der über die pädagogisch-didaktische Seite hinaus zugleich eine eminent geschichtsphilosophische Bedeutung hat. Der Glaube an die Möglichkeit zur Vervollkommnung des Menschen geht so Hand in Hand mit der Vorstellung einer möglichen schrittweisen **Vervollkommnung auch der Welt**, d.h.: ihrer schrittweisen Annäherung an den Idealzustand einer vollkommenen Glückseligkeit.

Kritik, ein Schlüsselbegriff der Aufklärung

Bildungsfähigkeit des Menschen

Aufklärung und Bürgertum | 4.2

Die Geschichte dieses Denkens und damit der Aufklärung reicht bis in das letzte Drittel des 17. Jahrhunderts zurück und sie endet auch nicht mit Kant, der Französischen Revolution oder der Jahrhundertwende; vielmehr weisen einige Traditionen der Aufklärung, etwa in der Schweiz oder in Bayern, bis weit in das 19. Jahrhundert hinein. Das gilt im übrigen auch für die Literatur der Aufklärung im engeren Sinne, die keineswegs erst, wie es ältere Periodisierungsschemata der Literaturgeschichtsschreibung nahelegen, mit dem Reformwerk Johann Christoph Gottscheds (1700-1766) beginnt und um 1770 mit dem Auftreten Goethes (1749-1832) und einiger anderer jüngerer Dichter (Klinger, Lenz, Wagner) endet, die als Stürmer und Dränger (literaturgeschichtlich: Sturm und Drang) gelten. Konsequenterweise gilt heute in der Literaturgeschichte das 18. Jahrhundert als solches als Epoche der Aufklärung, sofern der Epochenbegriff nicht gleich ganz gemieden und stattdessen nur noch von der Literatur des 18. Jahrhunderts gesprochen wird.

Im übrigen ist – auch das darf nicht übersehen werden – ‚Aufklärung' kein deutsches sondern ein gesamteuropäisches Phänomen mit nationalen Ausprägungen und Eigentümlichkeiten zwar, das sich in seiner Entwicklung aber in großer Parallelität im Kontext eines grundlegenden Modernisierungsschubs vollzog, der gemeinhin als Verweltlichung des Denkens und Handelns beschrieben wird. Bei allen Widersprüchlichkeiten im einzelnen verband die teils unterschiedlichen Strömungen der Aufklärung so die Leitvorstellung einer **innerweltlich begründeten Utopie**. Aufklärung verweltlicht die traditionelle Heilsgeschichte des Christentums und seiner Moral zu einer Heilsgeschichte *in* dieser und *für* diese Welt. In der Konsequenz dieser Vorstellung steht die Idee von der Planbarkeit der Geschichte, die sich gegen Ende des Jahrhunderts überall durchgesetzt hat.

Verweltlichung der Heilsvorstellungen

Die Trägerschicht dieses neuen Denkens war sozialgeschichtlich gesehen das Bürgertum. Im Unterschied zum stark noch von der höfischen Kultur geprägten Barock ist die Aufklärung eine vor allem von bürgerlichen Gelehrten angestoßene und getragene Bewegung, in ihrer Reichweite begrenzt zunächst noch auf das protestantisch-städtische Milieu, in der zweiten Hälfte des 18. Jahrhunderts dann aber mit größerer Breitenwirkung. Die Aufwertung der *deutschen* Sprache gegenüber dem Französischen und vor allem dem Lateinischen als den bis ins 18. Jahrhundert hinein üblichen Verkehrssprachen der wissenschaftlichen und kulturellen Debatten unterstreicht den eingangs skizzierten Anspruch einer umfassenden Öffentlichkeit.

Versachlichte und empfindsame Öffentlichkeit

Die zahlreichen Zeitschriftengründungen des 18. Jahrhunderts, namentlich die *Moralischen Wochenschriften*, die in populärer Form die verschiedensten Gegenstände abhandelten, oder die zahlreichen kritischen und philosophischen Organe, tragen ihr Teil bei zu einer Demokratisierung des Wissens, in der sich das Ziel, alles zur Sprache zu bringen (dies im umfassendsten Sinn des Begriffs) Ausdruck verschaffte. Neben den Aufklärungsgesellschaften der Freimaurer, die in einem durch das Geheimnis ihres Rituals geschützten Freiraum sozialer Gleichheit die sittliche und moralische Veredelung des Menschen Wirklichkeit werden zu lassen versuchten, sind sie der vielleicht wichtigste Exerzierplatz der neuen ‚bürgerlichen' Öffentlichkeit: Forum und Multiplikationsinstrument für die aufklärerischen Ideen zugleich. Diese neue Öffentlichkeit weist von Anfang an die Tendenz zur sozialen Gleichheit aller Individuen vor der Vernunft auf. Sie etabliert sich zum einen als **versachlichte Öffentlichkeit** der aufgeklärten Vernunft, streng rationalistisch in ihrem Zuschnitt und damit verstanden als Verbreitung des reinen Erkenntnisvermögens der Vernunft zum ‚richtigen' Denken (Aufklärung des ‚Verstandes'). Sie reorganisiert sich zum anderen – etwa ab der Mitte des 18. Jahrhunderts als Folge der Entstehung der Erfahrungspsychologie – als **empfindsame Öffentlichkeit**, die zwischenmenschlichen Gefühlen, der geselligen Mitteilung des ‚Herzens' und ihren Sprachformen der ‚Natürlichkeit', des ‚Mitleidens', der ‚Sympathie', ‚Freundschaft' und ‚Menschenliebe' Raum gewährt (Aufklärung des ‚Herzens').

Moral und Tugend | 4.3

Das Leitziel der ‚vernünftigen' bürgerlichen Öffentlichkeit ist weniger abstrakt, als es auf den ersten Blick scheinen mag. Um den im Gegenteil lebensweltlichen Bezug der Aufklärung zu unterstreichen, spricht man daher in der Geschichtsschreibung auch üblicherweise von einem Vorrang der praktischen Vernunft in der Aufklärung. Aufklärung ist in ihrem Anspruch, aus dem Chaos der Geschichte die Heilsordnung einer mit sich selbst versöhnten Menschheit (eine friedliche Vertragsordnung) entstehen zu lassen, praktisches Denken *und* Handeln.

Dieser lebensweltliche Bezug der Vernunft äußert sich in der Vorherrschaft der *Moral* und der *Tugend* als Leitprinzipien der Aufklärung. *Moral* und *Tugend* sind die Schlüsselworte, unter denen das politisch machtlose Bürgertum des 18. Jahrhunderts seinen politischen Mitbestimmungs- und Gestaltungsanspruch gegen den absolutistischen Staat artikuliert. *Moral und Tugend* sind Steuerungselemente einer – erst noch allgemein durchzusetzenden – ‚bürgerlichen' Gesellschaft. *Moral* und *Tugend* sind aber auch die Leitbegriffe einer strikten Selbstdisziplinierung des Individuums im Dienste des auch ökonomisch messbaren Erfolgs. Wirtschaftlichkeit, Ordnung, Fleiß gelten als spezifisch ‚bürgerliche' Tugenden und Ausdrucksweisen der planvolles Handeln erst ermöglichenden

Moralische Regulierung

Vernunft. Sie wiederum steht damit im strengen Gegensatz zu allen Formen der Leidenschaft und der Begierde.

Vernunft und Leidenschaft bilden so ein Gegensatzpaar, in dessen Spannungsfeld die Aufklärung ihren Anspruch formuliert, die von abstrakten Gesetzen noch kaum zusammengehaltene Lebenswelt ‚moralisch' zu regulieren. Dass dieser Anspruch vor den Institutionen des absolutistischen Staates nicht haltmacht, markiert den universalen, vor allem auch: den politischen Anspruch des moralischen Prinzips.

4.4 | Die Bühne als Forum der Aufklärung

Bei allen Differenzen über die Ziele, Möglichkeiten und Grenzen der Aufklärung im Einzelnen eint Schriftsteller und Gelehrte des 18. Jahrhunderts jenseits der allgemeinen Hochschätzung der Literatur als Medium zur Verbreitung von Thesen, Meinungen und Einsichten insbesondere die Anerkennung des Theaters als eines zentralen Erziehungsinstrumentes, das sowohl den Bürger als auch den Fürsten belehren und verbessern helfen sollte. August Ludwig Schlözer (1735-1809) hat diese Hochschätzung des Theaters als öffentlicher Raum gegen Ende des Jahrhunderts in exemplarischer Weise formuliert. Während der „CompendienSchreiber", so Schlözer, „nur auf 10 Denker, und der Verf. eines ernsten Journals nur auf 100 Cultivirte" wirke, nehme der Schauspieldichter dagegen Einfluss „auf 10000 Menschen vom großen Haufen"[12]. Zwar stammt diese Bemerkung aus dem Jahr 1792 und obendrein aus den Auseinandersetzungen um die Französische Revolution, nichtsdestoweniger dokumentiert sie in für das Jahrhundert repräsentativer Weise, in welchem Maße das Theater in der gesamten Aufklärungszeit als öffentliches Forum begriffen wurde, auf dem nicht nur die zeitbewegenden Fragen zur Diskussion gebracht werden konnten, sondern mit dessen Hilfe man auch eine umfassende Verbesserung der Sitten zu erreichen hoffte.

Das Theater als Sittenschule – diese immer wieder artikulierte Idee ist nicht neu, gewann im 18. Jahrhundert aber im Kontext der bürgerlichen Emanzipationsbestrebungen eine neue Stoßrichtung. So erklärt sich auch, dass die Aufklärung mit einem Reformprogramm des deutschen Theaters zu Beginn des 18. Jahrhunderts Fahrt aufnimmt (wenn auch sicher nicht beginnt!). Initiator dieses

Das Theater als Sittenschule

Programms ist der 1730 als außerordentlicher Professor für Poesie und Beredsamkeit an die Universität Leipzig berufene Johann Christoph Gottsched (1700-1766), der mit seiner später viel gescholtenen *Critischen Dichtkunst vor die Deutschen* (1730) nicht nur eine breitenwirksame Diskussion über die Wesensfragen der Dichtkunst eröffnete, an der sich fast alle entscheidenden Kreise der Aufklärung beteiligten, sondern der auch angesichts der zu Beginn des Jahrhunderts wieder aktuellen Misere des deutschen Theaters für eine Rückführung der deutschen Bühnenkunst zur Formreinheit der Antike stritt. Beides, d.h. sowohl sein Bemühen um eine Hebung der deutschen Sprache und Literatur als auch seine Theaterreform, die er teils in Zusammenarbeit mit der Schauspieltruppe der Prinzipalin Johanna Neuber praktisch umzusetzen versuchte, ist zu verstehen im Übrigen im Sinne eines nationalerzieherischen Programmes zur Schaffung einer gebildeten *bürgerlichen* Nation. Beide Reformbestrebungen sind Ausdruck eines bürgerlichen Strebens nach der Einheit von Literatur und gesellschaftlicher Praxis und Beweis zugleich eines intensiven nationalen und sozialen Anliegens.

Fluchtpunkt der von Gottsched begründeten Theaterreform ist die Schaffung einer ‚regelgeleiteten Dramatik‘, dies als Voraussetzung der intendierten Vernunft- und Moralerziehung durch das Theater. Die Kunst und speziell das Theater hatten seiner Ansicht nach die nach Regeln der Vernunft organisierten Ordnungen der Natur und der Gesellschaft abzubilden, indem sie ihrerseits eine Ordnung nach den Regeln der Vernunft herstellen. Nur so könne der Zuschauer über die Natur und Gesellschaft zugrundeliegenden Regeln aufgeklärt werden und als Zuschauer zum *vernünftigen* Bürger werden. Darum polemisierte er in den von ihm gegründeten moralischen Wochenschriften *Die vernünftigen Tadlerinnen* (1725/26) und *Der Biedermann* (1727/29) sowie in seinen späteren Schriften unnachgiebig gegen die „pöbelhaften Fratzen und Zoten"[13] der komischen Figuren.

Der empfindsame Bürger   4.5

Gottscheds anfangs tonangebende Literatur- und Theaterkonzeption verlor in der zweiten Hälfte des Jahrhunderts entscheidend an Einfluss. Bereits in den vierziger Jahren hatten die beiden schweizer Ästhetiker Johann Jakob Bodmer (1698-1783) und Johann Jakob

Das Wunderbare

Breitinger (1701-1776) in ihren Abhandlungen gegenüber dem strengen Rationalismus Gottscheds die Phantasie und Kreativität des Dichters entscheidend aufgewertet. Indem sie **das Wunderbare** der Darstellung bisher unbekannter Aspekte der diesseitigen und der nicht materiellen Welt ins Spiel bringen und den Dichter als Schöpfer im eigentlichen Sinne anerkennen, eben weil er die unsichtbaren Dinge „aus dem Stande der Möglichkeit in den Stand der Würcklichkeit hinüberbringet"[14] (Breitinger, *Critische Dichtkunst*, 1740), d.h. das hinter dem Bild des Sichtbaren das nur seiner Phantasie zugängliche und ihm allein bekannte Unsichtbare anschaulich macht, markieren die Abhandlungen Bodmers und Breitingers zugleich die Bruchstelle im System der Aufklärung, die den allmählichen Übergang vom Rationalismus ihrer Frühphase zur Aufklärung des ‚Herzens' einläutet.

Rührung

Mit der Aufwertung der Phantasie und Kreativität des Dichters verlagert sich das Interesse vom moralischen Nutzen (der freilich sowohl bei Bodmer als auch bei Breitinger nicht im Grundsatz in Frage gestellt wird) auf die **Rührung**; das rhetorisch-didaktische Konzept wird in den Bereich des Fühlens hinein erweitert. Poesie soll nun nicht mehr allein den menschlichen Verstand ansprechen, sondern auch das Gemüt. Dies ändert freilich nichts an der Vorrangstellung des Dramas gegenüber der einerseits stark lehrhaften (Barthold Heinrich Brockes [1680-1747], Albrecht von Haller [1708-1777]), andererseits unter dem Einfluss der **Anakreontik** stehenden Lyrik (Johann Wilhelm Ludwig Gleim [1719-1803], Johann Peter Uz [1720-1796], Johann Nikolaus Götz [1721-1781], auch Lessing [1729-1781] und Goethe [1749-1832] in Teilen ihres Werkes). (Unter ‚Anakreontik' versteht man eine kultiviert-graziöse Gesellschaftsdichtung mit den Hauptmotiven von Liebespreis, Lob des Weins und heiterem Lebensgenuss; die philosophisch-moralische Odendichtung – Albrecht von Haller, Ewald Christian von Kleist, Gellert – haben wir einmal ganz beiseite gelassen!) Dies ändert nichts auch an der Vorrangstellung des Dramas gegenüber auch dem Roman (Johann Gottfried Schnabel, *Insel Felsenburg*, 1731/43; Christoph Martin Wieland, *Geschichte des Agathon*, 1766/67; Goethe, *Leiden des jungen Werthers*, 1774; *Wilhelm Meisters Lehrjahre*, 1795/96).

Der empfindsame Bürger

Die in den ästhetischen Schriften Bodmers und Breitingers theoretisch vorbereitete empfindsame Phase der Aufklärung wird literarisch eingeläutet im engeren Sinn mit Christian Fürchtegott Gellerts (1715-1769) Plädoyer für eine Komödie mit ernstem Gehalt in seiner Leipziger Antrittsvorlesung *Über das rührende Lustspiel* (*Pro comoedia commovente*). Gellert hat damit nicht mehr den **vernünftigen** Bürger im Visier sondern den **empfindsamen** Bürger, d.h. auch: den zur Empfindung fähigen Menschen. Moralische Anstalt, Sittenschule konnte das Theater in seinen Augen nur dann sein, wenn es an das Herz als den Sitz moralischer Empfindungen des Publikums appellierte und den Zuschauer durch die Darstellung guter Charaktere, genauer: vorbildhafter Figuren tugendhafter Bürger in Rührung versetzte. Die Komödie, so Gellert, ist ein dramatisches Gedicht, „welches Abschilderungen von dem gemeinen Privatleben enthalte [gemeint ist: das einfache Privatleben, der soziale Raum der Familie], die Tugend anpreise und verschiedene Laster und Ungereimtheiten der Menschen auf eine scherzhafte und feine Art durchziehe"[15].

Das hat Konsequenzen zum einen für den Darstellungsbereich der Komödie, die Gellert im Hinblick auf einen „ernsthaften, seiner Natur nach aber angenehmen Inhalt"[16] aufwertet. Zum anderen fallen damit zugleich auch zwei wesentliche Bedingungen der Dramenästhetik, die noch das frühaufklärerisch-rationalistische Theater im Wesentlichen geprägt hatten: zum einen ist mit der Zentralstellung des Bürgers in einem „ernsthaften" Schauspiel die Ständeklausel entscheidend in Frage gestellt; zum anderen werden die für das bürgerlich-‚private' Leben vorbildlichen Verhaltensweisen nunmehr unmittelbar in vollkommenen Charakteren ästhetisch repräsentiert, was einen eklatanten Verstoß gegen die hergebrachte Regel bedeutet, wonach die Komödie hauptsächlich Unvollkommenheiten zur Darstellung zu bringen habe.

Nicht mehr die Schaffung von Distanz zwischen dem auf der Bühne als lächerlich dargestellten ‚unvernünftigen' Handeln von Figuren und dem sich überlegen dünkenden Zuschauer ist das Ziel, sondern die empfindsame Identifikation mit den tugendhaften Vorbildgestalten des dramatischen Geschehens über das Moment der Herzensrührung. Dies markiert einen zentralen Unterschied zwischen dem hochaufklärerisch-empfindsamen *rührenden* Lustspiel und der traditionellen Verlachkomödie, die ihre Normsetzungen indirekt, d.h.: in negativer Brechung über das dem Verlachen preisgegebene ‚Laster' (z.B. Eitelkeit, Geiz, Verschwendungssucht) vermittelt. Der Vielzahl der auf diesem Wege vermittelten Normen ‚bürgerlichen' Verhaltens setzt das ‚rührende' oder auch ‚weinerliche' Lustspiel im Grund genommen nur eine einzige Tugend als über allem anderen stehendes Grund- oder Verhaltensmuster entgegen: die Fähigkeit zur Rührung, die wirkungsästhetisch eng mit dem Mitleiden verwandt ist. Zeugen dieser Rührung, die gegen den Eigennutz höfischer Kultur und den Wirtschaftsegoismus der bürgerlichen Kultur gleichermaßen in Stellung gebracht wird, sind die Tränen.

4.6 | Das bürgerliche Trauerspiel

Der Erfolg des rührenden Lustspiels, für das Gellert mit seinen Stücken *Die Betschwester* (1745), *Das Loos in der Lotterie* (1746) und *Die zärtlichen Schwestern* (1747) selbst wichtige Beispiele geliefert hat, bereitet neben der allmählichen Verbürgerlichung des Helden in der klassizistischen Tragödie den Boden für den Aufstieg der neuen Gattung des bürgerlichen Trauerspiels, das sich Mitte des 18. Jahrhunderts aus der übermächtigen Tradition der klassizistischen Tragödie löst und tragische Konflikte unter Verlagerung des Konfliktgeschens aus dem öffentlichen Raum nun in der häuslich-familiären Lebenssphäre der bürgerlichen Lebens- und Wertewelt ansiedelt. Mit Lessings rührendem Familienbild *Miß Sara Sampson* und Gottlob Benjamin Pfeils Abhandlung *Vom bürgerlichen Trauerspiele* erscheinen 1755 die ersten literarischen bzw. umfassenden literaturtheoretischen Beiträge zum Bürgerlichen Trauerspiel, das im Zuge der aufkommenden Empfindsamkeit in der zweiten Hälfte des 18. Jahrhunderts nun zunehmend an Bedeutung gewinnt.

(Randnotiz: Verlagerung des Konfliktgeschehens in die häuslich-familiäre Sphäre*)*

Als Prototyp der Gattung gilt George Lillos Drama *The London Merchant, or, The History of George Barnwell* (1731 in London uraufgeführt), das allerdings die Gattungsbezeichnung selbst nicht verwendet. Erst seine französische Übersetzung von 1748 weist im Untertitel den Begriff „tragédie bourgeoise" auf, der in Frankreich 1733 erstmalig belegt ist und 1750 in einer (vermutlich von Lessing übersetzten) Besprechung von Voltaires ,comédie' *Nanine* auf dem Umweg über das Französische als ,Bürgerliches Trauerspiel' den Weg ins Deutsche findet. Der Begriff selbst ist in dieser frühen Phase seiner Geschichte noch nicht eindeutig festgelegt und verschwimmt als Bezeichnung für solche Tragödien, deren Hauptkennzeichen eine rührende Wirkung ist, mit demjenigen der „comédie larmoyante", über die sich in Frankreich das ernste bürgerliche Drama herausbildete (Diderot, *Le fils naturel ou les épreuves de la vertu*, *Le père de famille*, 1757 bzw. 1758).

Während sich in Lillos Drama das Selbstbewusstsein einer erfolgreichen Kaufmannsschicht ausspricht, stehen im deutschen ‚Bürgerlichen Trauerspiel' vor allem familiär bestimmte Konflikte der bürgerlichen Moral, insbesondere solche zwischen Vätern und Töchtern und solche zwischen dem Wertsystem ‚Bürgerlichkeit' und der höfisch-feudalen Ordnung zur Diskussion. Der damit im Vergleich zur Tragödie vollzogene Wechsel der Perspektive gründet allgemein in dem Interesse der Zeit an Empirie und Psychologie.

Dabei lassen sich innerhalb der Geschichte des ‚Bürgerlichen Trauerspiels' deutlich zwei Phasen der Entwicklung unterscheiden, in denen jeweils ein empfindsamer, an moralisch-menschlichen Werten und Verhaltensweisen interessierter Typus des Bürgerlichen Trauerspiels auf der einen und ein ständische Konflikte betonender Typus auf der anderen Seite dominieren. Für beide Phasen hat Lessing mit *Miß Sara Sampson* (1755 in Frankfurt/Oder wirkungsvoll uraufgeführt) und *Emilia Galotti* (1772) Prototypen geliefert.

Zwei Phasen der Entwicklung

Im Zentrum des ersten Typus steht der um Tugend bemühte, ‚empfindsame' Mensch. Sittliche Besserung gilt als das Ziel des empfindsamen ‚Bürgerlichen Trauerspiels', die erreicht werden soll nicht über eine intellektuelle Leistung (rationale Einsicht, Bewunderung für ein gegebenes Beispiel etc.), sondern über eine Gemütserregung: das Moment der Rührung und die Kultivierung der Mitleidsfähigkeit[17] (Lessing) Praktisch artikuliert sich diese Wirkungsabsicht in der Forderung nach einer Annäherung des Dramas an die Lebenswirklichkeit des Publikums. Die Abwendung von der mythisch-heroischen bzw. geschichtlich-heroischen Wirklichkeit der Tragödie soll dem Publikum Identifikation ermöglichen. Im 14. Stück der *Hamburgischen Dramaturgie* (1769) erklärt Lessing: „Das Unglück derjenigen, deren Umstände den unsrigen am nächsten kommen, muß natürlicherweise am tiefsten in unsere Seele dringen"[18], woran wenig später der berühmt gewordene Satz anschließt: „Die geheiligten Namen des Freundes, des Vaters, des Geliebten, des Gatten, des Sohnes, der Mutter, des Menschen überhaupt: diese sind pathetischer als alles; diese behaupten ihre Rechte immer und ewig."[19]

Der empfindsame Typus

In Lessings Mitleidskonzeption, die in dem Satz gipfelt, der „mitleidigste Mensch" sei „der beste Mensch"[20], fallen die emotionale und die moralische Wirkung des Theaters zusammen. Ob Lessing aber mit seiner Bestimmung des Trauerspiels als Mittel zur Steigerung der Mit-Leidensfähigkeit ein für das ‚Bürgerliche Trauerspiel‘ des 18. Jahrhunderts wirklich allgemein verbindliches Dramenmodell zur Sprache gebracht hat, ist neuerdings in Zweifel geraten. Zur Diskussion steht aufgrund neuerer Untersuchungen vielmehr die Frage, ob statt der von Lessing dem Trauerspiel abverlangten Verfeinerung der Gefühlskultur nicht eher die „exemplarische Abschreckung" (Cornelia Mönch) im Zentrum der moraldidaktischen Konzeption des ‚Bürgerlichen Trauerspiels‘ gestanden hat (was freilich an Lessings Konzeption nichts ändert, lediglich ihre Allgemeinverbindlichkeit in Zweifel zieht).

Ständische Konflikte: der zweite Typus

Der empfindsame Typus des ‚Bürgerlichen Trauerspiels‘, wie ihn *Miß Sara Sampson* in idealtypischer Weise darstellt, bleibt zwar noch bis in die neunziger Jahre des 18. Jahrhunderts hinein lebendig, tritt als solcher seine Bedeutung allerdings bereits seit den siebziger Jahren an einen anderen, ständische Konflikte betonenden Typus des Trauerspiels ab, den wiederum Lessing 1772 mit *Emilia Galotti* installiert und Schiller mit *Kabale und Liebe* (1784) zu einem Höhepunkt geführt hat. Im Unterschied zum empfindsamen Typus des ‚Bürgerlichen Trauerspiels‘ rücken in dieser zweiten Entwicklungsphase des ‚Bürgerlichen Trauerspiels‘ nun die Leidenschaften des subjektivistischen Menschen ins Zentrum des Spiels.

Abb. 28

Zeitgenössische Illustration zu *Kabale und Liebe* von Schiller.

Die Utopie der ‚empfindsamen‘ Gesellschaft, die gesellschaftliche Interessengegensätze ‚moralisch‘ überwindet, hat ausgespielt; der Bürger als moralischer oder unmoralischer Privatmensch tritt von der Bühne der Geschichte ab und macht dem Bürger als Vertreter eines genau umrissenen Standes- oder Berufsmilieus bzw. einer ständisch bedingten Mentalität Platz, die sich in einer Interessensspaltung der aus Bürgern und Adeligen gebildeten ‚Mittelschicht‘ niederschlägt. Zugleich werden Tugend und Laster aus ihrer Abstraktheit befreit und auf ihre gesellschaftlichen Bedingungen zurückgeführt. Zwar richtet sich die nun zur Sprache gebrachte Gesellschaftskritik in erster Linie noch gegen den Adel; bereits allerdings beim späten Lessing, spätestens dann im Drama des Sturm und Drang (Lenz, Klinger, Wag-

* – 226

ner), das vom ‚Bürgerlichen Trauerspiel' markierte Positionen aufnimmt und zugleich die Gattung aus dem psychologisch-morali-
schen Bereich in die realgesellschaftliche Sphäre überführt, gerät dabei auch das Bürgertum selbst ins Visier der Kritik.

Die Reaktionen des Publikums mögen im Übrigen Lessing das
Scheitern seines Projekts einer Verfeinerung der Gefühlskultur durch
das Trauerspiel vor Augen geführt und mit zu dem in seinem Spätwerk zu beobachtenden Übergang von einem sozialpragmatischen zu
einem geschichtsphilosophischen Denken beigetragen haben, das
sich in *Nathan der Weise* (1779), in den philosophischen Schriften *Die
Erziehung des Menschengeschlechts* (1780) und den Freimaurerge-
sprächen *Ernst und Falk* (1778-1780) niederschlägt. In allen drei Werken wird die gesellschaftliche Utopie entscheidend verzeitlicht, d. h.
in eine – mehr oder weniger weit entfernte – Zukunft projiziert.

Goethezeit (ca. 1770-ca. 1830): Sturm und Drang, Weimarer Klassik, Romantik | 5

Die Epoche der „genialen Anmaßung" | 5.1

Nur knapp zwei Jahre nach der Uraufführung von Lessings *Emilia
Galotti* erscheint der Briefroman eines jungen Autors, dessen Held

| Abb. 29

Hans-Jürgen Wolf,
Katharina Thalbach
und Hilmar Bau-
mann in Egon Gün-
thers Verfilmung
von *Werthers Lei-
den* (DDR 1976).

eben dieses Trauerspiel auf seinem Nachttisch liegen hat: *Die Leiden des jungen Werthers* (1774). Mit seiner Zentralfigur, dem an der Liebe und der Gesellschaft leidenden bürgerlichen Subjekt, und der in ihm entwickelten Naturvorstellung zählt dieser Roman zu den Zentralwerken derjenigen Epoche, die nach einem 1776 erschienenen Drama Friedrich Maximilian Klingers als *Sturm und Drang* bezeichnet wird. Goethe, der Verfasser dieses zunächst anonym erschienenen Romans hat im dritten Teil seiner autobiographischen Erinnerungen *Dichtung und Wahrheit* eine aufschlussreiche Charakterisierung dieser Epoche gegeben, die als solche kaum mehr als die 1770er Jahre umfasst. Hier heißt es:

Zitat

> Die Epoche in der wir lebten, kann man die fordernde nennen: denn man machte, an sich und andere, Forderungen auf das was noch kein Mensch geleistet hatte. Es war nämlich vorzüglichen, denkenden und fühlenden Geistern ein Licht aufgegangen, daß die unmittelbare originelle Ansicht der Natur und ein darauf gegründetes Handeln das Beste sei, was der Mensch sich wünschen könne, und nicht einmal schwer zu erlangen.[21]

In einem dieser Stelle zugeordneten stichwortartigen Abstract hat Goethe dazu notiert: „Epoche der genialen Anmaßung. Diese mußte nothwendig aus der Tendenz nach unmittelbarer Natur entstehn. Die Individuen wurden von allen Banden der Critik befreyt und jeder konnte seine Kräfte schätzen und überschätzen, wie ihm beliebte."[22]

Sehnsucht nach unmittelbarer Natur

Mit den Stichworten ‚fordernde Epoche' – ‚Natur' – ‚geniale Anmaßung' ist sehr präzise der rebellische Gestus einer jungen Schriftstellergeneration (neben dem jungen Goethe und Johann Gottfried Herder [1744-1803] insbesondere Heinrich Wilhelm von Gerstenberg [1737-1823], Friedrich Maximilian Klinger [1752-1831], Jakob Michael Reinhold Lenz [1751-1792], Johann Anton Leisewitz [1752-1806], Heinrich Leopold Wagner [1747-1779] und – mit Abstrichen – der junge Friedrich Schiller [1759-1805]) erfasst, die aus dem Gefühl des (politischen, sozialen, ästhetischen) Ungenügens heraus in radikaler Weise das Individuum mit seinen Glücksansprüchen in das Zentrum der Literatur rückten. In Goethes Stichworten deutet sich zugleich der im Vergleich zur Aufklärung grundlegend neue **Naturbegriff** des Sturm und Drang an: die Sehnsucht nach unmittelbarer Natur, die in der Tradition des französischen Philosophen Rousseau in ihrer Wertigkeit als Gegenstück zu der (wie im *Werther*) krankmachenden gesellschaftlichen Unnatur konzipiert wurde. Dieses Naturverständnis wiederum ist unmittelbar bezogen auf die Leitvorstellung der Autonomie, der Selbstentfaltung und Selbstverwirklichung des Individuums: gegen die willkürlichen, beschränkenden Ordnungssysteme der gesellschaftlichen Wirklichkeit, wenn es sein muss; mit dem Ziel der Selbstentfaltung und Selbstverwirklichung des Subjekts als Voraussetzung aber auch für die Höher- und Weiterentwicklung der Gesellschaft. So werden das Individuell-Subjektive und das Allgemeine ins Verhältnis gesetzt. Das Freiheitspathos der Stürmer und Dränger steht dabei in erster Linie nicht in der Fluchtlinie einer politischen Programmatik im engeren Sinn (die politische Freiheit wird erst bei Schiller wirklich Gegenstand des Dramas), sondern einer Revolte gegen die Einschränkungen, die das Individuum in allen gesellschaftlichen Bereichen erfahren muss, nicht zuletzt auch im familiären Bereich, der in nahezu allen Dramen des Sturm und Drang als ge- und zerstörte Lebensordnung begegnet. Hier nun spielt der Geniegedanke und damit das gedankliche Herzstück der Sturm-und-Drang-Periode hinein, der in der Formulierung von der „Epoche der *genialen* Anmaßung" anklingt.

Das **Genie** ist das autonome, sich frei entfaltende Subjekt. Das Genie ist im Unterschied zum fremdbestimmten gesellschaftlichen Individuum der *ganze* Mensch; in ihm verschafft sich die *ganze* Natur und damit das Gegenstück der zerrissenen, schon wieder in Konventionen eingepferchten bürgerlichen Gesellschaft Ausdruck. Im Künstlertum, hier verstanden als autonomem Schöpfertum wiederum nimmt dieses Genie zuallererst einmal Gestalt an, wenn es auch nicht zwangsläufig mit diesem gleichgesetzt wird (Goethes Götz von Berlichingen-Figur ist so zwar kein Künstler, nichtsdestoweniger im Verständnis des Sturm und Drang aber ein Genie). Prototyp des künstlerischen Genies, das aus Natur spricht und Wirklichkeit schafft, ohne sich durch Regeln beschränken zu lassen, ist für den Sturm und Drang vor allem Shakespeare (vgl. dazu Herders Aufsatz *Shakespear* aus den ‚fliegenden Blättern' *Von deutscher Art und Kunst*, 1773, sowie Goethes Rede *Zum Schäkespeares Tag* von 1771).

Trotz des überwältigenden Erfolgs von Goethes *Werther*, trotz auch der Lyrik des jungen Goethe, Matthias Claudius' (1740-1815) und Christian Friedrich Daniel Schubarts (1739-1791): die Leitgat-

Das Genie

tung des Sturm und Drang ist das Drama. Beginnend mit Gerstenbergs Tragödie *Ugolino* (1768) über Goethes *Götz von Berlichingen*
(1. Fassung 1771), *Clavigo* (1774) und *Stella* (1775), über Jakob Michael Reinhold Lenz' *Der Hofmeister oder Vortheile der Privaterzie-
hung* (1774) und *Die Soldaten* (1776) bis zu Heinrich Leopold Wag-
ners Tragödie *Die Kindermörderin* (1776), Klingers *Die Zwillinge*
(1776) und Leisewitz' *Julius von Tarent* (1776) nicht zu vergessen, hat
das Drama des Sturm und Drang eine große Wirkung entfaltet –
wenn auch eher in der Literatur als auf der Bühne. In einer **dramaturgisch innovativen Form** (Kurzszenen, Bilder- und Episodenrei-
hungen, expressiver Sprachgestus) erzählt es von der Zerrissenheit
des Menschen, vom Zwiespalt zwischen Geist und Trieb und von der
Enge der Verhältnisse, die dem Ich überall Fesseln anlegen und es
im schlimmsten Fall (und sei es wie in Lenz' *Hofmeister* aufgrund
der Verinnerlichung ihrer Normen) zerschmettern.

5.2 | Kunstautonomie: Weimarer Klassik

Insgesamt wird im letzten Drittel des 18. Jahrhunderts der Grund-
stock für weitreichende soziale und kulturelle Wandlungsprozesse
gelegt, die im 19. Jahrhundert in eine Phase beschleunigter Modernisierung einmünden: die endgültige Herauslösung der Erkenntnis-
theorie und der Wissenschaftslehre aus ihrer Engführung mit Theologie und Metaphysik revolutioniert das Wissen und setzt die
Geschichte als einen steuerbaren innerweltlichen, d.h. nicht mehr
mit Bezug auf eine metaphysische Größe (Gott) hin bestimmten
Handlungsraum frei; die Revolution in Frankreich als das zentrale
Ereignis macht die Krise der sozialökonomischen und sozialpoliti-
schen Ordnungssysteme im Europa des ausgehenden Jahrhunderts
der Aufklärung mit einem Schlag augenfällig und setzt einen politisch-sozialen Wandlungsprozess in Gang, ohne den die Entwicklung der modernen Demokratien nicht denkbar wäre; zugleich kün-
digt sich in ersten Vorboten die industrielle Revolution an, die den
Menschen im 19. Jahrhundert dann das Gefühl vermitteln sollte,
in einer beschleunigten Zeit zu leben.

In diesem sozialhistorischen Kontext, der von den Zeitgenossen
vielfach als Krise erfahren wurde, entstehen die Leitideen und -kon-
zepte der sogenannten Weimarer Klassik (**Autonomie, Humanität,
Bildung**), die in ihrem Kernbestand auf die späteren Werke Goethes

und Schillers zurückgeführt wird, zu der im weiteren Sinn gelegentlich aber auch Werke Johann Gottfried Herders (1744-1803), Christoph Martin Wielands (1733-1813), Karl Philipp Moritz' (1756-1793) und Karl Ludwig von Knebels (1744-1834) gezählt werden. Goethes Italienreise (1786-1788) und der Tod Schillers (1805) werden gemeinhin als Eckdaten genannt, die die Kernzeit der Klassik mit dem Höhepunkt der Zusammenarbeit Schillers und Goethes und der Ausformulierung gemeinsamer ästhetischer Positionen ab 1794 bestimmen. (Den Begriff selbst hat Heinrich Laube in seiner 1839/40 erschienenen *Geschichte der deutschen Literatur* in die Literaturgeschichtsschreibung eingebracht.)

Dichtung und Kunsttheorie der Weimarer Klassik verhelfen der Idee der ästhetischen Autonomie zum Durchbruch, d.h.: der Vorstellung einer aus den lebenspraktischen Zusammenhängen herausgesprengten, von der Normalität freigestellten und das Kunstvolle, in Form und Stil das Artistische betonenden Kunst, wie sie in den Schriften Karl Philipp Moritz' (z. B. *Über die bildende Nachahmung des Schönen* und *Versuch einer Vereinigung aller schönen Künste und Wissenschaften*) und Kants (z.B. in der *Kritik der Urteilskraft*) vorgedacht war. Schön, so hatte Moritz 1788 in der Schrift *Über die bildende Nachahmung des Schönen* erklärt, sei ein Kunstwerk dann, wenn es nicht funktional im Sinne der aufklärerischen Wirkungsästhetik einem äußeren Zweck (also moral-didaktischen Zielsetzungen) dient, sondern den „Endzweck seines Daseins in sich selber hat"[23]. Nichts anderes meint auch Goethes Bemerkung, „daß die Kultur durch Kunst ihren eignen Gang gehen muß, daß sie keiner andern subordiniert seyn kann"[24]. Schiller, an den Goethe dies am 12.8.1797 schreibt, fordert seinerseits mit Bezug auf Kant die „strengste Separation" der Kunst von der „wirklichen Welt" (an Herder, 4.11.1795)[25]; der Dichter müsse „seine eigne Welt" formieren und durch die griechischen Mythen der „Verwandte eines fernen, fremden und idealischen Zeitalters" bleiben, da ihn „die Wirklichkeit nur beschmutzen würde"[26]. Etwas eingängiger hat Schiller dies 1801 in dem Gedicht „Der Antritt des neuen Jahrhunderts" („An***") in den Versen formuliert:

Zitat

In des Herzens heilig stille Räume
Mußt du fliehen aus des Lebens Drang,
Freiheit ist nur in dem Reich der Träume,
Und das Schöne blüht nur im Gesang.[27]

Selbstgesetzgebung
des Künstlers

Dem Selbstzweck (Autonomie) der Kunst entspricht die Selbstgesetzgebung des Künstlers (womit die Weimarer Klassik sich als Erbe des Sturm und Drang erweist), der wiederum die Vorstellung einer Selbstbestimmung des die Kunst aufnehmenden Subjekts zugeordnet ist. In diesem Zirkelschluss (Selbstzweck – Selbstgesetzgebung – Selbstbestimmung) spricht sich der utopische Charakter des Konzepts der Kunstautonomie aus: die Kunst-Autonomie findet nicht nur ihre Entsprechung in der Autonomie des Subjekts, sondern greift ihr gleichsam vor; sie selbst ist ein Merkzeichen in die allgemein erst noch zu schaffende Zukunft, der sie gleichzeitig den Weg bahnt. Kunst bekommt in dieser Vorstellung die Funktion einer Erziehungs- oder Bildungsinstanz.

Ästhetische Erziehung

Wiederum ist es Schiller, der dieser Vorstellung einer ästhetischen Erziehung (insbesondere in der 1795 erschienenen Schrift *Über die ästhetische Erziehung des Menschen*) in schlagender Weise zum Ausdruck verholfen hat. Erst durch die „Schönheit" wandere man „zu der Freiheit" – was letztlich nichts anderes heißt, als dass nur derjenige die politischen Probleme seiner Zeit praktisch lösen könne, der sich zuvor im ästhetischen Bereich ausgebildet habe.

Die Hochschätzung des **Bildungsromans**, der in Goethes *Wilhelm Meisters Lehrjahre* (1795/1796) sein gleichsam typologisches Grundmuster findet, erklärt sich von diesem Bildungskonzept aus. In ihm findet das Humanitätskonzept als Bildungskonzept seine Übersetzung in die erzählende Gattung. Dass der Mensch bildbar ist, dass er aber auch sein Menschentum, seine Humanität erst durch die Ausbildung seiner Anlagen ‚verwesentlicht': dieser Grundüberlegung verleiht der Bildungsroman Ausdruck, der in Christoph Martin Wielands *Geschichte des Agathon* (3. Fassung 1794) ein weiteres wichtiges Beispiel findet. Hier kommt neben der Kunstautonomie und dem Humanitätsideal auch die dritte Leitvorstellung der Klassik zum Tragen: die Herausbildung des ganzheitlichen Subjekts als Fluchtpunkt einer Kultur der menschlichen Versöhnung, die Goethe in seinen *Unterhaltungen deutscher Ausgewanderten* dann als Form einer *geselligen* Bildung konzipiert hat. Das meint nichts anderes, als dass die in einzelnen „auserlesenen Zirkeln" (Schiller)[28] bereits verwirklichte Humanität in utopischer Weise das vorwegzunehmen in der Lage ist, was auf gesamtgesellschaftlicher Basis erst noch im Ganzen erreicht werden soll: die Harmonisierung und Befriedung der Widersprüche.

Antike und Klassik

Die Ausformulierung der literatur- und kulturpolitischen Grundvorstellungen der Weimarer Klassik erfolgt im Hinblick auf den vorbildlichen „Geist" der Antike. In der römisch-griechischen bzw. der
griechischen Antike glaubten Klassik und – um es gleich vorwegzunehmen – Frühromantik die Ausprägung überzeitlich verbindli-
cher, menschlich mustergültiger Werte zu finden.

Johann Joachim Winckelmann (1717-1768) hat mit seiner in der
Schrift *Gedancken über die Nachahmung der griechischen Wercke
in der Mahlerey und Bildhauer-Kunst* (1755) ausformulierten Deutung der Antike als Ausdruck „edle[r] Einfalt und stille[r] Größe"[29]
dem Griechenkult der deutschen Klassik entscheidend vorgearbei-
tet. (**Einfalt** heißt übrigens: Einfachheit, der Inbegriff des Wahren
und Absoluten der Idee, aber auch Einheit: Unteilbarkeit, Ganzheit
und Vollkommenheit, in Verbindung mit der **stillen Größe**: vollendete Identität.) Auch wenn es sich aus Sicht der Archäologie heute
bei dem auf Winckelmann zurückgehenden Antikenbild der Klassik
um eine idealistische Schönung handelt, war Winckelmanns Deutung der Antike in seiner Zeit doch bahnbrechend durch ihre Zusammenführung innerer und äußerer Schönheit. Nicht nur erblickt
Winckelmann im ‚schönen' Menschen die höchste Schöpfung der
sich steigernden Natur; Natur und Kunst fallen in der Kunst der Griechen insoweit zusammen, dass er – und Goethe und Schiller sind
ihm darin gefolgt – der Nachahmung der antiken Kunst den Vorzug
gewährt vor der Nachahmung der Natur als solcher.

Winckelmann begreift die Antike damit geradezu als Vorbild für
die Gegenwart. Im griechischen Volkstum erblickte er zugleich den
Musterfall eines durch „Geblüt", „Klima" und „Erziehung" begün-
stigten Menschentypus, ein Muster, das einmalig, das aber – und darin liegt der entscheidende Gedanke – auf der anderen Seite unter
ähnlichen umweltlichen Bedingungen auch wiederholbar ist. Von
hier aus propagierte er das Ideal von Harmonie, Einheit in der Vielheit und Einfalt in der Größe mit dem Ziel einer zu erkämpfenden
Ausgeglichenheit, eines Erhabenen durch Bändigung der Kraft,
durch Selbstdisziplin (nichts anderes besagt die Formel von der ed-
len Einfalt und stillen Größe). Das sind Forderungen, die das Kunstwollen der deutschen Klassik entscheidend bestimmt haben und im
Bildungs- und Humanitätsideal, der Forderung nach harmonischer
Einheit und Ganzheit der Persönlichkeit, aufgenommen sind.

> „Edle Einfalt und stille Größe"

Iphigenie   Für Goethe waren die ästhetisch-poetischen „Gesetze" der Griechen seit seiner Italienreise maßgeblich. Der Abschluss der *Iphigenie auf Tauris* (1786) ist das neben *Egmont* (1788) bedeutendste künstlerische, ethische und politische Vermächtnis von Goethes erster Weimaraner Schaffensperiode und zugleich der vollendetste Ausdruck des sich auf die Antike berufenden klassischen Humanitätsideals. Mit diesem Stück liefert Goethe gleichsam die ästhetische Probe aufs Exempel des klassischen Humanismus, sozusagen die ästhetische Realisierung des utopischen Entwurfs, auch wenn Schiller mit seiner klassischen Dramatik Goethes dramatische Produktion in der Kernzeit der Weimarer Klassik bei weitem überflügelt hat: allein zwischen 1798 und 1804 gelangten fünf Schauspiele Schillers in Weimar und Leipzig zur Uraufführung, die formal und strukturell Schillers Beschäftigung mit der Antike zur Voraussetzung haben: *Wallenstein* (1798/99), *Maria Stuart* (1800), *Die Jungfrau von Orleans* (1801), *Die Braut von Messina oder Die feindlichen Brüder* (1803) und *Wilhelm Tell* (1804). Seine Titelheldin lässt Goethe in diesem Stück zu einem geschichtsverändernden Menschsein durch die Anschauung des Mythos (hier im Sinne einer Schicksalsverfallenheit) gelangen. Im Bewusstsein der Grenzen des Menschen befreit sie sich zu den Möglichkeiten eines neuen (nicht-heroischen, bürgerlichen) Menschseins.

Egmont   *Egmont* bildet gleichsam das Gegenstück zu diesem Vorgang einer geglückten Bildung. Während *Iphigenie* die geschichtsverändernde Kraft der Humanität zum Gegenstand eines Spiels der Versöhnung von Mensch und Welt, Individuum und Geschichte macht, hat *Egmont* die Antinomie, die Gegensätzlichkeit des ‚schönen' Charakters (der Iphigenie am Ende ist) zur Geschichte und zur politischen Welt zum Thema. Egmont hat Sinnlichkeit und Sittlichkeit, Empfindungs- und Denkvermögen zu harmonischer Vollendung ausgebildet (oder trachtet zumindest nach dieser Vollendung); in allen Situationen beweist er in seinem Handeln das Ideal der schönen Humanität – und er scheitert an der feindlichen, von düsterem Fanatismus und tiefem Misstrauen gegenüber der Freiheit des Menschen beherrschten Umwelt.

Nimmt man die von Goethe im *Egmont* gegebenen Hinweise beim Wort, schärfen sich die politischen Konturen der ästhetischen Konzeption der Weimarer Klassik. Dass der Rückzug auf eine Nur-Kunst letztlich keine Lösung aus den Widersprüchen der Zeit bietet, da der ästhetische Zustand des Lebens keine Versicherung vor dem lebensbedrohenden Konflikt bietet, dem Egmont zum Opfer fiel, das zumindest hat Goethe in seinem Künstlerdrama *Torquato Tasso*, das er im Sommer 1789 in unmittelbarer zeitlicher Nachbarschaft zur Revolution in Frankreich (14. Juli: Sturm auf die Bastille) abschloss, unmissverständlich deutlich gemacht.

Zitat

So seh' ich mich am Ende denn verbannt,
Verstoßen und verbannt als Bettler hier!
So hat man mich bekränzt, um mich geschmückt
Als Opfertier vor den Altar zu führen!
So lockte man mir noch am letzten Tage
Mein einzig Eigenthum, mir mein Gedicht
Mit glatten Worten ab, und hielt es fest!
Mein einzig Gut ist nun in euren Händen,
Das mich an jedem Ort empfohlen hätte;
Das mir noch blieb, vom Hunger mich zu retten!
Jetzt seh' ich wohl warum ich feiern soll.[30]

Tasso, der Nur-Künstler scheitert, um vom Staatsmann Antonio ‚gerettet' zu werden.

Nur wenig gemein mit einer klassischen Tragödie hat die *Faust*-Dichtung, die Goethe mit zum Teil langen Unterbrechungen fast sein Leben lang beschäftigt hat. 1772 nimmt er die Arbeit an diesem großen Werkkomplex auf, den er lange nicht abschließen kann. Mehr als Bruchstücke des Werkes (*Faust. Ein Fragment*, 1790) veröffentlicht er zunächst nicht. Erst 1808, drei Jahre nach dem Tod Schillers, der Goethe zur Weiterarbeit gedrängt hatte, erscheint *Faust. Der Tragödie erster Teil*, der zweite Teil 1832 nach dem Tod des Weimarer Dichters.

Faust

Goethe zieht mit diesem Werk gleichsam die Summe seiner theaterästhetischen Überlegungen. *Faust* ist ein Stück zugleich, das mit seiner offenen Struktur, mit der eher an naturwissenschaftlichen Methoden als an den dramenästhetischen Regeln der Zeit orientierten Reihungen von Szenen und Akten, mit der Brüchigkeit der Handlung, den zahlreichen Schauplatzwechseln und der Vielstimmigkeiten der Themen und Motive die um 1800 konventionalisierten Gattungsmuster sprengt und Wetten annimmt auf ein Theater der Zukunft. Insbesondere im zweiten Teil der Tragödie bedient Goethe sich einer Dramaturgie der „Sprünge und Würfe" (Herder), die auf die Selbständigkeit der Teile setzt und damit vorausweist auf Techniken des modernen Dramas. Goethe war sich dessen durchaus bewusst, wenn er 1830 im Gespräch mit seinem Vertrauten Johann Peter Eckermann von seiner Dichtung sagte, sie sei in ihrer offenen Form „ganz etwas Inkommensurables, und alle Versuche" sie „dem Verstand näher zu bringen" seien „vergeblich".[31]

Abb. 29a

„Faust" I. Prolog im Himmel. Bühnenbildskizze von Goethe

Kein tragischer Held in tragische Konflikten im eigentlichen Sinn steht im Zentrum dieses ‚inkommensurablen', also unvergleichbaren und gleichsam aus der Zeit gefallenen Werkes, sondern der Mensch selbst, genauer: das menschliche Handeln im Spannungsfeld von Selbstüberhebung und Scheitern. Faust ist das Subjekt einer menschlichen Welterfahrung, die über die Zwänge und Grenzen von Zeit und Körperlichkeit hinauswill. Geleitet auf seinem

- 227

Kursus durch die Welt zwar vom Teufel, mit dem er eine Wette auf die Erfüllung seines Sehnens eingeht (und von diesem dafür mit der Welt als Genuss abgespeist wird), handelt er als autonomes Individuum, auch wenn seine Geschichte einen „Prolog", ein Vorspiel also, „im Himmel" hat. Faust scheitert auch als autonomes Individuum – und am Ende, im zweiten Teil der Tragödie, in dem Goethe den anfänglich engen Schauplatz der Bürgerwelt und mit ihr die psychologisierende Darstellung des Menschen hinter sich gelassen, in dem er die Denk- und Verhaltensweisen der ‚großen' Welt in den Blick genommen hat, so ‚grundsätzlicher' geworden ist, wird er als autonomes Individuum gerettet (erlöst), nachdem sich zuletzt sein gigantisches Landgewinnungsprojekt mitsamt seinem Traum vom „freien Menschen auf freiem Grund" als Chimäre erwiesen hat. Letztlich bleibt dies ein Mysterium, wenn Goethe in der letzten, „Bergschluchten" überschriebenen, Szene diese Erlösung Fausts als das Aufsteigen der zur Vollendung drängenden Kraft (Seele) seines Helden aus der Finsternis des gebundenen Erdenlebens ins Geistige und Lichte aus religiösen Vorstellungsbildern heraus entwickelt.

Romantik als zweite literarische Oppositionsbewegung | 5.3

Parallel zur Klassik bildete sich in den 1790er Jahren mit der Romantik eine zweite literarische Strömung in Opposition zum Rationalismus der Aufklärung heraus, die in ihren Ausläufern bis etwa 1840 wirksam bleibt. Ein äußerst produktives Ineinander von Theorie und Poesie steht am Anfang der Romantik, die in den 1790er Jahren ihre Stimme mit dem Anspruch erhebt, das, was an der Zeit ist, zur Sprache zu bringen, ‚jung' zu sein. Die Erfahrung der Französischen Revolution im Rücken und – zumindest anfangs noch – geleitet von der Vorstellung einer notwendigen politischen Verjüngung als Durchgangsstadium zur Schaffung eines zukünftigen ‚goldenen' Zeitalters, suchte ein um die Zeitschrift *Athenäum* (1798-1800) der Brüder August Wilhelm und Friedrich Schlegel (1767-1845 bzw. 1772-1829) versammelter Kreis von Dichtern und Philosophen in der Poesie Auswege aus der Entfremdungserfahrung der Moderne, die für viele Zeitgenossen aus dem politischen Umwälzungsprozess im Nachbarland Frankreich resultierte. Die Antike (im Sprachgebrauch der Zeit: die ‚Alten') hatte diese Mit-

Verschmelzung von Theorie und Poesie

Frühromantik

te und damit gleichsam den Lebenssinn in der Mythologie gefunden. Dem Verständnis der Romantiker nach galt es durch die Poesie nun eine neue Mythologie zu schaffen, in der sich die Einheit der Epoche bzw. des Lebens rekonstruieren ließe. Den Menschen durch die Kunst in das ursprüngliche (produktive) Chaos der Natur zurückzuversetzen, das ist für Friedrich Schlegel so der eigentlich revolutionäre Akt der Veränderung, der an der Zeit ist. Mit der Forderung zur Schaffung dieser neuen Mythologie ist der ideologische Fluchtpunkt der nach ihrem Zentrum auch **Jenaer Romantik** benannten Frühromantik bezeichnet, der neben den Schlegels und ihren Frauen die Dichter Friedrich von Hardenberg (= Novalis, 1772-1801), Ludwig Tieck (1773-1853) und Wilhelm Heinrich Wackenroder (1773-1798) sowie die Philosophen Friedrich Schleiermacher (1768-1834), Johann Gottlieb Fichte (1762-1814), Friedrich Wilhelm Schelling (1775-1854) und J.W. Ritter (1776-1810) zugerechnet werden.

5.3.1 | Romantik als ästhetische Einstellung

‚Romantisch‘ an der Romantik ist in erster Linie die Vorstellung, der ungenügenden Realität im Medium der Kunst beikommen zu können, d.h.: ‚romantisch‘ ist zunächst einmal weniger ein Stil oder eine Schreibweise als vielmehr eine **ästhetische Einstellung** zum Leben. Und so hieß Romantiker sein dem eigenen Selbstverständnis nach von allem Anfang nicht allein bloß ‚jung‘ und ‚modern‘ sein, sondern gerade auch Position beziehen in einem (kultur-)revolutionären Prozess, den es zugleich zu befördern galt.

Heines Romantikkritik

Der aus dem Rückblick von Heinrich Heine in seiner Abrechnung mit der *Romantischen Schule* (1835) erhobene Vorwurf, die Romantiker hätten sich eingemauert in einer Vergangenheit, aus der kein Weg in die Zukunft weist, wirft gleichsam den Schatten der Spätphase über die gesamte Bewegung und übersieht geflissentlich die Orientierung der frühromantischen Ästhetikkonzeptionen an der politischen Gegenwart als praktischem Handlungsraum.

Aus dem Blick gerät mit Heines Romantikkritik vor allem die aufklärerisch-idealistische Substanz in der Zeitdiagnostik der Frühromantik, die auf vielfach gebrochene Weise mit einer Verflechtung von ästhetischer und politischer Revolution auf das

Epoche machende Ereignis der Französischen Revolution antwortete. Während Schiller als Konsequenz des Verlaufs der französischen Revolution das Nacheinander von (erst) ästhetischer und (dann) politischer Bildung postulierte (*Über die ästhetische Erziehung des Menschen*), weist Friedrich Schlegel umgekehrt so auf die Freiheit als bedingendes Moment von Schönheit. Geradezu kategorisch resümiert er gegen Ende seines für die kulturrevolutionären Vorstellungen der Frühromantik zentralen Aufsatzes *Über das Studium der griechischen Poesie*, der 1795 in zeitlicher Nähe zu Goethes Polemik wider den *Literarischen Sansculottismus* und Schillers Briefen *Über die ästhetische Erziehung des Menschen* entstand: „Die notwendigen Bedingungen aller menschlichen Bildung sind: Kraft, Gesetzmäßigkeit, Freiheit und Gemeinschaft. Erst wenn die Gesetzmäßigkeit der ästhetischen Kraft durch eine objektive Grundlage und Richtung gesichert sein wird, kann die ästhetische Bildung durch *Freiheit der Kunst* und *Gemeinschaft des Geschmacks* durchgängig durchgreifend und *öffentlich* werden."[32]

Universalpoesie   5.3.2

Dies bildet den Rahmen für das Modell einer alle Künste und Wissenschaften umfassenden **Universalpoesie**, mit dem die Romantik die klassische Kunstautonomie in gleichem Maße fortführt wie sie diese durch Vervielfältigung ins Unendliche überbietet. Denn: Wo buchstäblich alle Lebensbereiche dem Ästhetischen zugeordnet werden, wo das Schöne total wird, verliert die Autonomie ihr Gegenüber. Mit dem Modell der Universalpoesie verbindet sich die Vorstellung einer Verschmelzung von Poesie, Philosophie und Naturwissenschaft in einer Gesamtkunst, die schrittweise auf alle Bereiche des Lebens ausgreift.

Gestaltungsmittel der auf die Unendlichkeit zielenden Universalpoesie ist die **Ironie**. Als ästhetisches Prinzip und Erkenntnismethode zugleich stellt sie ein Bindeglied dar zwischen den frühromantischen Dichtungsauffassungen. Nun ist gerade diese romantische Ironie begrifflich nur äußerst schwierig zu fassen. Am ehesten wird man sie als Verfahren eines Denkens in Gegensätzen verstehen können, wie es Friedrich Schlegels Ironiebegriff bestimmt. Ironie als Denkverfahren bricht mit der Vorstellung letztgültiger

Ironie

Aussagen; als, so Schlegel, „die Form des Paradoxen"[33] hebt die Ironie das Gedachte in einem unendlichen Prozess immer wieder auf und führt es durch das polare Gegeneinander zu einem logischen Ideal. In den literarischen Texten äußert sich dieses Prinzip in der Engführung von Gegensätzen wie dem Alltäglichen und dem Wunderbaren, von Regelhaftem und Willkür, durch arabeske und groteske Erzählformen, Fiktionsdurchbrechungen, Fiktionspotenzierungen, durch das Spiel mit dem Leser, Intertextualität und Genremischungen (vgl. hier insbesondere E.T.A. Hoffmanns *Lebens-Ansichten des Katers Murr* [1819-1821], Jean Pauls Romane, Tiecks Märchenlustspiele) – Techniken, die allesamt weit über die literarischen Verfahrensweisen der Zeit hinausweisen und die Modernität der Romantik begründen.

Roman und Fragment   Die Gattung, in der diese Techniken ihren nachhaltigsten Ausdruck fanden, war der Ausgangs des 18. Jahrhunderts bei weitem noch nicht anerkannte Roman, der im Verständnis Schlegels alle Formen der Poesie (Reflexion, Philosophie, Märchen, Erzählung, Gesang) integrieren, Individualität und Totalität gleichermaßen zum Ausdruck bringen, die eigene Zeit widerspiegeln und der Utopie des Goldenen Zeitalters zum Durchbruch verhelfen sollte. Ihren gleichsam letztgültigen Ausdruck aber findet die prinzipiell unabgeschlossene und unabschließbare Poesie im Fragment, das als solches, wie es der französische Philosoph Jacques Derrida einmal im Zusammenhang mit dem Fragmentdenken von Novalis bis zur Gegenwart formuliert hat, „ein Zeichen hin auf Totalität"[34] gebe, ohne sie repräsentieren zu wollen. In diesem Zeichencharakter ist das Fragment Platzhalter der Utopie in einer unvollkommenen Wirklichkeit. Auffallend viele Werke der Romantiker zerfallen so bereits von ihrem ästhetischen Ansatz her zu Splittern und Bruchstücken wie die Aphorismen-Sammlungen Schlegels und Novalis' oder sind im Wortsinn Fragment geblieben wie E.T.A. Hoffmanns *Kater Murr*, Novalis' *Heinrich von Ofterdingen* (1802) oder Schlegels Skandalroman *Lucinde* (1799), der nicht vor der Spiegelung auch der Körperlichkeit der Liebe zurück- und damit die Kritiker verschreckte.

5.3.3 | Die literarische Romantik nach 1800

Zwar entstehen mit Wackenroders *Herzensergießungen eines kunstliebenden Klosterbruders* (1797), Tiecks *Die Geschichte des*

Herrn William Lovell (1795) und *Franz Sternbalds Wanderungen* (1798), Friedrich Schlegels *Lucinde* (1799) und Novalis' *Hymnen an die Nacht* (1800) bereits vor der Jahrhundertwende zentrale (im engeren Sinn) literarische Werke der Romantik; entschieden aber erfolgt die Hinwendung zur dichterischen Form erst in der zweiten Phase der Romantik nach 1800, und zwar begleitet in auffallender Weise dabei von einem Rückgang der theoretisch-philosophischen Kunstdiskussion. 1804 erscheint Klingemanns Roman *Nachtwachen von Bonaventura*, der alle Themen der Frühromantik noch einmal parodierend aufnimmt (die Verfasserschaft dieses anonym erschienenen Romans war lange Zeit umstritten) und mit der Absage an die Kunstreligion und die Utopie des Goldenen Zeitalters bereits mitten in ihrer Blüte das Ende der Epoche vorwegnimmt. Gleichzeitig beginnt sich der Begriff des Romantischen in Richtung auf das Romanhafte und Phantastische hin zu verändern, bis er in den zwanziger Jahren in biedermeierlich volkstümelnder und rheinromantischer Verklärung den Punkt seiner weitestmöglichen Entfernung von den theoretisch innovativen und literarisch experimentellen Anfängen der 1790er Jahre erreicht.

Vorrang des Dichterischen

Bleibt der Jenaer-Berliner Kreis der Frühromantik bestimmt im wesentlichen durch seine naturwissenschaftlich-philosophischen Interessen, konzentriert sich der seit 1805 in **Heidelberg** zusammenkommende Kreis um Clemens Brentano (1778-1842), Achim von Arnim (1781-1831); Joseph von Eichendorff (1788-1857), Joseph Görres (1776-1848) sowie die Brüder Jacob (1785-1863) und Wilhelm Grimm (1786-1859) mehr auf die naive und einfache, volkstümliche Kultur der **Volkslieder**, **Sagen** und **Märchen**.

Heidelberger Romantik

Abb. 30

Titelblatt von *Des Knaben Wunderhorn* (1808).

Unverkennbar politischen Einflüssen geschuldet (die Hegemonialpolitik des napoleonischen Frankreich) ist die Hinwendung dieser jüngeren oder *Hochromantik* zur ‚germanischen' Kultur, insbesondere zu den Denkmälern der Vergangenheit im deutschen Mittelalter; sie erfolgt im Zuge eines auf hi-

Sammlung und
Bearbeitung
volkstümlicher Literatur

storischen Forschungen gegründeten und auf die Herausbildung eines ‚Volksgeistes‘ abzielenden nationalen Bildungskonzepts, das auch die Sammlung und Bearbeitung volkstümlicher Literatur durch Armin und Brentano (*Des Knaben Wunderhorn*, 1806-1808), Görres (*Die teutschen Volksbücher*, 1807) und den Grimms (*Kinder- und Hausmärchen*, 1812-1822; *Deutsche Sagen*, 1816-1818) begründet. Alle drei Sammlungen führen einerseits Herders Konzept der Volkspoesie weiter, sind als Rückgriff auf eine utopische Ursprünglichkeit gleichzeitig aber auch Antwort auf die nationale Zersplitterung und die sich abzeichnenden Entfremdungserfahrungen der modernen Zivilisation – Züge, die sich auch in den Gruppen der anderen großen Zentren der Romantik nach 1800 beobachten lassen: in **Dresden** mit Heinrich von Kleist (1777-1811), der sich wie Jean Paul und Hölderlin weder der Klassik noch der Romantik so recht zurechnen lassen will, mit K.F.G. Wetzel (1779-1819), mit dem Staatsphilosophen Adam Müller (1779-1829) und dem Naturphilosophen Gotthilf Heinrich Schubert (1780-1860) auf der einen Seite; auf der anderen Seite in **Berlin** mit E.T.A. Hoffmann (1776-1822), Adelbert von Chamisso (1781-1838), Friedrich de la Motte Fouqué (1777-1843) und Zacharias Werner (1768-1823).

Die Nachtseiten der
Natur

In dieser zweiten Phase der Romantik entstehen die Hauptwerke E.T.A. Hoffmanns, Eichendorffs und Chamissos, die das populäre Bild der Romantik weithin prägen. Die Aufbruchstimmung der Frühromantik ist in dieser Zeit längst einer düsteren, teils sarkastischen Sicht auf die Wirklichkeit gewichen. Hoffmann thematisiert in seinen *Fantasiestücken* (1814) und in seinen *Nachtstücken* (1817) die sogenannten „Nachtseiten" der menschlichen Existenz: das Abgründige, Geheimnisvolle, den Wahnsinn, das Unheimliche und Dämonische (vgl. hier insbesondere auch seinen Roman *Die Elixiere des Teufels*, 1815/16) und den Widerspruch zwischen Künstler und Welt (*Lebensansichten des Kater Murr*, 1819-1821; *Kreisleriana*, 1814-16). Chamisso fasst das Bild der Entfremdung in seiner Erzählung *Peter Schlemihls wundersame Geschichte* (1814) im Bild des Mannes ohne Schatten, den sein Reichtum nicht glücklich macht. Joseph von Eichendorff beschwört die verlorene Harmonie in melancholischen Naturbildern, die einer Seelenlandschaft Konturen verleihen, beschreibt in seinem Roman *Ahnung und Gegenwart* (1815) die zerstörerischen Auswirkungen der Politik auf den Menschen und feiert in der Erzählung *Aus dem Leben eines Taugenichts* (1826) den Rückzug des Individuums aus den entfremdeten Lebensbedingungen.

Eichendorffs Lyrik wiederum und nicht etwa Novalis' nur schwer zugängliche Hymnendichtung, die wie ein rätselhafter Block ganz für sich steht, gilt vielerorts als genuiner Ausdruck romantischen Dichtens, das die für das 18. Jahrhundert noch weithin bestimmende Erlebnislyrik durch eine stimmungshafte Sprache des Gefühls ersetzt. Die anhaltende Popularität der Gedichte Eichendorffs wird begründet dabei durch den volksliedhaft-eingänglichen Ton, der zu zahlreichen Vertonungen Anlass gegeben hat. Dass seine Lyrik das Traum- und Sehnsuchtsland wahrnehmbar werden lässt, ohne die banale Alltagswirklichkeit wegzublenden bzw. wegblenden zu können, ist symptomatisch für die Spätromantik, mit der sich die ‚junge' Romantik nach 1820 – unter anderem auch mit dem Ableger der **Schwäbischen Dichterschule** (Ludwig Uhland, 1787-1862; Justinus Kerner, 1786-1862; Gustav Schwab, 1792-1850; Karl Mayer, 1786-1870; im weiteren Umfeld auch Eduard Mörike, 1804-1875; Wilhelm Hauff, 1802-1827 und Nikolaus Lenau, 1802-1850) – in der anderen ‚Jugendbewegung' des Vormärz verläuft.

Eichendorffs Lyrik

Vormärz und Realismus

6

Vormärz (1815-1848)

6.1

Im Unterschied zu den zuvor verwendeten Epochenbezeichnungen stellt der *Vor*märz-Begriff die Geschichte der Literatur von vornherein und ausdrücklich in einen historischen Bezugsrahmen. Die Epochenbezeichnung ‚Vormärz' bringt einen Zeitraum des Vorher auf den Begriff, dessen Bezugspunkt außerhalb seiner selbst liegt. ‚Vormärz' ist der Zeitraum *vor* dem März, also vor der bürgerlichen Revolution von 1848 und damit auch vor dem gescheiterten demokratischen Experiment des Frankfurter Paulskirchenparlaments mit seinem Leitziel des freien Bürgers in einem rechtstaatlich und national geeinten System. Die Identität der Epoche besteht mit anderen Worten in der *Vor*-Geschichtlichkeit, mit der sie alle auf die Revolution zulaufenden Tendenzen und Erscheinungen in sich vereinigt. Während der Epoche mit der Revolution von 1848 ein Ende, wenn auch nicht notwendigerweise ein Ziel gesetzt war, blieb insbesondere die Frage der Eröffnungszäsur des Vormärz lange Zeit strittig: nachdem lange Jahre die Julirevolution von 1830 und die

Rheinkrise von 1840 als epochale Eröffnungen zur Diskussion standen, wird der Epochenbegriff heute für den gesamten Zeitraum vom Jahr des **Wiener Kongresses** und der Gründung des Deutschen Bundes (1815) bis zur Revolution 1848 bei (zumindest in der Literaturwissenschaft relativ offengehaltenen Periodisierungsgrenzen) angewendet.

Der Wiener Kongress

Der Wiener Kongress setzte 1815 einen Schlussstrich unter die Ära Napoleon und bemühte sich eifrig darum, das Rad der Geschichte zurückzudrehen. ‚Restauration' nannten die Zeitgenossen selbst diese neue Epoche, und das war durchaus nicht negativ gemeint, zumindest nicht bei denen, die äußere Ruhe und die Rückkehr zu geordneten Verhältnissen nach der bald drei Jahrzehnte anhaltenden Phase der politischen Gärungen und der Kriege allem anderen vorzogen.

Der Wiener Kongress errichtete mit einer politisch-restriktiven Stabilisierungspolitik Schutzwälle gegen alle nationalen, sozialen und intellektuellen Veränderungshoffnungen, konnte die politische ‚Modernisierung' der deutschen Länder damit zwar vorübergehend eindämmen, nicht aber zur Gänze anhalten, wovon die eruptiven Revolutionsbewegungen der Jahre 1830 und 1848 Zeugnis ablegen. Unterhalb der angehaltenen oder zumindest verlangsamten politischen Bewegung gewann eine Entwicklung wieder an Dynamik, die im Vergleich zu England auf dem Kontinent durch Revolution und Krieg weit zurückgeworfen worden war: die industrielle Revolution und die sie begleitende Herausbildung marktbedingter Klassen.

Modernisierung

Mit der Durchsetzung dieser Wirtschaftsform nahm ein alle Ebenen des Lebens, den ökonomischen, sozialen und kulturellen Sektor gleichermaßen umfassender Modernisierungsprozess Fahrt auf. Der Vormärz als soziale und kulturelle Formation betrachtet ist eine Gesellschaft im Aufbruch, in Bewegung – und dies sowohl in horizontaler Perspektive (Reisen, Migration), als auch in vertikaler Perspektive (Veränderungen im Sozialgefüge) und in ästhetischer Perspektive (Ausdifferenzierung des Literatursystems). Technologische Innovationen wandeln die Raum-Zeit-Verhältnisse der vorindustriellen Gesellschaft, verändern die Wahrnehmungslogik, dynamisieren zugleich die sozioökonomischen Strukturen, Kommunikationswege und -formen. Revolutionen (1830, 1848) durchschneiden den sozialen Raum, wirken als Beschleunigungsfaktoren längerfristiger Umsetzungsprozesse, in deren Perspektive sich der

Siegeszug der industriell-technologischen (und agrarökonomischen) Revolution vollendet. Das was man die anthropologische Wesensbestimmung der Geschichte nennt, die Vorstellung also, dass der Mensch die Geschichte ‚macht‘, wird brüchig. Das ästhetische Wertsystem der Goethezeit verliert an orientierender (auch normierender) Bedeutung und macht – für eine Übergangszeit – einer Vielzahl ästhetischer Suchbewegungen Platz, die erst allmählich von einem erneuten Normierungsprozess aufgefangen werden, der in der Folge zur Ausbildung des Literatursystems des Realismus hinführt.

Das Ende der Kunstperiode
6.1.1

Bereits 1828 hatte Heinrich Heine (1797-1856) in einer Besprechung von Wolfgang Menzels Buch *Die deutsche Literatur* das Ende der Kunstperiode verkündet und damit einer Literatur die Richtung gewiesen, die sich eben nicht auf den olympischen Standort des Rein-Ästhetischen beschränkt, die vielmehr teilhaben wollte, mitgestalten wollte, eingreifen wollte, kurz: ‚politisch‘ sein wollte: „Das Prinzip der Goetheschen Zeit, die Kunstidee, entweicht, eine neue Zeit mit einem neuen Prinzipe steigt auf, und seltsam! Wie das Menzelsche Buch merken lässt, sie beginnt mit Insurrektion gegen Goethe."[35]

Was Heine unter dem Begriff „Kunstperiode" verstand, erschließt sich aus seinem Briefwechsel mit Karl August Varnhagen von Ense und dessen Frau Rahel. Heine beschreibt Goethe hier als „großes Zeitablehnungsgenie", das sich in einer Streitbarkeit ablehnenden „Kunstbehaglichkeit" eingerichtet habe und sich allein „letzter Zweck" sein wolle. Die Zeit dieser weltenfernen „Kunstbehaglichkeit" sei nun unwiderruflich an ihr Ende gekommen: „Es ist noch immer meine fixe Idee", schreibt Heine so im Februar 1830 an Varnhagen, „daß mit der Endschaft der Kunstperiode auch das Goethenthum zu Ende geht; nur unsre ästhetisirende, philosophirende Kunstsinnzeit war dem Aufkommen Goethes günstig; eine Zeit der Begeistrung und der That kann ihn nicht brauchen."[36]

Diese Zeit der „Tat" ist für Heine nun angebrochen und sie verändert die Literatur. Zwar hätten Goethe und Schiller in den *Xenien* Fehden ausgefochten; diese aber seien innerliterarisch geblieben, nicht zu vergleichen mit den für Heine zeitaktuellen politischen

Die Zeit der „Tat"

Auseinandersetzungen: „Der Schiller-Göthesche Xenienkampf war doch nur ein Kartoffelkrieg, es war die Kunstperiode, es galt den Schein des Lebens, die Kunst, nicht das Leben selbst – jetzt gilt es die höchsten Interessen des Lebens selbst, die *Revoluzion* tritt ein in die Literatur, und der Krieg wird ernster."[37] Damit ist die Grenze gezogen zwischen einem in sich ruhenden Kunstschönen und einer parteiergreifenden, eingreifenden Literatur – und genau in dieser Grenzziehung findet diese ganz unterschiedliche literarische Strömungen (Klassizismus, Spätromantik, die sich selbst bescheidende apolitische Innerlichkeit der biedermeierlichen Literatur eines Eduard Mörike und eines Adalbert Stifter und die politisch-eingreifende Literatur) einschließende Epoche ihre Mitte.

6.1.2 | Das Junge Deutschland

Literarisch machten zunächst die Autoren des sogenannten Jungen Deutschland von sich reden, gegen deren Schriften der Bundestag am 10. Dezember 1835 ein formales Publikationsverbot erließ. Dieser Sondergesetzgebung des Deutschen Bundestags kommt das zweifelhafte Verdienst zu, einen Kreis von Autoren zu einer Bewegung zusammengebunden zu haben, die mehr als nur ihr Alter voneinander trennt: ästhetische Praktiken, Ausdrucksmittel, vor allem auch der ihnen jeweils zukommende literarhistorische Rang: Heinrich Heine (1797-1856), Ludolf Wienbarg (1802-1872), Heinrich Laube (1806-1884), Theodor Mundt (1808-1861) und Karl Gutzkow (1811-1878).

Bewusstsein des Epochenumbruchs — Was die Autoren des Jungen Deutschland über alle Differenzen hinweg eint, ist das Bewusstsein, Zeugen einer Zeitenwende zu sein, kurz: in einer „Übergangsepoche" (Ludolf Wienbarg)[38] zu leben, die auch der Literatur neue Aufgaben stellt. Dieses Zeitgefühl ist stark von einem Ereignis geprägt, das vierzig Jahre nach der Französischen Revolution wiederum ganz Europa in Bewegung und Aufregung versetzen sollte, auch wenn die praktischen Auswirkungen auf Deutschland relativ gering waren: die sogenannte **Julirevolution** in Frankreich, die Schluss machte mit dem Restaurationsregime der Bourbonen und mit dem Herzog von Orléans (Louis-Philippe I.) einen neuen Typus des Monarchen auf den Thron brachte: den ‚Bürgerkönig'.

Literarische Revolution — Auf die so politisch begründete Revolutions-Erfahrung, gleichermaßen an der Schwelle zur Moderne zu stehen, antworten die Autoren des Jungen Deutschland ihrerseits nun mit einer „literarischen Revolution", mit einem neuen Stil- und Sprachgestus: nämlich der Einkleidung ihrer emanzipatorischen Botschaft in eine adressatenorientierte Sprache. Damit nun wurde das Stilkorsett von Klassik und Romantik abgelegt; zugleich wurden damit wesentliche Voraussetzungen für die Popularisierung der Literatur des Jungen Deutschland überhaupt erst einmal geschaffen. Wenn Gutzkow in den 1832 erschienenen *Briefen eines Narren an eine Närrin* die „Nothwenigkeit der Politisirung unserer Literatur"[39] reklamiert, dann ist damit im Kern bereits das Programm formuliert, das die Autoren des Jungen Deutschland bei aller Heterogenität verband. Und das ist es eigentlich, was in dem Schlagwort vom „Ende der Kunstperiode" zum Ausdruck gebracht ist, das Heine 1828 verkündet hat und von der jüngeren Autorengeneration nachbuchstabiert wird.

Die Autoren des Jungen Deutschland verneinten so die ‚zeitlose' Gültigkeit der Poesie, erhoben statt dessen den Anspruch, durch Literatur auf die Realität einzuwirken, sie zu verändern, und zwar unmittelbar. Von hier aus beziehen sie Stellung: zur zeitgenössischen Wirklichkeit, zur Politik, auch zur Ästhetik. Fluchtpunkt ist die Zukunft, Ansatzpunkte aber sind, wie Heine (wohl) im August/September 1833 in dem kurzen Textfragment *Verschiedenartige Geschichtsauffassung* schreibt, die „Interessen der Gegenwart"[40]. ‚Jetzig' also wollte die jungdeutsche Literatur sein; sie wollte das zur Sprache bringen, ‚was an der Zeit ist' und damit der Zukunft (Heines Vorbehalten zum Trotz) vorbauen. Voraussetzung dafür wiederum war ihrem Verständnis nach die Aufhebung der Trennung von Kunst und Leben nun von anderer, von politischer Seite her. ‚Jetzig', und das heißt: eingreifend, kann Literatur für sie nur sein, wenn sie ganz nah an die Zeit-Wirklichkeit mit ihren Widersprüchen und Konflikten heranrückt.

Zeitschriftsteller wollten die Autoren des Jungen Deutschland von hier aus sein; und was das bedeutet hat Ludwig Börne (1786-1837), neben Heine das zweite große Vorbild der Jungdeutschen, bereits 1818 in der Ankündigung seiner Zeitschrift *Die Wage* in geradezu programmatischer Weise beschrieben. Die „Aussagen der Zeit zu erlauschen, ihr Mie-

Abb. 31

Ludwig Börne
(1786–1837).

nenspiel zu deuten und beides niederzuschreiben"[41], darin sieht Börne hier eine der zentralen Aufgaben des Schriftstellers, der mehr ist noch als bloß der „Fuhrmann der Wissenschaft und der Geschichte"[42] (was für sich genommen er aller Ehren wert erachtet): „Er reicht uns das Gefäß, das unentbehrlich ist, um an der Quelle der Wahrheit für den des Augenblicks zu schöpfen."[43]

Ideenschmuggel   Der Literatur sollte in diesem Zusammenhang die Aufgabe zufallen, die Relikte des Alten abzutragen, d.h. den Feudalismus zu bekämpfen, und das Neue, die Zukunft, literarisch vorwegzunehmen, die unter der hässlichen „Larve der alten Zeit" heranwächst. Unter den gegebenen Umständen konnte dieser Kampf nicht offen ausgetragen werden, sondern bedurfte Methoden der Camouflage, der Tarnung, mit denen die neuen Ideen als Konterbande in die Öffentlichkeit getragen werden konnten. Das Schlagwort vom Ideenschmuggel beschreibt sehr gut diese Strategie der verdeckten Einflussnahme unter dem „bleiernen Druck der Verhältnisse"[44] (Wienbarg). „Der *Ideenschmuggel* wird die Poesie des Lebens werden"[45] lässt Gutzkow in den *Briefen eines Narren an eine Närrin* seinen Narren sagen, und an Büchner, der ihm sein Drama *Dantons Tod* zur Veröffentlichung zugeschickt hat, schreibt er 1835: „Treiben Sie wie ich den *Schmuggelhandel der Freiheit.* Wein verhüllt in Novellenstroh, nicht in seinem natürlichen Gewande: ich glaube man nützt so mehr, als man blind in Gewehre läuft, die keineswegs blindgeladen sind."[46]

Prosa und Kritik als   In der Konsequenz bedeutet der im Grunde genommen von al-
Waffen der Gegenwart len Autoren des Jungen Deutschland verfolgte Anspruch des Spagats zwischen Politik und Literatur die Ausprägung eines neuen Literaturtyps, der sich die Aufhebung nicht nur der Trennung zwischen Kunst und Leben, sondern auch der Gattungen und Genres, von Ästhetik, Wissenschaft und Politik in einer verständlichen Literatur zum Ziel gesetzt hat. Faktisch bedeutete dies eine Abkehr von der Vorrangstellung des Schönen in der Kunst. Damit grenzen sich die Jungdeutschen ab gegen die traditionellen formalästhetischen Prinzipien, die Dichtung und Poesie mit gebundener Sprache gleichsetzen. Dem gegenüber steht ein Bekenntnis zur Prosa als – so Wienbarg in wegweisender Weise in seinen *Ästhetischen Feldzügen* – Waffe der Gegenwart („Die Prosa ist eine Waffe jetzt, und man muß sie schärfen")[47] und vor allem zur Kritik, die das bevorzugte Feld der Interventionen des Jungen Deutschland wird. Sie, also die Kritik, zu reformieren, vom Kopf wieder auf die Füße und damit in

den Dienst der Gesellschaftskritik zu stellen, war eines der Haupt-
anliegen der ‚jungen' Autoren.

Börne und Heine als Prototypen des neuen Intellektuellen | 6.1.3

Börne und Heine, die beide nicht zufällig auf
dem Höhepunkt ihres Ruhms und ihrer Be-
kanntheit von Paris, der Weltmetropole, was
nichts anderes heißt als: vom Exil aus, agieren,
sind die Prototypen des neuen Typus des Intellektuellen, die tonangebend werden im
Vormärz. Heine ist dies dabei vielleicht noch
mehr als Börne, insofern er als Dichter *und* politischer Autor die Wandlung vom **Poeten** traditionellen Verständnisses zum **Schriftsteller**
noch nachdrücklicher repräsentiert als Börne,
der mit seinem Hauptwerk, den zwischen

Abb. 32

Heinrich Heine
(1797–1856).

1832 und 1834 in drei Bänden erschienenen *Briefen aus Paris*, das
Muster einer kleinen und beweglichen Literatur schuf, die unmittelbar in die Auseinandersetzungen der Zeit einzugreifen sich an-
schickte. Heine ist der Zeitschriftsteller, wie ihn Börne entworfen   Der Zeitschriftsteller
hatte, schlechthin: der kritische Interpret seiner Zeit, der Kämpfer
gegen das Veraltete, gegen das Überkommene, und der Geburtshel-
fer des Neuen. Durch die Entgrenzung der unterschiedlichen
Schreibformen von Lyrik, Prosa, Essayistik, Reisebericht etc. in seinem Werk bringt Heine wie kein anderer Autor seiner Zeit die
Grundprinzipien der Goethezeit mit ihrem Primat der Ästhetik gegenüber dem Empirischen ins Wanken. Die 1826 mit dem ersten
Band der *Harzreise* erschienenen *Reisebilder* (1826-1831), in denen
er Zeit- und Gesellschaftssatire, Lyrik und Prosa in der für sein
Schreiben charakteristischen Weise zu einem ironischen Zeit- und
Sittenbild verbindet, begründen Heines frühen Ruhm.
  Anhaltende Popularität aber verschafft ihm ein anderes Werk:
das 1827 erschienene *Buch der Lieder*, in dem er durch das Grund-
modell der Volksliedstrophe hindurch eine moderne Subjektivität
zum Ausdruck bringt. Heine selbst nannte *Das Buch der Lieder* neben den *Reisebildern* und der 1851 erschienen Sammlung *Roman-
zero* eine der drei Säulen seines Ruhms, zu dem nicht unerheblich
auch das satirische Versepos *Deutschland ein Wintermärchen* (1844)

- 237

beigetragen haben dürfte, das der deutschen Rückständigkeit das Programm einer umfassenden sozialen und sinnlichen Befreiung der Menschheit entgegenhielt.

6.1.4 | Grabbe und Büchner: zwei Wegbereiter des modernen Dramas

Mit Christian Dietrich Grabbe (1801-1836) und Georg Büchner (1813-1837) treten in den zwanziger und dreißiger Jahren zwei andere Autoren hervor, die das Bild der Vormärz-Periode auf ihre (und andere) Weise nicht minder geprägt haben als Börne und Heine, auch wenn sie bei Licht betrachtet zunächst einmal nur wenig miteinander zu tun haben: der aus niedrigsten Verhältnissen stammende plebejische Detmolder Advokat und der Darmstädter Bürgersohn; der sein Leben lang wütend gegen die philiströse bürgerliche Gesellschaft anrennende und doch gleichzeitig sich nach Anerkennung eben dieser bürgerlichen Gesellschaft verzehrende Zyniker Grabbe und der sein Herz für die Ärmsten im besten Sinne ,verschwendende' Mediziner Büchner; der Nihilist und der Revolutionär. Wegbereiter **des modernen Dramas** sind sie gleichwohl beide, insofern sie das Drama aus den bindenden Traditionen der Klassik befreit haben: *dramaturgisch*, indem sie (das gilt vor allem für Grabbe, der in seinen Schlachtchoreographien bereits filmische Mittel vorwegnimmt) die Möglichkeiten des Theaters sprengten; *ästhetisch* (das wiederum gilt vor allem für Büchner) durch die Eroberung neuer Gegenstände der Darstellung (*Woyzeck* ist die erste Tragödie des Proletariats); ideengeschichtlich, indem sie (und das gilt sowohl für Grabbe als auch für Büchner) den Abgesang auf die Illusionen des Idealismus mit seinem Glauben an die Geschichte, das (historische) Subjekt, die Vernunft und den Fortschritt anstimmen.

Analytiker der Leere
Bereits mit seinem dramatischen Erstling *Herzog Theodor von Gothland*, 1822 abgeschlossen aber erst 1827 veröffentlicht, erweist Grabbe sich als einer der scharfsinnigsten Analytiker der Leere der Restaurationsgesellschaft. Zwar mangelt es ihm an der theoretischen Konstruktion, in der gedacht werden könnte, wie Literatur in einer nichtrevolutionären Zeit revolutionär zu wirken in der Lage wäre; zwar hat Grabbe keine politische und keine ökonomische Theorie. Unterhalb der Rhetorik der Zerstörung und der Verneinung, die seinem Drama in unverwechselbarer Weise den Stempel

aufdrückt, aber reklamiert er auf irritierende Weise immer wieder aufs Neue die Modernisierung der Gesellschaft.

Herzog Theodor von Gothland ist noch roh und ungeschlacht; das Stück lässt aber auch schon den Dramatiker der Geschichte erkennen, als der Grabbe mit Stücken wie *Marius und Sulla, Hannibal, Napoleon oder die hundert Tage* und *Die Hermannsschlach*t seinen Platz in der Literaturgeschichte behauptet. Politik/Macht und (bürgerliche) Moral gehen in der Figurenkonzeption von Grabbes Geschichtsdramen keine ‚natürliche' Verbindung mehr ein; Selbstbestimmung, Autonomie und Freiheit realisieren sich in Grabbes Drama allein außerhalb der Grenzen der Moral; in den nach 1830 entstandenen Dramen nicht einmal mehr dort. Zwar sind viele von Grabbes Figuren überlebensgroß in ihrem Heroismus, in ihrer Amoralität, in ihrer Grausamkeit, in ihrer Bejahung des Todes. In der ein oder anderen Form aber erfüllen sie damit gemessen an der von Grabbe beklagten Kleinheit der sozialen, politischen und kulturellen Verhältnisse der Restaurationszeit die Funktion eines Gegenentwurfs, der das Abgemattete, Banale und Ereignislose der Jetztzeit zur Klärung bringen soll.

Im Unterschied zu Grabbe, dem Verächter der Massen, der sich nicht vereinnahmen lässt für das traditionelle links-rechts-Schema der Politik, weil er allem gegenüber Feind ist, ist Büchner der intellektuelle Revolutionär schlechthin, der Frühvollendete und früh Gestorbene, die Ikone des Widerstands, einer der wusste, dass sich die soziale Frage wohl nicht ohne Gewalt würde lösen lassen und schon gar nicht durch eine Literaturrevolution. Das Ergebnis dieser Einsicht ist das Bekenntnis zur Notwendigkeit einer umfassenden sozialen Revolution mit der Flugschrift *Der Hessi-*

Abb. 33

Georg Büchner (1813–1837).

Soziale Revolution

sche Landbote. Büchner lieferte zu dieser von dem Butzbacher Rektor Friedrich Ludwig Weidig für den Druck überarbeiteten Flugschrift, die einen Höhepunkt der politischen Publizistik im Vormärz darstellt, den Entwurf.

Als sich die mit der Verteilung des Flugblattes verbundenen Hoffnungen auf eine Politisierung der hessischen Landbevölkerung zerschlagen (das Unternehmen fliegt auf, da die Überwachungsbehörden durch einen Denunzianten über die Umsturzpläne Büchners und Weidigs informiert waren), wechselt Büchner die Ebenen seines politischen Engagements: von der konspirativen Publizistik zur Literatur. Die Krise nach dem Scheitern des *Hessischen Landboten* wird zur Geburtsstunde des Dramatikers Büchner, der damit die ihm gemäße Gattung gefunden hat. *Dantons Tod* ist das erste Ergebnis dieser Entwicklung, ein literarischer Paukenschlag. Dramatische Auseinandersetzungen mit der Französischen Revolution hatte es schon vor Büchner gegeben, nichts wirklich Nennenswertes in der Regel; dieses Drama aber, das vor dem Hintergrund der Auseinandersetzung zwischen den beiden Revolutionsheroen Danton und Robespierre in der Phase des Niedergangs der Jakobinerherrschaft vom Sterben der Revolutionäre erzählt, wird zum Muster aller weiterer Dramen zur Revolution, von anhaltender Aktualität bis in die Gegenwart.

Dantons Tod
Dantons Tod ist anders als der *Hessische Landbote* kein Stück Agitationsliteratur zur Mobilisierung, Bestärkung oder Ermutigung einer sozialen Bewegung, sondern ein Stück Selbstverständigung eines Intellektuellen, das die Lehren aus einer enttäuschenden Geschichte zu ziehen bemüht ist, ein Stück vor allem, das in der wechselseitigen Verspiegelung der Ereignisse des Jahres 1794 in Frankreich der Situation des Jahres 1834 in Deutschland rigoros mit allen Illusionen bricht, wofür gerade auch spricht, dass Büchner die Perspektive allein auf die Auseinandersetzung innerhalb des Lagers der Revolutionsbefürworter konzentriert; Revolutionsgegner spielen so gut wie keine Rolle: es geht um interne Probleme, es geht um eine Fehleranalyse, um eine Kritik am Weg und an den Mitteln der Revolution, für die der historische Konflikt zwischen Robespierre und Danton den Rahmen und das Anschauungsmaterial liefert. Die Perspektive ist ausgenüchtert: Keinem der beiden durch die ehemaligen Verbündeten Danton und Robespierre vertretenen Positionen innerhalb der bürgerlichen Revolution wird mehr durchgehend Recht gegeben. Weder dem Sinnagenten der tötenden Revolution Robespierre, der die Dialektik von Freiheit und Notwendigkeit im Blut erstickt und über seinen asketischen Tugendrigorismus das Ziel der Revolution an die Mittel zu seiner Durchsetzung verliert; noch dem ‚Aussteiger‘ Danton, der die Politik nicht mehr ertragen kann, der dem durch das Gemeinwohl vordergründig gerechtfertigten Brutalismus der radikalen Jakobiner mit einem Rückbezug aufs Eigene zu entkommen sucht und die Hungernden verrät.

Büchner blieb nach diesem nüchternen Blick in den Maschinen-raum der Geschichte nicht mehr viel Zeit bis zu seinem frühen Tod am 19. Februar 1837. Die literarische Ausbeute seiner letzten Mo-nate ist schmal und doch entsteht in dieser kurzen Zeit, in der Büch-ner einen Großteil seiner Energien daran setzen muss, seine beruf-liche Existenz durch den Abschluss seines Studiums (Promotion) und seine Habilitation zu sichern, eines der bedeutendsten Werke des 19. Jahrhunderts: die Novelle *Lenz*, einer der wegweisenden Pro-satexte in die Moderne hinein; das Lustspiel *Leonce und Lena*, vor-dergründig nicht mehr als eine Satire auf das verkrustete Hofleben in den deutschen Kleinstaaten, darüber hinaus aber eine General-abrechnung mit den Verhältnissen der Zeit; das (Fragment geblie-bene) Drama *Woyzeck*, die vermutlich erste proletarische Tragödie (zumindest die erste Tragödie mit einer proletarischen Hauptfigur), die mit dem nüchternen Realismus seiner Darstellung des Volksle-bens und der Auflösung der Literatursprachlichkeit der Dramenfi-guren dramatisches Neuland betritt.

Die politische Lyrik der vierziger Jahre

6.1.5

Der sich in der Begeisterung der bürgerlichen Intellektuellen für die Julirevolution von 1830 ankündigende neue Politisierungsschub schlägt in den vierziger Jahren nun voll auch auf die Literatur durch. Das im Zuge der Rheinkrise von 1840 wieder mit Macht sich Aus-druck verschaffende Nationalbewusstsein wird zu einer mächtigen Triebfeder der neuen **politisch-agitatorischen Lyrik** des späten Vor-märz, die ihre größte Wirkungszeit in der und um die Revolution von 1848 herum erfährt – und mit ihr erst einmal wieder zum Er-liegen kommt. Der riesige Erfolg der 1840 erschienenen und über 12.000 Mal verkauften *Unpolitischen Lieder* August Heinrich Hoff-manns von Fallersleben (1798-1874) ist ein deutlicher Indikator für das Wiedererwachen der Opposition gegen den Restaurationsstaat, dessen Repressionsmacht deutlich erste Risse zu zeigen beginnt. Par-tei zu ergreifen für die richtige Sache und Identifikationsmöglich-keiten zu schaffen, das ist es, was der Literatur in ungleich stärke-rem Maße als in der jungdeutschen Phase der dreißiger Jahre nun abverlangt wird.

Gleichsam als Nachtrag zur zurückliegenden Kunstperiode hat-te Ferdinand Freiligrath (1810-1876), alles andere als ein Freund der

Parteilichkeit

Restauration, im November 1841 mit den programmatischen Versen seines Gedichtes *Aus Spanien* (Erstdruck: Morgenblatt, Nr. 286/1841) „Der Dichter steht auf einer höhern Warte, / Als auf den Zinnen der Partei"[48] zunächst noch einmal die Überparteilichkeit des Dichters gefordert, damit aber einen Sturm der Entrüstung ausgelöst (was Freiligrath sehr schnell dann seine Position hat revidieren lassen). Bereits im Februar 1842, wenige Wochen also nach der Veröffentlichung von Freiligraths Gedicht, veröffentlicht Georg Herwegh (1817-1875) in der *Rheinischen Zeitung* das Gedicht „Die Partei", die als das bekannteste Zeugnis dieser die öffentliche Meinung heftigst erregenden Auseinandersetzung gelten kann. Entschieden reklamiert Herwegh, der durch die im Jahr zuvor erschienenen *Gedichte eines Lebendigen* berühmt geworden war, Parteinahme und Parteilichkeit als einzig mögliche Weisen des Kampfes gegen die feudale Reaktion. Sie seien oberste Maxime einer verantwortlichen geistigen Tätigkeit, wobei Parteinahme und Parteilichkeit im allgemeinen Verständnis der Zeit eben die Parteinahme für den Fortschritt, für Veränderung meinte (und nicht etwa die subjektive Selbstverwirklichung des Einzelnen und sei es die des einzelnen Dichters).

Operative Phase der Dichtung   Der Streit um Parteilichkeit und Überparteilichkeit markiert den Eintritt der Dichtung des Vormärz in ihre operative Phase, die das Agitatorische, den Effekt und eine (sogenannte) Philosophie der Tat dem Poetischen vorzieht, und das heißt auch ganz konkret: der subjektiven Impression, dem Feuilleton, dem Reisebericht etc., die als ästhetische Ausdrucksformen die dreißiger Jahre dominierten. Allenthalben begegnet man nun ‚Glaubensbekenntnissen', Programmen, die sich in den Essays der Journale bewusst nüchtern dem philosophischen Jargon Hegels anschließen und damit eben nicht kunstvoll-artistisch sein wollen. Überhaupt wird die Hegelsche Philosophie zum Ausgangspunkt der politischen Reflexion, freilich nun, um ein berühmtes Marx-Wort zu zitieren, vom Kopf auf die Füße gestellt, d.h. von der Theorie auf die Tat hin ausgerichtet. **Links- oder Junghegelianer** hat man diese radikalen Schüler des Staatsphilosophen genannt, die sich in dem gemeinsamen Bemühen trafen, das Hegelsche Gedankengebäude auf die konkrete Situation des Hier und Jetzt zu beziehen. Arnold Ruge (1802-1880), Bruno Bauer (1809-1882) und Max Stirner (1806-1856) gehören unter anderem zu dieser Gruppe der Linkshegelianer, die der grassierenden sozialen Verelendung als der Kehrseite der Industrialisierung mehr entgegenzusetzen sich bemühte als eine vom christlichen Mitleid getragene Armutspoetik: nämlich ein System, einen konkreten Materialismus, der den Menschen wieder zu seiner wahren Bestimmung zurückführen sollte (was allerdings auch nicht ohne einen gewissen Zweckutopismus ausging).

Mit der politischen Dichtung, die auf die Tendenz setzte, auf die Aktion und den Aufruf zur Mobilisierung der Massen (und sich dafür dem vernichtenden Spott Heines in der Versdichtung *Atta Troll* aussetzte), bricht sich ein **neuer Realismus** Bahn, der über die Literatur und die ästhetischen Zirkel hinaus will – und der die bloß theoretischen Ideen des Jungen Deutschland hinter sich lässt.

Die Neubestimmung der Literatur von der sozialen Frage her | 6.1.6

Ein wichtiger Impuls für die politische Literatur der 1840er Jahre ging – abgesehen von einem durchaus nicht immer zum Nationalbewusstsein hinaufgeläuterten Nationalismus – von der sich allmählich formierenden Arbeiterbewegung aus, welche die soziale Frage mit Macht auf die Tagesordnung auch der Literatur setzte. Die in den Handwerker-Bildungs-Vereinen zumeist noch von bürgerlichen Dichtern verfassten Handwerksburschenlieder bilden erste Versuche, den politischen Kampf von der sozialen Frage her neu zu justieren. Statt des Allerweltsbegriffs der **Freiheit** rückt nun, ausgehend von den sozialrevolutionären Ansätzen Saint-Simons, Fouriers, Lamennais und Owens, der politisch viel schärfer konturierte Begriff der **Gleichheit** ins Zentrum der politischen Debatte (vgl. dazu Wilhelm Weitlings [1808-1871] Gedichte, insbes. *Kriegslied der Gleichen* und *Der Aufbruch zum Kampf*).

Zu den bedeutendsten Dichtern der sozialen Frage im Vormärz gehört Georg Weerth (1822-1856). Weerths ganzes Dichten, angefangen bei seinen frühen romantisierenden Rhein- und Weingedichten (1843) über die *Lieder aus Lancashire* (1845/46), die sich mit dringenden Zeitfragen auseinandersetzen, und den *Skizzen aus dem sozialen und politischen Leben der Briten* (1843/48) bis hin zu dem satirischen Feuilletonroman *Leben und Taten des berühmten Ritters Schnapphanski* (1848/49) und seinem hinterlassenen *Romanfragment* steht im Zeichen der politisch-sozialen Entwicklung der letzten vorrevolutionären und der revolutionären Phase selbst, die er unter anderem als Redakteur und Feuilletonleiter der von Karl

Georg Weerth

Marx redigierten *Neuen Rheinischen Zeitung* (1.6.1848-19.5.1849)
dann aktiv begleitete. Weerths literarische Streifzüge und seine ge-
sellschaftspolitischen Analysen, die dem resignativen Weltschmerz
vieler Zeitgenossen die Energie einer oft bissigen Satire an die Seite
stellten, lenken die Aufmerksamkeit auf die Ablösung der überkommenen Frontstellung zwischen Adel und Bürgertum durch den neu-
en Gegensatz von Klassen (Bourgeoisie und Proletariat) als Ausdruck
des industriellen Zeitalters. Die Industrie selbst rückt nun in den
vierziger Jahren als Gegenstand der Darstellung in die Literatur ein,
wobei der Akzent in der Regel dabei auf der Beschreibung des die
Industrialisierung begleitenden sozialen Elends liegt. Georg Weerth
selbst hat mit seinem nachgelassenen Romanfragment hier in entscheidender Weise Neuland betreten.

6.2 | Realismus

Die Eigenwertigkeit einer Epoche ,Vormärz' ist in der letzten Zeit
wiederholt zugunsten eines Beschreibungsmodells zur Diskussion
gestellt worden, welches das Ganze eines um 1830 einsetzenden und
bis in die 1890er Jahre reichenden Wandlungsprozesses auf den verschiedensten Ebenen (sozial, geistesgeschichtlich, literarisch, wirt-
schaftlich-industriell) in den Blick zu nehmen fordert. Damit steht
auch die Bedeutung der Märzrevolution als literarhistorischer Einschnitt zur Diskussion, die neuerdings weniger als ,Bruch', denn als
Beschleunigungsfaktor in einem Prozess längerfristiger Umsetzungen, Beschleunigungen und Stillungen wahrgenommen wird. In der
Fluchtlinie dieser neuen Forschungsperspektive erscheint der ,Vor-
märz' als ein Übergangszeitraum, als eine Experimentier- oder
Laborphase zwischen zwei ideologisch und sozio-politisch relativ
stabilen Phasen längerer Dauer. Als diese Phasen gelten das goethe-
zeitliche Literatursystem und der Realismus, der sich in den fünfziger Jahren als literarästhetisches Ausdruckssystem in Abgrenzung
gegen die Dichtung des Vormärz und die epigonale Romantik stabilisiert und in den 1890er Jahren allmählich ausläuft. Sicher hat
das Scheitern der politischen Fortschrittsträume des liberalen Bürgertums eine Rolle in diesem Prozess gespielt; ebenso aber auch die
fortschreitende Modernisierung durch den beschleunigten technologischen und ökonomischen Wandel, die zu einer Annäherung von
Großbürgertum und Adel und einer gewissen ,Verbürgerlichung'

der Politik führte, in der Literatur des Realismus selbst aber nur eine nachgeordnete Rolle spielte. Weder die Folgen der industriellen Revolution noch die ‚große' Politik, selten auch nur die Großstädte zumindest gehören zu den bevorzugten Sujets des Realismus, vielmehr bilden vor allem ländliche Räume Schauplätze vieler Erzählungen des Realismus (Adalbert Stifter: *Bunte Steine*, 1853; Gottfried Keller: *Die Leute von Seldwyla*, 1856).

Das Konzept der Verklärung | 6.2.1

Überhaupt darf das ‚Realistische' am Realismus nicht im Sinne einer möglichst getreuen Kopie der empirischen Wirklichkeit missverstanden werden. ‚Realismus' meint mehr als die bloße Naturnachahmung, mehr als die „reine, von aller Idealität gleichsam entkleidete, Natürlichkeit"[49], als die der Philosoph Wilhelm Traugott Krug noch 1832 den ästhetischen Realismus verstanden wissen wollte. Krugs Bestimmung reflektiert noch das um 1800 weit verbreitete negative Verständnis von Realismus, der im 18. Jahrhundert in dem Maße in Verruf geraten war, in dem die Subjektivität des Künstlers zum Maßstab der Kunst erklärt wurde.

Die Programmatiker und Ästhetiker des Realismus; Autoren wie Julian Schmidt (1818-1886), der junge Theodor Fontane (1819-1898), Julius Hermann von Kirchmann (1802-1884), Friedrich Theodor Vischer (1807-1887) und Moritz Carrière (1817-1895), setzten dem in den fünfziger und sechziger Jahren einen neuen Realismus-Begriff entgegen, der es erlauben sollte, das ‚wirkliche Leben' „im Elemente der Kunst"[50] widerzuspiegeln, also wirklichkeitsbezogen und künstlerisch zugleich zu sein. Genau Letzteres hatte die Ästhetik dem Realismus bis dahin abgesprochen. Um diesem doppelten Anspruch gerecht zu werden, bedurfte es einer neuen Bestimmung des Realen, die darauf hinauslief, dass die Wirklichkeit ihrerseits nun für ‚schön', also ästhetisch und damit für literaturfähig erklärt wurde. Der für die Programmatik des Realismus zentrale Begriff der ‚**Verklärung**' (auch ‚Läuterung und ‚Idealisierung') leistet genau das. Zugrunde liegt ihm die Überlegung, dass die Wirklichkeit viele ‚schöne' Aspekte bereithalte, wenn auch in ‚unverklärtem', ‚ungeläutertem' Zustand. Aufgabe der Kunst sei es, das wesenhaft Schöne der realen Welt von allem Nichtdazugehörendem zu befreien, es also zu verklären oder zu läutern. Sie zeige da-

Widerspiegelung des ‚wirklichen Lebens' im „Elemente der Kunst"

mit das in der Wirklichkeit nur in vermischtem Zustand vorkommende Schöne in notwendigem und in sich schlüssigem Zusammenhang.

Exkurs

Die reale Welt, sowohl die natürliche, wie die des Handelns ist wohl die Quelle der realen Gefühle für den Menschen; aber die Erfahrung zeigt, daß sie neben dem Bedeutenden auch des Gleichgültigen viel enthält; daß das Seelenvolle durch das Gemisch mit Seelenlosem darin abgeschwächt ist; daß dasselbe seelenvolle Reale oft auch die Ursachen widersprechender Gefühle zugleich in sich hat. Die einfache Nachahmung des Realen würde also das Ziel alles Schönen nur mangelhaft erreichen. Soll dies voll geschehen, so muß das Prosaische, das Störende von dem Bilde ferngehalten und das Bedeutende in demselben gesteigert werden. Damit sind die Grundlagen des Begriffes gewonnen. Die Idealisierung hat eine *reinigende* und eine *verstärkende* Richtung; jene beseitigt die bedeutungslosen und störenden Elemente des Gegenstandes; diese verstärkt die seelenvollen. Damit wird die ideale Wirkung seines so erhöhten Bildes reiner, dichter, harmonischer und stärker, als die reale Wirkung des Gegenstandes in der realen Welt.[51] (Julius Hermann von Kirchmann, „Ästhetik auf realistischer Grundlage", 1869.)

Das wesenhaft Schöne

Die Darstellung eines von hungernden Kindern umgebenden sterbenden Proletariers ist einer bekannten Äußerung Fontanes aus dem zitierten Aufsatz *Unsere lyrische und epische Poesie seit 1848* zufolge **Elendsschilderei**, „Misere", nicht aber Realismus: „Diese Richtung verhält sich zum echten Realismus wie das rohe Erz zum Metall: die Läuterung fehlt. [...] Das Leben ist doch immer nur der Marmorsteinbruch, der den Stoff zu unendlichen Bildwerken in sich trägt; sie schlummern darin, aber nur dem Auge des Geweihten sichtbar und nur durch seine Hand zu erwecken."[52] Wo die (gerade erst aufgekommene) Photographie die phänomenale Wirklichkeit abbildet, entbirgt der in die Tiefe gehende Blick des „Geweihten" (Künstlers) das jenseits der Oberfläche verborgene wesenhaft Schöne der Wirklichkeit. Dem, was in idealer Gestalt dargestellt werden kann, gelten von hier aus die literarischen Anstrengungen des Realismus, der sich hier weniger als Zeitgenosse des sozialkritischen und psychologischen Realismus eines Thackeray oder Dostojewski erweist als vielmehr – und dies allen Abgrenzungsanstrengungen zum Trotz – als Erbe der idealistischen Ästhetik, die das Kunstwerk als idealisierte Repräsentation von Welt verstanden wissen wollte.

Dahingehend zumindest lässt sich die Kernaussage der realistischen Ästhetik zusammenfassen, die zumal in Form von Kritiken, Rezensionen und Polemiken in Zeitschriften wie *Die Grenzboten* (Herausgeber: Julian Schmidt), *Deutsches Museum* (Herausgeber: Robert Prutz), den *Blättern für literarische Unterhaltung* (Herausgeber: Hermann Marggraff und Rudolf Gottschall) und den *Unterhaltungen am häuslichen Herd* (Herausgeber: Karl Gutzkow) formuliert, verbreitet, diskutiert, auch bekämpft wurde. Lessing, Walter Scott und Charles Dickens galten als Vorbilder realistischer Literatur; die von Johann Peter Hebel (1760-1826), Karl Immermann (1796-1840) und Jeremias Gotthelf (1797-1854) vorbereitete und von Berthold Auerbach (1812-1882) mit seinen *Schwarzwälder Dorfgeschichten* (1843-1871) zur Blüte geführte Dorfgeschichte als weitgehend geglückte Ausdrucksform realistischer Erzählkunst in der zeitgenössischen deutschen Literatur.

Der illusionäre Charakter dieses Realismusprogramms ist in der Literaturgeschichtsschreibung immer wieder herausgestellt worden. Dass es auch ästhetisch in eine Sackgasse führte, insofern es letztlich wieder nur die Wirklichkeit dem poetischen Gesetz unterstellte, zeigt die Entwicklung der Literatur gegen Ende des Jahrhunderts, die zunächst zwei Gegenbewegungen hervorbringt: den Naturalismus, der die Wirklichkeit wieder ungeschminkt in ihr Recht setzte, und den Ästhetizismus, der die Poesie wieder ganz auf sich zurückzuführen sich anschickte.

Der realistische Roman   6.2.2

Der programmatische Anspruch des Realismus findet seine literarische Umsetzung vornehmlich in der Erzählliteratur. Sieht man von der Novelle ab, setzte im Realismus weithin der Roman seinen im ersten Drittel des Jahrhunderts begonnenen Siegeszug fort, während das Drama an Bedeutung verliert und von wenigen Ausnahmen abgesehen (Franz Grillparzer [1791-1872], Friedrich Hebbel [1813-1863]) in einem epigonalen Klassizismus (Paul Heyse [1830-1914], Martin Greif [1839-1911], Ernst von Wildenbruch [1845-1909], Adolf von Wilbrandt [1837-1911], Ferdinand von Saar [1833-1906]) stecken blieb. Auch die Lyrik spielt im Realismus eine nur untergeordnete Rolle – trotz, vielleicht auch wegen des Bemühens um die Schaffung poetischer Gegenwelten zur industrialisierten Lebenswirklichkeit der Zeit in Gedichten Friedrich Hebbels, Gottfried Kellers (1819-1890), Theodor Storms (1817-1888) und Conrad Ferdinand Meyers (1825-1898); ungeachtet vor allem auch der Beliebtheit der Ballade (Conrad Ferdinand Meyer, Theodor Fontane).

Bildungsroman

Unter allen Genres erzählender Literatur ist es insbesondere der Bildungsroman, der im bürgerlichen Realismus eine herausragende Rolle gespielt hat. Ihm kam die Aufgabe zu, die Poetisierung des bürgerlichen Alltags, den die Programmatiker des Realismus zur Aufgabe des modernen, realistischen Romans erhoben hatten, zum Ausdruck zu bringen. Gustav Freytags (1816-1895) *Soll und Haben* (1855), Gottfried Kellers (1819-1890) *Der grüne Heinrich* (1. Fassung 1854/55; 2. Fassung 1879/80), Adalbert Stifters (1805-1868) *Der Nachsommer* (1857), Wilhelm Raabes (1831-1910) *Der Hungerpastor* (1864) zeugen von der Beliebtheit des Genres, das Strukturmuster des klassischen Bildungsromans nun mit dem Ethos von Arbeit und Familie in Einklang zu bringen sucht.

Soll und Haben

Gustav Freytags Roman *Soll und Haben* gilt als eines der repräsentativsten Produkte dieses Genres, das mit einer weitgehend linearen Erzählstruktur überschaubare Rezeptionsmuster anbietet. Zugleich lassen sich an ihm zentrale Motivketten und ideologische Aussagemomente des bürgerlichen Realismus ablesen: ein ins Chauvinistische reichender Nationalismus nach außen, verbunden mit einem aggressiven Antisemitismus als stabilisierendem Faktor nach innen, die Moralisierung der Arbeitswelt und eine Disziplinierung der Leidenschaften.

Freytags Roman schildert am Beispiel seines Helden Anton Wohlfart den Reifungsprozess eines Individuums durch Krisen und Gefährdungen hindurch vom Kind zum erfolgreichen Mann. Was ihm im Weg steht und was es zu überwinden gilt, sind die an der Wirklichkeit des Lebens vorbeizielenden subjektiven Wünsche und Illusionen, die – und das zeigt der Roman in exemplarischer Weise – in Einklang gebracht werden müssen mit den objektiven Bedürfnissen, kurz mit den Gegebenheiten der Welt. Das ist die Absage an die Romantik und das Ideal des freien Lebensentwurfs zugunsten von Pragmatik und Realismus. Anton Wohlfart ist am Ende seines Entwicklungsgangs Musterfall des Normalbürgers; gelingende Bildung wird verkauft als Normalisierungsprozess, zu dem Gottfried Keller in seinem Roman *Der grüne Heinrich* ein Gegenstück liefert. Ist *Soll und Haben* als literarische Übersetzung eines moralischen Realismuskonzepts lesbar, so liefert

Keller in *Der grüne Heinrich* mit dem Scheitern des Ideals der Versöhnung der Differenz von Welt und Ich an seinen eigenen Unstimmigkeiten einen Kontrapunkt. Raabe verweist die Möglichkeit der mit der Welt vermittelten Subjektivität gleich an den Rand, entrückt sie der modernen Lebenswirklichkeit, indem er sie sich nur in der Abgeschiedenheit der Weltferne, in der (noch) vormodernen Idylle, realisieren lässt.

Der Nachsommer

Zu dem angedeuteten Normalisierungsvorgang passt im übrigen auch die auffällige Betonung eines Ordnungsrahmens auch für das Schöne in Adalbert Stifters Roman *Der Nachsommer* (auch er erzählt eine exemplarische Bildungsgeschichte), der freilich von niemand Geringerem als Julian Schmidt als nicht-realistisches Werk kritisiert wurde; Stifter verfehle die Darstellung des Individuellen und bringe statt lebender Menschen Automaten und Marionetten zu Papier. Auch das Schöne will diszipliniert, geordnet und in einen Lebenszusammenhang eingepasst sein. So begegnet Kunst in der restaurativen Utopie des *Nachsommers* in erster Linie als Objekt sammelnder, ordnender und bewahrender Tätigkeit; so findet sie ihren Platz im Leben, während der Entwurf der Subjektivität in Gestalt einer maßlosen und undisziplinierten Künstlerfigur scheitert.

Abb. 34

Titelblatt von Adalbert Stifters *Nachsommer* (1857).

Zeit- und Gesellschaftsroman, die anderen im Realismus populären Genres, kommen dem Bildungsroman mit ihrem Interesse an den ökonomischen, politischen und sozialen Gegebenheiten der Epoche von anderer Seite entgegen. Der auch ästhetisch avancierteste dieser Romane ist das enzyklopädische Monumentalwerk *Die Ritter vom Geiste* (1850/51) des ehemaligen Jungdeutschen Karl Gutzkow, der mit dem Begriff des „**Romans des Nebeneinanders**" im Vorwort seines Romans zugleich eine der wirkungsmächtigen Programmformeln geliefert hat (ohne dass er diese Programmformel in der ästhetischen Praxis auch wirklich eingeholt hätte; das wird erst im 20. Jahrhundert durch Simultan- und Montagetechniken bei Joyce, Dos Passos, Döblin und Broch wirklich geschehen).

Zeit- und Gesellschaftsroman

Erschöpfung des programmatisch-poetischen Realismus

Die weitere Ausdifferenzierung der Gesellschaft im Zuge der fortschreitenden Industrialisierung höhlt die Bindungskraft des programmatisch-poetischen Realismus im letzten Drittel des Jahrhunderts allmählich aus. Zugleich zeigt das Muster des Bildungsromans deutliche Erschöpfungserscheinungen. Ablesbar an den späten Romanen und Erzählungen Raabes und vor allem Theodor Fontanes verliert sich dabei in dieser Spätzeit des Realismus die Vorliebe für ein handlungszentriertes oder handlungsreiches Erzählen. Zugleich damit tritt nicht nur das Wie der Darstellung in den Vordergrund, sondern verliert auch nicht nur der ganz und gar gute bürgerliche Held an Interesse – er wird abgelöst durch unbürgerliche Außenseiter und gebrochene Helden wie Botho von Rienäcker in Fontanes *Irrungen und Wirrungen*. Überhaupt kommt vor allem mit Theodor Fontanes Spätwerk der ästhetische Realismus in den 1890er Jahren an sein Ende. *Frau Jenny Treibel* wird so gerne als „ironische Verabschiedung des bürgerlichen Realismus" gelesen, insofern mit diesem Roman die Leitbegrifflichkeit des Realismus als „Geschwätz" preisgegeben werde.[53] Da die Wirklichkeit ganz im Lichte des Banalen erstrahle, wo dem Wirklichen so das Schöne abgehe, haben sich auch die Konzepte der Läuterung und Verklärung erledigt. In Werken wie *Stine* (1890), *Effi Briest* (1895) oder *Der Stechlin* (1899) ist der verklärende Blick ironisch ausgehebelt.

Abb. 35

Max Liebermann: Zeichnung zu Fontanes *Effi Briest*.

7 | Klassische Moderne (ca. 1890 – ca. 1933): Naturalismus, Ästhetizismus, Expressionismus, Neue Sachlichkeit

Am Ende des Jahrhunderts entkoppeln die Literaturen des Naturalismus und des Ästhetizismus (als Teile der um 1900 entstehenden avantgardistischen Literaturen) wieder die Leitmomente des Realismus, das Reale und das Schöne, machen sie jeweils für sich zu den

Fluchtpunkten ihrer literarischen Programme, ohne dass der Realismus bereits sein Ende erreicht gehabt hätte. War der Realismus – einem schönen Wortspiel Gerhard Plumpes zufolge – „den Naturalisten zu schön, um wahr zu sein, so erschien er den Ästhetizisten zu wahr, um schön zu sein.“[54]

Naturalismus | 7.1

Orientiert an der Erfahrungswirklichkeit sucht der Naturalismus mittels einer möglichst naturgetreuen Darstellung die Bedingheit der neuen Wirklichkeit durch das eklatante Missverhältnis von politischem Anspruch und sozialer Realität sichtbar zu machen, um von hier aus politische und soziale Veränderungen anzustoßen (wobei es den Rezipienten überlassen bleibt, die richtigen Konsequenzen aus den Elendsschilderungen zu ziehen). **Milieu-Realismus**, die Darstellung des „hartkantig Sociale[n]“ (Hermann Conradi in der Einleitung der Lyrikanthologie *Moderne Dichter-Charaktere*)[55], wird zur grundlegenden Forderung einer Literatur, die sich programmatisch in den soziokulturellen Kontext der Zeit hineinbegibt. 1885 kündet Michael Georg Conrad (1846-1927) in der neuen naturalistischen Zeitschrift *Die Gesellschaft* „dem Verlegenheits-Idealismus des Philistertums, der Moralitäts-Notlüge der alten Parteien- und Cliquenwirtschaft“ auf „allen Gebieten des modernen Lebens“ die unerbittliche „Fehde“ an und fordert eine „resolut realistische Weltauffassung“ (der Realismus-Begriff bleibt einstweilen im Gebrauch!).[56]

Bereits im Jahr zuvor war mit der Lyrikanthologie *Moderne Dichter-Charaktere* (hg. von Wilhelm Arent) die erste bedeutende dichterische Publikation des Naturalismus erschienen. An ihr beteiligt war unter anderem Julius Hart (1859-1930), der gemeinsam mit seinem älteren Bruder Heinrich (1855-1906) als Kritiker und Theoretiker großen Einfluss auf die literarische Entwicklung der Jahrhundertwende nahm. Im Umkreis der Brüder Hart, die 1900 auch die sozial-religiös-mystische „Neue Gemeinschaft“ gründeten, bildeten sich in den achtziger Jahren die ersten naturalistischen Gruppen, etwa der Diskussionskreis „Durch“ (ab 1886) mit u.a. den Harts, Wilhelm Bölsche (1861-1939) und Gerhart Hauptmann (1862-1946).

Arno Holz (1863-1929) hat 1891 mit der Abhandlung *Die Kunst. Ihr Wesen und ihre Gesetze* die zentrale Programmschrift des Na-

Milieu-Realismus

„Kunst = Natur – x“

_ 250

turalismus vorgelegt. In dieser Schrift wird mit der Kunstformel „Kunst = Natur -x" und der dazugehörigen Erläuterung „Die Kunst hat die Tendenz, wieder [nicht etwa wider!] die Natur zu sein. Sie wird sie nach Maßgabe ihrer jeweiligen Reproduktionsbedingungen und deren Handhabung"[57] das in seiner Konsequenz und Bedeutung nicht unumstrittene ‚Grundgesetz' der neuen Strömung als Forderung zur möglichst genauen Widerspiegelung der Erfahrungswirklichkeit formuliert. Damit erschloss der Naturalismus der Literatur Bereiche, die ihr (sieht man von der Pauperismus-Literatur des Vormärz einmal ab) bis dahin eher fremd geblieben waren: das Hässliche und das Kranke, vor allem das Elend der durch den Industrialisierungsschub hervorgebrachten proletarisierten Unterschichten, mit dessen Darstellung Gerhart Hauptmann in seinem Stück *Die Weber* 1893 einen veritablen Skandal provozierte.

7.1.1 | Naturalistisches Drama

Bevorzugtes Feld des Naturalismus war die Dramatik, auch wenn es eine breite Ausdrucksskala naturalistischer Erzählliteratur gegeben hat: den Roman – Max Kretzer (1854-1941): *Meister Timpe* (1888); Michael Georg Conrad (1846-1927): *Was die Isar rauscht* (1888); Konrad Alberti (1862-1918): *Der Kampf ums Dasein* (1888) –, vor allem aber die Prosaskizze, die sich auf einen kleinen Detailausschnitt konzentriert, auf übergreifende Kompositionsbögen verzichtet und so den Grundforderungen des Naturalismus eher zu entsprechen in der Lage war als der weit ausholende Roman, z.B.: Arno Holz/Johannes Schlaf: *Papa Hamlet* (1889), *Die Papierne Passion* (1892). Die Lyrik spielt eher eine untergeordnete Rolle.

Illusion unvermittelter Wirklichkeit

Das Drama konnte deswegen zur bevorzugten Ausdruckskunst des Naturalismus werden, weil es als unmittelbare Kunstform die Illusion unvermittelter Wirklichkeit am nachhaltigsten zu erzeugen in der Lage war. Naturalistisches Theater ist von hier aus Illusionstheater, Vorspiegelung empirischer Realität, die den Bruch mit den Grundkonstituenten des klassischen Dramas sucht: die geschlossene und zielgerichtete Handlung weicht im naturalistischen Drama der Statik bedrückender Zustandsbeschreibungen und auswegloser Milieudarstellungen, mit der das Individuum *als soziales Lebewesen* in das Zentrum des Theaters rückt (man spricht in diesem Zusammenhang auch von einer Episierung des Dramas, die sich auch in den zum Teil ausufernden Regiebemerkungen naturalistischer Dramen niederschlägt); an die Stelle der (hohen) Literatursprache tritt die Alltagssprache, der sprechsprachliche und eben nicht literatursprachliche Dialekt oder Soziolekt, der dem Sprach- und Bildungsniveau der handelnden Personen angepasst ist; das Konzept des Tragischen oder auch Erhabenen verliert seine Bedeutung an das Alltägliche (zerrüttete Familienverhältnisse, Krankheit, Not und Ausbeutung), die Auseinandersetzung mit dem Idealen wird in den Hintergrund gedrängt zugunsten einer gedanklichen Konzentration auf die sozialen Determinationen des Individuums, die eigenverantwortliches Handeln kaum noch zustandekommen lassen.

Die Hinwendung zur empirischen Wirklichkeit bildet die gemeinsame Klammer zwischen den verschiedenen Ausdifferenzierungsformen des naturalistischen Dramas, das in Deutschland vor allem als **soziales und Milieudrama** mit aktuellen Stoffen in Erscheinung tritt. Den Untertitel ‚soziales Drama' trägt bereits Gerhart Hauptmanns Stück *Vor Sonnenaufgang*, dessen skandalumwitterte Erstaufführung am 20.10. 1889 durch die „Freie Bühne" in Berlin dem Naturalismus auf dem deutschen Theater zum Durchbruch verhalf.

Soziales Drama – Milieudrama

Karikatur auf die Freie Bühne.   ▶ **Abb. 36**

Vor Sonnenaufgang entwickelt die Handlung noch ganz aus der (bürgerlichen) Familienthematik heraus, während das drei Jahre nach der Uraufführung von *Vor Sonnenaufgang* erschienene Stück *Die Weber* (Uraufführung 1893) das Elend der Unterschichten in den Blick nimmt und Stücke wie *Fuhrmann Henschel* (1899) und *Rose Bernd* (1903) den individuellen Konflikt dezidierter mit dem sozialen Umfeld in Beziehung setzen. Bereits hier aber bestimmen nicht große Individuen, sondern das Alltagsleben von Alltagsmenschen Sujet und Handlung: die (klein-)bürgerliche Alltagsmisere, wie sie bestimmend ist für das naturalistische Drama, das über das Milieu hinaus bis in die psychologische Studie vorzudringen vermag – so beispielsweise in *Meister Oelze* (1892) von Johannes Schlaf (1862-1941), der zusammen mit Arno Holz mit dem in die kleinbürgerlich proletarisierte Familienwelt führenden Stück *Die Familie Selicke* (Uraufführung 1890) eines der konsequentesten Milieudramen und mit der Erzählskizze *Papa Hamlet* (1889, ebenfalls mit Arno Holz) einen der wichtigsten Prosatexte des Naturalismus vorgelegt hat. Ob Milieu- oder Charakterstudie, Familien- oder Geschichtsdrama (z.B. Hauptmann, *Florian Geyer*): gemeinsamer Grundzug des naturalistischen Dramas bleibt das soziale bzw. sozialkritische Anliegen.

7.2 | Ästhetizismus

Das Konzept der Nur-Kunst

Auf die Zweckbindung der Literatur (gemeint ist die Zweckbindung der Literatur durch die soziale Literatur nicht nur des Naturalismus) antwortete der Ästhetizismus mit dem Konzept einer Nur-Kunst. 1891 verkündete Hermann Bahr (1863-1934) bereits wieder programmatisch die Überwindung des Naturalismus (*Die Überwindung des Naturalismus*, 1891), der sich eben erst durchgesetzt hatte, durch eine Wendung vom ‚Außen‘ zum ‚Innen‘, d.h. von der Darstellung der äußeren Wirklichkeit in ihrer sozialen Determination durch eine detaillierte Erfassung psychischer Empfindungen und Gestimmtheiten. Hermann Bahr selbst spricht in diesem Zusammenhang von einer „Mystik der Nerven"[58]. Diese „Nerven" sind für ihn das Organ der symbolischen Traumwahrnehmung und einer Kunst der Sensibilität. Mehr als ein Zwischenakt auf dem Weg von der Tradition zur Moderne stellt der Naturalismus für seinen ehemaligen Anhänger Bahr nicht mehr dar.

Die Herrschaft des Naturalismus ist vorüber, seine Rolle ist ausgespielt, sein Zauber ist gebrochen. In den breiten Massen der Unverständigen, welche hinter der Entwicklung einhertrotten und jede Frage überhaupt erst wahrnehmen, wenn sie längst schon wieder erledigt ist, mag noch von ihm die Rede sein. Aber die Vorhut der Bildung, die Wissenden, die Eroberer der neuen Werte wenden sich ab. [...] Wenn erst das Nervöse völlig entbunden und der Mensch, aber besonders der Künstler, ganz an die Nerven hingegeben sein wird, ohne vernünftige und sinnliche Rücksicht, dann kehrt die verlorene Freude in die Kunst zurück. Die Gefangenschaft im Äußeren und die Knechtschaft unter die Wirklichkeit machten den großen Schmerz. Aber jetzt wird eine jubelnde Befreiung und ein zuversichtlicher, schwingenkühner, junger Stolz sein, wenn sich das Nervöse alleinherrisch und zur tyrannischen Gestaltung seiner eigenen Welt fühlt. Es war ein Wehklagen des Künstlers im Naturalismus, weil er dienen mußte; aber jetzt nimmt er die Tafeln aus dem Wirklichen und schreibt darauf seine Gesetze.[59]
(Hermann Bahr, Die Überwindung des Naturalismus, 1891)

Die Wendung nach Innen setzte eine Vielzahl literarischer Strömungen frei, die allesamt eine Abkehr vom Naturalismus und der ‚hässlichen‘ Wirklichkeit und einen Rückbezug auf den Innenraum der Kunst verbindet. Ein **unbedingter Kunstwille**, zugleich eine Entfernung von der Natur und die Forderung nach einer Freisetzung der Kunst von Zweckbindungen sind die Kennzeichen dieser Literaturströmungen (Impressionismus, Symbolismus, Décadence, Fin de siècle, Ästhetizismus), als deren bedeutendste Vertreter Hugo von Hofmannsthal (1874-1929), Rainer Maria Rilke (1875-1926), Arthur Schnitzler (1862-1931), Richard Beer-Hofmann (1866-1945) und vor allem Stefan George (1868-1933) gelten.

Stefan George war der vielleicht einflussreichste Wortführer des Ästhetizismus/Symbolismus. Um die von ihm gegründete Zeitschrift *Blätter für die Kunst* sammelte er einen kleinen und elitären Kreis junger Autoren (Friedrich Gundolf [1880-1931], Rudolf Borchardt [1877-1945], Rudolf Alexander Schröder [1878-1962] und andere), die mit den von ihnen in Anlehnung an französische Vorbilder (Baudelaire, Verlaine, Rimbaud, Mallarmé) verfolgten Vorstellungen einer geistigen Kunst, die nur Kunst sein wollte (l'art pour l'art, Kunst für die Kunst), gleichwohl große Wirkung auf die Neubestimmung der Kunst nach dem Realismus hatte. | Stefan George

Dem Ästhetizismus tritt die sogenannte ‚**Dekadenz**‘ an die Seite, die gelegentlich auch als Sammelbegriff für die gesamte Moderne gebraucht wird. Dekadenz im engeren Sinn hat zwei unterschiedliche, wenn auch aufeinander bezogene Ausdrucksweisen: als Literatur der Dekadenz (Alfred Kubin: *Die andere Seite*; Stanislaw Przybyszewski: *Satans Kinder*; Keyserling, Schnitzler, Hofmannsthal) und als Literatur der Auseinandersetzung mit der Dekadenz (Heinrich | Dekadenz

- 254

Mann: *Die Göttinnen*). Leitmomente der Dekadenz sind die Front-stellung gegen die bürgerliche Gesellschaft, die Darstellung von Un-tergang und Verfall, die Umkehrung der Werte ,gesund' und ,krank', die Lust am Grauen und Abnormen, Naturfeindlichkeit und die Schöpfung künstlicher Paradiese.

7.3 | Expressionismus

Mit dem Expressionismus begann um 1910 eine Phase der Moder-ne, die im europäischen Rahmen betrachtet relativ isoliert in Er-scheinung tritt. Der Expressionismus ist inspiriert von der antibür-gerlichen Kunst des italienischen **Futurismus** (Filippo Tommaso Marinettis *Manifeste du futurisme* war im Februar 1909 im Pariser *Figaro* erschienen). Der Futurismus seinerseits setzte dem Symbo-lismus und Ästhetizismus der Jahrhundertwende in der Tradition der Kulturkritik Friedrich Nietzsches die Schönheit des Maschinen-zeitalters, Bewegung, Dynamik und Simultaneität, Schockwahrneh-mung, Montage und Sprachzertrümmerung – aber auch die Ver-herrlichung des Krieges als großer Zukunftsproduktion – entgegen. Aus bescheidenen Anfängen heraus wird der Expressionismus, in-nerhalb dessen sich eine zum politischen Aktivismus drängende, in visionär ekstatischer Weise die Utopie beschwörende Richtung und eine Negativ- und Entfremdungserfahrungen thematisierende, Ich- und Transzendenzverlust, Tod und Untergang reflektierende Rich-tung unterscheiden lassen, bald zur bestimmenden Kraft der von der Erfahrung des Ersten Weltkriegs überschatteten zweiten Deka-de des 20. Jahrhunderts. Als eine bedeutende Keimzelle des Expres-sionismus gilt der unter anderem von Jakob van Hoddis (eigentl. Hans Davidsohn, 1887-1942) und Kurt Hiller (1885-1972) gegründe-te „Neue Club" mit seinem „Neopathetischen Cabaret", in dessen Rahmen Autoren wie Georg Heym (1887-1912), Else Lasker-Schüler (1869-1945) und Carl Einstein (1885-1940) auftraten.

Expressionistische Lyrik   Der eigentliche Beitrag des frühen Expressionismus besteht ins-besondere auf dem Gebiet der Lyrik. Jakob van Hoddis Gedicht *Welt-ende* gilt mit seiner versetzten Bildlichkeit, seinem formbestimmen-den Zeilenstil (Verszeile auf Verszeile entwirft das Gedicht je eigene lyrische Bilder), dem Zug zum Grotesken und zum schwarzen Hu-mor als eines der ,klassischen' Gedichte des Expressionismus, der in den von Herwarth Walden (1878-1941) bzw. Franz Pfemfert (1879-

1954) herausgegebenen Zeitschriften *Der Sturm* (1910-1932) und *Die Aktion* (1911-1932) seine wichtigsten Publikationsforen und in literarischen Gruppenbildungen kommunikativen Rückhalt fand.

> Jakob van Hoddis, Weltende (1910)
>
> Dem Bürger fliegt vom spitzen Kopf der Hut,
> In allen Lüften hallt es wie Geschrei.
> Dachdecker stürzen ab und gehn entzwei
> Und an den Küsten – liest man – steigt die Flut.
>
> Der Sturm ist da, die wilden Meere hupfen
> An Land, um dicke Dämme zu zerdrücken.
> Die meisten Menschen haben einen Schnupfen.
> Die Eisenbahnen fallen von den Brücken.[60]

Die Liste der zum Teil heute vergessenen, zum Teil aber auch hochberühmten Autoren, die in Pfemferts *Aktion* und in Waldens *Sturm* veröffentlichten, ist lang (insgesamt rechnet man rund 350 Autoren zum Umkreis des Expressionismus). Sie reicht von Gottfried Benn (1886-1956), Albert Ehrenstein (1886-1950) und Georg Heym über van Hoddis, Einstein, Claire (1891-1977) und Ivan Goll (1891-1950), bis zu Franz Jung (1888-1963), Else Lasker-Schüler, Alfred Lichtenstein (1889-1914) und Franz Werfel (1890-1945) auf der einen Seite und August Stramm (1874-1915), Kurt Heynicke (1891-1985) und Alfred Döblin (1878-1957) auf der anderen Seite.

Der Expressionismus ist eine Phase der sprachlichen Revolutionen; Bilder stellen sich quer, die Syntax zerbirst, traditionelle Gattungsformen lösen sich auf. August Stramms Lyrik steht exemplarisch für die sogenannte Wortkunst des *Sturm*-Kreises, der im Interesse einer Intensivierung der Sprache herkömmliche Sprachformen aufgab und der lyrischen Sprache durch Neologismen und Irritationen der Grammatik neue Ausdrucksweisen erschloss, von der Zertrümmerung der tradierten lyrischen Formensprache (Metrum, Reim, Strophik) ganz zu schweigen.

Sprachliche Revolutionen

> August Stramm, Sturmangriff (1915)
>
> Aus allen Wolken gellen Fürchte Wollen
> Kreisch
> Peitscht

Das Leben
Vor Sich
Her
Den keuchen Tod
Die Himmel fetzen.
Blinde schlächtert wildum das Entsetzen.[61]

DADA

Insbesondere Stramm wirkte mit seinen künstlerischen Formzertrümmerungen, die um die höchste Konzentration des Wortes ringen, anregend auf die 1916 von Zürich (Cabaret Voltaire) ausgehende Anti-Kunst der **Dadaisten** (Hugo Ball [1886-1927], Emmy Ball-Hennings [1885-1948], Richard Huelsenbeck [1892-1974], Raoul Hausmann [1886-1971], Johannes Baader [1875-1955], John Heartfield, Kurt Schwitters [1887-1948]). Als Antwort auf den Zusammenbruch aller Werte im Weltkrieg trieb diese Künstlergruppierung unter anderem mit ihren futuristische Ansätze weiterführenden Sinn-losen Lautpoesien und der Collagierung von Umweltgeräuschen und Lebensstimmen in ihrem Zusammenklang (Bruitismus, Simultaneität) den Expressionismus zugleich auf die Spitze und überwand ihn.

Expressionistisches
Drama

Sieht man einmal von Wassily Kandinsky (1866-1944) (*Der gelbe Klang*, 1912) ab, hat Stramm mit Stücken wie *Sancta Susanna* (1914) das Formexperiment auch im Bereich des Dramas vielleicht am weitesten vorangetrieben. Überhaupt hat die künstlerische Revolte des Expressionismus sich ja keineswegs auf die Lyrik beschränkt oder gar vor den Toren des Theaters Halt gemacht. Dramen wie Ernst Barlachs *Der tote Tag* (1912), Reinhard Johannes Sorges *Odysseus* (1910), Richard Goerings Antikriegsstück *Seeschlacht* (1917), Georg Kaisers *Von morgens bis mitternachts* (1912), *Gas I* (1917/18) und *Gas II* (1918) oder Walter Hasenclevers *Der Sohn* (1914) stimmen nicht nur in die Kultur- und Wertkritik der lyrischen Wortführer ein; sie verlangen auch eine Neustrukturierung des Bühnenraums und der szenischen Darstellung. In Gegenwendung zum Naturalismus (und damit in der Frontstellung dem Symbolismus verwandt) erteilt das expressionistische Drama dem Realismus und Historismus des 19. Jahrhunderts eine rigorose Absage.

Die inhaltlichen Provokationen dieser Dramen, die in dezidierter Gegenwendung gegen die Entfremdungserscheinungen der mechanisierten Industriewelt dem tradierten Menschenbild den Wunsch nach einer auch anthropologischen Erneuerung entgegenhalten, ist nur die Kehrseite des innovativen Formexperiments. In großer Drastik bringt das Theater in der Fluchtlinie einer universalen Zivilisationskritik Zerstörung, Selbstzerstörung und Untergang auf die Bühne (vgl. Ernst Toller: *Die Maschinenstürmer*, 1922; *Masse Mensch*, 1920). Macht- bzw. Gesellschaftskritik und Moralkritik gehen dabei Hand in Hand. So wird die im Vatermord gipfelnde Revolte gegen die väterliche Autorität zum beliebten Motiv des expressionistischen Dramas (vgl. dazu Walter Hasenclever [1890-1940]: *Der Sohn*, 1912; Reinhard Johannes Sorge [1892-1916]: *Der Bettler*, 1912; Arnolt Bronnen [1895-1959]: *Vatermord*, 1920), aber auch weit über dieses hinaus (Johannes R. Becher [1891-1958]: *Oedipus* [Gedicht], 1916; Franz Kafka [1883-1924]: *Das Urteil*, 1912). Sie nimmt im kleinen das universale Ziel der Befreiung vorweg.

Wie in der Prosa, deren Aufstieg zum Ausdrucksmedium expressionistischer Wirklichkeitserfahrung – mit kurzen Formen – mit dem Krieg beginnt, spielen psychologische Motivierungen und Kausalität dabei keine entscheidende Rolle. Insbesondere das Werk Carl Einsteins (1885-1940) (*Bebuquin oder die Dilettanten des Wunders, 1912*) steht für die Erneuerung der Prosa durch die Aufhebung klassischer Handlungsstrukturen und psychologischer Motivierungen; aber auch Alfred Döblin (1878-1957) (*Die Ermordung der Butterblume*, 1913) und Georg Heym (1887-1912) (*Der Dieb*, 1913) sind hier zu nennen sowie das Werk Franz Kafkas (*Die Verwandlung*, 1915), der dem Expressionismus über persönliche Beziehungen nahestand, in expressionistischen Zirkeln verkehrte und in expressionistischen Verlagen, Buchreihen und Zeitschriften publizierte.

Das expressionistische Drama wiederum, das die zweite Phase des Expressionismus beherrscht, ist im Grundsatz **Ideendrama**; die dramatis personae expressionistischer Dramen sind mehr Ideenträger und Laut-Sprecher von Ansprüchen als psychologisch in sich geschlossene Figuren, was sich allein schon in der häufig begegnenden Typisierung der Spielfiguren niederschlägt (*Der Sohn, Das Mädchen, Der* Vater etc.). Typologisch genauer zu umreißen ist die dramaturgische Figur des Stationendramas (Hanns Johst [1890-1978]: *Der Einsame. Ein Menschenuntergang*, 1917; Paul Kornfeld [1889-1942]: *Die Verführung*, 1913; Ernst Barlach [1870-1938]: *Der arme Vetter*, 1918; *Die echten Sedemunds*, 1920; *Der blaue Boll*, 1925/26). Der Begriff zielt auf die Entwicklung weniger einer Figur

Ideendrama

- 259

als einer Situation, vom alten zum neuen Menschen, wobei die einzelne Station einen Erfahrungs- und Bewusstseinszustand anzeigt, der auf dem Weg der Höher- oder Tieferentwicklung verlassen wird: es sind Stationen der Ich-Suche.

Gewissermaßen quer zu dieser Entwicklung behaupten sich Carl Sternheims (1878-1942) Komödien und Satiren *Aus dem bürgerlichen Heldenleben* (1911-1923). Sie stellen eine radikale Kritik dar an der bürgerlichen Vorkriegsgesellschaft und ihrem Nachleben in den zwanziger Jahren.

7.4 | Neue Sachlichkeit

Mit der Niederlage der Novemberrevolution von 1918 und der Niederschlagung der Münchner Räterepublik 1919 erlahmte die Hoffnung zahlreicher dem Expressionismus zuzurechnender Autoren auf eine gesellschaftliche Erneuerung. Der Innovationsgestus des Expressionismus selbst verlor sich in der unmittelbaren Nachkriegszeit. An seine Stelle trat abgesehen von den nihilistischen Provokationen des Dadaismus, dessen Erneuerungspotential allerdings nur von begrenzter Dauer war, und dem Surrealismus in den zwanziger Jahren vor allem die Bewegung der Neuen Sachlichkeit, die als literarische Erscheinung ein breites Spektrum teils konkurrierender Schreib- und Funktionsweisen von der resignativen oder auch heroischen Bejahung der Wirklichkeit (das eben ist die ‚Sache‘, um die es der ‚Neuen Sachlichkeit‘ geht) bis zu ihrer Kritik und revolutionären Überbietung umfasst: Reportagen, Dokumentationen, Zeitstück und Zeitroman, Gebrauchslyrik, Hörspiel etc.

Technik, Krieg, Alltagskultur

Während in den unmittelbaren Nachkriegsjahren (1919-1925) Reflexe und Reaktionen auf den zurückliegenden Krieg die Literatur bestimmen, wird in der zweiten Hälfte der zwanziger Jahre vorübergehend nun die Auseinandersetzung mit der Entwicklung der modernen Technik und der Welt der Arbeit dominant. Bevorzugte Themenbereiche der Neuen Sachlichkeit, deren Bedeutung als Epochenbegriff strittig ist und deren zeitliche Erstreckung rückwirkend teils bis vor die Jahrhundertwende und voraus bis in die fünfziger Jahre des 20. Jahrhunderts zu einer Großepoche der „Lebensideologie" ausgedehnt wird (M. Lindner), sind von hier aus **Technik und Krieg**, **alltagskulturelle Erscheinungen** (Amerikanisierung, Kollektivierung, Rationalisierung, Sport) und allgemeine **Lebensverhältnisse** (Jugend, Sexualität, Geschlechterverhältnis).

‚Sachlichkeit' meint dabei in erster Linie die neue, die veränderte Wirklichkeit, die es – als ‚Sache' – in den Blick zu nehmen gilt. ‚Sachlichkeit' meint aber auch die Nüchternheit, Präzision, Schmucklosigkeit, ein dezidierter Anti-Psychologismus, der neue Wahrnehmungsweisen zu entwickeln sucht für die industrielle Realität des entzauberten Lebens, Ablehnung des gefühlsmäßigen Pathos und Objektivität des Stils, mit der sich die ‚Neue Sachlichkeit' sowohl gegen die bildungsbürgerliche Literatur als auch gegen das expressionistische Pathos, gegen Mystizismus und Utopismus abgrenzte. Entscheidend ist die Haltung des Einverständnisses mit den gesellschaftlich-technischen Modernisierungsprozessen (Helmut Lethen), die Faszination für Technikvorgänge, der kalte Blick für die Wirklichkeit auch der kulturellen Modernisierungsprozesse durch mediale (Fotografie, Rundfunk, Film), industriell-bevölkerungspolitische (Urbanität) und wissenschaftliche Neuerungen (Psychoanalyse, Behaviourismus).

Dass sich zum Teil auch die ästhetischen Grenzüberschreitungen, die Bertolt Brecht (1898-1956) nach expressionistischen Anfängen (*Baal, Trommeln in der Nacht, Im Dickicht der Städte*) in den zwanziger Jahren etwa mit der *Dreigroschenoper*, den Lehrstücken (*Badener Lehrstück vom Einverständnis, Der Ozeanflug*) oder – in der Lyrik – mit dem *Lesebuch für Städtebewohner* unternahm, mit der Tendenz der Neuen Sachlichkeit zur Überschreitung der Grenzen zwischen ‚Hoch'- und Massenliteratur im Interesse einer gößeren Breitenwirkung decken, sichert ihr eine bis heute anhaltende Aufmerksamkeit.

Allenthalben sind in den Künsten **aktualitätsorientierte und handlungsanleitende Formen** anzutreffen: Zeitstück und Dokumentarmontagen, zum Teil (Erwin Piscator) multimedial inszeniert, wie Arnolt Bronnens *Katalaunische Schlacht* (1924), Günther Weisenborns (1902-1969) *U-Boot S 4* (1927), Ödön von Horváths (1901-1938) *Sladek der schwarze Reichswehrmann* (1929) oder Theodor Plieviers (1892-1955) *Des Kaisers Kuli* (1930) (Themen sind Krieg und Bürgerkrieg). Simultaneität und Entindividualisierung werden zu beliebten Themen wie Ausdrucksweisen (Bertolt Brecht: *Mann ist Mann*, 1926; Carl Sternheim: *Die Schule von Uznach*, 1926). Zentral sind wirtschaftliche Themen (Walter Mehring [1896-1981], *Der Kaufmann von Berlin*, 1929), Ehe (Alfred Döblin: *Die Ehe*, 1930) und Ju-

Formenspektrum

gend (Ferdinand Bruckner [1891-1958]: *Krankheit der Jugend*, 1926).
Die Lyrik lässt sich ebenfalls von Tagesaktualitäten leiten, sucht Zeitungen und Kabarett als Transportmedien (Kurt Tucholsky [1890-1935], Mehring, Brecht).

Prosa   Der Schwerpunkt der Neuen Sachlichkeit lag allerdings wiederum auf der Prosa (Kurzformen und Roman in gleicher Weise), insbesondere im Bereich reportagehafter Literaturformen. Reise-, Sach- und Reportageroman dominierten, z.B.: Alfons Paquet (1881-1944): *Städte, Landschaften und ewige Bewegung* (1927); Kasimir Edschmid (1890-1966): *Glanz und Elend Süd-Amerikas* (1931). Hierunter sind auch die zahlreichen Kriegsromane zu subsumieren, die als Tatsachenberichte erscheinen: Ernst Jüngers (1895-1998) *In Stahlgewittern* (1920) und *Das Wäldchen 125* (1925), Ludwig Renns (1889-1979) *Krieg* (1928), Erich Maria Remarques (1898-1970) *Im Westen nichts Neues* (1929); gleiches gilt auch für die proletarisch-revolutionären Romane aus dem Umfeld des 1928 gegründeten Bundes Proletarisch-Revolutionärer Schriftsteller: Hans Marchwitza (1890-1965): *Sturm auf Essen* (Kapp-Putsch), Klaus Neukrantz (1897-1941): *Barrikaden am Wedding* (Maidemonstrationen von 1929), Franz Krey (1904-1997): *Maria und der Paragraph* (Abtreibung), Walter Schönstedt (*1909): *Kämpfende Jugend* (1932: Arbeiterjugendliche), Adam Scharrer (1889-1948): *Vaterlandslose Gesellen* (1930: Weltkrieg), Oskar Maria Graf (1894-1967): *Wir sind Gefangene* (1927), Anna Seghers (1900-1983): *Der Aufstand der Fischer von St. Barbara* (1928: Aufbegehren verarmter Fischer); die Romane B. Travens (1882-1969), usw.

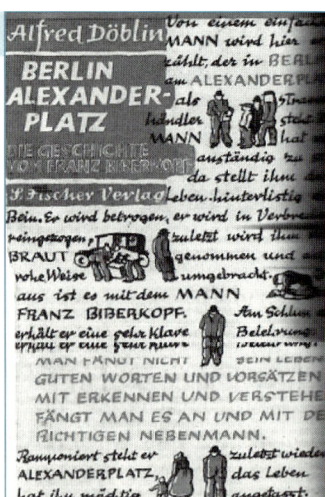

Abb. 37

Titel der Erstausgabe von Alfred Döblins Roman *Berlin Alexanderplatz* (1929).

Häufig spielen die Romane im Angestellten- und Amüsier-, teils auch im Gaunermilieu (Alfred Döblin: *Berlin Alexanderplatz*, 1929; Erich Kästner [1899-1974]: *Fabian*, 1931; Heinrich Mann [1871-1950]: *Die große Sache*, 1931; Hans Fallada [1893-1947]: *Kleiner Mann – was nun?*, 1932; Irmgard Keun [1909-1982]: *Das kunstseidene Mädchen*, 1932). Dabei bleiben die großen Romane der Weimarer Republik bei allem Pragmatismus durchaus aber auch weiterhin den Themen, Motiven und Errungenschaften der Moderne verbunden. Döblin knüpft in seinem Großstadtepos *Berlin Alexanderplatz* an die von John Dos Passos und James Joyce entwickelten Erzählformen an, Thomas Mann (1875-1955) greift mit Krankheit, Verfall und Erotik in *Der Zauberberg* (1924) noch einmal typische Motivkombinationen der Décadence-Dichtung der Jahrhundertwende auf, Robert Musil (1880-1942) verarbeitet in *Der Mann ohne Eigenschaften* (1930-33) die krisenhafte Erfahrung des fragmentierten Subjekts sowie die immer wieder scheiternde Suche nach einer neuen Einheit.

Drittes Reich: Exil, faschistische Literatur, Innere Emigration – ein Seitenblick | 8

Die Machtergreifung der Nationalsozialisten am 30. Januar 1933 markiert einen tiefen Einschnitt auch in das kulturelle Leben in Deutschland. Innerhalb weniger Wochen werden die kulturellen Einrichtungen gleichgeschaltet, Akademien und Schriftstellerverbände ‚gesäubert', Berufsverbote ausgesprochen. Nach dem Reichstagsbrand in der Nacht des 28. Februar werden zahlreiche Schriftsteller verhaftet, am 10. Mai folgt in einem großen Spektakel die öffentliche Verbrennung missliebiger Bücher. Sie bildet den Auftakt zur Zerschlagung der literarischen Moderne, die die Vertreibung und Vernichtung der Juden begleitet.

Gleichschaltung

Die Liste der ins Exil gezwungenen, verfolgten und getöteten Autoren ist lang. Insgesamt verließen nach 1933 mehr als 2000 jüdische, sozialistische, kommunistische, linksliberale, aber auch konservativ-religiöse Schriftsteller in mehreren Schüben das Land und suchten Zuflucht zunächst im europäischen Ausland, als auch dies keine Sicherheit mehr bot dann vor allem in Südamerika und in den USA. Bedeutende Romane wie Anna Seghers (1900-1983) *Das siebte Kreuz* (1942) und *Transit* (1944), Lion Feuchtwangers (1884-1958) *Exil* (1940) oder Hans Sahls (1902-1993) *Die Wenigen und die Vielen* (1959) erzählen von diesem düsteren Kapitel der deutschen Geschichte. In dessen Folge entstanden für die Zeit des Nationalsozialismus (und zum Teil darüber hinaus) zwei deutsche Literaturen: die Literatur des Exils und die Literatur des Dritten Reichs, auch wenn diese Zweiteilung nicht unproblematisch ist, werden mit ihr doch ästhetisch-formale Kontinuitäten ebenso verschüttet wie bereits vor

Exil

1933 bestehende Differenzen verdeckt – etwa zwischen den Avantgarden und den antimodernen Strömungen der Heimatkunstbewe-
gung (Gustav Frenssen [1863-1945], Heinrich Böhlau, Wilhelm von
Polenz [1861-1903]) und der völkisch-nationalen Dichtung (Hans
Grimm [1875-1959], Hans Friedrich Blunck [1888-1961], Will Vesper
[1882-1962], Werner Beumelburg [1899-1963], Franz Schauwecker
[1890-1964], Edwin Erich Dwinger [1898-1981]).

Die **Publizistik** war das zentrale Feld vieler Exilautoren; allein
Heinrich Mann, der im Exil zu einem der Wortführer des ‚anderen‘
Deutschland wurde, verfasste zwischen 1933 und 1945 über 330 Aufsätze. Zu den bedeutendsten Zeugnissen der Exilliteratur gehört neben den operativ publizistischen Formen der **historische Roman**
(Thomas Mann: *Joseph und seine Brüder*, 1933-1943; Heinrich Mann:
Henri Quatre, 1935/38; Lion Feuchtwanger: *Der falsche Nero*, 1936)
und der Gesellschafts- oder Zeitroman (Johannes R. Becher: *Abschied*,
1940; Alfred Döblin: *November 1918*, 1938-1950), die im Sinne der
antifaschistischen und humanistischen Zielsetzung weiterentwickelt werden, während dem Drama mit dem Verlust der Bühne weitestgehend die Wirkungsmöglichkeiten verloren gingen. Nur wenige Stücke konnten sich auch im Exil behaupten, darunter Friedrich
Wolfs (1888-1953) *Professor Mamlock*, Ferdinand Bruckners *Die Ras-
sen*. Zwar entstehen zwischen 1933 und 1945 Brechts große Exildra-
men *Der gute Mensch von Sezuan* (1938-1942), *Mutter Courage und
ihre Kinder* (1939) und *Das Leben des Galilei* (1938/44-45/53), die
Brecht zum Klassiker des modernen Theaters machen, ihre Wirksam-
keit entfalten diese Stücke aber erst nach Brechts Rückkehr aus dem
Exil.

Literatur unterm
Hakenkreuz

Ebenso wie die Literatur des Exils weist die nach 1933 in Deutschland geschriebene Literatur kein einheitliches Bild auf. Sie reicht von
offen faschistischer bis zu kämpferischer Untergrundliteratur, vom
Thingspiel als theatralen Massenveranstaltungen zur Herstellung eines ‚völkischen‘ Gemeinschaftserlebnisses (vgl. Kurt Eggers: *Job der
Deutsche*, 1933; Richard Euringer [1891-1953]: *Deutsche Passion*,
1933; Kurt Heynicke [1891-1985]: *Der Weg ins Reich*, 1935; Eberhard
Wolfgang Möller: *Frankfurter Würfelspiel*, 1936) bis zur Naturlyrik
Oskar Loerkes (1884-1941), Wilhelm Lehmanns (1882-1968) und Georg von der Vrings (1889-1968). Sie umfasst die Spätwerke Ricarda
Huchs (1864-1947) und Ernst Barlachs (1870-1938) oder die KZ-Erin-
nerungen Ernst Wiecherts (*Der Totenwald*, geschrieben 1939, aber
erst nach 1945 veröffentlicht). Auch existieren einige wenige au-

thentischen Berichte aus dem Untergrund wie Jan Petersens Roman *Unsere Straße* (1933/34; aus dem Land geschmuggelt und zwischen 1935 und 1938 in verschiedenen Exilverlagen erschienen) oder Heinz Liepmanns *Das Vaterland* (1933).

Literatur in der Bundesrepublik 9

Kahlschlag und Stunde Null 9.1

Die bedingungslose Kapitulation des Deutschen Reiches am 8. Mai 1945 bedeutete nicht die Stunde Null, die von konservativen Politikern und von Vertretern der jungen Intelligenz aus unterschiedlichen Gründen gleichermaßen häufig beschworen wurde, weder politisch noch literarisch-kulturell. Nicht die Repräsentanten der Exilliteratur, die es nach 1945 fast ausnahmslos schwer hatten, wieder im deutschen Kulturbetrieb Fuß zu fassen, konnten in den vierziger und fünfziger Jahren für einen wirklichen Neuanfang sorgen. Auch nicht die Autoren der sogenannten Inneren Emigration wie Hans Carossa (1878-1956), Georg Britting (1891-1964), Werner Bergengruen (1892-1964), Gertrud von Le Fort (1876-1971), Ernst Wiechert (1887-1950) oder Albrecht Goes (1908-2000), die nach 1945 relativ unvermittelt an Traditionen der zwanziger und dreißiger Jahre anknüpften oder diese fortsetzten und damit für viele Jahre zunächst – eine Analyse von Anthologien und Lesebüchern belegt dies – weithin die Szene beherrschten. Die wichtigeren Impulse gingen vielmehr zunächst aus von einer heute unter den Stichworten „Kahlschlag-" oder „Trümmerliteratur" zusammengefassten Reihe junger Autoren, die 1945 in den Literaturbetrieb eintraten und in Sprache, Substanz und Konzeption den Auszug aus dem Elfenbeinturm probten: Wolfdietrich Schnurre (1920-1989), Heinrich Böll (1917-1985), Günter Eich (1907-1972) u.a.

Kahlschlag und Trümmerliteratur

„Kahlschlag" und „Trümmerliteratur": das bedeutete eine nüchterne **Inventur** der Zeit und der tradierten Literatursprache als Voraussetzung eines Neubeginns *nach vorn*, das bedeutete eine neue Kunst der sparsamen Mittel, der vereinfachten und sachlichen Sprache, eine neue Objektivität und gerade nicht das Weiterschreiben in tradierten Mustern. Allenthalben legten sich in den endvierziger Jahren ja noch eine überhöhende Poetisierung, der Hang zum Sym-

bolischen und Allegorischen sowie eine Tendenz zur metaphysischen Beruhigung der zurückliegenden Barbarei wie Mehltau über
die Versuche, sich mit der Vergangenheit auseinander zu setzen (vgl.
Hermann Kasack [1896-1966]: *Die Stadt hinter dem Strom*, 1947; Elisabeth Langgässer [1899-1950]: *Das unauslöschliche Siegel*, 1946).
Die von Verfolgung und Tod erzählenden Gedichte der mit dem Nobelpreis ausgezeichneten (1966) Nelly Sachs (1891-1970), die ästhetisch durchformten Totenklagen Paul Celans (1920-1970) und die Er-
innerungszeichen Rose Ausländers fanden dagegen in dieser Zeit
noch kaum wirkliche Beachtung.

„Zerschlagt eure Lieder / verbrennt eure Verse / sagt nackt / was ihr
müßt"[62] (*An die Harfner*, 1948) lautete Wolfdietrich Schnurres programmatische Forderung *An die Harfner*, doch statt des geforderten
‚Kahlschlags' dominierte weithin eine literarische Rekultivierung im
Dickicht des Literaturforstes (so Wolfgang Weyrauch im Nachwort zur
Prosaanthologie *Tausend Gramm*, 1949). Auch mit der ‚Kahlschlagli-
teratur', deren berühmtestes Beispiel Günter Eichs Gedicht aus der
amerikanischen Kriegsgefangenschaft mit dem sprechenden Titel *Inventur* ist, wurde kein wirklicher Nullpunkt gesetzt, wohl aber eine
gewandelte Haltung gegenüber den lastenden Traditonsbildern.

Zitat

Günter Eich, Inventur, 1947

Dies ist meine Mütze,
dies ist mein Mantel,
Hier ist mein Rasierzeug
im Beutel aus Leinen.

Konservenbüchse.
Mein Teller, mein Becher,
ich hab in das Weißblech
den Namen geritzt.

Geritzt hier mit diesem
kostbaren Nagel,
den vor begehrlichen
Augen ich berge.

Im Brotbeutel sind
ein Paar wollene Socken

und einiges, was ich
niemand verrate,

so dient es als Kissen
nachts meinem Kopf.
Die Pappe hier liegt
zwischen mir und der Erde.

Die Bleistiftmine
lieb ich am meisten:
Tags schreibt sie mir Verse,
die nachts ich erdacht.

Dies ist mein Notizbuch,
dies meine Zeltbahn,
dies ist mein Handtuch,
dies ist mein Zwirn.[63]

In dieser Situation entstand 1949 eine der vielleicht konsequentes-ten Abrechnungen mit dem Krieg und – über ihn hinaus – mit den Vorstellungen eines metaphysischen Halts in der Geschichte: Arno Schmidts Kurzroman *Leviathan oder Die Beste der Welten* (1949), die – ästhetisch geschult an der von den Nationalsozialisten verpön-ten literarischen Moderne – ihrer Zeit weit voraus war.

Arno Schmidt, Leviathan

Abb.38

Reinhard Feder-mann, Milo Dor, Ingeborg Bachmann und Paul Celan 1952 bei der Tagung der „Grupe 47" in Niendorf.

Die Gruppe 47   9.2

Während Schmidt (1914-1979), der avantgardistische Sprachzer-trümmerer und Spracherneuerer, zeitlebens ein Einzelgänger im Li-teraturbetrieb geblieben ist und erst nach seinem Tod wirklich ent-deckt wurde, gelang es den Autoren der sogenannten „Gruppe 47" der westdeutschen Literatur auf breiterer Basis wieder den von den Nationalsozialisten gekappten Anschluss an die internationale Mo-derne zu verschaffen. Ohne Frage erschienen in den ersten andert-halb Jahrzehnten nach dem Krieg auch eine Reihe bedeutender Wer-ke von Überlebenden der zwanziger Jahre – zu nennen sind hier insbesondere Thomas Manns Roman *Dr. Faustus* (1947), der die deutsche Geschichte auf der Folie des Faust-Mythos beschreibt, Her-mann Brochs (1886-1951) *Die Schuldlosen* (1950), Hans Henny Jahnns (1894-1959) *Fluß ohne Ufer* (1949-1961) und Alfred Döblins *Hamlet oder Die lange Nacht nimmt ein Ende* (1956). Bis in die sechziger Jahre hinein gingen aber insbesondere von dieser Schriftstellervereinigung, die 1947 (daher der Name) auf Initiative Hans Werner Richters (1908-1993) zusammengefunden hatte, wesentliche Impulse für die Entwicklung der deutschen Nachkriegsliteratur aus. Die späteren Literaturnobelpreis-Träger Heinrich Böll (Nobelpreis 1972) und Günter Grass (*1927; Nobelpreis 1999) haben ihr ebenso angehört wie Siegfried Lenz (*1926) und Wolfgang Koeppen (1906-1996), Ingeborg Bachmann (1926-1973) und Hans Magnus Enzensberger (*1929), Uwe Johnson (1934-1984) und Alexander Kluge (*1932), Martin Walser (*1927) und Peter Weiss (1916-1982).

Um die Wende von den fünfziger zu den sechziger Jahren, in der gleich vier der zentralen Prosawerke der Nachkriegsliteratur erscheinen, Heinrich Bölls *Billard um halbzehn* (1959), Günter Grass *Die Blechtrommel* (1959), Uwe Johnsons noch in der DDR geschriebene *Mutmaßungen über Jakob* (1959) und der erste Teil von Martin Walsers ‚Kristlein'-Trilogie *Halbzeit* (1960; komplettiert 1966 mit *Das Einhorn* und 1973 mit *Der Sturz*), ist der Konsolidierungsprozess erreicht. Die neue Generation von Erzählern hat sich endgültig etabliert, mit neuen innovativen Erzählkonzepten, die der deutschen Literatur wieder internationale Aufmerksamkeit sicherten.

9.3 | Politisierung der Literatur: die sechziger Jahre

Schluss mit der Kunst

Einfluss und Bedeutung der Gruppe 47 schwinden in den sechziger Jahren in einer Phase, in der sich in weiten Teilen der Öffentlichkeit ein Unbehagen an der politischen Entwicklung der Bundesrepublik bemerkbar machte. Sie schwinden nicht zuletzt unter den Vorzeichen einer unmittelbaren Politisierung der Literatur, die ihren Höhepunkt mit den Studentenunruhen von 1967/68 erreicht. In einem Furore machenden Artikel der Zeitschrift *Kursbuch* fordert Hans Magnus Enzensberger im November 1968 die „politische Alphabetisierung Deutschlands"[64]. Schluss sollte sein mit dem Rückbezug auf Artistik und Innerlichkeit, Schluss aber auch mit der ästhetisch durchformten und hermetisch verschlüsselten Reflexion der Geschichte, wie sie etwa Paul Celan leistete, am besten auch gleich mit der ganzen künstlerischen Widerstandsform, wie sie die Gruppe 47 kultiviert hatte.

Dokumentarischer Realismus

Die Forderung nach Veränderung erfasst die Lyrik ebenso wie die Dramatik, in dem der Trend zum Dokumentarischen mit vielleicht nachhaltigster Wirkung die ästhetische Formensprache revolutioniert hat. Angesichts des restaurativen Klimas der späten Adenauer-Ära, angesichts des Widerstands gegen die Notstandsgesetzgebung der Großen Koalition und den Vietnamkrieg wieder einmal vor die Frage ihrer Legitimation gestellt, rettete sich die Literatur in einen operativen dokumentarischen Realismus, welcher der politischen Alphabetisierung dienen sollte. Abgesehen von den an Brechts Theatertheorien geschulten Stücken Friedrich Dürrenmatts (1921-1990) (*Die Ehen des Herrn Mississippi*, 1952; *Der Besuch der alten Dame*, 1956) und Max Frischs (1911-1991) (*Biedermann und die Brandstifter*, 1958; *Andorra*, 1961), dominierten in den fünfziger Jahren zunächst noch dramaturgische Muster des Konversationsstücks, eine epigonale Ibsen-Nachfolge sowie Formen des Theaters des Absurden die Bühne. Nun fordern Autoren wie Heinar Kipphardt (1922-1982) (*In der Sache J. Robert Oppenheimer*, 1964), Tankred Dorst (*1925) (*Toller – Szenen aus der deutschen Revolution*, 1968), Peter Weiss (1916-1982) (*Die Ermittlung*, 1965; *VietNam-Diskurs*, 1968) und Rolf Hochhuth (*1931) (*Der Stellvertreter*, 1963/67) mit ihren Bühnentexten mit unterschiedlicher Konsequenz ein Theater ein, das Forum und Schauplatz aktueller gesellschaftlicher Diskussionen sein sollte, das sich einmischt und Stellung bezieht. Stellten Dürrenmatt und Frisch noch den Widerspruch zwischen Macht und individueller Gewissensfreiheit bzw. das Rollenbewusstsein und Rollenverhalten des Individuums zur Diskussion, machten die Stücke des **Dokumentartheaters** der Gesellschaft als solcher nun den Prozess. Nicht individuelle Konflikte beherrschten so beispielsweise das Agitprop-Traditionen fortführende Theater Peter Weiss', sondern historische Prozesse; bei der vom Zeitstück herkommenden und zugleich an der idealistischen Dramaturgie Friedrich Schillers orientierten Dramatik Rolf Hochhuths liegt der Fall etwas anders; ihm geht es um die Rekonstruktion einer historischen Wahrheit; bei Kipphardt stehen illusionszerstörende Verfahren der Untersuchung im Mittelpunkt, bei Dorst, der sich in den sechziger Jahren allmählich von der parabolisch-grotesken Dramaturgie seiner Anfänge verabschiedet, ist es die Rolle des Dichters in der Revolution, die am historischen Fall durchgespielt wird.

Mit Martin Sperr (1944-2002) (*Jagdszenen aus Niederbayern*, 1966; *Landshuter Erzählungen*, 1967; *Münchener Freiheit*, 1971), Rainer Werner Fassbinder (1945-1982) (*Katzelmacher*, 1969) und Franz Xaver Kroetz (*1946) (*Heimarbeit. Hartnäckig*, 1971; *Wildwechsel*, 1971;

Renaissance des Volksstücks

Stallerhof, 1972) setzt in etwa zeitgleich eine in den achtziger Jahren dann von Thomas Strittmatter (1961-1995) und Kerstin Specht (*1956) auf andere Weise fortgesetzte Renaissance des Volksstücks ein, mit dem ein ,neuer Realismus' Einzug in die Dramatik hält (vgl. auch z.B. Harald Mueller [*1934]: *Großer Wolf*, 1968); Karl Otto Mühl [*1923]: *Rheinpromenade*, 1973; Heinrich Henkel [*1937]: *Eisenwichser*, 1970). Dieser ,neue Realismus' hat sich, was die Darstellung des Alltags angeht, auch in der erzählenden Literatur Ausdruck verschafft. Zu nennen sind hier die Autoren der Dortmunder **„Gruppe 61"** (Max von der Grün [1926-2005], Josef Reding [*1929] u.a.), der **politisch engagierten dokumentarischen Literatur** (Heinar Kipphardt, Bernt Engelmann [1921-1994] u.a.) und vor allem der **„Kölner Schule des neuen Realismus"** (Dieter Wellershoff [*1925], Nicolas Born [1937-1979], Günter Herburger [*1932], Rolf-Dieter Brinkmann [1940-1975], Günter Seuren [1932-2003], Paul Pörtner [1925-1984]), die sich bei möglichst exakter Wirklichkeitsnähe und der Beschränkung auf einen sinnlich konkreten Erfahrungsausschnitt gedanklich an die Ergebnisse der Soziologie bzw. der Sozialpsychologie anlehnt und sich dabei erzähltechnisch an der subjektiven Optik der bewegten Kamera orientiert, um von hier aus etablierte Begriffe und gerasterte Wahrnehmungsmuster aufzubrechen.

9.4 | Neue Subjektivität: die siebziger Jahre

Auch wenn die Industriereportagen Günter Wallraffs (*Wir brauchen dich. Als Arbeiter in deutschen Industriebetrieben*, 1966; *13 unerwünschte Reportagen*, 1969) oder die *Bottroper Protokolle* Erika Runges (1968) in ihrer Zeit vieldiskutierte Beispiele einer neuen Literatur wurden und insbesondere Peter Weiss' Auschwitz-Oratorium *Die Ermittlung* nach wie vor regelmäßig in den Spielplänen des Theaters auftaucht, erschöpfte sich die faktographische (also an Fakten und Dokumenten orientierte) Literatur schnell wieder in ihrem aufklärerischen Gestus. Zugleich mit der Enttäuschung der im Zuge der Studentenproteste hochgespannten Revolutionseuphorie zeichnete sich zu Beginn der siebziger Jahre eine Tendenzwende ab zum Alltäglichen und Intimen, die unter dem Stichwort „Neue Subjektivität" in die Literaturgeschichte eingegangen ist.

Dass auf der einen Seite die in den sechziger Jahren sinnstiftende Revolte gegen die Geschichte der Väter (und Mütter) in den folgenden Jahren im Terror der Gewalt von links ihre Unschuld und im politischen Marsch durch die Institutionen ihr Ziel aus den Augen verlor, dass auf der anderen Seite die von der Regierungen Brandt und Schmidt in Angriff genommenen inneren Reformen der Gesellschaft allenfalls in Ansätzen gelangen, mag ein Grund für diese Tendenzwende sein.

Zumindest ist überall in den siebziger Jahren in der Literatur der Bundesrepublik ein Unbehagen spürbar gegenüber den theoretischen Abstraktionen und politischen Programmen, denen die Befindlichkeiten des einzelnen Ichs gleichgültig waren. Allenthalben werden nun Träume und Phantasien, werden die Erfahrungen des Körpers, Fragen nach dem Subjekt in einer technokratisch verobjektivierten und bürokratisierten Gesellschaft zu wichtigen Fragen der Literatur.

Auf die ideologische Funktionalisierung und die Indienstnahme der Literatur für gesellschaftliche Belange in den sechziger Jahren antwortete in den siebziger Jahren die Literatur der „Neuen Subjektivität" mit einem Rückbezug auf die alltägliche Selbst-Erfahrung. An die Stelle der gesellschaftlichen Utopie trat die private Utopie der Selbstbestimmung und Selbstverwirklichung im Kleinen; die politische Instrumentalisierung der Literatur geriet in Verruf (vgl. dazu die zahlreichen Auseinandersetzungen mit der Apo-Zeit, dem Linksterrorismus und den Reaktionen des Staates darauf von Heinrich Böll – *Will Ulrike Meinhof Gnade oder freies Geleit*, 1972; *Die verlorene Ehre der Katharina Blum*, 1974; *Fürsorgliche Belagerung*, 1979 – bis hin zu Friedrich Christian Delius: *Ein Held der inneren Sicherheit*, 1981; *Mogadischu Fensterplatz*, 1987). Sie machte Formen der Selbst-Besinnung, der Selbst-Erforschung, auch der Selbst-Beobachtung und Selbst-Verständigung Platz, mit der die Welt durch das Prisma des eigenen Ich gebrochen wurde und emanzipative Erfahrungen intim beschrieben wurden. Die Erzählperspektive wird subjektiv, folgt nicht mehr einer objektiven Logik; die literarischen Ordnungsmuster werden gesprengt, das epische Kontinuum wird beseitigt.

Rückbezug auf die alltägliche Selbst-Erfahrung

Hier haben die oft von filmischen Erzählweisen geprägten authentischen Erfahrungsberichte sowie die biographischen und autobiographischen Selbstvergewisserungen ihren Platz, die nun in einer breiten Vielfalt formaler Muster erscheinen. Thomas Bernhards erzählte Kindheit in der Tetralogie *Die Ursache*, *Der Keller*, *Der Atem*, *Ein Kind* (1975-1982), in der Lebensgeschichte als summier-

Biographische und autobiographische Selbstvergewisserungen

tes Verhängnis erscheint, als Protest und Abrechnung, ist nur ein besonders prominentes Beispiel solch fiktionalen Spiels mit authentischem Lebensmaterial. Aber auch Max Frischs *Montauk* (1975), Verena Stefans (*1947) *Häutungen* (1975), Franz Innerhofers (1944-2002) Romane *Schöne Tage* (1974), *Schattseite* (1975) und *Die großen Wörter* (1977), Fritz Zorns (1944-1976) *Mars* (1977), Bernward Vespers (1938-1971) fragmentarischer Romanessay *Die Reise* (1977) können hier für die Beliebtheit des autobiographischen Sujets in den siebziger Jahren angeführt werden. Nicht zuletzt verabschiedet sich mit ihm auch auf ihre Art eine jüngere Generation von der Generation der Väter (und Mütter) (vgl. Peter Henisch [*1943]: *Die kleine Figur meines Vaters*, 1975; Elisabeth Plessen [*1944]: *Mitteilung an den Adel*, 1976; Paul Kerstens [*1943]: *Der alltägliche Tod meines Vaters*, 1978; Ernst-Alexander Rauter [1929-2006]: *Brief an meine Erzieher*, 1980; Hermann Peter Piwitt [*1935]: *Die Gärten im März*, 1979; Peter Härtling [*1933]: *Nachgetragene Liebe*, 1980; Christoph Meckel [*1935]: *Suchbild. Über meinen Vater*, 1980; Günter Seuren: *Abschied von einem Mörder*, 1980 etc.).

Abrechnungen mit den Vätern

Der grundlegende Generationenkonflikt nimmt dabei eine spezifische Wendung: Söhne (und in geringerem Maße auch Töchter), die die Zeit des Nationalsozialismus nicht oder nur als Kinder erlebt haben, ziehen ihre Väter zur Rechenschaft, die diese Epoche miterlebt oder mitgestaltet haben. In den meisten Fällen, wenn auch nicht ausschließlich (siehe Härtling), führt dies in eine Abrechnung mit den sprachlos-stummen Eltern, die verantwortlich gemacht werden für verhinderte, beschädigte oder zerstörte Identität, für versäumtes Glück etc. Peter Härtlings Erzählung *Nachgetragene Liebe* und Bernward Vespers ‚Romanessay' *Die Reise* markieren als ganz unterschiedlich angelegte literarische Möglichkeitsformen der ‚Vaterliteratur' – hier ein **Annäherungsroman** (Härtling), dort ein **Abrechnungsroman** (Vesper) – die Spannweite, zwischen der sich diese Väterliteratur dabei bewegt.

9.5 | Ernüchterung und Melancholie: die achtziger Jahre

Die Tendenzwende der siebziger Jahre hat die Aufbrüche der sechziger Jahre im ganzen weniger rückgängig gemacht als diese vielmehr korrigiert. Die Neue Subjektivität hat zum Teil auch die kritischen Ansprüche der 68er Generation fortentwickelt, indem sie die frühere Kapitalismus- und Imperialismuskritik zu einer universalen Fortschritts- und Zivilisationskritik weiterentwickelt hat. Ernüchterung, Melancholie und Skepsis begleiten so die Literatur der ausgehenden siebziger und der achtziger Jahre, in denen das allgemeine Krisenbewusstsein der nach-68er Jahre einem neuen Höhepunkt entgegenstrebt im Zeichen der sogenannten Posthistoire.

Posthistoire: das meint ein Denken im Bewusstsein des Versackens der Geschichte, diese verstanden als dynamische Bewegung auf ein Ziel zu: nämlich eine bessere Gesellschaft, eine gerechtere Ordnung etc. Dieses Denken der Posthistorie hat in den achtziger Jahren ausgehend von Positionen der französischen Philosophie (Deleuze, Baudrillard, Lyotard) und in Verbindung mit der Vorstellung, Literatur sei in das Stadium der Postmoderne eingetreten, im Sturm die bundesrepublikanische Kultur erobert. ,Linke' Politik galt mit einem Mal als Überbleibsel einer schon wieder fernen Vergangenheit, das Subjekt galt als tot, die Aufklärung und mit ihr die Möglichkeit großer Veränderungen galten als überholt, die Moderne mit ihren ästhetischen Aussageweisen ohnedies. Im Windschatten dieses vielfach gebrochenen Endes schien umgekehrt wieder alles möglich zu sein, nicht zuletzt auch das Erzählen als solches, das in den sechziger Jahren nachhaltig in Verruf geraten war und nun in der Form einer Wiederaufnahme traditioneller Gattungs- und Genremuster wie der Novelle (Jochen Beyse [*1949], Gert Hofmann [1931-1993], Hartmut Lange [*1937]) oder dem kulturgeschichtlichen Roman (Dieter Kühn [*1935], Elisabeth Plessen [*1944], Karin Reschke [*1940]) eine Renaissance erfuhr. Das **Spiel mit ästhetischen Formen**, die **ironische Brechung**, die **Mischung der Stillagen**, **Zitat** und **Intertextualität**, thematisch vor allem auch die Beschäftigung mit dem ,Anderen' der Vernunft und ihren Dunkelzonen: den unbewussten, verdrängten oder abgedrängten Bestandteilen der Persönlichkeit – all dies zeichnet die neue Erzählliteratur der achtziger Jahre aus und findet seinen Niederschlag gleichermaßen im Drama.

Posthistoire und Postmoderne

Peter Sloterdijks (*1947) seinerzeit vieldiskutierte *Kritik der zynischen Vernunft* (1983) und sein „epischer Versuch" *Der Zauberbaum* (1985) sind Beispiel für diese Tendenz; Hans Magnus Enzensbergers Langgedicht *Der Untergang der Titanic* (1978), Günter Grass Roman *Die Rättin* (1986) und Christoph Ransmayrs (*1954) *Die letzte Welt* (1988) Beispiele für die Beliebtheit apokalyptischer Szenarien und

Neue Artistik

das **Katastrophenbewusstsein**, das seit den siebziger Jahren die deutsche Literatur beherrscht und das Interesse an der historischen Inventur und der ästhetischen Bestandsaufnahme befördert. Mit ihm wird sich die Literatur in den achtziger Jahren in auffallender Häufung wieder selbst zum Gegenstand, wird nun **Artistik statt Authentizität** zum Leitbild der Literatur. D.h.: Das Bemühen um die Schilderung privat-subjektiver Alltagsbefindlichkeiten tritt hinter einen neuen Kunst- und Stilwillen zurück, der im Theater zu einer forcierten Zerschlagung dramaturgischer Konventionen (Fabel, Figuren, Mimesis) führt (vgl. dazu beispielsweise die Dramen Botho Strauß' [*1944], Gisela von Wysockis [*1940], Thomas Braschs [1945-2001], Rainald Goetz' [*1954]).

Dieses Kunstwollen der postmodernen Literatur ist auf ‚künstliche' Konstruktion hin gerichtet; es folgt den Regeln des ästhetischen Spiels – eines Spiels zwischen Autor und Leser, der sich in gleichem Maße seiner Mechanismen bewusst ist. Die erzählte Welt der Postmoderne macht so keinen Hehl mehr aus ihrem inszenierten Charakter. Der Text wird verstanden (und auch so präsentiert) als labyrinthische Kombination verschiedener, einander wechselseitig spiegelnder Elemente. Die Tendenz zum vieldimensionalen Schreiben, die sich an einer Vielzahl von Werken der achtziger und der neunziger Jahre ablesen lässt (z.B. an Gerold Späth [*1939]: *Commedia* (1980); Wolfgang Hildesheimer [1916-1991]: *Marbot* (1981); Sten Nadolny [*1942]: *Die Entdeckung der Langsamkeit* (1983); Patrick Süskind [*1949]: *Das Parfüm* (1984); Bodo Morshäuser [*1953]: *Berliner Simulation* (1983), Christoph Ransmayr: *Die letzte Welt* (1988), *Morbus Kitahara* (1995); Thomas Hettche [*1964]: *Nox* (1995) etc.) wird auf der anderen Seite durch zwei gegenläufige Tendenzen gekreuzt: zum einen durch die Wendung zu einer

Neoklassizismus und Pop — Art **Neoklassizismus**, einer rückkehrenden Wendung zum Guten, Wahren und Schönen, etwa in der Werken Peter Handkes (*1942) (*Mein Jahr in der Niemandsbucht*, 1994) und Botho Strauß' (*Ithaka*, 1996), die zugleich das Modell des Dichterpriesters und -visionärs wieder mit Leben füllen; zum anderen mit der Hinwendung zur Oberfläche in der Literatur des **Pop** (Christian Kracht [*1966]: *Faserland*, 1995; Benjamin von Stuckrad-Barre [*1975]: *Soloalabum*, 1998), die wie lange keine literarische Richtung mehr die Meinungen polarisiert hat: Was den einen als kreative Anwendung der Verteilungsmittel einer Konsumkultur zur Unterhaltung gilt, wollte den anderen als Kultivierung der Pose eines selbstgefälligen

Einverstandenseins und als Verrat an der Bestimmung der Kunst als moralisches und kritisches Regulativ der Gesellschaft erscheinen, als pure Affirmation der Oberfläche und damit als Entscheidung gegen das Tragische, d.h.: gegen den tödlichen Ernst. Die Popliteratur, so lautet ein immer wieder begegnender Vorwurf, kommerzialisiere die Kunst im Schulterschluss von Literatur und Marketing; sie fröne einem seelenlosen Hedonismus und verberge unter der zynischen Vergötzung des Lifestyles eine uneingestandene autoritäre Sehnsucht nach Ordnung und Überschaubarkeit. Entgegen dem ersten Augenschein versteckt sich hinter den zynisch-snobistischen Inszenierungen und Attitüden des Pop aber auch ein subversiver Hintersinn, kann zumindest die Feier der Oberfläche auch als ironischer Reflex gelesen werden auf die oberflächliche neoliberale Gesellschaft.

Nach dem Fall der Mauer | 9.6

Die am 3. Oktober 1990 vollzogene Selbstauflösung des zweiten deutschen Teilstaates DDR hat die Frage nach der Zahl der deutschen Literaturen (eine, zwei oder gar vier) mehr als je zuvor zu einer akademischen Angelegenheit werden lassen, ohne dass auch nur im Ansatz geklärt wäre, ob eine saubere Trennung beider deutscher Literaturen nach ästhetischen, thematischen oder nur regional-geographischen Kriterien wirklich jemals möglich gewesen ist. Und wenn ja, ob mit dem Beitritt der DDR zur Bundesrepublik Deutschland nach Artikel 23 des Grundgesetzes zugleich mit der DDR-Literatur nicht auch die bundesdeutsche Literatur als solche aufgehört hat zu existieren (immerhin setzt sich allmählich doch auch die Erkenntnis durch, dass am 3. Oktober auch die alte Bundesrepublik ihr Ende gefunden hat).

Der Zusammenbruch der staatssozialistischen Systeme des Ostens hat das Feld der Selbstvergewisserungen auf eine neue Weise wieder geöffnet. So entstehen nach 1989 eine Vielzahl von Rückblicken auf den Fall der Mauer wie Gert Heidenreichs (*1944) *Kehrseiten* (1992), Robert Menasses (*1954) *Schubumkehr* (1995), Thomas Brussigs (*1965) *Helden wie wir* (1995), Abrechnungen mit dem Wiedervereinigungsprozess wie Günter Grass' *Ein weites Feld* (1995), Rolf Hochhuths *Wessis in Weimar* (1993) oder F.C. Delius' *Die Birnen von Ribbeck* (1991), Versuche, die neue Zeit erzählerisch zu be-

Rückblicke

wältigen wie Ingo Schulzes (*1962) *Simple Storys* (1998). Eine neue Erinnerungskultur findet ihren Ausdruck in Werken Heiner Müllers (1929-1995) (*Krieg ohne Schlacht. Leben in zwei Diktaturen*), Günter de Bruyns (*1926) (*Zwischenbilanz*, 1992) oder Peter Rühmkorfs (*1929) (*Tabu*), auf andere Weise, literarisch verspiegelter, in den rückblickenden Abrechnungen Herta Müllers (*1953; Nobelpreis 2009) mit der rumänischen Diktatur. Statt des immer wieder und immer noch geforderten, ebenso oft begrüßten wie verneinten Wenderomans aber hat sich in überraschender Weise ein Genre etabliert, das über das postmoderne Erzählen der achtziger Jahre eine gewisse Blutauffrischung erfahren hat: der historische Roman (siehe Ransmayr; Helmut Krausser [*1964]: *Melodien*; Gisbert Haefs [*1950]: *Hannibal und Alexander* etc.).

10 | DDR-Literatur – ein Rückblick

10.1 | Anfänge nach 1945

Von Beginn an hat die Kulturpolitik der DDR der Literatur einen hohen Stellenwert zugesprochen als Medium sozialer Einflussnahme, gesellschaftlicher Identitätsfindungen, nicht zuletzt auch politischer Mythenbildungen. Die dirigistische Steuerung der Literaturströme, wie sie sich über vier Jahrzehnte hin in der DDR beobachten lässt, ist lediglich die Kehrseite dieser Gewichtung der Literatur. Nicht nur war die Buchproduktion weitgehend den Bedingungen des Marktes entzogen – die überwiegende Mehrzahl der Verlage waren ‚volkseigene' Staatsverlage oder gehörten Parteien und Massenorganisationen –, auch die Programmgestaltung der Verlage erfolgte weitgehend im Rahmen der durch die Kulturpolitik gesetzten Spielräume. Der dem Ministerium für Kultur unterstellten „Hauptverwaltung Verlage und Buchhandel" stand es zu, die Verlage zu ‚lizensieren' und sowohl fachlich als auch ideologisch ‚anzuleiten'; sie legte die Druck- und Papierkapazitäten fest und musste jeder Veröffentlichung eine Druckgenehmigung erteilen; Auslandsveröffentlichungen waren seit 1965 genehmigungspflichtig durch ein „Büro für Urheberrechte". Diese strukturellen **Eingriffe in die Literaturproduktion** wurden auf der anderen Seite ergänzt durch das Bemühen darum, die Schriftsteller durch Privilegien (großzügige Stipendien,

Steuerung der Literaturproduktion

hohe Autorenhonorare, große Auflagen, Übersetzungs- und Berater-
verträge) an den Staat zu binden. Voraussetzung dafür allerdings
war die Mitgliedschaft im Schriftstellerverband der DDR, dessen Sta-
tuten die Anerkennung der führenden Rolle der Partei und des sozialistischen Realismus als literarische Methode zwingend voraus-
setzte.

Die Anfänge des literarischen Lebens in der (zunächst) „Sowje-
tisch besetzten Zone" (SBZ) erfolgten unter der politischen Programmatik einer allumfassenden Erneuerung. Erklärtes Ziel der
Politik war die Errichtung einer „antifaschistisch-demokratischen
Ordnung". Dieser programmatische Neuanfang wurde flankiert
durch die kulturpolitischen Setzungen eines Erbeverständnisses,
das den am 7. Oktober 1949 dann gegründeten Arbeiter- und Bau-
ernstaat DDR zur Verwirklichung der humanistischen Traditionen
in der (deutschen) Geschichte erklärte und damit die Kontinuität einer Kulturentwicklung propagierte, die in der Rückkehr pro-
minenter linker Emigranten (u.a. Johannes R. Becher, Anna
Seghers, Arnold Zweig, Bertolt Brecht, Friedrich Wolf, Hanns Eis-
ler) ihre nach außen sichtbare Bestätigung zu finden schien. Der
1945 als zunächst überparteiliche Organisation gegründete „Kul-
turbund zur demokratischen Erneuerung Deutschlands" sollte
dieses kulturelle Kontinuitätsbewusstsein entwickeln helfen und
allen fortschrittlichen Künstlern eine gemeinsame Plattform bieten. Weitgehend fungierte der Antifaschismus in dieser Phase
der antifaschistisch-demokratischen Erneuerung als ideologische
(und auch ästhetische) Klammer zwischen den Rückkehrern; er bildete gleichzeitig eine Brücke zu den Vertretern der jüngeren Generation, die ihre Jugend unter der Herrschaft der Nationalsozialisten verbracht und zum Teil noch aktiv am Krieg teilgenommen
hatte. Zumal die Auseinandersetzung mit der zurückliegenden Epoche des Faschismus, mit Verfolgung und Krieg war eines der zentralen Anliegen vor allem der erzählenden Literatur dieser Jahre,
während die Spielpläne der Theater zunächst noch weitgehend von
Stücken der deutschen und internationalen Klassik beherrscht wurden.

Berichte und Erzählungen mit aufklärerisch-dokumentarischer
Tendenz (Theodor Plievier: *Stalingrad*, 1945; Ernst Wiechert: *Der
Totenwald*, 1946; Günther Weisenborn: *Memorial*, 1948) sowie –
zum Teil schon vor 1945 begonnene – Epochenbilanzen (Willi
Bredel [1901-1964]: *Verwandte und Bekannte*, 1941-1953; Anna

Kontinuitäten

Seghers: *Die Toten bleiben jung*, 1949) beherrschten zunächst das Bild der Literatur. Weitgehend erfolgte die Darstellung des Faschismus in diesen Werken in den Bahnen der von der Kommunistischen Internationale 1933 vorgenommen Bestimmung seiner Wurzeln in den Interessen des Großkapitals; der Mythos vom Widerstand des Volkes und der grundsätzlichen Abwehrkraft der Arbeiterklasse gegenüber den Sirenklängen des Faschismus war tonangebend. Erst mit zunehmendem Abstand, etwa ab den 60er Jahren, begann sich demgegenüber allmählich eine Sichtweise durchzusetzen, die den Nationalsozialismus als Massenphänomen anzuerkennen bereit war und den Faschismus nicht nur als politisch-ökonomisches Problem, sondern als ‚gewöhnlichen‘ Faschismus in den Subjekten und damit auch als Problem der Gegenwart begriff (Franz Fühmann [1922-1984]: *Das Judenauto*, 1962; Heiner Müller: *Germania Tod in Berlin*, UA BRD 1978, entstanden bereits 1956/71; *Die Schlacht*, UA 1975, entstanden bereits 1951/74; Klaus Schlesinger [1937-2001]: *Michael*, 1971; Christa Wolf [*1929]: *Kindheitsmuster*, 1976; Hermann Kant [*1926]: *Der Aufenthalt*, 1977).

Gewöhnlicher Faschismus

10.2 | Neue Leitvorstellungen

Aufbauliteratur

Der Verschiebung der gesellschaftlichen Leitprämissen in Richtung auf den „Aufbau der Grundlagen des Sozialismus", wie ihn die zweite Parteikonferenz der SED im Juli 1952 offiziell proklamierte, lässt in den 50er Jahren ein neues Sujet in den Vordergrund treten: die Gestaltung und den Aufbau des Neuen, zunächst v. a. in Form von Reportagen und Erzählungen aus den Betrieben (Willi Bredel: *Fünfzig Tage*, 1950; Eduard Claudius [1911-1976]: *Vom schweren Anfang*, 1950), dann auch in Romanen, die ihre in der Regel klischierte und schönende Handlung zum Teil auf dem Land, zum Teil in der industriellen Produktion ansiedelten (Otto Gotsche [1904-1985]: *Tiefe Furchen*, 1949; Eduard Claudius: *Menschen an unserer Seite*, 1951; Maria Langner [1901-1967]: *Stahl*, 1952; Karl Mundstock [*1915]: *Helle Nächte*, 1952; Hans Marchwitza [1890-1965]: *Roheisen*, 1955; Harry Thürk [1927-2005]: *Die Herren des Salzes*, 1956).

Vormoderner Realismus

Etwa zeitgleich nahm die für das sozialistische Kulturverständnis zentrale Beziehung auf das kulturelle Erbe unter dem bestimmenden Einfluss der Realismustheorie Georg Lukács' die Züge einer dem sowjetisch-stalinistischen Literaturverständnis verpflichteten doktrinären Regelpoetik an. Sie schrieb eine (mehr oder weniger) kritische Aktualisierung der klassizistischen Ästhetik durch die sozialistisch-marxistische Literaturtheorie vor, kanonisierte den vormodernen Realismus des 19. Jahrhunderts als Muster für das sozialistisch-realistische Erzählen der Gegenwart, teilte die Literaturgeschichte in ein fortschrittliches (Klassik, bürgerlicher Realismus) und ein reaktionäres (Romantik, Moderne/Avantgarde) Erbe und machte gleichzeitig eine Reihe von **Schreibe-Regeln** verbindlich (Darstellung der Wirklichkeit in ihrer revolutionären Entwicklung, sozialistische Produktion als bevorzugtes Sujet, positiver Held, Typisierung, Geschlossenheit und Totalität), mit der die ästhetischen Spielräume der Literatur parteiideologisch weitgehend eingeschränkt wurden. Im Zuge dieser bis weit in die 60er Jahre hinein gültigen Erbekonzeption wurde die ‚sinnliche Unmittelbarkeit‘ zum Postulat einer sozialistisch-realistischen Dichtkunst erhoben, die von allen ‚modernistischen‘ Tendenzen freigehalten werden sollte. Bereits 1951 verlangte das 5. Plenum des ZK der SED den „Kampf gegen den Formalismus in Kunst und Literatur, für eine fortschrittliche Kultur", der jedes Ausscheren aus der verlangten traditionalistischen Erbepflege unter den Verdacht der ideologischen Abweichung stellte.

Weitgehend auf der Strecke blieb bei dieser Verengung der ästhetischen Wahrnehmung auf einen vormodernen Realismus zugleich mit der klassischen Moderne auch das spezifisch ‚progressive‘ Erbe einer revolutionär-proletarischen Literatur, wie es in den 20er und frühen 30er Jahren in Deutschland zur Blüte gekommen war, und mit ihm die Utopie einer kommunistischen Kunst, in der die Trennung von Hand- und Kopfarbeit und die Schranken zwischen Berufs- und Laienkunst aufgehoben sind. Nachdem der V. Parteitag der SED 1958 die Losung ausgegeben hatte, die „noch vorhandene Trennung von Kunst und Leben, die Entfremdung zwischen Künstler und Volk" müsse überwunden werden, markieren die Beschlüsse der 1. Bitterfelder Kulturkonferenz von 1959 in dieser Hinsicht den wohl weitestgehenden Versuch einer Rückbesinnung auf die durch die Orientierung auf das klassische Erbe verdrängte ‚linke‘ Tradition. Das auf der Bitterfelder Kulturkonferenz verabschiedete Programm zielte darauf ab, die Arbeiter systematisch an die Literatur („Greif zur Feder, Kumpel") und gleichzeitig die Künstler an die Produktion heranzuführen.

„Didaktisches Theater"

Letztlich wurde damit eine Synthese gesucht zwischen proletkultisch-agitatorischen und klassischen Literaturformen, um so den Bruch mit der gültigen kulturpolitischen Linie einer traditionalistischen Erbepflege zu vermeiden, die bereits zu Beginn der fünfziger Jahre durch den Antiklassizismus Brechts (*Urfaust*-Inszenierung, 1952) und Eislers (*Johann Faustus*, 1952) herausgefordert worden war und durch das sog. „**Didaktische**" oder „**Dialektische Theater**" einer jungen Autorengeneration – am konsequentesten Peter Hacks (1928-2003) und Heiner Müller – weiterhin infrage gestellt wurde. Die Agro- und Produktionsdramen vom Schlage des Lustspiels *Bürgermeister Anna* von Friedrich Wolf (UA 1950) oder Harald Hausers (1912-1994) *Am Ende der Nacht* (1955), die in den 50er Jahren die traditionelle Klassikerpflege auf den Bühnen der DDR abgelöst hatten, und die zahllosen Aufbaugedichte, Betriebsreportagen und Produktionsromane dieser Jahre präsentierten in ungebrochener Weise einen zum ‚Helden der Arbeit' geadelten Arbeiter als Figuration des ‚neuen Menschen'. Demgegenüber suchten Peter Hacks (*Die Sorgen und die Macht*, 1960; *Moritz Tassow*, 1965) und Heiner Müller (*Der Lohndrücker*, 1958; *Die Korrektur*, 1958; *Die Umsiedlerin*, 1961, nach der MA sofort verboten; *Der Bau*, 1980, entstanden bereits 1963/64) ernst zu machen mit der von Brecht auf dem IV. Schriftstellerkongress erhobenen Forderung, im Publikum einen „Kampf des Neuen gegen das Alte" und zur künstlerischen Aneignung der Wirklichkeit „neue Kunstmittel [zu] schaffen und die alten um[zu]bauen"[65]. Konkret hieß das etwa im Falle Müllers: Verzicht auf den Zentralkonflikt und die glättende Harmonisierung der Widersprüche durch die szenische Präsentation von Musterlösungen, Beharren auf der Spannung zwischen utopischem Anspruch und faktischer Wirklichkeit, Verzicht auf identifikatorische Angebote im Handeln und Fühlen der Figuren, Verweigerung von Totalität und Geschlossenheit – alles in der Absicht, so „öffentliches Denken" (Brecht) zu provozieren.

Abb. 39

Heiner Müller (1929–1995).

Die sechziger Jahren: NÖS und 11. Plenum des ZK | 10.3

Die Partei hat diese literarischen Angebote nur zeitweise akzeptiert und das „Didaktische" Theater bald mit dem Vorwurf des Sektierertums ausgeschaltet. Auch das in Bitterfeld beschlossene Programm einer breiten massenkulturellen Bewegung, aus dessen Geist neben vielen kaum nennenswerten Produkten immerhin auch Werke wie Christa Wolfs *Der geteilte Himmel* (1963) und Erwin Strittmatters (1912-1994) *Ole Bienkopp* (1963) entstanden, wurde 1965 endgültig abgebrochen, nachdem die im Jahr zuvor veranstaltete 2. Bitterfelder Konferenz den ursprünglichen Ansatz bereits weitgehend aufgegeben hatte. Zugleich erteilte die SED auf dem berüchtigten 11. Plenum des Zentralkommittees im Dezember 1965 erneut allen modernistischen Tendenzen eine schroffe Absage und leitete nur vier Jahre nach dem Bau der Mauer mit der Abmahnung kritischer Autoren wie Wolf Biermann (*1936), Werner Bräunig (1934-1976), Heiner Müller und Stefan Heym (1913-2001) eine neue kulturpolitische Eiszeit ein.

Bitterfelder Konferenz

Bereits zwei Jahre zuvor hatte die SED auf ihrem VI. Parteitag mit dem Beschluss zur Einführung des sog. „Neuen Ökonomischen Systems der Planung und Leitung" (NÖSPL bzw. NÖS, seit 1967 im Zuge eines gewandelten gesellschaftlichen Selbstverständnisses modifiziert zum ÖSS, dem „Ökonomischen System des Sozialismus", bzw. zum ESS, dem „Entwickelten gesellschaftlichen System des Sozialismus") eine gesellschaftspolitische Weichenstellung vorgenommen, der ein gewandeltes Verständnis vom Sozialismus als nun „relativ eigenständiger sozioökonomischer Formation in der historischen Epoche des Übergangs vom Kapitalismus zum Kommunismus im Weltmaßstab" zugrunde lag. Mit der Einführung des NÖS, mit dem die SED versuchte, das Wirtschaftssystem zu modernisieren und Entscheidungsstrukturen (in Maßen) zu dezentralisieren, wurde der Literatur nun vorzüglich die Gestaltung der übergeordneten **Perspektive der Planer und Leiter** zur Aufgabe gemacht, die den Prozess der Produktivitätssteigerung in beispielhafter Weise vorantreiben. Damit wurde in der zweiten Hälfte der 60er Jahre ein aufgrund seiner idealistischen Zuspitzung bereits brüchig gewordenes literarisches Muster, die sog. ‚Ankunftsliteratur', obsolet, die nach dem Titel eines 1961 erschienenen Romans von Brigitte Reimann (1933-1973) von der geglückten „Ankunft im Alltag" erzählte, von der Integration einer jungen Generation in die neue Gesellschaftsordnung oder Produktionssphäre.

Abb. 40

Peter Hacks
(1928–2003).

Sozialistische Klassik

Neue Subjektivität

Widerstand gegen die neuen ideologischen Leitprämissen erwuchsen dem Staat nicht nur aus der in den 60er Jahren forcierten Auseinandersetzung mit der Antike, durch die eine von der Kulturpolitik gegängelte Dramatik Möglichkeiten der Zeitdiagnostik im mythologischen Gewand suchte (Heiner Müller: *Philoktet*, BRD 1968; *Ödipus Tyrann*, 1967; *Herakles 5*, erst BRD 1974; *Prometheus*, Schweiz 1969; Peter Hacks: *Der Frieden*, 1962; *Die schöne Helena*, 1964; *Amphitryon*, 1968; Karl Mickel (1935-2000): *Nausikaa*, 1968; Joachim Knauth (*1931): *Die Weibervolksversammlung*, 1972).

In Teilen der Literatur formierte sich beginnend mit den 60er Jahren sukzessive nun zugleich auch eine neue Subjektivität auf den verschiedensten, sowohl inhaltlichen als auch formalen Ebenen als Gegenschrift zum offiziellen gesellschaftlichen Leitdiskurs (Christa Wolf: *Nachdenken über Christa T.*, 1968; Günther de Bruyn: *Buridans Esel*, 1968; Fritz Rudolf Fries [*1935]: *Der Weg nach Oobliadooh*, BRD 1966; DDR erst 1989). Insbesondere die anfangs der 60er Jahre hervortretende Lyrikergeneration der Adolf Endler (*1930), Heinz Kahlau (*1931), Karl Mickel, Reiner Kunze (*1933), Sarah und Rainer Kirsch (* 1935 bzw. 1934) und Volker Braun (*1939) setzte unter der gedachten Prämisse eines dialektisch zu begründenden Verhältnisses von Ich und Wir die verpönte Subjektivität als Moment der gesellschaftlichen Objektivität wieder in ihr Recht. Sie tat dies allerdings noch im Rahmen der traditionellen Formensprache, weitgehend unberührt von den durch die Moderne entwickelten ästhetischen Verfahren, die erst in den 80er Jahren mit der experimentellen Erprobung neuer Schreibweisen durch die Autoren der sog. Prenzlauer-Berg-Szene (u. a. Uwe Kolbe [*1957], Bert Papenfuß-Gorek [*1956], Rainer Schedlinski [*1956]) in größerem Maße in der Lyrik Einzug halten konnten.

10.4 | Aufbruch: nach dem VIII. Parteitag

Die nach dem Mauerbau und den Umbrüchen um die Mitte der 60er Jahre entscheidende Zäsur innerhalb der Kulturgeschichte der DDR

wird markiert durch den VIII. Parteitag der SED 1971 und das wenige Monate später anschließenden 4. Plenum des Zentralkommittees.
Wirtschaftspolitisch leitete der VIII. Parteitag eine Wende vom Pro-
duktions- zum Konsumsozialismus ein, ideologisch eine Abkehr
vom harmonisierenden Theorem der „sozialistischen Menschengemeinschaft", das die Spätphase der Ulbricht-Ära gesellschaftspo-
litisch bestimmt hatte und nun der Anerkennung des realexistierenden Sozialismus als einer „nichtantagonistischen Klassengesellschaft" weichen musste (was immerhin Signale in Richtung einer
realistischeren Einschätzung der Wirklichkeit setzte). Mit dem bald
geflügeltem Wort des 1971 nach dem Rücktritt Ulbrichts zum neu-
en Generalsekretär der SED aufgestiegenen Erich Honecker, dass es
„auf dem Gebiet von Kunst und Literatur keine Tabus geben" dürfe,
wenn man nur „von der festen Position des Sozialismus ausgeht",
schien die Partei auf dem 4. Plenum des ZK gleichzeitig erstmals nun
auch wirkliche **Pluralität und Meinungsvielfalt** zuzulassen und damit eine kritische Literatur zu lizensieren (gegeben hatte es sie, in
ihrer Wirkung behindert, verzögert und verboten, bereits vorher
schon), die den realexistierenden Widersprüchen der sozialistischen
Gesellschaft Ausdruck verleiht.

Dass der „ideologische Funktionscharakter der Kunst"[66] in den
kulturpolitischen Verlautbarungen der folgenden Jahre zunächst
nur eine untergeordnete Rolle spielte, ist ebenso Ausdruck einer
nach außen nun demonstrativ zur Schau gestellten kulturpolitischen Gelassenheit wie die neue Offenheit in Fragen des kulturellen Erbes. Der utopische bürgerliche Humanismus büßte nun auch
offiziell seine längst abhanden gekommene Vorbildfunktion für die
sozialistische Kunst ein; das Erbe verlor seine Unantastbarkeit und
wurde auch offiziell dem experimentellen Zugriff zugänglich. Die
in Teilen der Literatur bereits seit den 60er Jahren vollzogene **ästhetische Neuorientierung** wurde nun zum Massenphänomen. Phantastische und spezifisch moderne Formelemente hielten auf allen
Ebenen Einzug in die Literatur; Kleist und Hölderlin, Jean Paul, Rimbaud, Lautréamont und Baudelaire, die Romantik, Sturm und
Drang, der Vormärz, die Phasen historischer Krisen und Umbrüche
wurden in verstärktem Maße zu ästhetischen und geistigen Bezugs-
punkten, von denen aus eine sensibilisierte Literatur einem **Zeitgefühl der Stagnation**, der Leere der Geschichte und der Tragik Ausdruck verlieh (Heiner Müller: *Leben Gundlings*, BRD 1979); Christa
Wolf: *Kein Ort. Nirgends*, 1979).

Pluralität und
Meinungsvielfalt

Deutsche Geschichte

Zugleich wurden die Verwerfungen der deutschen Geschichte (neben Heiner Müller im Drama etwa auch Volker Braun: *Simplex Deutsch*, 1980; Thomas Brasch: *Rotter*, BRD 1977) und das Verhältnis von Geist und Macht (Martin Stade [*1931]: *Der Meister von Sanssouci*, 1971; *Der König und sein Narr*, 1975; Peter Hacks: *Ein Gespräch im Hause Stein*, 1976; Volker Braun: *Großer Frieden*, 1979; Christoph Hein [*1944]: *Die wahre Geschichte des Ah Q*, 1983) zu be-

Neuer Alltagsrealismus

stimmenden Themen. Ergänzt wird die allmähliche Ablösung der Weimarer Klassik als Leitparadigma auf der anderen Seite durch die Herausbildung eines neuen Alltagsrealismus, der die Glücksansprüche des Individuums artikuliert, eine überall Grenzen setzende Alltagsrealität als Grund eines umfassenden Scheiterns erscheinen läßt und dabei Entfremdungs-, Trennungs- und Zerstörungsprozesse, und zwar sowohl der inneren als auch der äußeren Natur, zur Sprache bringt. Zu nennen sind hier u.a. Werke Ulrich Plenzdorfs (*1934) (*Die neuen Leiden des jungen W.*, 1972), Klaus Schlesingers (1937-2001) (*Alte Filme*, 1975), Paul Gratziks (*1935) (*Transportpaule*, 1977; *Kohlenkutte*, BRD 1982), Thomas Braschs (*Vor den Vätern sterben die Söhne*, BRD 1977), Jurek Beckers (1937-1997) (*Schlaflose Tage*, BRD 1978), Kurt Bartschs (*1937) (*Wadzeck*, BRD 1980) oder Christoph Heins (*Der fremde Freund*, 1982; *Horns Ende*, 1985). Hier ordnen sich neben der neuen Frauenliteratur, die in den 70er und 80er Jahren das Thema der Emanzipation aufgreift (Brigitte Reimann: *Franziska Linkerhand*, 1974; Gerti Tetzner [*1936]: *Karen W.*, 1974; Irmtraud Morgner [1933-1990]: *Leben und Abenteuer der Trobadora Beatriz*, 1974; *Amanda*, 1983; Kerstin Hensel: *Hallimasch*, 1989), die nun in großer Zahl erscheinenden faktographischen oder (semi-)dokumentarischen Werke (Erlebnisberichte, Reisebücher, Tagebücher, Protokolle, Reportagen, Interviews) ein, die den Alltag ungeschönt reproduzieren (Sarah Kirsch: *Die Pantherfrau*, 1973; Maxie Wander [1933-1977]: *Guten Morgen, Du Schöne*, 1977; Christine Lambrecht [*1949]: *Männerbekanntschaften*, 1986).

Utopie und Geschichte

In auffallender Häufung schiebt sich in der Literatur der DDR seit dem Ende der 70er Jahre zugleich das Auseinandertreten von sozialem und ökonomischem Fortschritt, von Utopie und Geschichte, Anspruch und Wirklichkeit thematisch in den Vordergrund. Der Blick zurück in die Geschichte, der eine ganze Reihe wichtiger Werke bestimmt (Günter Kunert [*1929]: *Unterwegs nach Utopia*, BRD 1977/DDR 1980; *Abtötungsverfahren* BRD 1980; Heiner Müller: *Quartett*, BRD 1982; *Verkommenes Ufer*, BRD 1983; Volker Braun:

Dmitri, BRD 1982; *Siegfried Frauenprotokolle Deutscher Furor*, 1986; Christa Wolf: *Kassandra*, 1983), wird zu einem von Melancholie, Trauer, Skepsis und Ernüchterung begleiteten Blick auf eine Geschichte, die ihrer eigenen Dialektik anheimzufallen droht.

Damit findet eine Entwicklung ihren Abschluss, die sich im Überblick der DDR-Literatur mit Wolfgang Emmerich als Weg von der Gesinnungsliteratur zur Literatur einer Sinn- oder Zivilisationskritik beschreiben lässt. Wohl nicht zufällig wird diese Entwicklung offenkundig nach der Ausbürgerung Wolf Biermanns (17. November 1976), die das Ende der durch den VIII. Parteitag eingeleiteten Liberalisierung einläutete. Die Liste derjenigen Autoren, die der neuerlichen kulturpolitischen Restauration in den folgenden Jahren nicht standgehalten und die DDR verlassen haben, ist lang. Zwar gewann das ‚verkommene Ufer‘ der Utopie (Heiner Müller), das für viele nur noch eine „versteinerte Hoffnung/Im Rücken" (Kurt Bartsch) sein konnte, für eine Reihe zumal der zurückgebliebenen Autoren mit den durch Michail Gorbatschow ab 1985 eingeleiteten Reformen in der UDSSR vorübergehend wieder an Leuchtkraft; mehr als den Untergang des sozialistischen Gesellschaftsexperiments illuminiert allerdings hat die von der Partei- und Staatsführung der DDR argwöhnisch verfolgte Politik von **Glasnost und Perestroika** aber nicht mehr.

Zusammenfassung

Literaturgeschichte setzt zeitliche Einschnitte und Epochen als Ordnungsschemata ein. Diese sind Ergebnisse einer Interpretation, sie existieren also nicht aus sich heraus. Damit aber stehen sie auch unter einem hypothetischen Vorbehalt. D.h. ihnen kann allein ein vorläufiger Erkenntniswert zugesprochen werden.

Auch der vorliegende Aufriss formuliert keine letzthin gültigen Erkenntnisse, wenn er die Fülle des Materials zum Zweck einer ersten und vorläufigen Orientierung in einen Ordnungsrahmen einpasst. Er führt Sonden ein in das unübersichtliche Terrain der Literaturgeschichte, und er bleibt dabei lückenhaft, notwendig lückenhaft. Die Abfolge der zeitlichen Einschnitte ‚Barock‘, ‚Aufklärung und Empfindsamkeit‘, ‚Goethezeit‘, ‚Vormärz und Realismus‘, ‚Klassische Moderne‘, ‚Drittes Reich‘, ‚Literatur in der Bundesrepublik‘ und ‚DDR-Literatur‘ verhilft dem Zeitverlauf zur Anschaulichkeit – mehr nicht, aber auch nicht weniger. Was auf rund einhundert Seiten in komprimierter Form dargestellt wurde, kann an dieser Stelle nicht noch einmal auf einer halben Seite zusammengefasst werden. Zu facettenreich ist die Entwicklung, zu komplex sind die Erscheinungen. So versteht sich das Modul in erster Linie auch als Einladung und Aufforderung, selbst lesend Erkundigungen einzuholen.

Literatur

- Brenner, Peter J.: Neue deutsche Literaturgeschichte. Vom „Ackermann" zu Günter Grass. 2., aktualisierte Aufl. Tübingen: Niemeyer 2004.
- Deutsche Literatur. Eine Sozialgeschichte. 10 Bde. Hg. v. Horst Albert Glaser. Reinbek: Rowohlt 1980-1995.
- Deutsche Literaturgeschichte. Von den Anfängen bis zur Gegenwart. Hg. v. Wolfgang Beutin u.a. 7. verbesserte und erweiterte Auflage. Stuttgart, Weimar: Metzler 2008.
- Epochenschwelle und Epochenbewußtsein. Hg. v. Reinhart Herzig und Reinhart Koselleck. München: Fink 1987 (= Poetik und Hermeneutik 12).
- Epochenschwellen und Epochenstrukturen im Diskurs der Literatur- und Sprachhistorie. Hg. v. Hans Ulrich Gumbrecht und Ursula Link-Heer. Frankfurt/Main: Suhrkamp 1985.
- Martini, Fritz: Deutsche Literaturgeschichte von den Anfängen bis zur Gegenwart. 19., neu bearbeitete Auflage. Stuttgart: Kröner 1991. [zuerst: 1949]
- Geschichte der deutschen Literatur von den Anfängen bis zur Gegenwart. 12 Bde. Begründer: Helmut de Boor, Richard Newald. München: Beck 1949ff.
- Geschichte der deutschen Literatur von den Anfängen bis zur Gegenwart. Hg. von einem Autorenkollektiv für Literaturgeschichte. 12 Bde. Berlin/DDR: Volk und Wissen 1961-1990.
- Geschichte der deutschen Literatur. Kontinuität und Veränderung. Vom Mittelalter bis zur Gegenwart. Hg. v. Ehrhard Bahr. 3 Bde. 2. Auflage. Tübingen: Francke 1998. [zuerst 1987-88]
- Hansers Sozialgeschichte der deutschen Literatur vom 16. Jahrhundert bis zur Gegenwart. 12 Bde. Hg. v. Rolf Grimminger. München. Hanser und Dtv 1980ff.
- Mitteilungen des Deutschen Germanistenverbandes 49.3 (2002): Epochen. In Zusammenarbeit mit Georg Behütuns hg. von Peter Strohschneider und Friedrich Vollhardt.
- Modelle des literarischen Strukturwandels. Hg. v. Michael Titzmann. Tübingen: Niemeyer 1991.

1. Was leisten Epochenbegriffe?
2. Welche Bedeutung hat die Vorstellung vom ‚Welttheater' (theatrum mundi) im Barock?
3. Die Definition von Aufklärung, die Kant am Ende des 18. Jahrhunderts gegeben hat, ist weithin bestimmend für unser Verständnis von Aufklärung. Welche Momente werden von Kant besonders herausgestellt?
4. Was ist neu am Bürgerlichen Trauerspiel?
5. Welche Bedeutung kommt dem Genie-Gedanken im Sturm und Drang zu?
6. Die Weimarer Klassik folgt drei fundamentalen Leitideen. Welchen?
7. Was unterscheidet die Heidelberger Romantik im Grundsatz von der Frühromantik?
8. Was besagt das Schlagwort vom „Ende der Kunstperiode", das Heine 1828 in die Diskussion eingebracht hat?
9. Welche Vorstellungsmomente verbinden sich im Realismus mit dem Konzept der Verklärung?
10. Was setzt der Naturalismus der Verklärung entgegen?
11. Was ist sachlich an der Neuen Sachlichkeit?
12. Nennen Sie drei wichtige Mitglieder der Gruppe 47.
13. Welche Ziele verfolgte die dokumentarische Literatur der sechziger Jahre?
14. Der VIII. Parteitag der SED gilt als eine zentrale Wendemarke innerhalb der Geschichte der DDR-Literatur. Was ändert sich?

Ausblick: Literatur und Neue Medien

Inhalt

Ausgehend von den drei großen Medienrevolutionen des Buchdrucks, der Elektronik und der Digitalisierung skizziert das Modul
die Grundzüge einer kleinen Mediengeschichte der Neuzeit, um von
hier aus einen Blick zu werfen auf neue literarische Ausdrucksformen im Zeitalter des Internets.

Medienrevolutionen der Neuzeit $\quad$ 1

Gutenberg und die Erfindung des Buchdrucks mit $\quad$ 1.1
beweglichen Lettern

Am Ausgang des Mittelalters revolutio-
nierte die Erfindung des Buchdrucks
mit beweglichen und wiederverwend-
baren Lettern durch Johannes Gutenberg (eigentlich: Johannes [Henne]
Gensfleisch zum Gutenberg, um 1397-
1468) die literarische Kommunikation
entscheidend.

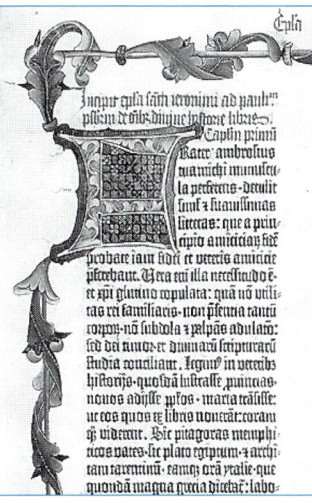

Abb. 41

Seitenanfang in der
Gutenberg-Bibel.

Gedruckt wurde schon lange vor Gutenberg: in einem Blockdruckverfah-
ren, bei dem die ganze Seite spiegelver-
kehrt in eine Druckplatte aus Holz
geschnitzt wurde, bereits im 8. Jahrhundert in Korea, Asien und China, mit
in Ton gebrannten Schriftzeichen seit
dem 11. Jahrhundert in China; soge-
nannte Inkunabeldrucke (Wiegendrucke mit metallenen Lettern)
hatten bereits zu Lebzeiten Gutenbergs in Europa der Literatur neue
Verbreitungs- und Wirkungsmöglichkeiten eröffnet. Diese Verfah-

Aufstieg des Buchs zum
kulturellen Leitmedium

ren aber waren technisch nicht sehr effizient und taugten nicht für eine massenhafte Verbreitung. Selbst die Zahl der insgesamt bis 1500 hergestellten Inkunabeln dürfte nicht mehr als vierzigtausend verschiedene Werke betragen haben, die in jeweils geringer Auflagenhöhe gedruckt wurden und von hier aus nur einen begrenzten Verbreitungskreis gefunden haben dürften. Erst Gutenbergs Erfindung schuf um 1450 die technischen Voraussetzungen für den **Aufstieg des Buches zum kulturellen Leitmedium** der Neuzeit.

Die kulturellen Folgen der in ihren geistigen und politischen Konsequenzen erst nach und nach absehbaren technischen Neuerung des Buchdrucks sind immens. Sie lassen sich grob durch fünf Schlagwörter näher bestimmen: **Multiplikation**, **Standardisierung**, Multiplikation **Speicherung**, **Alphabetisierung** und **Demokratisierung**. Durch die Drucktechnik wird die Buchproduktion vervielfältig; immer mehr Bücher kommen in immer kürzerer Zeit in Umlauf (*Multiplikation*). Die Drucktechnik macht das ursprünglich von Schreiberhand verfertigte und von Kopisten vervielfältigte Unikat mit individuellen Schreibeigenarten und Fehlern zum Massenprodukt. Bereits fünfzig Jahre nach Gutenbergs Erfindung geht die Gesamtzahl der Druckwerke, darunter Wörterbücher und juristische Kommentare, aber auch Werke der schönen Literatur und der Unterhaltungskunst, in die Millionenhöhe; über eintausend Druckereien sind bereits um diese Zeit in Europa nachweisbar. Allein von Luthers Übersetzung des Neuen Testaments, die 1522 von Melchior Lotter d. J. in zunächst 3000 Exemplaren gedruckt worden war, sind Schätzungen zufolge bis zum Ende der dreißiger Jahre über 100.000 Exemplare gedruckt worden.

Standardisierung   Als massenhaft hergestelltes Produkt der Drucktechnik übte Luthers Bibeldeutsch seinen Einfluß auf die Entwicklung einer einheitlichen deutschen Schriftsprache aus. Umgekehrt geht von der ‚Vermassung‘ der Literatur zwangsläufig der Druck zur Vereinheitlichung der Sprache und der Schreibregeln aus (*Standardisierung*).

Speicherung   Durch den Druck werden Texte gesichert (*Speicherung*); die Wahrscheinlichkeit, dass ein in relativ hoher Auflagenzahl gedruckter Text verlorengeht, ist geringer als im Falle von in nur wenigen handschriftlichen Exemplaren überlieferten oder in nur geringer Auflagenhöhe gedruckten (Inkunabeln) Werken. Die Drucktechnik verbessert so die Möglichkeiten der Traditionsbildung und Vernetzung des Wissens über die Zeiten hinweg.

Die in großer Zahl hergestellte Druckschrift wendet sich des weiteren nicht mehr an einen elitären Kreis von Spezialisten, sondern an ein größeres Publikum, setzt umgekehrt aber auch die Lesefähigkeit voraus und übt damit zwangläufig, wenn auch zunächst einmal nur auf lange Sicht, einen Zwang zur *Alphabetisierung* aus (erst im 19. Jahrhundert kommt es in Deutschland zu einer Massenalphabetisierung).

Alphabetisierung

Die Multiplikation der Buchproduktion führt zuguterletzt auch zu einer – zumindest theoretisch gegebenen – *Demokratisierung* des Wissens; immerhin transportiert das Buch ja Inhalte bzw. Aussagesysteme. Die der Erfindung des Buchdrucks praktisch auf dem Fuß folgenden Kontrollmechanismen der Zensur verzögern diesen Prozess, zum Teil entscheidend, können ihn auf die Länge der historischen Entwicklung aber nicht aufhalten. Der 1559 durch das Konzil von Trient eingeführte „Index librorum prohibitorum", also das kirchliche Verzeichnis verbotener Bücher, ist längst nicht das älteste Zeugnis der (in diesem Falle: kirchlichen) Zensurpolitik. Die ältesten bekannten Zulassungsvermerke für Bucherzeugnisse stammen bereits aus dem letzten Drittel des 15. Jahrhunderts; bereits 1487, wenige Jahre nach Gutenbergs bahnbrechender Erfindung also, verfügte Papst Innozenz VIII. das sogenannte Imprimatur (d.h. vor der Drucklegung war eine kirchlichen Druckerlaubnis einzuholen); Kaiser Maximilian auf der weltlichen Seite der Macht wiederum setzte bereits 1496 einen „Generalsuperintendenten des Bücherwesens in ganz Teutschland" ein; auf das Jahr 1512 wiederum datiert das erste kaiserliche Bücherverbot; 1530 führte der Reichstag zu Augsburg die Impressumspflicht (Angabe von Drucker und Druckort) ein, usw. usw.

Demokratisierung

Der Papyrer.

Ich brauch Hadern zu meiner Mül/
Dran treibt mirs Rad deß wassers viel/
Daß mir die zschnitn Hadern netzt/
Das zeug wirt in wasser einquelt/
Drauß mach ich Pogn auff fils bring/
Durch preß das wasser darauß zwing/
Denn henck ichs auff/laß drucken wern/
Schneweiß vnd glatt/so hat mans gern.

Abb. 42

Der Papierer. Frühneuzeitlicher Holzschnitt.

Für rund vierhundert Jahre dominieren die Druck-Medien, die ihre Bedeutung historisch betrachtet allererst im Kontext von Reformation und Gegenreformation entfalteten, die gesellschaftliche Kommunikation. Bereits 1609 erscheinen die ersten fortlaufend herausgebrachten Nachrichtenzeitungen *Aviso* und *Relation*, und von da an reißt die Überlieferung nicht mehr ab; sie verbreitert sich immer mehr, versorgt die Gesellschaft mit Informationen und Kommunikationen, bis sich zunächst im 18. Jahrhundert, getragen vor allem von den Medien Buch, Zeitung und Zeitschrift, das in der Folgezeit immer weiter ausdifferenzierte Literatursystem und im 19. Jahrhundert auf der Grundlage technischer Innovationen (Erfindung der Schnellpresse 1812, Erfindung der Hochdruckrotation 1886) dann auch der schnell wachsende Literaturmarkt entwickeln.

1.2 | Das elektronische Zeitalter

Visualisierung der Wahrnehmung

Die bahnbrechenden Entwicklungen der auditiven Medien (Telefon, Schallplatte, Hörfunk) und vor allem der visuellen Medien (Photographie, Film, seit 1927 dann auch als Tonfilm) markieren um 1900 den **Eintritt in das elektronische Zeitalter**. Mit ihm verliert das Buch seine jahrhundertalte Bedeutung als gesellschaftliches Leitmedium. Die von den Druckmedien bestimmte Vorrangstellung der Schriftkultur weicht der medialen Dominanz, die das Bild mit der Entwicklung des Films (am 28.12.1895 erfolgt in Paris die erste öffentliche Vorführung eines Films durch die Brüder Lumière) zum Ende des 19. Jahrhunderts erfährt. Das heißt nicht, dass mit dem Siegeszug der elektronischen Medien das Buch ganz in den Hintergrund gedrängt worden wäre (Bücher werden selbstverständlich – das ist eigentlich nicht der Erwähnung wert – weiter gedruckt und gelesen). Mit dem Film (später dem Fernsehen) aber wird die Wahrnehmung entscheidend visualisiert.

Selbstverständlich ist bereits Schrift als solche ein *visuelles* Speichermedium; auch haben Bilder über lange Zeiträume hinweg den des Lesens nicht Kundigen gerade in kirchlichen Zusammenhängen die Glaubensinhalte visuell vermittelt. Nun aber werden die elektronisch erzeugten Bilder in besonderer Weise zu Informationsmedien, die in ihrer Bedeutung begriffen, und das heißt in anderer Weise *gelesen* werden wollen. Damit wird aus der **monomedialen Druckkultur** im 20. Jahrhundert nun das, was man eine **plurimediale Kultur** nennt, also eine Kultur, in der verschiedene Medien nebeneinander stehen: die neuen optischen und akustischen Medien (Film, Fernsehen, Rundfunk) und die alten Printmedien (Buch, Zeitung, Zeitschrift).

Digitale Medien | 1.3

Diese zweite Medienrevolution erfährt gegen Ende des Jahrhunderts durch die **Entwicklung der elektronischen Digitalmedien** eine neue Dynamik. Dem Visualisierungsschub des 19. Jahrhunderts folgt in dieser Zeit ein regelrechter **Digitalisierungsschub**, der den Computer als nach Buch und Film/Fernsehen neues Leitmedium in den Vordergrund treten lässt – ohne dabei natürlich die alten Leitmedien ganz zu verdrängen. Es ist wohl nicht übertrieben zu sagen, dass der Ausbau des Internet mit den seine Nutzung ermöglichenden Online-Medien gegenwärtig unser Kulturerbe in ähnlich nachhaltiger Weise zu verändern sich anschickt, wie dies die Erfindung des Buchdrucks vor fünfhundert Jahren schon einmal getan hat. Computer und Internet übernehmen zunehmend von den Druckmedien Informations- und Speicherfunktion; sie bieten die Voraussetzung nicht nur für multimediale Informationsstrukturen (Verbindung von Text, Grafik, Ton, Fest- und Bewegtbild, Animation etc.), sondern verändern auch das einseitige Sender – Empfänger – Schema der traditionellen Kommunikationsbeziehungen, indem sie dem Nutzer die aktive Teilnahme an den Informationsströmen und Kommunikationen ermöglichen. Medientheoretiker sprechen in diesem Zusammenhang daher auch von der „dritte[n] mediale[n] Weltveränderung"[1].

Digitalisierung als dritte Medienrevolution

Abb. 43

Die Lesemaschine. Kupferstich aus einem Buch (erste deutsche Auflage) von **Agostino Ramelli** (1531–1600) über Maschinen der Spätrenaissance. Dies hier ist ein rotierendes Lesepult, das die gleichzeitige Lektüre mehrerer aufgeschlagener Bücher ermöglichte.

Von der Buchkultur zum Docuverse: Internet, Hypertext und digitale Literatur | 2

Seit die literarische Beschäftigung mit den digitalen Medien immer weitere Verbreitung findet, steht auch die ästhetische Dimension der lange Zeit als abseitig betrachteten digitalen Literatur im Interesse von Feuilletons und Wissenschaft. Einmal mehr stellt sich die

Frage, ob die neuen Medien mit ihren medienspezifischen Eigenschaften auch die Erscheinungsweisen der Kunst, hier der Literatur verändern: ob sich z.B. Erzählweisen ändern, Sprachkonventionen verschieben, Strukturen und Verknüpfungsformen der (literarischen) Rede ihr Gesicht verändern, damit auch neue Beschreibungsverfahren zur literarästhetischen Bestimmung der digitalen Literatur notwendig werden. Nimmt man zum Beispiel den Hypertext, wird unmittelbar deutlich, welche neuen Freiräume für das ästhetische Experiment die Neuen Medien bieten – was nicht heißt, dass diese auch zwingend genutzt werden. Bevor wir uns jedoch dieser Frage im einzelnen nähern, klären wir zunächst die wichtigsten Begriffe, die sich mit den Neuen Medien verbinden: **Internet, Online-Dienste, Hypertext**.

Internet   **Internet** ist zunächst einmal nicht mehr als der Name für die Vernetzung mehrerer voneinander unabhängiger Computernetze auf der Basis speziell dafür entwickelter Übertragungsprotokolle (TCP/IP). Es weist damit für sich genommen keine medienspezifischen Eigenschaften auf. Während das Internet nicht mehr ist als eine Trägerschicht, die – ähnlich den Funkwellen, die Fernsehen und Hör*funk* ermöglichen – den Austausch von Informationen organisiert (so wie die Post den Briefaustausch organisiert, aber selbst kein Medium ist), lassen sich einzelne Internet-Dienste wie E-Mail (als Medium zur Versendung von Nachrichten) oder der WWW-Browser (als Navigationsmedium durch verschiedene Bild-, Text- und Tondokumente) sehr wohl als Medien definieren. **Online-Medien** ermöglichen den Gebrauch des Internets. Im Zusammenspiel von ,Client'- oder ,Anwender'-Programmen und Server-Programmen schaffen sie die *Programm*voraussetzungen, um gemeinsam mit den TCP/IP-Protokollen als den zugehörigen *Verbindungs*voraussetzungen das Internet zu nutzen.

Hypertext   Mit Hilfe des Computers werden die Grenzen der durch das Druckmedium Buch vorgeschriebenen Abfolge der Informationsvermittlung überwunden. Während das Buch oder allgemeiner: der gedruckte Text von Ausnahmen (Lexika, Nachschlagewerke) abgesehen eine aufeinander aufbauende Informationskette bietet und seinerseits eine lineare Lektüre (von a nach b nach c usw.) erfordert, versteht man unter einem ,**Hypertext**' einen Text, der weder in einer festgelegten Abfolge besteht noch in Form einer linearen Abfolge gelesen wird. Ein Hypertext besteht vielmehr aus Informationsknoten, sogenannten ,nodes' und Querverweisen, den ,links'. Der

Hypertext bietet nicht mehr wie ein Buch Kapitel oder Abschnitte in aufeinander aufbauender Abfolge, sondern in Form einer verschlungenen und vielfach geschichteten Vernetzung einzelner Module, die unabhängig voneinander und nach Belieben angesteuert werden können.

Dem Benutzer ist kein geradliniger Informationsweg auf den von einem Autor vorstrukturierten Bahnen mehr auferlegt; er kann vielmehr nach Belieben den ‚links‘ folgen und neue ‚nodes‘ ansteuern, die zu dem von ihm nachgefragten Thema in Beziehung stehen, ohne dass er das gesamte Textmaterial vor Augen hat: die sichtbare Oberfläche bleibt beschränkt auf nur wenige Informationen, ohne dass die Ver-‚Linkung‘ jedes Einzelknotens im einzelnen dargestellt wird; der Nutzer sieht nur, was er sehen will und aufgrund seiner Auswahl sehen kann. So gesehen stellt das **WorldWideWeb** den Hypertext schlechthin dar. Suchmaschinen durchsuchen hier die ins ‚Netz‘ gestellten Informationsseiten von Privatpersonen, Institutionen, Firmen etc. anhand vorab eingegebener Suchbegriffe und stellen so einen virtuellen neuen modularen Informations-Text zusammen, der ganz auf den jeweiligen Rezipienten zugeschnitten und damit in gewisser Hinsicht einmalig ist. Entscheidend für die *Qualität* des Hypertextes als Form der Verbindung von Teiltexten durch frei wählbare Verbindungen ist dabei die Auswahl der Informationsknoten. *WorldWideWeb*

Diese am Beispiel des WorldWideWeb sofort einsichtige **Modularisierung der Kommunikation führt zu neuen Kommunikationsformen**. Produktion und Rezeption werden so in entscheidender Weise gegeneinander entgrenzt, zugleich beschleunigt, was nicht unbedingt und in jedem Fall einen Qualitätszuwachs bedeutet. Langtexte werden seltener, modulare Kurztexte treten an ihre Stelle. Der Text löst sich auf in Textelemente; zugleich verliert damit die singuläre Autorschaft an Bedeutung. Man muss dies nicht zwangsläufig als Verfallsprozess beschreiben. Sieht man einmal ab von der Nutzung des Internets als Publikationsort von auf herkömmlicher Weise entstandenen literarischen Texten, wird mit der Modularisierung des Textes zu einem Netzwerk aus vielfach verlinkten Teiltexten auch das Feld weit geöffnet für neue ästhetische Spielformen. *Neue Kommunikationsformen*

Als **literarisches Verfahren** ermöglicht **Hypertext**, in dem man nicht ganz ohne Grund eine Weiterentwicklung der alten Intertextualität gesehen hat, mit der Setzung nicht-linearer Anschlüsse so eine breite Palette neuer literarischer Kompositionsverfahren. Be- *Hypertext als literarisches Verfahren* reits in den ausgehenden fünfziger und den sechziger Jahren hat eine Gruppe um Max Bense so in Weiterführung avantgardistischer Konzepte mit so genannten „stochastischen", vom Computer erzeugten Texten experimentiert. Dieses Experiment findet in gewisser Weise eine Verlängerung heute in computergenerierter Literatur wie Oliver Gassners *noise 99*. Solchen Texterstellungsverfahren mit Hilfe des Mediums Computer treten textbasierte literarische Hypertext-Projekte an die Seite wie Michael Joyce's *Afternoon – a story*, Peter Glasers *Licht* und Reinhard Döhls *Das Buch Gertrud* oder multimediale Hypertextspektakel wie Urs Schreibers *Das Epos der Maschine* oder – ein weiteres Beispiel, das die Vielfältigkeit der digitalen Literatur belegt – die jüngsten gemeinschaftlich verfassten Schreibprojekte wie *Hyperknast* von Heiko Idensen sowie Autorenprojekte wie Thomas Hettches *Null*, die auf der weiten Verbreitung und vor allem Weiterentwicklung der Computer vom bloßen Speichermedium zur multimedialen und interaktiven Funktionseinheit basieren.

(Einen repräsentativen Querschnitt durch die digitale Literatur bietet die aufwendig gemachte Website des Museums für Literatur am Oberrhein: http://www.netlit.de.)

Webfiction

Insbesondere die gemeinschaftlichen Schreibprojekte stellen die spezifisch neue Literaturform des Internet dar. Sogenannte kollaborative Schreibprojekte hat es bereits vor der Erfindung des Internet gegeben. Das neue an der im Netzwerk entstehenden ‚Webfiction' aber ist, dass sie einerseits unmmittelbar im Netz selbst entsteht und andererseits in tiefgreifender Weise die traditionellen Verteilungen von Autor, Text und Leser verändert.

Sie tut dies, insofern sie den Prozess zum eigentlich ästhetischen Ereignis machen, hinter dem das Endprodukt zurücktritt. Der Leser des Hypertextes wiederum kann für sich nicht nur verschiedene Pfade einschlagen, immer neue Kombinationsvarianten der Textelemente erproben, er kann dem Text auch neue Elemente hinzufügen; allein durch seine Verknüpfungsvorgaben schreibt er dem Hypertext Sinn zu. Mit diesem Wechsel von der passiven Mediennutzung, wie sie das Zeitalter des Buches bestimmt, zur interaktiven Mitautorschaft wird die Unterscheidung zwischen Autor und Leser aufgehoben.

Das Ende der Gutenberg-Galaxis?

Befinden wir uns zu Beginn des 21. Jahrhunderts damit endgültig auf dem Weg von der **universalen Buchkultur** zum **Docuverse**, dem weltumspannenden Hypertext einer demokratischen Netzöffentlichkeit? Aus der ‚Gutenberg-Galaxis' also auf dem Weg ins ‚digitale Universum'? Diese von Medientheoretikern häufig gestellte Frage kann hier nicht beantwortet werden. Hier zum Abschluss die-

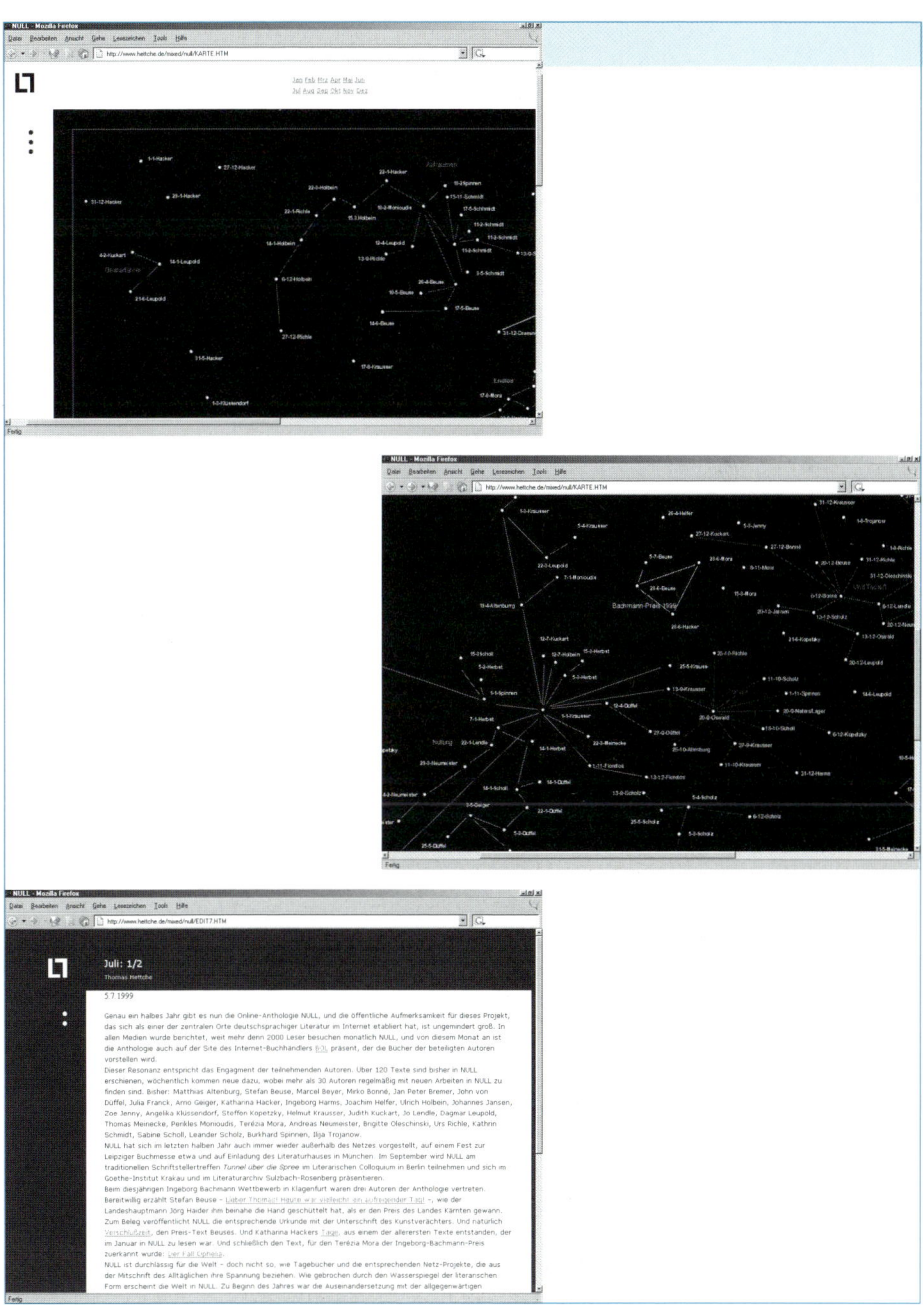

Seiten aus Thomas Hettches Projekt *Null*.   ▶ **Abb. 44**

ses kleinen Ausblicks auf eine möglicherweise neue Phase der literarischen Entwicklung, die auch der Literaturwissenschaft neue Aufgaben stellt, sei nur soviel gesagt: Als literarischer Text überzeugt der Hypertext nur, wenn der Leser für sich sinnvolle Anschlüsse zwischen den Textfragmenten herstellen kann. D.h.: die einzelnen Textteile müssen vielfach und vielseitig miteinander verknüpfbar und anschlussfähig sein. Neben fehlenden Vermarktungsmöglichkeiten mag dies ein Grund dafür sein, dass es im Netz bislang nur eine recht überschaubare Anzahl von Hypertextarbeiten gibt. Bislang zumindest haben sich die postmodern gewendeten Hoffnungen auf eine Demokratisierung der Literaturproduktion ebensowenig erfüllt wie der im Zeitalter des Internets erneuerte Traum der Avantgarden von der Aufhebung zwischen Kunst und Leben oder nur von der Ästhetisierung der Alltagskommunikation. Aber das kann sich ja noch ändern – möglicherweise noch vor der nächsten Medienrevolution.

Zusammenfassung

Mit der Erfindung des Buchdrucks werden um 1450 die technischen Voraussetzungen geschaffen für den Aufstieg des Buches zum kulturellen Leitmedium der Neuzeit. Über mehr als vier Jahrhunderte ist die europäische Kultur seitdem im wesentlichen eine Buchkultur; über mehr als vier Jahrhunderte dominieren die Druckmedien von nun an die gesellschaftliche Kommunikation auf allen Ebenen. Das ändert sich entscheidend erst mit der von der Erfindung der auditiven Medien (Telefon, Schallplatten, Hörfunk) und der visuellen Medien (Photographie, Film) begleiteten Eröffnung des elektronischen Zeitalters zum Ende des 19. Jahrhunderts, das seinerseits durch die Entwicklung der elektronischen Digitalmedien zum Massenkommunikationsmittel im letzten Drittel des vergangenen Jahrhunderts noch einmal entscheidend revolutioniert wird.

Die Verbreitung der digitalen Medien, von Computer und Internet, hat noch einmal und in verschärfter Weise die Frage aufgeworfen, ob die neuen Medien mit ihren medienspezifischen Eigenschaften auch neue Formen der Literatur hervorzubringen in der Lage sind, ob sie Erzählweisen verändern, Sprachkonventionen verschieben, Strukturmerkmale der Literatur umstürzen usw. Textbasierte Hypertext-Projekte nutzen bereits die neuen Kommunikationsformen, welche die digitalen Medien bieten; im Netzwerk entstehende Web-

fiction beginnt die traditionellen Vorstellungen von Autorschaft, Text und Leser zu verändern. Die Entwicklung ist hier noch weitgehend im Fluss. Wohin sie führt, ob damit also die universale Buchkultur endgültig an ihr Ende gekommen ist, ob wir wirklich im Begriff stehen, die sogenannte ‚Gutenberg-Galaxis' zu verlassen und ob die Zukunft ganz den digitalen Medien gehört, lässt sich gegenwärtig noch nicht absehen. Das Literaturstudium zumindest wird auch weiterhin nicht ohne die Buchlektüre auskommen. Das Fach ‚Literaturwissenschaft' auf der anderen Seite darf aber auch nicht die Augen verschließen vor den neuen Entwicklungen

Literatur

Wilke, Jürgen: Grundzüge der Medien- und Kommunikationsgeschichte. Von den Anfängen bis ins 20. Jahrhundert. Köln, Weimar, Wien: Böhlau 2000.

Grundwissen Medien. Hg. v. Werner Faulstich. München: Fink 2000.

Kommunikationsformen im Wandel der Zeit. Vom mittelalterlichen Heldenepos zum elektronischen Hypertext. Hg. v. Gerd Fritz und Andreas H. Jucker. Tübingen: Niemeyer 2000.

Hiebel, Hans H. u. Hiebler, Heinz; Kogler, Karl; Walitsch, Herwig: Die Medien. Logik – Leistung – Geschichte. München: Fink 1998.

Liter@tur. Computer – Literatur – Internet. Hg. v. Hansgeorg Schmidt-Bergmann und Torsten Liesegang. Bielefeld: Aisthesis 2001.

Testfragen

1. Skizzieren Sie die drei Medienrevolutionen der Neuzeit.
2. Was versteht man unter einem Hypertext?
3. Was ist ‚Webfiction'?

Antwortteil

Frage 1: *Die Aufgabe des Sammelns, Sichtens, Klassifizierens und Bereitstellens deutscher Sprachdenkmäler steht am Anfang der Geschichte des Faches. Sehr bald kommen zwei neue Aufgabenfelder hinzu: die Unterstützung der Nationenbildung und die Forderung zur Bereitstellung von (im Schulunterricht) anwendbarem Wissen.*

Frage 2: *Ausgehend von einem erweiterten Literatur- und Textbegriff versteht man heute unter Literatur prinzipiell jede Form der sprachlichen Äußerung in schriftlicher oder mündlicher Gestalt. Der fiktionale Status eines Textes, ob es sich also um erfundene Literatur bzw. mit erfundenen Aussagen operierende Literatur handelt oder um nicht-fiktionale Texte wie Reportagen oder Wissenschaftstexte ist dabei ebensowenig entscheidend wie die Art seiner Überlieferung.*

Frage 3: *Im Kanon definiert sich das Selbstverständnis einer Kultur nach dem Muster ‚gut – schlecht‘, ‚hoch – niedrig‘. Der Kanon ist Ausdruck der Gesamtheit der literarischen Urteile innerhalb des Literaturbetriebs; als solcher unterliegt er einem beständigen historischen Wandel. Dabei ist zu unterscheiden zwischen einem normativen Kanon und einem empirischen Kanon. Der normative Kanon definiert das der Überlieferung Werte und schreibt vor, was zu lesen lohnt. Der empirische Kanon beschreibt im Unterschied dazu, was zu einer bestimmten Zeit tatsächlich gelesen wurde.*

Frage 4: *Wie für jede Wissenschaft gilt auch für die Literaturwissenschaft der Grundsatz jederzeitiger Über- und Nachprüfbarkeit der vorgestellten Thesen, Meinungen und Einsichten. Dazu bedarf es einer dem Gegenstand angemessenen, systematischen, in sich schlüssigen und eindeutigen Beschreibungssprache. Untersuchungsziele und Methoden müssen klar definiert sein.*

Frage 5: *Literaturwissenschaft beschäftigt sich mit Texten. Ihr Gegenstand ist der gesamte Prozess der textlichen Ausformung (Verbreitung, Rezeption, Wirkung und Bewertung von Literatur). Als Textwissenschaft beschäftigt sich die Literaturwissenschaft von hier aus mit der Interpretation von Texten, mit Literaturgeschichtsschreibung und Edition, kulturellen Zusammenhängen und im weiteren Sinn auch der Geschichte der Wissenssysteme einer Zeit. Hinzu kommen theoretische und systematische Fragen des Faches (Literaturtheorie).*

Frage 1: *Beide Arbeitsformen unterscheiden sich zum einen in ihrem Situations- und Adressatenbezug: Als mündlicher Vortrag in einer Seminarsituation richtet sich das Referat an einen hörend aufnehmenden Adressatenkreis; der oder die Vortragende muss sich im Hinblick auf die Präsentationsform darauf einstellen. Die schriftliche Hausarbeit ist anders als das Referat auf den lesenden Nachvollzug hin zugeschnitten, wendet sich an einen als vorinformiert gedachten Leser und unterliegt in ungleich stärkerem Maße als dies beim mündlichen Referat der Fall ist den Anforderungen wissenschaftlichen Arbeitens und der wissen-*

schaftlichen Darstellung. Aufgabe des Referats ist es, grundlegende Informationen zu vermitteln, offene Fragen zur Stellungnahme anzubieten und mögliche Wege zur Lösung einer Fragestellung aufzuzeigen, über die eine Verständigung erst in der Seminarsituation erbracht werden soll. Die Hausarbeit soll im Unterschied dazu einen Sachverhalt in systematischer Form entwickeln, ein Problem diskutieren und mögliche Lösungen aufzeigen.

Frage 2: Titelblatt, Inhaltsverzeichnis, Einleitung (darin die Erläuterung der Fragestellung oder Zielsetzung der Arbeit einschließlich eines knappen Forschungsberichts, Überlegungen zur methodischen Vorgehensweise sowie ein kurzer Hinweis auf den Aufbau des folgenden Untersuchungsganges), Hauptteil mit der systematischen Entwicklung des zur Diskussion stehenden Sachverhalts, Schlussteil in Form eines Resümees, einer Definition oder eines Ausblicks, Anmerkungsapparat (sofern nicht bereits als Fußnotenapparat im laufenden Text bereits enthalten), Literaturverzeichnis.

Frage 3: Prinzipiell gilt: die Wiedergabe eines zitierten Textes erfolgt getreu seiner Orthographie und Interpunktion. Unvermeidliche Eingriffe in den Lautstand, etwa im Falle von Flexionsendungen, sind durch die Setzungen von eckigen Klammern kenntlich zu machen. Auslassungen innerhalb eines Zitats werden durch drei Punkte in eckigen Klammern gekennzeichnet; druckgraphische Hervorhebungen werden in der Fußnote als Eingriff in den Text ausgewiesen. In keinem Fall darf das Zitat durch derartige Eingriffe in seiner Bedeutung entstellt werden.

Frage 4: Mommsen, Hans: Erfahrung, Aufarbeitung und Erinnerung des Holocaust in Deutschland. In: Holocaust: Die Grenzen des Verstehens. Eine Debatte über die Besetzung der Geschichte. Hg. v. Hanno Loewy. Reinbek bei Hamburg: Rowohlt 1992. S. 93-100.

Frage 5: Bibliographien sind Zusammenstellungen von Werken eines Autors oder von Literatur zu einem bestimmten Gegenstand oder Zeitraum, zu einzelnen Motiven, Fachgebieten, Regionen etc. mit Angabe über den Autor oder Herausgeber, Titel, Erscheinungsort und -jahr, Seitenangaben etc. Die für die Literaturwissenschaft wichtigsten dieser Bibliographien sind: 1. Bibliographie der deutschen Sprach- und Literaturwissenschaft. Begründet von Hanns W. Eppelsheimer, fortgeführt von Clemens Köttelwesch, hg. v. Bernhard Koßmann. Frankfurt/Main: Klostermann 1957ff.; 2. Germanistik. Internationales Referatenorgan mit bibliographischen Hinweisen. Hg. v. H. W. Bähr u. a. Tübingen: Niemeyer 1960ff.

Frage 1: Unter Mimesis versteht Aristoteles Nachahmung, es ist der zentrale Begriff seiner Poetik: die Dichtung ist Nachahmung menschlicher Handlung. Mimesis bezieht sich nicht nur auf vergangene bzw. gegenwärtige menschliche Handlungen, sondern vor allem auf mögliche Handlungen. Diese müssen allerdings wahrscheinlich und allgemein-menschlich von Bedeutung sein.

Frage 2: Eine normative Poetik will allgemein gültige Regeln für die Dichtung aufstellen: sie gibt hierzu eine Definition der Dichtung und leitet daraus Aufgabe und Funktion der Dichtung ab. Im zweiten Teil der Antwort, der hier nicht

Schlüssel zum Aufbaumodul 1

ausformuliert werden kann, müssen die Kernpunkte der Gottschedschen Aufklärungspoetik in zusammenhängenden Sätzen erläutert werden: Wahl eines moralischen Lehrsatzes, Erfindung einer Beispielgeschichte, die den Lehrsatz veranschaulicht und menschliches Leben nachahmt, die Möglichkeit der Dichtung zu belehren und zu belustigen in Unterscheidung von Philosophie und Historie.

Frage 3: Unter impliziter bzw. immanenter Poetik versteht man die poetologischen Reflexionen und Fragestellungen, die sich in den literarischen Werken oder in Essays und Stellungnahmen der Autoren finden.

Frage 4: Die 5 Produktionsstadien der Rede sind: 1. Themenwahl und Aufbereitung des Stoffes (inventio) – 2. Gliederung des Stoffes (dispositio) – 3. Sprachliche Ausarbeitung (elocutio) – 4. Auswendiglernen (memoria) – 5. Vortragen (pronuntiatio).

Frage 5: Anapher – Wiederholung eines Wortes oder mehrerer Wörter zu Anfang eines Satzes oder Satzteiles: „Das Wasser rauscht, das Wasser schwoll".

Litotes – Umkehrung eines Begriffs durch Verneinung seines Gegenteils: „nicht schlecht".

Oxymoron – Verbindung zweier sich ausschließender bzw. widersprechender Begriffe: „alter Knabe".

Schlüssel zum Aufbaumodul 2

Frage 1: Gattungen sind Klassifikationen; um etwas klassifizieren bzw. ordnen zu können, braucht man Merkmale. Das allgemeine Problem jeder Gattungstheorie ist nun: sie braucht unveränderliche Merkmale, mit denen sie die unterschiedlichen konkreten historischen Formen bestimmen kann. Diese unveränderlichen allgemeinen Merkmale sind, da sie für viele unterschiedliche literarischen Formen zutreffen sollen, sehr abstrakt und wenig aussagefähig.

Frage 2: Unter Fiktion – Fiktionalität versteht man eine Darstellung tatsächlicher oder erfundener Sachverhalte einer als wirklich erscheinenden Welt, die aber nicht vorgibt oder behauptet, die als wirklich erscheinende Welt sei eine empirisch nachweisbare, unabhängige wirkliche Welt. Eine fiktionale Aussage ist gegenüber einer Wirklichkeitsaussage ohne überprüfbaren Wirklichkeitsbezug; ihr Wahrheitsanspruch ist suspendiert, eingeklammert, weder wahr noch falsch.

Frage 3: Erzählformen sind die Ich-Form (es wird grammatisch in der ersten Person erzählt), die Er-Form (grammatisch: dritte Person) und die Du-Form (grammatisch: zweite Person).

Unterschieden werden auktoriales, personales und neutrales Erzählverhalten.

Frage 4: Wichtige Merkmale der Kurzgeschichte sind: aussparendes Erzählen, straffe Komposition, Verzicht auf Einleitung, unmittelbarer Anfang, offener Schluss, typisierte Personen, knappe Sprache.

Frage 5: Nach Aristoteles' Tragödiendefinition soll die Tragödie durch Erregen von Schauder und Jammer eine Reinigung (Katharsis) von Affekten und Leidenschaften bewirken. Bedeutet das nun Reinigung der Affekte oder von allen Affekten und Leidenschaften? Heute versteht man Aristoteles' Begriff der Katharsis als Abreaktion eines Affektstaus, die zu einer emotionalen Entspannung führt. Lessing dagegen wollte mit dem Trauerspiel beim Zuschauer Mitleid mit

Schlüssel zum Aufbaumodul 2

dem dargestellten ‚Schicksal der Personen' erregen und hoffte, dass zudem der Zuschauer Furcht verspürt, ein ähnliches Schicksal könne ihm auch passieren, wenn er sich nicht tugendhaft verhält.

Frage 6: Nebentexte sind: Titel, Personenverzeichnisse, Kennzeichnung der Handlungsteile (Akt und Szene), vor allem aber Szenenanweisungen.

Frage 7: Lyrik ist Versrede; Rede ist eine sinnhaltige, endliche Folge sprachlicher Zeichen, die Versrede weicht durch ihre Segmentierung, d.h. durch ihr anderes lautliches oder schriftliches Erscheinungsbild von der Prosarede ab.

Frage 8: Reim ist der Gleichklang mindestens zweier Wörter vom letzten betonten Vokal an: Herz – Schmerz; Assonanz ist nur der Gleichklang der Vokale: frühe – Hügel.

Frage 9: Der Alexandriner ist ein 12-13silbiger jambischer Vers mit männlicher oder weiblicher Kadenz und mit einem festen Einschnitt nach der dritten Hebung.

Frage 10: Die Grundform des Sonetts besteht aus zwei Quartetten und zwei Terzetten mit folgendem Schema: a b b a   a b b a   c d c   c d c.

Schlüssel zum Aufbaumodul 3

Frage 1: Ein literarischer Text zeichnet sich durch folgende Merkmale aus: er ist fiktional, eine sprachkünstlerisch gestaltete Lebens-Erfahrung, autoreferentiell, intertextuell, mehrdeutig.

Frage 2: Unter einer literaturwissenschaftlichen Interpretation versteht man eine logisch widerspruchsfrei argumentierende Auslegung von literarischen Werken, die am Text belegt die komplexen Bedeutungsdimensionen von Literatur erkennbar machen will, ohne sich auf eindeutige Bedeutungsfixierungen festzulegen und diese als einzig richtige zu behaupten.

Frage 3: Literaturwissenschaftliche Methoden sind Verfahren des Verstehens und Analysierens von Texten, die unterschiedlich ansetzen (z.B. beim Autor, beim Werk, beim Leser, bei der Gesellschaft) und die auch unterschiedlich theoretisch begründet werden.

Frage 4: Das Ziel des literaturwissenschaftlichen Positivismus ist das historisch-genetische Erklären von Literatur. Die literarischen Werke sollen in ihrer kausalen Abhängigkeit von der Biographie des Autors erklärt und in einen literarhistorischen Zusammenhang gebracht werden, der als gesetzmäßige Folge zu erkennen sein soll.

Frage 5: Die Antwort auf diese Frage muss folgende Stichworte in einen erläuternden Zusammenhang bringen: unbefriedigte Wünsche – Phantasien – Tagträume, latenter und manifester Trauminhalt, inhaltliche und formale Verschlüsselung der anstößigen Phantasien im literarischen Werk.

Frage 1: *Epochenbegriffe geben Hilfen zum Verständnis von historischen Abläufen. Mit ihrer Hilfe ordnet die Literaturwissenschaft zeitgeschichtliche Erscheinungen und ästhetische Tendenzen zu einer Folge von in ihrer leitenden Tendenz unterscheidbaren Zeiträumen. Epochenbegriffe und Epochenkonstruktionen legen nahe, dass es innerhalb eines historischen Zeitablaufs Textmengen gibt, die sich aufgrund beschreibbarer und systematisierbarer Gemeinsamkeiten, seien diese sozialer, ästhetischer, ideengeschichtlicher oder kultureller Natur, von anderen Textmengen unterscheiden lassen. Epochenbegriffe existieren nicht aus sich heraus; sondern sind als solche das Ergebnis von Interpretation. Sie unterliegen damit einem hypothetischen Vorbehalt.*

Frage 2: *Die Metapher vom ‚theatrum mundi' fungiert als kulturelle Selbstinterpretationsmetapher einer Zeit, der alle Erscheinungen der Welt buchstäblich Theater waren: Spiel und Schein, mit wahlweise Gott oder dem (absolutistischen) Fürsten als oberstem Spielleiter oder auch höchstem Zuschauer. Gott und König, Bild und Abbild, markieren Fluchtpunkte des Spiels der Welt, das einen zweifach angelegten Verweisungs- oder Repräsentationscharakter aufweist: im Hinblick auf die moralisch-religiöse bzw. göttliche Ordnung zum einen; im Hinblick auf die politische Ordnung zum anderen. Die Akzente werden dabei jeweils kontextuell verschieden gesetzt, die Übergänge aber sind fließend. Gedanklich knüpft die Zeit mit dem Topos vom Welttheater an den Illusionscharakter des theatralischen Zeichensystems von Bühne, Spiel und Spieler an. Theater ist Illusion, scheinhaft (Spiel) und vergänglich und darum auch dazu in der Lage, die ihrerseits als scheinhaft und vergänglich begriffene Welt zu repräsentieren. Umgekehrt soll die Erfahrung der Theater-Illusion dem Menschen im Rückschluss den Illusionscharakter der Wirklichkeit vor Augen führen. Die entscheidende programmatische Fassung der Welttheatermetaphorik im deutschen barocken Trauerspiel besteht darin, dass hier nun die „Endursache" der Tragödie im „Nutzen und Belusten" (Harsdörffer, Poetischer Trichter, 2. Teil, 11. Stunde) bestimmt und dieser Nutzen dahingehend präzisiert wird, dass das Trauerspiel „einen Abscheu vor den Lastern / hingegen aber eine Begierde zu der Tugend" hervorrufen solle. Begleitet von Grausamkeitsexzessen in Sprache und Darstellung lehrt es mit der vanitas mundi die „Vergaenglichkeit Menschlicher Sachen" (wie es in Gryphius Vorrede zum „Leo Armenius" programmatisch heißt), um von hier aus die Einsicht zu vermitteln, dass der Mensch zwar äußerem Unglück nicht entgehen, aber doch den Kern des Menschlichen und zugleich Göttlichen bewahren kann, indem er sich jederzeit ‚standhaft' verhält.*

Frage 3: *Grundlegend für Kants Aufklärungsverständnis sind das Vertrauen auf die befreiende Kraft des Verstandes und die Vorstellung der Freiheit zum Selberdenken, was wiederum im Gedanken der Mündigkeit des Menschen zentriert ist. Frei sei der Mensch dazu, jederzeit von seiner Vernunft Gebrauch zu machen, was sich zunächst einmal in der Freiheit zur Kritik als uneingeschränkter und öffentlicher Prüfung Ausdruck verschafft. Diese Freiheit zur Kritik ist nicht an Privilegien gebunden, sondern steht vielmehr allen vernunftbegabten Wesen in gleichem Maße zu.*

Frage 4: *Begleitet von einer Verlagerung des Konfliktgeschehens aus dem öffentlichen Raum in die häuslich-familiäre Lebenssphäre siedelt das Bürgerliche Trauerspiel tragische Konflikte nun innerhalb der bürgerlichen Lebens- und Wertewelt an. Mit dem Bürgerlichen Trauerspiel stehen familiär bestimmte Konflikte*

Schlüssel zum Aufbaumodul 4

der bürgerlichen Moral und solche zwischen dem Wertsystem ‚Bürgerlichkeit‘ und der höfisch-feudalen Ordnung zur Diskussion. Der damit im Vergleich zur klassizistischen Tragödie vollzogene Perspektivenwechsel gründet in dem Interesse der Zeit an Empirie und Psychologie, das eine allmähliche Aufwertung der Affekte und Gefühle mit sich brachte und die alte stoisch fundierte Anthropologie und Ethik allmählich ablöste. Dabei lassen sich zwei Phasen in der Entwicklung des Bürgerlichen Trauerspiels unterscheiden. Im Zentrum der ersten Phase steht der um Tugend bemühte, ‚empfindsame‘ Mensch; in der zweiten Phase stehen ständische Konflikte im Mittelpunkt des Spiels.

Frage 5: Der Geniegedanke steht in unmittelbarer Nähe zu den für den Sturm und Drang leitenden Vorstellungen der Autonomie (Freiheit), der Selbstentfaltung und Selbstverwirklichung des Individuums. Das Genie ist im Unterschied zum fremdbestimmten gesellschaftlichen Individuum das autonome, sich frei entfaltende und die Zwänge der reglementierenden Ordnung hinter sich lassende Subjekt. Das Genie ist der nicht entfremdete ganze Mensch, der allererst einmal im Künstler als autonomem Schöpfer Gestalt gewinnt.

Frage 6: Ästhetische Autonomie, Humanität, Bildung.

Frage 7: Zwar entstehen bereits in der Frühromantik zentrale literarische Werke der Romantik im engeren Sinn, dennoch bleibt der Jenaer Kreis der Frühromantik im wesentlichen bestimmt durch seine ausgeprägten theoretischen Interessen (Ästhetik, Philosophie, Naturwissenschaften). Erst nach 1800 erfolgt eine forcierte Hinwendung zur dichterischen Form innerhalb der Romantik. Im Unterschied zur Frühromantik konzentriert sich der seit 1805 in Heidelberg zusammenkommende Romantikerkreis mehr auf die naive und einfache, die volkstümliche Kultur der Volkslieder, Sagen und Märchen. Im Zuge eines nationalen Bildungskonzepts erfolgt eine forcierte Hinwendung zur ‚germanischen‘ Kultur. Das Sammeln und Bearbeiten volkstümlicher Literatur („Des Knaben Wunderhorn“, „Kinder- und Hausmärchen“ etc.), eine Tätigkeit, die das Bild der Heidelberger Romantik entscheidend geprägt hat, ist von hier aus begründet.

Frage 8: Heine erklärt mit seiner berühmt gewordenen Bemerkung das Zeitalter der rein-ästhetischen Literatur (Heine selbst spricht von einer Zeit der weltfernen „Kunstbehaglichkeit“) für beendet. An ihre Stelle trete nun eine Literatur, die in das Zeitgeschehen unmittelbar einzugreifen sich zur Aufgabe gemacht habe. Wenn Heine davon spricht, dass es jetzt die „höchsten Interessen des Lebens selbst“ gelte und dass nun die Revolution ganz unmittelbar in die Literatur eintrete, ist damit die Grenze gezogen zwischen der in sich ruhenden nur-ästhetischen Dichtkunst der Goethezeit und der eingreifenden, Stellung in den politischen Auseinandersetzungen der Zeit beziehenden Literatur einer neuen, jungen Generation.

Frage 9: Dem Begriff der ‚Verklärung‘ liegt die Vorstellung zugrunde, dass die Realität zahlreiche ‚schöne‘ Momente in noch ungeläutertem Zustand bereithalte. Aufgabe der Kunst ist es, dieses wesenhaft Schöne, das in der realen Welt nur in vermischtem Zustand vorkommt, zu seiner wahren Gestalt zu befreien, es also von allem Nichtdazugehörenden, von den Schlacken der Wirklichkeit zu befreien, es zu läutern oder zu verklären. Die einfache Nachahmung des Realen kann dies nicht leisten.

Frage 10: Im Unterschied zum Realismus sucht der Naturalismus der Wirklichkeit durch eine möglichst naturgetreue Darstellung der Widersprüche und sozialen Schieflagen auf den Grund zu gehen, um von hier aus das Tor zu politi-schen und sozialen Veränderungen aufzustoßen. Während der Realismus das we-senhaft Schöne der Wirklichkeit heraufzuläutern sich auf seine Fahnen geschrie-ben hat, fordern die Vertreter einer naturalistischen Kunst die Darstellung des „hartkantig Soziale[n]" (Hermann Conradi). Mit der Forderung zur möglichst ge-nauen Widerspiegelung der Erfahrungswirklichkeit, erschloss der Naturalismus der Literatur das soziale Elend, das sich im Schatten der Industrialisierung aus-gebreitet hatte, als Gegenstand der Auseinandersetzung.

Frage 11: Die ‚Sache', um die es der neuen Sachlichkeit ging, war die unmittel-bare Wirklichkeit, anfangs vor allem der zurückliegende Krieg, in der zweiten Hälfte der zwanziger Jahre immer mehr dann die Entwicklung der modernen Technik und die Arbeitswelt. Bevorzugte Themenbereiche der Neuen Sachlich-keit, die als solche ein breites Spektrum teils konkurrierender Schreibweisen um-fasst, sind Technik und Krieg, alltagskulturelle Erscheinungen wie die Amerika-nisierung der Kultur und Sport sowie allgemeine Probleme der Lebens-verhältnisse wie Jugend, Sexualität und das Verhältnis der Geschlechter zueinan-der.

Frage 12: Heinrich Böll, Günter Grass, Wolfgang Koeppen.

Frage 13: Der dokumentarische Realismus zielte auf eine politische Alphabeti-sierung der Kulturkonsumenten. Dramatiker wie Peter Weiss, Heinar Kipphardt oder Rolf Hochhuth forderten mit ihren Bühnentexten ein Theater ein, das Fo-rum und Schauplatz aktueller gesellschaftlicher Diskussionen sein sollte; die Au-toren der Dortmunder „Gruppe 61" und der politisch engagierten dokumenta-rischen Literatur übersetzten diese Ideen in die erzählende Literatur etc. Vieldiskutierte Beispiele in ihrer Zeit waren insbesondere die Industriereporta-gen Günter Wallraffs und die „Bottroper Protokolle" Erika Runges.

Frage 14: Ideologisch leitete der VIII. Parteitag eine Abkehr von dem harmonisie-renden Leitbild der sechziger Jahre vom realexistierenden Sozialismus als einer sozialistischen Menschengemeinschaft und die Anerkennung des Sozialismus als einer ‚nichtantagonistischen Klassengesellschaft' mit je eigenen Widersprüchen, Konflikten und Härten ein. Damit wurden Signale gesetzt in Richtung einer rea-listischeren Einschätzung der Wirklichkeit, die Konsequenzen auch für die Lite-ratur hatte. Unter der Maßgabe, die Position des Sozialismus nicht zu verlassen, wurde nun (allerdings nur vorübergehend) eine kritische Literatur lizensiert, die den Widersprüchen der sozialistischen Gesellschaft Ausdruck verleiht. Zugleich wurden erstmals in der Geschichte der DDR Pluralität und Meinungsvielfalt zu-gelassen und damit wurde der ideologische Funktionscharakter der Literatur zu-rückgenommen.

Frage 1: Mit der Erfindung des Buchdrucks begann in der Mitte des 15. Jahrhun-derts der Aufstieg des Buchs zum kulturellen Leitmedium. Gedruckt wurde zwar bereits vor Gutenberg; erst Gutenbergs Erfindung des Buchdrucks mit bewegli-chen Lettern allerdings schuf die Voraussetzungen für die massenhafte Verbrei-tung von Druckschriften. Die von hier aus für rund vierhundert Jahre anhalten-de dominierende Bedeutung der Druckmedien für die gesellschaftlichen

Schlüssel zum Ausblick

Kommunikationen ging zu Ende mit der Entwicklung der elektronischen Medien um 1900. Mit dem Eintritt der Geschichte in das elektronische Zeitalter verliert das Buch seine Bedeutung als gesellschaftliches Leitmedium. Diese zweite Medienrevolution erfährt gegen Ende des 20. Jahrhunderts eine neue Dynamik durch die Entwicklung und Durchsetzung der elektronischen Digitalmedien, mit dem der Computer als nach Buch und Film/Fernsehen neues Leitmedium in den Vordergrund tritt.

Frage 2: Ein ‚Hypertext‘ besteht statt aus einer festgelegten Abfolge von Informationen aus Informationsknoten, ‚nodes‘ und ‚links‘. Er bietet nicht mehr wie ein Buch Informationen in aufeinander aufbauender linearer Abfolge, sondern in der Form einer vielfach geschichteten Vernetzung von Modulen, die unabhängig voneinander und nach Belieben angesteuert werden können, ohne dass der ‚Leser‘ das gesamte Textmaterial vor Augen hat. Das World Wide Web ist der Hypertext schlechthin.

Frage 3: ‚Webfiction‘ begegnet vor allem in Form kollaborativer Schreibprojekte, die unmittelbar im Netz selbst entstehen und fortgeschrieben werden und dabei in tiefgreifender Weise die traditionellen Verteilungen von Autor, Text und Leser verändern. ‚Webfiction‘ macht den Prozess der Textgenerierung zum ästhetischen Ereignis, hinter dem das Endprodukt zurücktritt.

Anmerkungen

Nachweise zu Basismodul 1

Einführung in die Literaturwissenschaft

1 Goethe, Johann Wolfgang: Faust. Eine Tragödie. In: Goethes Werke. Hg. im Auftrage der Großherzogin Sophie von Sachsen. (Weimarer Ausgabe.) I. Abtheilung. Bd. 14. Weimar: Böhlau 1887. S. 95 (Studierzimmer).
2 Kleist, Heinrich von: Sämtliche Werke und Briefe in vier Bänden. Hg. v. Helmut Sembdner. Bd. 4. München, Wien: Hanser 1977. S. 679 (Brief an Adolfine von Werdeck vom 28. u. 29.7.1801).
3 Wilpert, Gero von: Sachwörterbuch der Literatur. 5. Auflage. Stuttgart: Kröner 1969. S. 448.
4 Wörterbuch der Literaturwissenschaft. Hg. v. Claus Träger. Leipzig: VEB Bibliographisches Institut 1986. S. 319.
5 Wilpert (wie Anm. 3). S. 172.
6 Allgemeine deutsche Real-Encyklopädie für die gebildeten Stände. Conversations-Lexikon. In zwölf Bänden. Bd. 3. Leipzig: Brockhaus 1827. S. 277.
7 Ebd. Bd. 6. Leipzig: Brockhaus 1827. S. 615.
8 Wilpert (wie Anm. 3). S. 440.
9 Philosophisches Wörterbuch. Hg. v. Georg Klaus und Manfred Buhr. 8. Auflage. Bd. 2. Berlin: das europäische buch 1971. S. 1169.
10 Eco, Umberto: Nachschrift zum „Namen der Rose". Aus dem Italienischen von Burkhart Kroeber. München, Wien: Hanser 1984. S. 9f.
11 Lessing, Gotthold Ephraim: Der junge Gelehrte. Ein Lustspiel in drei Aufzügen. In: Gotthold Ephraim Lessing. Werke in sechs Bänden. Auf Grund der von Julius Petersen und Waldemar von Olshausen besorgten Ausgabe neu bearbeitet von Fritz Fischer. Bd. 1. Zürich: Stauffacher 1965. S. 223.

Nachweise zu Basismodul 2

Arbeitstechniken im Literaturstudium

1 Büchner, Georg: Danton's Tod. Ein Drama. In: Georg Büchner. Sämtliche Werke, Briefe und Dokumente in zwei Bänden. Hg. v. Henri Poschmann. Bd. 1. Hg. v. Henri Poschmann unter Mitarbeit von Rosemarie Poschmann. Frankfurt/Main: Deutscher Klassiker Verlag 1992. S. 38.

Nachweise zu Aufbaumodul 1

Die Grundlagen der Textproduktion und des Textverstehens: Poetik und Rhetorik

1 Aristoteles: Poetik. Griechisch/Deutsch. Übersetzt und hg. v. Manfred Fuhrmann. Stuttgart: Reclam 1982. S. 5.
2 Ebd. S. 7.
3 Ebd. S. 29.
4 Ebd. S. 31.
5 Opitz, Martin: Buch von der Deutschen Poeterey. In: Martin Opitz. Gesammelte Werke. Kritische Ausgabe. Bd. II. 1. Teil. Hg. v. George Schulz-Behrend. Stuttgart: Hiersemann 1978. S. 344.
6 Gottsched, Johann Christoph: Versuch einer Critischen Dichtkunst. Unveränderter photomechanischer Nachdruck der 4. vermehrten Auflage Leipzig 1751. Darmstadt: Wiss. Buchgesellschaft 1962. S. 150.
7 Ebd. S. 161.
8 Ebd. S. 161.
9 Ebd. S. 167.
10 Gerstenberg, Heinrich Wilhelm v.: Briefe über Merkwürdigkeiten der Litteratur. Zwanzigster Brief. Reprografischer Nachdruck der Ausgaben Leipzig 1766-1767 und Hamburg und Bremen 1770. Hildesheim: Olms 1971. S. 385, 392 u. 395f.
11 Ebd. S. 404.

Nachweise zu Aufbaumodul 2

Literarische Texte und Textanalyse

1 Goethe, Johann Wolfgang: Noten und Abhandlungen zu besserem Verständnis des West-östlichen Divans. In: Goethes Werke. Hamburger Ausgabe in 14 Bänden. Hg. v. Erich Trunz. Bd. 2. München: Beck 1981. S. 187.
2 Mann, Thomas: Der Erwählte. Roman. In: Thomas Mann Werke. Taschenbuchausgabe in zwölf Bänden. Frankfurt/Main: Fischer 1967. S. 281f.
3 Raabe, Wilhelm: Der Hungerpastor. In: Wilhelm Raabe. Sämtliche Werke. Bd. 6. Hg. v. Karl Hoppe. Göttingen: Vandenhoeck 1966. S. 5-7.
4 Lämmert, Eberhard: Bauformen des Erzählens. 3. Auflage. Stuttgart: Metzler 1968, S. 32.
5 Hebel, Johann Peter: Unverhofftes Wiedersehen. In: Johann Peter Hebel: Das Schatzkästlein des Rheinischen Hausfreundes. München: Goldmann 1960. S. 85f.
6 Mann, Thomas: Buddenbrooks. Roman. In: Thomas Mann Werke. Taschenbuchausgabe in zwölf Bänden. Frankfurt/Main: Fischer 1967. S. 498.
7 Joyce, James: Ulysses. Übersetzt von Hans Wollschläger. Frankfurt/Main: Suhrkamp 1979. S. 1015.
8 Blanckenburg, Friedrich v.: Versuch über den Roman. Faksimiledruck der Originalausgabe von 1774. Stuttgart: Metzler 1965. S. 28.
9 Hegel, Georg Wilhelm Friedrich: Vorlesungen über die Ästhetik III. Werke 15. Auf der Grundlage der Werke von 1832-1845 neu edierte Ausgabe. Redaktion Eva Moldenhauer und Karl Markus Michel. Frankfurt/Main: Suhrkamp 1986. S. 392.

10 Ebd. S. 393.
11 Goethe, Johann Wolfgang: Über Kunst und Altertum III (1821). In: Johann Wolfgang Goethe. Sämtliche Werke. Bd. 21. Ästhetische Schriften 1821-1824. Hg. v. Stefan Greif und Andrea Ruhlig. Frankfurt/Main: Deutscher Klassiker Verlag 1998. S. 39.
12 Laufhütte, Hartmut: Die deutsche Kunstballade. Heidelberg: Winter 1979. S. 383.
13 Hegel, Georg Wilhelm Friedrich: Vorlesungen über die Ästhetik III. Werke 15. Auf der Grundlage der Werke von 1832-1845 neu edierte Ausgabe. Redaktion Eva Moldenhauer und Karl Markus Michel. Frankfurt/Main: Suhrkamp, 1986. S. 474.
14 Aristoteles: Poetik. Griechisch/Deutsch. Übersetzt u. hg. v. Manfred Fuhrmann. Stuttgart: Reclam 1982. S. 19.
15 Lessing, Gotthold Ephraim: Hamburgische Dramaturgie. In: Gotthold Ephraim Lessing. Werke in sechs Bänden. Auf Grund der von Julius Petersen und Waldemar von Olshausen besorgten Ausgabe neu bearbeitet von Fritz Fischer. Bd. 4. Zürich: Stauffacher 1965. S.172.
16 Vgl. Asmuth, Bernhard: Einführung in die Dramenanalyse. 3. Auflage. Stuttgart: Metzler 1990. S. 14.
17 Gottsched, Johann Christoph: Die Schauspiele, und besonders die Tragödien sind aus einer wohlbestellten Republik nicht zu verbannen, 1729. In: Johann Christoph Gottsched. Ausgewählte Werke. Bd. IX / 2. Hg. v. P. M. Mitchell. Berlin, New York: Walter de Gruyter 1976. S. 494.
18 Vgl. dazu Asmuth (wie Anm. 16). S. 62.
19 Shakespeare, William: Hamlet, Prinz von Dänemark. In: Shakespeares dramatische Werke. Übersetzt von A.W.v. Schlegel und L. Tieck. Hg. und revidiert v. Hans Matter. Bd. 1. o.O.: Diogenes 1979. S. 151.
20 Lamping, Dieter: Das lyrische Gedicht. 2. Auflage. Göttingen: Vandenhoeck 1993. S. 24.
21 Burdorf, Dieter: Einführung in die Gedichtanalyse. 2. Auflage. Stuttgart: Metzler 1997. S. 20.
22 Opitz, Martin: Buch von der deutschen Poeterey (wie Anm. 5, Aufbaumodul 1). S. 369f.
23 Asmuth, Bernhard: Aspekte der Lyrik. 3. Auflage. Düsseldorf: Bertelsmann 1974. S. 133 u. 135.
24 Ebd. S. 135.
25 Hegel, Georg Wilhelm Friedrich: Vorlesungen über die Ästhetik III. Bd. 15 (wie Anm. 9., Aufbaumodul 2). S. 420f.
26 Staiger, Emil: Grundbegriffe der Poetik. 8. Auflage. Zürich: Atlantis 1968. S. 24 u. 42.
27 Ebd. S. 51.
28 Ebd.
29 Hamburger, Käthe: Die Logik der Dichtung. München: dtv/Klett-Cotta 1987. S. 239f.
30 Benn, Gottfried: Probleme der Lyrik. In: Gottfried Benn. Sämtliche Werke. Bd. VI. Hg. v. Gerhard Schuster u. Holger Hof. Stuttgart: Klett-Cotta 2001. S. 9f.
31 Ebd. S. 10.
32 Ebd. S. 14.

Nachweise zu Aufbaumodul 2

33   *Ebd. S. 36.*
34   *Ebd.*
35   *Ebd.*
36   *Friedrich, Hugo: Die Struktur der modernen Lyrik. Hamburg: Rowohlt 1967. S. 95.*
37   *Brecht, Bertolt: Über Lyrik. 5. Auflage. Frankfurt/Main: Suhrkamp 1975. S. 25.*

Nachweise zu Aufbaumodul 3

Methoden der Literaturwissenschaft

1   *Sontag, Susan: Gegen Interpretation. In: Susan Sontag: Kunst und Antikunst. Reinbek: Rowohlt 1968. S. 13.*
2   *Scherer, Wilhelm: Die neue Generation. In: Wilhelm Scherer: Vorträge und Aufsätze zur Geschichte des geistigen Lebens in Deutschland und Oesterreich. Berlin: Weidmann 1874. S. 412.*
3   *Scherer, Wilhelm: Zur Geschichte der deutschen Sprache. 2. Auflage. Berlin: Weidmann 1878. S. XII.*
4   *Staiger, Emil: Die Kunst der Interpretation. Zürich: Atlantis 1955. S. 33.*
5   *Jakobson, Roman, zit. n. Boris Eichenbaum: Aufsätze zur Theorie und Geschichte der Literatur. Frankfurt/Main: Suhrkamp 1965. S. 14.*
6   *Freud, Sigmund: Der Dichter und das Phantasieren. In: Sigmund Freud. Studienausgabe. Bd. X. Frankfurt/Main: Fischer 1969. S. 172.*
7   *Ebd. S. 179.*
8   *Cixous, Hélène: Die unendliche Zirkulation des Begehrens. Berlin: Merve 1977. S. 21.*

Nachweise zu Aufbaumodul 4

Literaturgeschichte in Stichworten

1   *Kuhn, Hugo: Die deutschsprachige Literatur. Von den Anfängen bis zum Ende des 19. Jahrhunderts. In: Kindlers neues Literaturlexikon. Hg. v. Walter Jens. Studienausgabe Bd. 20: Essays. Register zu den Essays. München: Kindler 1988. S. 148-160; S. 148.*
2   *Müller, Heiner: Mauser. Berlin: Rotbuch 1978. S. 68.*
3   *Goethe, Johann Wolfgang: Aus meinem Leben. Dichtung und Wahrheit. Zweiter Theil. In: Goethes Werke. Hg. im Auftrage der Großherzogin Sophie von Sachsen. (Weimarer Ausgabe.) I. Abtheilung. Bd. 27. Weimar: Böhlau 1889. S. 72.*
4   *Lohenstein, Daniel Casper von: Großmüthiger Feldherr Arminius oder Herrman, Als Ein tapfferer Beschirmer der deutschen Freyheit / Nebst seiner Durchlauchtigen Thusnelda In einer sinnreichen Staats- Liebes- und Helden-Geschichte Dem Vaterlande zu Liebe Dem deutschen Adel aber zu Ehren und rühmlichen Nachfolge In zwey Theilen vorgestellet / Und mit annehmlichen Kupffern gezieret. Leipzig: Christoph Fleischer 1689. S. 1102.*

5 Harsdörffer, Georg Philipp: Poetischer Trichter / Die Teutsche Dicht- und Reimkunst / ohne Behuf der Lateinischen Sprache / in VI. Stunden einzugiessen. Zweyter Theil. Nürnberg: Wolfgang Endter 1648. S. 72.

6 Vgl. Ebd. S. 83f.

7 Gryphius, Andreas: Leo Armenius. Trauerspiel. Hg. v. Peter Rusterholz. Bibliographisch ergänzte Ausgabe. Stuttgart: Reclam 1996. S. 4.

8 Ebd.

9 Rotth, Albrecht Christian: Vollständige Deutsche Poesie in Drey Teilen. Bd. 3. Leipzig: Lanckisch 1687-1688. S. 82.

10 Kant, Immanuel: Beantwortung der Frage: Was ist Aufklärung? In: Kant's Gesammelte Schriften (Akademieausgabe). Bd. VIII: Abhandlungen nach 1781. Berlin, Leipzig: de Gruyter 1923. S. 33-42; S. 35.

11 Ebd. S. 36.

12 Schlözer, August Ludwig: [Duplik auf eine ReplikIfflands gegen eine in den „Stats-Anzeigen" veröffentlichte Besprechung des Stückes „Die Kokarden".] In: Stats-Anzeigen 17 (1792) H. 66. S. 253f.; S. 254.

13 Gottsched, Johann Christoph: Der sterbende Cato (Vorrede). In: Ausgewählte Werke. Hg. v. Joachim Birke. Bd. 2: Sämtliche Dramen. Berlin: de Gruyter 1970. S. 1-198; S. 5.

14 Vgl. Breitinger, Johann Jacob: Critische Dichtkunst. Worinnen die Poetische Mahlerey in Absicht auf die Erfindung Im Grunde untersuchet und mit Beyspielen aus den berühmtesten Alten und Neuern erläutert wird. 2 Bde. Zürich: Orell und Com; Leipzig: Joh. Fried. Gleditsch 1740. Bd 1. Abschnitte 6 („Von dem Wunderbaren und dem Wahrscheinlichen") und 8 („Von der Verwandlung des Würcklichen ins Mögliche").

15 Gellert, Christian Fürchtegott: Abhandlung für das rührende Lustspiel. Übersetzt von Gotthold Ephraim Lessing. In: Christian Fürchtegott Gellert: Die zärtlichen Schwestern. Ein Lustspiel in drei Aufzügen. Hg. v. Horst Steinmetz. Stuttgart: Reclam 1983. S. 117-137; S. 120.

16 Ebd. S. 131.

17 Vgl. zum folgenden insbesondere die Abschnitte 75-78 von Lessings „Hamburgischer Dramaturgie". Lessing, Gotthold Ephraim: Hamburgische Dramaturgie. In: Gotthold Ephraim Lessing. Werke in sechs Bänden. Auf Grund der von Julius Petersen und Waldemar von Olshausen besorgten Ausgabe neu bearbeitet von Fritz Fischer. Bd. 4. Zürich: Stauffacher 1965. S. 322-337.

18 Ebd. S. 77.

19 Ebd.

20 Brief Lessings an Friedrich Nicolai vom 13. November 1756. In: Gotthold Ephraim Lessings sämtliche Schriften. Hg. von Karl Lachmann. Dritte Auflage. Bd. 17: Briefe. Leipzig: Göschen 1904. S. 63-68; S. 66.

21 Goethe, Johann Wolfgang: Aus meinem Leben. Dichtung und Wahrheit. Dritter Theil. In: Goethes Werke. Hg. im Auftrage der Großherzogin Sophie von Sachsen. (Weimarer Ausgabe.) I. Abtheilung. Bd. 28. Weimar: Böhlau 1890. S. 338f.

22 Ebd. S. 374.

23 Moritz, Karl Philipp: Ueber die bildende Nachahmung des Schönen. Braunschweig: Schul-Buchhandlung 1788. S. 13.

Nachweise zu Aufbaumodul 4

24   Brief Goethes an Schiller vom 12.8.1797, in: Goethes Werke. Hg. im Auftrage der Großherzogin Sophie von Sachsen. (Weimarer Ausgabe.) IV. Abtheilung: Goethes Briefe. Bd. 12. Weimar: Böhlau 1893. S. 230.

25   Brief Schillers an Johann Gottfried Herder vom 4.11.1795, in: Schillers Werke. Nationalausgabe. Begründet von Julius Petersen. Bd. 28: Briefwechsel. Schillers Briefe 1.7.1795 – 31.10.1796. Hg. v. Norbert Oellers. Weimar: Hermann Böhlaus Nachfolger 1969. S. 98.

26   Ebd.

27   Schiller, Friedrich: „Der Antritt des neuen Jahrhunderts" („An***"). In: Friedrich Schiller. Sämtliche Werke. Bd. 1. 8. Auflage. München: Hanser 1987. S. 458f; S. 459.

28   Schiller, Friedrich: Über Die Ästhetische Erziehung Des Menschen In Einer Reihe Von Briefen. In: Friedrich Schiller. Sämtliche Werke. Bd. 5. München: Hanser 1975. S. 669.

29   Winckelmann, Johann Joachim: Gedancken über die Nachahmung der griechischen Wercke in der Mahlerey und Bildhauer-Kunst. Dresden, Leipzig 1755. S. 26.

30   Goethe, Johann Wolfgang: Torquato Tasso. Ein Schauspiel. In: Goethes Werke. Hg. im Auftrage der Großherzogin Sophie von Sachsen. (Weimarer Ausgabe.) I. Abtheilung. Bd. 10. Weimar: Böhlau 1889. S. 239.

31   Johann Peter Eckermann. Gespräche mit Goethe in den letzten Jahren seines Lebens, in: Johann Wolfgang Goethe. Sämtliche Werke. Briefe, Tagebücher und Gespräche. II. Abteilung: Briefe, Tagebücher und Gespräche. Bd. 12. Hg. v. Christoph Michel unter Mitwirkung von Hans Grüters. Frankfurt/Main: Deutscher Klassiker Verlag 1999. S. 373.

32   Schlegel, Friedrich: Über das Studium der griechischen Poesie. In: Kritische Friedrich Schlegel-Ausgabe. Hg. v. Ernst Behler, Mitwirkung: Jean Jacques Anstett und Hans Eichner. Bd. 1: Studien des klassischen Altertums. Hg. v. Ernst Behler. Paderborn, München, Wien: Schöningh; Zürich: Thomas 1979. S. 360.

33   Schlegel, Friedrich: Kritische Fragmente (= Lyceum). In: Ebd. Bd. 2: Charakteristiken und Kritiken I (1796-1801). Hg. v. Hans Eichner. München, Paderborn, Wien: Schöningh 1967. S. 146-163; S. 153 (Fragment 48).

34   Ist Dekonstruktion kritisierbar? Ein Gespräch über Irrationalismus, Wahrheit und Verantwortung mit dem französischen Philosophen Jacques Derrida. In: Frankfurter Rundschau (25.8.1986). S. 20.

35   Heine, Heinrich: <Die deutsche Literatur von Wolfgang Menzel, 1828.> In: Heinrich Heine. Historisch-kritische Gesamtausgabe der Werke. Hg. v. Manfred Windfuhr. Bd. 10: Shakespeares Mädchen und Frauen und Kleinere literaturkritische Schriften. Bearbeitet von Jan-Christoph Hauschild. Hamburg: Hoffmann und Campe 1993. S. 238-248; S. 247.

36   Brief Heines an Karl August und Rahel Varnhagen von Ense vom 28.2.1830. In: Heinrich Heine. Säkularausgabe. Werke. Briefwechsel. Lebenszeugnisse. Bd. 20: Briefe 1815-1831. Hg. v. Fritz H. Eisner. Berlin: Akademie Verlag; Paris: Editions du CNRS 1970. S. 389.

37   Ebd. S. 385.

38   Wienbarg, Ludolf: Ästhetische Feldzüge. Berlin, Weimar: Aufbau 1964, S. 76 (8. Vorlesung).

39 Gutzkow, Karl: Briefe eines Narren an eine Närrin. Hamburg: Hoffmann und Campe 1832. S. 215.

40 Heine, Heinrich: <Verschiedenartige Geschichtsauffassung>. In: Heinrich Heine. Historisch-kritische Gesamtausgabe der Werke. Bd. 10: Shakespeares Mädchen und Frauen und Kleinere literaturkritische Schriften. Hg. v. Jan-Christoph Hauschild. Hamburg: Hoffmann und Campe 1993. S. 301f.; S. 302.

41 Börne, Ludwig: Ankündigung der [Zeitschrift Die] Wage. Ludwig Börne: Sämtliche Schriften. Neu bearbeitet und herausgegeben von Inge und Peter Rippmann. Bd. 1. Dreieich: Melzer 1977, S. 670.

42 Ebd. S. 668.

43 Ebd.

44 Wienbarg: Ästhetische Feldzüge (wie Anm. 38). S. 40 (4. Vorlesung).

45 Gutzkow: Briefe eines Narren an eine Närrin (wie Anm. 39).

46 Gutzkow an Büchner, 1835. In: Georg Büchner. Sämtliche Werke und Briefe. Bd. 2. München: Hanser 1972. S. 476f.

47 Wienbarg: Ästhetische Feldzüge (wie Anm. 38). S. 90 (9. Vorlesung).

48 Freiligrath, Ferdinand: Ein Glaubensbekenntniß. Zeitgedichte. Mainz: Zabern 1844, S. 5-11.

49 Krug, Wilhelm Traugott, Allgemeines Handwörterbuch der philosophischen Wissenschaften. Bd. 1 / 2. Leipzig: Brockhaus 1832. S. 67.

50 Fontane, Theodor: Unsere lyrische und epische Poesie seit 1848. In: Sämtliche Werke. Hg. v. Walter Keitel. Bd. 1: Aufsätze und Aufzeichnungen. Hg. v. Jürgen Kolbe. München: Hanser 1969. S. 236-260; S. 242.

51 Kirchmann, Julius Hermann von: Ästhetik auf realistischer Grundlage, zitiert nach Plumpe, Gerhard: Einleitung. In: Hansers Sozialgeschichte der deutschen Literatur vom 16. Jahrhundert bis zur Gegenwart. Bd. 6: Bürgerlicher Realismus und Gründerzeit 1848-1890. Hg. v. Edward McInnes und Gerhard Plumpe. München, Wien: Hanser 1996. S. 17-83; S. 52f.

52 Fontane: Unsere lyrische und epische Poesie seit 1848 (wie Anm. 50). S. 241.

53 Plumpe, Gerhard: Roman. In: Hansers Sozialgeschichte der deutschen Literatur vom 16. Jahrhundert bis zur Gegenwart. Bd. 6: Bürgerlicher Realismus und Gründerzeit 1848-1890. Hg. v. Edward McInnes und Gerhard Plumpe. München, Wien: Hanser 1996. S. 529-689; S. 672.

54 Ebd. S. 689.

55 Conradi, Hermann: Unser Credo. In: Moderne Dichter-Charaktere. Hg. v. Wilhem Arent. Leipzig: Wilhelm Friedrich o.J. S. I-IV; S. II.

56 Conrad, Michael Georg: Zur Einführung. In: Die Gesellschaft (1.1.1885). S. 1.

57 Holz, Arno: Die Kunst. Ihr Wesen und ihre Gesetze. In: Arno Holz. Werke. Bd. 5. Hg. v. Wilhelm Emrich und Anita Holz. Neuwied: Luchterhand 1962. S. 14 u. S. 16.

58 Bahr, Hermann: Die Überwindung des Naturalismus. In: Hermann Bahr: Kulturprofil der Jahrhundertwende. Auswahl und Einführung v. Heinz Kindermann. Hg. v. Land Oberösterreich und v. der Stadt Linz. Wien: Bauer 1962. S. 150-154; S. 152.

59 Ebd. S. 150 u. S. 154.

60 Hoddis, Jakob van: Weltende. In: Dichtungen und Briefe. Hg. v. Regina Nörtemann. Zürich: Arche 1987. S. 15.

Nachweise zu Aufbaumodul 4

61 Stramm, August: Sturmangriff. In: August Stramm. Die Dichtungen. Sämtliche Gedichte, Dramen, Prosa. Hg. v. Jeremy Adler. München, Zürich: Pieper 1990. S. 89.

62 Schnurre, Wolfdietrich: An die Harfner. In: Ulenspiegel 3 (1948). Nr. 2. S. 4.

63 Eich, Günter: Inventur. In: Günter Eich. Gesammelte Werke in vier Bänden. Revidierte Ausgabe. Bd. 1: Die Gedichte. Die Maulwürfe. Hg. v. Axel Vieregg. Frankfurt/Main: Suhrkamp 1991. S. 35f.

64 Enzensberger, Hans Magnus: Gemeinplätze, die Neueste Literatur betreffend. In: Kursbuch 15 (1968). S. 197.

65 Brecht, Bertolt: Über die Situation des Theaters. Ausführungen vor der Sektion Dramatik auf dem IV. Deutschen Schriftstellerkongreß. Berlin 1956. In: Brecht im Gespräch. Diskussionen, Dialoge, Interviews. Hg. v. Werner Hecht. Frankfurt/Main: Suhrkamp 1975. S. 166-174; S. 173.

66 Riewohlt, Otto F.: Theaterarbeit. Über den Wirkungszusammenhang von Bühne, Dramatik, Kulturpolitik und Publikum. In: Hansers Sozialgeschichte der deutschen Literatur. Vom 16. Jahrhundert bis zur Gegenwart. Hg. v. Rolf Grimminger. Bd. 11: Die Literatur der DDR. Hg. v. Hans-Jürgen Schmitt. München, Wien: Hanser 1983, S. 133-186; S. 171.

Nachweise zum Ausblick

Literatur und Neue Medien

1 Faulstich, Werner: Medium. In: Grundwissen Medien. Hg. v. Werner Faulstich. 4. Auflage. München: Fink 2000. S. 21-105; S. 40.

Personenregister

Sachregister